ESSAI

SUR LE PRINCIPE ET LES LIMITES

DE LA

PHILOSOPHIE DE L'HISTOIRE.

DU MÊME AUTEUR :

VICO ET L'ITALIE. Paris, 1839.
IDÉES SUR LA POLITIQUE DE PLATON ET D'ARISTOTE. Paris, 1842.
ÉDITION COMPLÈTE DES ŒUVRES DE VICO en six volumes. Paris, 1835-37.

Corbeil, imprimerie de Crété.

R 35825

Paris
1843

Ferrari, Giuseppe

Essai sur le principe et les limites de la philosophie de l'histoire

ESSAI

SUR LE PRINCIPE ET LES LIMITES

DE LA

PHILOSOPHIE DE L'HISTOIRE

PAR

J. FERRARI.

PARIS,
JOUBERT, LIBRAIRE-ÉDITEUR,
RUE DES GRÈS, 14, PRÈS LA SORBONNE.

—

1843

INTRODUCTION.

La spontanéité, la moralité, l'inspiration, sont des phénomènes identiques dans le principe, antérieurs à l'histoire s'ils ne sont pas fixés par l'intelligence, inaccessibles à l'intelligence lors même qu'ils se produisent dans l'histoire. Cette poésie muette de la spontanéité est toujours distincte et toujours inséparable de la vie. Les vibrations de l'atmosphère et des corps, les ondulations de la lumière hors de nous sont des mouvements mécaniques, on peut les mesurer; en nous, ce sont des sons et des couleurs : hors de nous les vibrations et les ondulations, d'après certains nombres, deviennent symétriques; en nous, d'après les mêmes nombres, elles deviennent des tons, des couleurs, et donnent la musique, l'architecture, la peinture, c'est-à-dire le beau ou le laid qui accompagnent tous les phénomènes de la nature. Pour le tact il n'y a que des corps, mais l'action des corps excite une réaction vitale, c'est-à-dire une irritation suivie par les sentiments de la haine, de l'indignation, par le développement de tous les instincts de la guerre, de la domination, de l'industrie. Puis tous les phénomènes physiques réunis ensemble, le spectacle des couleurs, des mouvements, de la musique, pénètre au fond de l'âme, dispose à la joie, à la tristesse, provoque par des symétries ces assonances mystérieuses de la danse, des arts, des cérémonies; et il n'y a rien dans la nature qui reste sans écho dans la poésie intérieure de la vie. Examinons le corps de l'homme, nous voyons les deux sexes sans que l'anatomie puisse nous révéler ce principe qui constitue l'attrait des sens : du plaisir physique à l'amour, il y a encore une distance incommensurable. L'œil ne voit que le sexe, le sens n'éprouve que le plaisir, la poésie de l'amour se développe dans un monde qui n'est pas physique; et là elle peut sacrifier le plaisir à ses entraînements mystiques. L'amour conduit à la génération, et ce nouveau développement physique est entouré d'une nouvelle poésie, qui se révèle dans les sentiments de la famille. Suivons l'homme dans la société : là il veut vivre, il cherche le plaisir, la richesse, il est égoïste, intéressé; mais tout égoïsme est inséparable d'une loi morale qui suit l'intérêt, le protége, le défend et ne peut s'expliquer ni par les sens, ni par les intérêts. La valeur militaire, le patriotisme, l'honneur chevaleresque, les grands dévouements correspondent précisément aux grands intérêts et en même temps ils en diffèrent tellement que l'acte du plus grand égoïsme, la guerre, se joint toujours à l'acte du plus grand héroïsme, le sacrifice volontaire de la vie. L'ambition se propose pour but des avantages réels; elle veut s'emparer de tous les biens, et cependant elle les dédaigne tous pour obtenir la satisfaction d'en disposer. Qu'est-ce que la gloire si on ne voit que les intérêts ? rien de plus qu'un mouvement dans le cerveau de nos semblables ; si on cherche la gloire pour les avantages qui en résultent, elle cesse d'être la gloire, et chose singulière ! on ne l'obtient que par des actions utiles à l'humanité. Ce qui se dit de la gloire, de l'ambition, de l'amour, du patriotisme, s'applique à tous les sentiments de décence, de dignité, d'honnêteté ; poésie inséparable de la vie, émotions dont l'utilité est positive et le principe absolument distinct de celui de l'utile. Le monde moral est une assonance mystérieuse et inexplicable du monde physique, personne ne voudrait de la vie si elle était dépouillée de tous ses sentiments, si la nature était un spectacle insignifiant, si le plaisir pouvait se séparer du luxe de l'art, ou du luxe mille fois plus grand de la nature. Mais cette poésie du cœur, cette inspiration qui cherche à se réaliser, cette vie morale de l'homme n'existe pas réellement pour nous, tant qu'elle ne vient pas s'ajouter aux phénomènes des idées qui composent le troisième monde de l'intelligence. C'est ici que commence l'histoire : la vie animale est une double vibration physique et instinctive ; la vie de l'homme est une triple vibration, et la conscience de cette vie ne se révèle qu'à l'instant où la pensée affirme nos sensations et nos sentiments.

Quels sont les premiers éléments du monde intellectuel ? les idées ; elles sont en assonance avec toutes les choses extérieures ; il n'y a pas d'idée qui ne corresponde à la poésie de la spontanéité et à ce qui existe hors de nous ; mais l'idée ne souffre aucune limite de temps, d'espace et de nombre, elle est douée d'une sorte d'immortalité, et sans jamais se séparer du monde, elle le domine toujours, comme s'il devait sortir une seconde fois de l'intelligence. Or la première et la dernière création de l'intelligence c'est l'idéal : toute l'histoire, c'est-à-dire, tous les actes de la raison se réalisent en vertu d'un idéal. Les programmes révolutionnaires, les théories politiques, les idées que l'on se forme sur l'avenir pour la Terre et pour le Ciel, ce sont des conceptions abstraites, générales ; il faut toujours se proposer un type pour le bien comme pour le mal. La philosophie de l'histoire se réduit donc à la philosophie de l'idéal, et elle est devenue possible à l'instant où il a été possible de chercher dans la raison l'origine de la perfection philosophique. Quand nos idées ne nous appartenaient pas, quand elles étaient révélées, nous nous servions de la raison pour nous améliorer et non pas pour nous connaître ; mais depuis que la révolution de Descartes a conquis la raison tout entière, nous avons l'idée de la perfection, et nous pouvons remonter à la première cause de toutes les origines. C'est ainsi que Descartes, en ne prenant pour point de départ que le fait de la pensée, démontrait sa propre existence, celle de Dieu et la vérité de l'Univers, abstraction faite de la tradition et de l'autorité. Il est vrai que les cartésiens méprisaient l'histoire et la philologie ; suivant eux, elles se dérobaient à la précision du raisonnement géométrique ; c'étaient les œuvres d'une volonté séparée de la raison, et livrée à tous les accidents extérieurs. Mais plus tard on observe que la volonté est gouvernée par la raison, qu'elle s'explique par la raison, et cinquante ans après Descartes, Vico nous apprend « qu'au milieu des doutes et des « incertitudes (de la philologie) il y a cela de certain que le « monde des nations a été fait par les hommes, et qu'on doit

« en chercher les principes dans les facultés de l'entende-
« ment humain. » Le même philosophe nous a donné une
géométrie historique du monde des nations, depuis le moment où l'intelligence commence à se développer sous les cabanes des sauvages jusqu'à l'instant où elle conçoit la perfection idéale de la république de Platon. Les philosophes du
dix-huitième siècle, en doublant la réforme de Descartes, dé-
truisaient l'origine surnaturelle de l'idéal sacré : ils devaient
donc chercher l'origine rationnelle d'un idéal profane : c'est
pourquoi le jour où l'école sensualiste voulut prouver que la
pensée se résout dans la sensation, elle fut conduite à prouver que les religions et les civilisations sont des sensations
transformées. Le jour où les disciples de Bacon parlèrent d'un
Eden à venir que doit enfanter la force de l'industrie, ils parlèrent du progrès et ils présentèrent l'histoire comme le
corollaire de leurs théorèmes sur l'origine des idées.

Est-il réellement possible de remonter à l'origine de l'histoire? Mille obstacles surgissent aussitôt que nous nous
mettons en présence des faits. La civilisation a traversé
mille accidents, elle a commencé en Asie pour se développer
plus tard en Europe, la terre a manqué sous nos pas, les races
se sont rencontrées, combattues, juxtaposées au hasard :
comment mesurer l'influence du climat et du sol qui disposent
de la vie et de l'intelligence des peuples? D'ailleurs, il y a des
nations dont nous ne savons que le nom, d'autres dont on
ne fait que soupçonner l'existence, personne ne connaît la
première époque de l'histoire du monde, la tradition a été
défigurée, interrompue à chaque instant, la barbarie et la
civilisation l'ont également falsifiée. En un mot, la science
suppose des lois constantes, et l'histoire est livrée au hasard.

Non pas qu'il y ait un hasard proprement dit : il n'y a pas d'effet sans cause, tout phénomène se proportionne à la force qui le produit ; mais cette série indéfinie de causes et d'effets, suspendue entre deux inconnues, entre le principe et la fin de la création, se propage de proche en proche dans toutes les choses ; elle lie l'histoire de l'homme à l'histoire du globe, et pour connaître la raison dernière de la civilisation actuelle, il serait nécessaire de connaître la raison dernière de l'histoire de l'univers. Voulez-vous remonter à une seule cause, ne considérer que l'intelligence uniforme chez tous les hommes ? soit : mais d'elle-même l'intelligence est indéterminée, on ne peut pas même la saisir, abstraction faite de la pensée, et à l'instant où elle devient la pensée elle se trouve réunie à une série accidentelle d'événements qui proviennent de lois constantes si l'on veut, mais étrangères dans l'essence aux lois de la raison. Qui ne voit pas que l'existence de César ou de Napoléon, déplacée de quelques jours dans le temps ou de quelques lieues dans l'espace, bouleverse toute la série des événements ? — Récemment on a identifié la philosophie de l'histoire avec l'histoire positive : on a parlé de continents prédisposés exprès pour les diverses phases de la raison humaine, on a fait la revue des peuples comme s'ils venaient tous à point nommé pour le triomphe d'une grande idée, on nous a montré l'histoire comme une pièce de théâtre où les hommes et les nations viennent jouer un rôle, dicté d'avance par la philosophie. Le bon sens souffre de toutes les tortures que l'on fait subir à l'histoire universelle pour justifier les hasards de la guerre, ceux des invasions et pour expliquer toutes les ruines et toutes les dévastations matérielles de la barbarie.

Il est impossible de combattre directement l'obstacle de la fatalité ; il faut le tourner, et il est vaincu si on ramène la philosophie de l'histoire à son véritable sujet, la philosophie de l'idéal. Qu'est-ce qu'un idéal ? c'est un système abstrait, c'est la vérité qui subsiste indépendamment des événements, de l'adhésion de l'homme, des convictions actuelles de l'humanité. Le principe de la libre concurrence se réalise en France et aux États-Unis, mais il n'a besoin ni de la France ni des États-Unis pour se démontrer ; c'est toujours le même principe, quels que soient les hommes et les peuples qui l'adoptent. De même, l'idéal de l'association universelle réunit tous les habitants du globe, mais ce n'est ni telle ni telle autre fédération, c'est un système abstrait, dont la vérité exprimera toujours le plus haut développement de l'humanité, dût-il ne jamais se réaliser. Eh bien, si l'idéal est une époque à venir ou tout au moins un système abstrait quoique réalisé, s'il s'établit par une démonstration qui ne cesse pas d'être vraie malgré les obstacles, les événements, les erreurs, l'histoire de cet idéal doit être pareillement abstraite, ce doit être une suite de systèmes ou de créations intermédiaires, toutes idéales, quels que soient les accidents ou les formes qu'elles ont subis en se réalisant. Ainsi l'histoire positive se raconte, la philosophie de l'histoire se démontre : la première est livrée aux forces de la nature, elle est telle que le veut le hasard, la seconde dépend de l'intelligence, elle doit être telle que le veut la logique. Supposons que la raison aboutisse à un grand système, puis à un second système, avant d'arriver à un système définitif : il est certain que le second idéal, partout où il se manifeste, supposera toujours la réalisation du premier, bien que la tradition en ait perdu le souvenir, bien qu'on ne puisse hasarder la moindre conjecture sur les formes de sa manifestation positive. La science est nécessaire; mais la nature et la tradition sont accidentelles. Ce qu'il y a de nécessaire dans notre histoire, ce n'est ni la prise de la Bastille, ni la mort de Louis XVI, ce sont les principes de la révolution; de même ce qu'il y a de nécessaire dans le passé, ce n'est ni le moyen âge, ni Rome, ni la Grèce, ce sont les principes du polythéisme et du christianisme. Pour trouver l'unité d'une science dans l'histoire positive, il faut donner une intelligence aux continents, aux fleuves, aux arbres, aux nuages; encore cette unité manque-t-elle de but, puisqu'elle manque d'origine. Veut-on lui trouver un but dans un système idéal ? veut-on lui trouver une origine en observant les barbares et les sauvages? C'en est fait de l'unité de l'histoire positive, nous voilà dans l'histoire idéale.

Dans la méthode se révèle toute l'impuissance de cette philosophie qui s'identifie avec la tradition. On se voit en effet dans l'alternative de procéder *à priori* ou *à posteriori*, de classer les faits d'après les lois de l'entendement ou de remonter aux lois de l'entendement par l'étude des faits. La méthode *à priori* est impossible. On ne connait l'intelligence que par ses manifestations; la psycologie suppose l'expérience : d'ailleurs elle est abstraite : comment des principes abstraits pourraient-ils conduire à des faits déterminés, positifs, historiques ? A son tour la méthode *à posteriori* est inadmissible. Les faits par eux-mêmes sont tous également importants, également insignifiants ; pour les juger, pour les choisir, pour les interpréter, même pour les raconter, il faut un principe. En outre, la tradition est mutilée, les origines échappent; elle a été interrompue, elle se compose de souvenirs fragmentaires et ne pourrait donner que des fragments de science, mais des fragments sans vie, car la vie de l'histoire est la vie de la raison et suppose toujours un principe et un idéal qui ne sera jamais un fait. Les deux méthodes ont raison quand elles se combattent, elles ont tort quand elles s'affirment; toutes deux revendiquent le droit de préséance, toutes deux sont dans l'impossibilité de l'établir. Pourquoi? parce que la psycologie indéterminée ne conduira jamais à une tradition déterminée, et la tradition reste toujours inabordable, tant qu'on ne possède pas un critérium pour la juger. Ce n'est qu'en vertu d'un idéal qu'on brise le cercle vicieux dans lequel tournent les deux méthodes: l'idéal est en même temps l'anticipation supposée par la méthode *à posteriori*, et le fait supposé par la méthode *à priori*. Posez-vous l'idée d'une perfection abstraite? vous avez un principe de critique, et les faits cessent d'être indifférents; il est impossible qu'ils aient tous la même importance: voilà donc l'anticipation invoquée par la méthode *à posteriori*. Que demande la méthode *à priori*? des faits pour sortir de son indétermination, et l'idéal est précisément un fait rationnel, un système en même temps général et déterminé, et la philosophie par ce dernier point d'arrivée peut découvrir toutes les créations intermédiaires de l'histoire. Ce n'est que de cette manière que les historiens indiquent les époques de l'histoire positive. Sciemment ou à leur insu, ils admettent des principes; si l'époque est chrétienne, ils s'arrêtent devant une époque païenne; et si celle-ci se souvient d'un principe antérieur, ils déterminent une troisième époque qui sera la première. De même l'action du commerce, de la guerre, des nations, des hommes, dans la civilisation actuelle, fait deviner l'action de ces mêmes éléments dans les civilisations de la Grèce et de l'Orient. La philosophie de l'idéal, qui prend son point d'arrivée non pas dans la tradition, mais dans un système, se réduira à son tour à l'analyse perpétuelle d'une époque dans une autre, d'un idéal dans un autre, en partant d'une perfection hypothétique, il est vrai, mais démontrée, pour remonter jusqu'aux premiers principes de l'intelligence.

C'est ainsi que je conçois la philosophie de l'histoire, comme une philosophie de l'idéal, comme une démonstration abstraite des progrès de la raison, comme une explication de tout ce qu'il y a d'intelligible dans cette poésie muette de l'inspiration. Ce livre a-t-il des droits à l'indulgence du lecteur ? je l'ignore, je sais seulement que c'est un livre de bonne foi, qui résume mes études, mes travaux et des convictions auxquelles j'ai toujours été fidèle, en Italie comme en France. C'est là ce que je tiens à constater, et ce qu'il serait inutile de rappeler, si je n'avais pas été victime d'une calomnie qui a reçu la sanction d'un arrêté ministériel. L'Université de France a conquis, par la révolution, le droit d'aborder librement l'histoire, de sympathiser avec toutes les grandeurs, de réhabiliter toutes les gloires. J'ai exercé ce droit à Strasbourg, dans une chaire occupée depuis longtemps par des ecclésiastiques, et qui avait été le théâtre des prédications ultra-catholiques de M. l'abbé Bautain. Un jour, je développais une théorie de Platon, et j'ai été accusé de communisme : quelques dévots voulaient faire fermer un cours sur l'histoire de la philosophie ; des accusations sérieuses n'auraient pas eu de portée, on a imaginé une calomnie politique, et j'ai été révoqué à poste courante sur le rapport des journaux religieux. M. Villemain, que je priais de faire justice de l'accusation ou de me laisser agir devant les tribunaux, m'a promis sur l'honneur que je serais réintégré au bout de quelques jours, puis au bout d'un mois, puis au bout de quelques mois, et après la publication de mon cours, quand toute la presse eut reconnu la fausseté de l'accusation, quand l'*Alsace* eut formellement rétracté sa calomnie, quand ma cause eut été plaidée, même par le *Journal des Débats*, M. Villemain, oubliant sa promesse, m'a sacrifié aux ennemis de l'Université. Je ne reviendrai pas sur les faits, j'excuserai la précipitation avec laquelle il a signé mon rappel, le peu d'attention qu'il a donné aux rapports officiels ; je n'invoquerai pas l'autorité de M. Cousin, que d'ailleurs je remercie d'avoir réclamé ma réintégration ; je dirai seulement que si M. le ministre pouvait disposer de ses places, il ne devait pas se servir de sa parole pour épargner un procès aux accusateurs, et donner raison à la calomnie. Peut-être M. Villemain en agissant ainsi a-t-il obéi aux tristes nécessités de sa position politique, peut-être a-t-il espéré calmer par une concession la vivacité des attaques dirigées contre l'Université ; malheureusement il n'a fait qu'encourager les accusateurs ; bientôt après ils ont demandé la destitution de dix-sept professeurs, puis ils ont insulté presque tous les membres les plus distingués de l'Université ; ils ont étendu les attaques aux protestants ; il y a quelques jours, l'*Univers religieux* cherchait à soulever une sorte d'émeute au collège de France; aujourd'hui M. Villemain lui-même est calomnié par ceux qui m'ont calomnié. A qui la faute? Non pas certes aux Jésuites; leur rôle est toujours le même; ils relèvent de Rome, et les déclamations burlesques des journaux religieux ne rappellent que trop bien cet ultramontanisme qui proscrit jusqu'aux salles d'asile dans les États romains. Si une réaction obscurantiste se montre en France, la faute en est à ceux qui lui ont fait toutes les avances, qui l'encouragent à force de concessions, qui la protégent secrètement, tout en ayant l'air de lui résister en public, et je ne sais rien de plus déplorable que ce libéralisme jésuitique qui cherche des alliés chez les ennemis naturels de toutes les libertés, et qui toutefois affecte de les combattre avec fermeté, quand il n'a pas le pouvoir de les satisfaire.

PREMIÈRE PARTIE.

DE L'INTELLIGENCE.

CHAPITRE Ier.

Une idée étant donnée, toutes les autres sont possibles.

Penser, c'est juger ; et chercher l'origine ou les conditions du jugement, c'est chercher l'origine ou les conditions de l'activité intelligente de l'homme.

Le jugement, étant la réunion d'un sujet à un attribut, suppose les deux conditions du sujet et de l'attribut. La première de ces conditions est indispensable, car, pour juger, il faut juger de quelque chose. Une idée, une pensée, un sentiment, une sensation, tout peut devenir sujet d'un jugement, et comme il est impossible à l'homme de vivre sans sentir, la faculté de juger trouve des sujets dans les éléments mêmes de la vie. Au contraire, l'attribut ne peut pas se trouver dans le sentiment ou dans la sensation : ce doit être une notion invariablement générale, une qualité applicable à plusieurs objets. S'agit-il des jugements comparatifs, il est évident qu'on ne peut comparer que ce qui présente des ressemblances ou des rapports, par exemple : la bonté, la pesanteur, la couleur. S'agit-il des jugements d'existence, on croirait qu'ils ne touchent pas aux qualités. Dans les propositions : *Dieu est, j'existe*, on se borne à affirmer, on dirait que le jugement est tronqué et qu'un seul terme, une seule condition suffit à le constituer. Mais, dans ce cas, c'est l'affirmation même qui sert de qualification, qui se transforme en attribut, et cet attribut est l'idée d'existence, c'est-à-dire la plus générale de toutes les idées. L'acte de la pensée ou du jugement suppose donc la préexistence d'une ou de plusieurs idées : on ne peut l'expliquer sans remonter à l'origine des idées générales.

Quelle est l'origine des idées ? Ou elles viennent des sens et du sentiment, ou ce sont des révélations de l'esprit qui se manifestent en nous quand elles sont provoquées par la présence des objets extérieurs. Il n'y a pas d'autre alternative, il faut admettre qu'elles sont en puissance dans les sensations ou dans l'entendement.

La première hypothèse est la plus simple et la plus naturelle. L'observation prouve que les idées se rapportent à l'expérience, et qu'elles en dépendent à tel point, que la suppression d'un sens entraîne avec elle la perte des idées qui lui correspondent. L'observation de tous les jours prouve en outre que nous pouvons abstraire les qualités des objets, et qu'après avoir vu plusieurs hommes, nous pouvons concevoir l'idée de l'homme ; qu'après avoir vu plusieurs êtres, nous pouvons arriver à l'idée de l'être. Ce sont là des faits qu'il est impossible de nier sans nier l'observation. Mais on ne peut remonter par là à l'origine de la pensée et des idées, car précisément l'observation ne nous est donnée qu'à la condition de la pensée, et la pensée ne nous est donnée qu'à la condition d'une idée générale. On peut abstraire ; mais avant d'abstraire, il faut affirmer l'existence d'un objet en particulier : affirmer, c'est juger ; par conséquent, l'abstraction, tout aussi bien que le jugement, présuppose une idée générale. L'abstraction conduit à la généralisation ; mais, pour que ce passage du particulier au général s'opère, il faut comparer. Qu'est-ce que comparer ? C'est connaître, c'est affirmer au moins deux objets ; c'est donc combiner au moins deux jugements. Si l'abstraction suppose une pensée, la généralisation en suppose au moins deux. Ainsi, ces généralisations exprimées par les mots : *les hommes pensent, les objets sont en mouvement, les corps sont pesants*, reposent sur la connaissance antérieure de l'homme et de la pensée, des objets et du mouvement, des corps et de la pesanteur.

L'existence des objets, l'abstraction, la généralisation, en un mot l'expérience, ne nous sont données qu'à la condition de la pensée et de l'idée. L'expérience, du moment où on la sépare du jugement qui l'affirme, se réduit à la sensation et au sentiment dénués de toute existence : car nos sens ne suffisent pas à constituer les objets ; ils nous montrent partout des couleurs, des sons, des saveurs ; ils ne donnent que des qualités et jamais des substances, seules réalités qui pourraient correspondre à l'affirmation. Nos sensations tiennent à des substances que nous avons au bout de nos doigts sans qu'il nous soit jamais permis de les toucher, sans que nous puissions jamais aller au delà des qualités. Mais qu'est-ce qu'une qualité sans substance ? Ce n'est pas même une qualité, car la notion de qualité implique celle de substance, l'une est indivisible de l'autre, l'une ne se conçoit pas sans l'autre, et si la sensation ne donne pas la notion de substance, elle ne peut pas non plus donner celle de qualité. Ainsi, les sensations par elles-mêmes ne sont ni qualités ni substances ; par elles-mêmes, elles ne sont ni jugées, ni affirmées, ni même existantes, relativement à nous ; elles sont absolument individuelles, particulières. L'abstraction et la généralisation ne peuvent pas s'exercer avant le jugement ; elles le supposent sans cesse, et n'opèrent réellement que sur notre pensée. L'expérience donc expliquera la formation ou le développement ultérieur des pensées et des idées, mais elle ne peut pas en donner la première origine, car elle commence avec la pensée et avec les idées qui la rendent possible.

Toutes les fois que l'on cherche hors de nous

l'origine des idées, on la voit reculer toujours comme si elle nous invitait à rentrer en nous-mêmes. Suivant Aristote, les sensations se succèdent avec une variété indéfinie comme les fuyards d'une armée en déroute : si l'un s'arrête, tous les autres s'arrêtent, et l'armée se rassemble de nouveau. Rien de plus juste ; si l'on fixe une sensation, la pensée est donnée, l'observation est possible, et nous avons l'idée qui rend possible le jugement, l'abstraction, la comparaison, la généralisation, enfin l'expérience et toutes les idées qui sortent de l'expérience. Quel est donc le principe qui arrête la première sensation ? C'est l'*intellectus agens*; mais s'il l'arrête en l'affirmant, il juge, et, pour juger, il faut une idée préalable ; s'il la fixe comme sensation, c'est toujours une sensation, et l'origine des idées et de la pensée nous échappe. Peut-être que l'*intellectus agens* décompose les sensations comme le prisme décompose les couleurs ? Peut-être aussi, par cette analyse, en extrait-il les idées générales ? Dans ce cas, il décomposerait ce qui n'existe pas encore pour lui, et il trouverait dans les sensations non affirmées ce qu'elles ne peuvent pas contenir, l'idée d'existence ; ce ne serait plus l'esprit, ce serait la sensation qui penserait en nous. D'ailleurs, l'entendement, pour agir d'après Aristote, doit être en acte et non pas en puissance : est-il possible de concevoir un entendement en acte sans une pensée, sans une idée par laquelle le jugement puisse se fonder ? Il n'y a que les idées qui puissent expliquer la pensée, si ce n'est la pensée elle-même ; Aristote l'avait compris, et il a ajouté que les idées naissent des sens *et en outre de l'universel qui repose dans l'âme.* (Derniers analytiques, liv. 2, chap. 19.) Nous voilà en dehors de la sensation, en dehors même de l'*intellectus agens*, et s'il y a un universel dans l'âme, on ne peut plus dire que les idées nous viennent de l'expérience. Dans le *Traité des catégories*, Aristote était sur la voie de trouver cet *universel* qui est le principe de toutes les opérations intellectuelles ; on y voit figurer en première ligne les idées de substance, de qualité, de cause. Malheureusement, Aristote a séparé ses catégories de sa psychologie, et celle-ci, écrite dans l'entraînement de la polémique contre les idées de Platon, ne tient pas aux principes universels des catégories.

La *Réflexion* de Locke est l'*intellectus agens* tel que devait le concevoir un disciple de Bacon. Sans contenir aucune notion *à priori*, la réflexion reçoit toutes les sensations, et ce sont elles que Locke appelle des idées et qui jouent le rôle des idées. Ainsi, une sensation pour Locke est une connaissance ; une sensation nette, claire, complète est une connaissance nette, claire et complète. La réflexion ne fait que comparer les sensations, voir leur convenance, leur disconvenance ; le jugement est une comparaison, la vérité est la correspondance entre deux idées, savoir entre deux sensations; l'entendement ne fait que combiner, séparer, analyser les éléments de la connaissance sensible. Locke suppose la sensation, la suppose existante, affirmée, conçue, connue, vraie; en un mot, il suppose l'expérience, l'observation; il examine tout ce que la réflexion peut déduire de l'observation : une seule chose lui échappe, la condition même de l'observation et de l'expérience. Par là, la véritable, la première origine des idées se dérobe à toutes ses recherches. N'est-il pas évident qu'avant de comparer, de rapprocher deux sensations, il faut les affirmer? et, s'il faut les affirmer, il faut un sujet et un attribut, il faut la sensation et une idée préalable et générale (tout attribut étant général); il faut une notion antérieure et supérieure à la sensation. Locke, qui ne voulait rien admettre d'inné, a dû supprimer les jugements affirmatifs ou d'existence; il a dit qu'ils sont dans les mots, comme si l'affirmation pouvait passer dans les mots avant d'exister dans l'entendement. Admettons que les sensations s'affirment et jugent en nous indépendamment du jugement; ce sont des qualités, toujours des qualités, et les choses n'existent que comme substances. D'où vient l'idée de substance? Non pas des sens, Locke l'avoue; il ne veut pas non plus qu'elle soit innée, il est réduit à dire que c'est une idée *obscure* et de *peu d'usage*, et cette idée cependant est la condition première de toutes les existences, condition sans laquelle la qualité elle-même est inconcevable. Toute idée enfin est illimitée, elle embrasse tous les individus qui lui ressemblent, sans limitation de temps, d'espace et de nombre; la sensation, au contraire, est limitée par le temps, l'espace, le nombre; l'idée est générale, la sensation individuelle; l'idée est indéterminée, la sensation déterminée; l'idée est douée d'une puissance infinie et contient l'infini même, la sensation est essentiellement finie et se refuse à l'indétermination. Comment peut-elle devenir illimitée, infinie, indéterminée? Comment une sensation peut-elle s'élever au-dessus d'elle-même pour devenir le signe représentatif de tout ce qu'il y a de commun entre les individus? Serait-ce par la négation des limites? Mais la négation suppose l'affirmation, l'affirmation juge et suppose l'idée de l'existence, la plus générale de toutes les idées, par conséquent la moins sensible, celle que Locke a supprimée d'avance ou identifiée par une vulgaire équivoque avec la sensation primitive.

Les stoïciens, les nominalistes et les disciples de Locke ont recouru à la théorie du langage pour expliquer cette incompréhensible métamorphose des sensations en idées. Dans l'antiquité, au moyen âge, au dix-huitième siècle, on a répété que les idées étaient des mots, *flatus vocis*, des sensations parlées que le langage transformait en signes représentatifs. Parce que le langage vient en aide à la pensée, parce que, sans mots, il serait extrêmement difficile de penser, parce que, sans l'appui de la parole, la conception générale n'aurait aucun signe extérieur pour se distinguer de la sensation, on a fini par imaginer que la parole était en même temps l'idée et la condition de la pensée. Il est facile de faire justice de cette erreur, si on la force à rendre compte de la première origine de la pensée. Voulez-vous que les idées, les conditions de la pensée résident dans les langues? Soit. Alors il faudra dire que l'idée d'existence sur laquelle se fondent toutes les affirmations est dans les mots, que le jugement est dans les mots, que, sans la parole, l'homme pourrait *voir* les arbres, non pas les *percevoir*, les voir sans les connaître, les voir sans les affirmer. Que sera alors l'affirmation? Un retentissement de la voix, non pas certes une pensée; elle sera hors de moi et non pas en moi, les pensées seront autour de l'homme, non pas dans l'homme. Bien plus : les langues sont mobiles, variées, ce ne sont pas des faits primitifs; quelle en sera donc l'origine? Auparavant il y avait les idées à expliquer, à présent il y a les langues qui contiennent les idées. Les langues sont-elles inventées? On a donc inventé les idées d'homme, d'arbre, de substance, de cause, d'existence, le verbe, le nom, la qualité, le sujet, l'action; mais le moyen d'inventer une langue sans la penser? Le moyen d'imaginer des êtres qui ne pensent pas et qui inventent le plus beau résultat de la pensée? Soutenez-vous que les langues ont été révélées? Alors vous remplacez une impossibilité par un prodige ; mais cette difficulté, tranchée historiquement, se représente tout entière à l'instant où les langues sont transmises d'homme à homme. Qu'elles soient révélées ou inventées, toujours est-il qu'il faut les accepter pour s'en servir, les concevoir pour les parler, les penser pour qu'elles puissent exprimer la pensée ; et si nous n'avons pas les idées d'homme, d'arbre, de cause, de substance, d'existence, aucune pensée n'est possible, aucune voix ne peut porter la pensée où elle n'existe pas, aucun homme, aucun être ne peut se charger de penser pour un autre. Supposez-vous que les choses se ressemblent, que cette ressemblance fixée par les mots devient naturellement une généralisation aussitôt qu'elle est rappelée à l'esprit par un objet particulier ? Mais avant de saisir les ressemblances, il faut connaître les existences, avant de comparer il faut affirmer, avant de généraliser il faut acquérir des notions particulières, et nulle notion n'est possible sans une idée générale. Que les objets se ressemblent, c'est un fait ; que les sensations se ressemblent, cela n'est guère possible, elles ne sont ni substances, ni qualités, elles sont essentiellement individuelles : comment les mots pourraient-ils les rendre générales ? Ils sont tellement liés à la pensée, que là où elle est individuelle, quoiqu'elle soit la pensée, le mot reste inséparable de l'individu ; ainsi les noms propres seront éternellement noms propres, jamais ils ne deviendront communs, et jamais rien de commun ne sera dans une langue avant d'être dans l'intelligence. Smith, en supposant qu'à l'origine des langues tous les noms ont été propres, et que par la suite ils sont devenus communs, tombe dans une double illusion. Il ne voit pas que l'échange entre le propre et le commun est impossible pour la pensée comme pour les noms; il ne voit pas que pour nommer un objet particulier, il faut l'affirmer en vertu d'une idée générale. Il est vrai que la parole est le seul signe extérieur de l'idée générale, que l'idée n'a pas d'autre représentant dans le monde sensible, que nous voyons les hommes et non pas l'homme, que nous imaginons un arbre et non pas l'arbre. Cependant au-dessus du monde sensible il y a l'intelligence, qui conçoit ce que les yeux n'observent pas, et ces conceptions de l'homme, de l'arbre, de la cause, de l'existence, sont si claires, si puissantes, que nos sens s'y soumettent et que les hommes étrangers à l'habitude de réfléchir croient toucher réellement des substances qu'ils ne voient que par la raison. Le langage fixera donc les idées, les transmettra, les gravera dans la mémoire; la puissance mystérieuse du discours ne va pas plus loin, il ne peut pas devancer l'intelligence, il ne peut avoir d'autre sens que celui que l'intelligence veut bien lui prêter. C'est un instrument, un signe, un secours comme l'écriture, comme les mains, comme les machines; ce n'est pas un principe, il ne peut pas ôter les limites à ce qui est limité, trouver l'universel là où se trouve le particulier, l'infini où il y a le fini. Si la réflexion a besoin d'une idée pour agir, si l'*intellectus agens* a besoin d'un *universel* pour fixer les sensations fugitives, si le jugement a besoin d'une généralité pour se réaliser, la parole à son tour a besoin d'idées, d'universels, de généralités, non pas seulement pour former les noms communs, mais pour les comprendre quand ils sont formés, et même pour accepter les noms individuels qui sont le produit d'une pensée particulière.

Par l'impossibilité de trouver hors de nous les premières idées indispensables à la formation de la pensée, nous sommes forcés de les chercher en nous-mêmes et de recourir à la seconde hypothèse des idées innées. Cette hypothèse remonte à Platon : suivant lui, toutes nos idées sont innées ; il les considéra d'abord comme des êtres indépendants, et, plus tard, ses disciples les regardèrent comme les pensées de Dieu. Leibnitz a ôté aux idées innées leur spécialisation ; il les croyait en puissance dans l'esprit comme la statue est en puissance dans le bloc de marbre, si l'on suppose des veines intérieures qui en indiquent les contours. Kant a étudié ces veines intérieures et les a réduites à douze déterminations intellectuelles qu'il range trois à trois sous les quatre catégories de quantité, de qualité, de relation et de modalité : ce sont là les modes du jugement. De nos jours, l'analyse a simplifié les douze éléments de Kant ; Hegel les a réduits à trois; M. Cousin n'admet que les notions de cause et de substance; M. Rosmini n'admet qu'une seule catégorie. L'hypothèse des idées innées a transigé avec l'hypothèse opposée qui voulait les ramener à l'origine de la sensation; elle s'est perfectionnée successivement, et son perfectionnement consiste à rentrer dans les limites de toutes les hypothèses, savoir : à supposer le moins possible pour tout expliquer. Admettre, en effet, que toutes les idées sont innées, c'est une erreur pour le moins aussi grave que celle qui les déduit toutes de la sensation. Car si les idées de genre sont innées, les idées d'espèce, de relation, de qualité, de négation doivent l'être à leur tour : il y aura autant d'idées latentes qu'il y a de relations possibles, autant de notions innées qu'il y a de qualités possibles, autant de principes *à priori* qu'il y a de négations possibles, puisque la qualité, la relation, la négation sont aussi générales que les genres et les espèces. Il y aura donc en nous non-seulement l'idée d'homme, mais celles d'Européen, de Français, d'aveugle, et de toutes les relations positives et négatives que l'idée d'homme peut avoir avec toutes les pensées prises en masse et isolément. Cela posé, il s'ensuivrait que l'expérience, l'observation, la sensation seraient innées, puisque les faits qui déterminent les rapports, les négations, les qualifications sont dus à l'expérience, de sorte que si l'on supprime la France et l'Europe, la relation de Français et d'Européen devient impossible. Il s'ensuivrait, en outre, que les faits étant innés comme les idées, l'univers serait en nous, nous en serions la cause, nous serions le moi et le non moi, le moi serait un et multiple, en opposition avec lui-même, cause unique d'effets innombrables, etc. Que si, pour éviter ces conséquences, on laisse à la sensation l'individualisation, la limitation, les qualifications, les relations, les négations, alors il en résulte que même les idées de genre et d'espèce ne sont pas innées. En effet, toute espèce est une limitation relativement au genre, et tout genre limite un genre supérieur : si donc la notion de Français est acquise parce qu'elle est limitée, celle d'homme l'est aussi parce qu'elle limite l'idée d'animal ; mais l'animal limite le corps, et le corps limite la substance qui peut-être à son tour limite d'autres idées ; il n'y aurait donc plus en nous qu'une idée absolument illimitée, indispensable à la formation des autres idées.

Quelles seront donc les idées qu'il faudra supposer dans l'entendement ?

Il est évident que les faits particuliers nous viennent de la sensation et que la sensation est acquise. — Il est évident que les faits étant donnés, la réflexion peut les abstraire, les comparer, les généraliser. — Il est évident que mille idées générales peuvent sortir d'une affirmation particulière, car de Socrate on peut abstraire l'homme, la couleur, l'animal, la stature, toutes les relations possibles de Socrate avec tous les êtres pris en masse et isolément. — Il est évident, en outre, que le problème des idées générales est un problème d'origine, qu'il se réduit à trouver la condition, l'idée, la généralité qui rend possible le premier jugement, et par là l'expérience dont l'intelligence pourra déduire toutes les idées. — Il est évident qu'il est inutile d'avoir l'idée d'homme, d'animal ou de corps pour affirmer un homme, ce sont là des limitations comme les idées de Parisien et de Français ; si celles-ci sortent de l'expérience, les autres doivent aussi en sortir. — Mais enfin, il n'est pas moins évident qu'il est impossible d'affirmer un animal, un homme, un corps, une chose particulière sans une idée préalable, car tout jugement suppose un attribut général. Encore une fois, s'il est nécessaire de supposer une notion innée et générale, ce n'est que pour rendre possible le premier jugement ; celui-ci une fois accordé, l'abstraction, la généralisation sont possibles, toutes les idées peuvent sortir de la sensation et doivent en sortir, car elles se rapportent à la sensibilité, et la propriété de la réflexion est de généraliser la sensation. La difficulté se réduit à expliquer le premier jugement qui rend possibles tous les autres. A quoi se réduit-il? A une affirmation, et l'affirmation se réduit à son tour à l'idée d'existence qui précède forcément toutes les opérations intellectuelles. L'existence, ou plutôt l'être, voilà la première et la seule idée absolue, illimitée, pure, qu'il faut poser dans l'entendement, l'hypothèse primitive et nécessaire dans toute sa simplicité, la condition première de la pensée et du jugement. C'est par elle que le jugement affirme la sensation; aussitôt que celle-ci est en présence de l'être, c'est une qualité, et par conséquent la qualité d'une substance. La réunion de certaines qualités constitue les corps, la réunion des corps qui nous entourent c'est le monde, la réunion des mondes c'est l'univers, et c'est toujours l'idée de l'être qui se multipliant par les sensations engendre toutes les existences. Notre propre existence n'est que la réunion de nos sentiments, de nos pensées, de nos sensations en tant que qualités d'une seule substance, de la même manière que la couleur, la pesanteur, les dimensions d'une chose extérieure par la force de l'être deviennent des qualifications d'une substance extérieure. Supprimez l'être, vous sentirez, mais comme on ne se sent pas sentir, comme sentir deux fois est un non sens, vous aurez le sentiment et non pas la pensée de votre existence. Nous sommes en mouvement, l'univers est en mouvement, nos sensations changent, se transforment, ce sont des qualités; le mouvement donc ne peut pas être une qualité des qualités, ce n'est cependant qu'une propriété, il faut donc qu'il soit la propriété d'une substance. Par là nous savons que les êtres sont causes, que la réunion de substances est une réunion des causes, puisque toutes les substances ont la propriété d'agir.

Jusqu'ici nous avons affirmé les objets individuellement ; la pensée est encore individuelle. Mais la sensation, véritable milieu entre l'être et le non être, essentiellement individuelle, lorsqu'elle est isolée, la sensation, en se joignant à l'idée illimitée de l'être, acquiert une nouvelle existence, elle subit une *transformation* qui la fait participer aux propriétés de l'être. D'abord insaisissable, elle est devenue substantielle ; si on cesse de l'affirmer, elle ne retombe plus dans son état primitif, elle est une idée, une abstraction, et si on compare plusieurs abstractions, elles présenteront des relations, des ressemblances, des oppositions. Ces propriétés n'étaient pas dans la sensation, elles sont dans la pensée, elles restent dans l'abstraction, et par là, la généralisation est possible, une idée peut devenir le type de toutes celles qui lui ressemblent. De là découlent, d'abord les premières idées générales ; ensuite, en retranchant les limites qu'elles conservent, on passe de l'espèce au genre, du genre au genre plus élevé, jusqu'à ce qu'on soit forcé de s'arrêter devant l'idée de l'être pur et illimité. Ainsi cette idée première est d'abord obscure et plongée pour ainsi dire dans la sensation ; peu à peu elle grandit avec l'expérience, elle embrasse le monde matériel, puis elle s'étend du monde visible au monde invisible, où elle crée de nouvelles existences individuelles, des dieux, des génies, des anges, un paradis, un enfer, tout un second univers qui contient l'univers sensible; à chaque pas que fait l'esprit, l'idée grandit, *crescit eundo.* Enfin vient l'instant où l'esprit supprime toutes les limites, la saisit dans sa pureté, l'abstrait et la conçoit seule, par opposition à toutes les déterminations. Ce dieu simple, nécessaire, universel, substance opérante, indéterminé en soi, hors duquel il n'y a rien, qui est tout et qui ne se divise nulle part, aussi vaste que le possible, plus réel que la réalité : c'est là l'idée de l'être telle qu'elle est comprise par l'esprit, lorsque l'esprit a en même temps affirmé l'univers et supprimé toutes les limites qui le déterminent. Pour connaître les caractères de l'idée, on n'a qu'à étudier les attributs de Dieu, car c'est elle qui les établit. Il est infini et indivisible, parce qu'elle est indéterminée; il est immense, parce qu'elle conçoit l'espace sans terme; éternel, parce qu'elle conçoit le temps sans limite; il est créateur, parce qu'elle crée les existences; tout-puissant, parce qu'elle embrasse le possible; substance universelle, parce que l'être est le même chez tous les êtres. Nous ne connaissons l'être que par opposition à la limite; et c'est pourquoi nous ne connaissons Dieu que par opposition à la création. De tous les arguments en faveur de l'existence de Dieu, le plus fort, qui les embrasse tous, est celui qui prouve Dieu par la nécessité d'exclure une série infinie de causes finies. Cela revient à dire que, dans l'impossibilité de supposer une série infinie de pensées finies, nous devons en admettre une infinie; ou, pour parler avec plus d'exactitude, cela revient à dire que, dans l'impossibilité de concevoir la limite, la sensation par elle-même, il faut admettre un principe indéterminé. La création suppose Dieu, mais Dieu ne conduit pas nécessairement à la création; et en effet la détermination de la pensée suppose l'être illimité; mais l'être sans limite ne conduit à aucune limitation, à aucune pensée.—Dieu est le principe de toute science, car l'être est en même temps le *principium essendi* et le *principium cognoscendi*; le principe qui pense est en même temps le principe qui juge la pensée. Ainsi le critérium de la vérité, quelle que soit la formule qui l'exprime, revient toujours à la première idée de l'être. Le principe de contradiction se réduit à dire que ce qui est et n'est pas dans le même moment, n'a pas de sens pour nous. Le principe *exclusi tertii*, savoir qu'une même chose ne peut pas réunir en même temps deux qualités opposées, rentre dans le principe de contradiction, appliqué non plus au sujet, mais à l'attribut, et se réduit à dire qu'il est impossible qu'une même qualité soit et ne soit pas en même temps dans le même sujet. Le critérium de la *claire et distincte perception*, comme celui de l'*identité*, n'est que la vision de l'être dans la déduction de nos pensées toujours maintenu dans toute sa plénitude illimitée, de manière à rendre impossible la variation, le changement, la contingence. L'être donc est le critérium de la connaissance, parce qu'il est le principe de la connaissance; et par conséquent, Dieu est le principe de la sagesse parce qu'il est le principe de la création. On l'appelle l'éternel géomètre, parce qu'en lui la science et la création doivent s'*identifier*, comme la création des abstractions mathématiques et l'acte qui les connaît sont identiques dans l'intelligence de l'homme. — Enfin nous n'avons pas la vision pure de l'être, et par conséquent nous n'avons pas la vision pure de Dieu : le polythéisme est possible, voire même naturel dans l'humanité ; on ne conçoit l'être que par un travail de l'intelligence qui s'oppose à la limite, et Dieu à son tour est avec nous et nous guide bien avant que nous puissions l'affirmer. En effet ce jugement, l'être existe, n'a que la valeur de la célèbre phrase : *Sum qui sum*; et tous deux, ces jugements n'ont pas plus de valeur qu'un jugement identique, que l'équation $A=A$. En elle-même cette équation n'éclaire pas nos idées, et n'ajoute rien à la connaissance ; c'est un jugement frivole et inutile, car toute chose doit être identique à elle-même. Rapprochez l'équation identique de plusieurs équations antérieures, s'il y a des idées intermédiaires qui enveloppent ou cachent l'un des deux termes de l'équation ; quand elles disparaissent, le voile tombe, et l'identité, au lieu d'être un jugement frivole, est une véritable découverte. Dire que $A=A$, ce n'est rien dire ; dire que, malgré toutes les variétés apparentes d'un calcul, A=A, c'est résoudre un problème. De même, quand on dit que l'être existe, on ne double pas l'être, on n'ajoute rien à la pensée; mais quand on dit que l'être est le principe de toute pensée, qu'il est dans toutes nos connaissances et en lui-même, on le saisit par opposition à une variété qui en voile la véritable notion. De même, le mot *sum qui sum* n'a pas de sens, abstraction faite de toute connaissance antérieure, mais il est admirable si on le considère par opposition à toutes les limites et à toutes les déterminations. Le langage dans cette phrase s'élève au sublime par une ellipse; au lieu de dire : Dieu indéterminé, avant, pendant et après la détermination, est toujours le même, il dit que Dieu est ce qu'il est.

Nous ne voulons pas sortir de la psycologie ou de la description, et en apparence nous sommes, comme on dit, en pleine ontologie; il faut donc répondre à la question sur la nature de l'être. Or, ici, il n'y a qu'une chose de certaine, c'est que l'individuel n'est conçu que par le général, le propre que par le commun; qu'il y a une idée universelle dans toutes les idées, dans tous les jugements, dans toutes les existences, ou plutôt, que le particulier et le général sont contenus dans l'universalité illimitée de l'être. Cette notion, avons-nous dit, est une hypothèse indispensable pour rendre possible le jugement; cette notion, avons-nous ajouté, est la condition première de la pensée; et en effet, ce qui est apporté par l'homme et ce que l'homme affirme de son autorité est hypothétique et conditionnel, d'autant plus qu'il ne se divise de l'être et ne le saisit que par l'analyse. Mais, abstraction faite de la vérité absolue, c'est la sensation, c'est le sentiment, ce sont les choses, c'est l'homme lui-même, c'est l'univers en un mot qui est hypothétique ; l'être précède, l'être est nécessaire : il est principe de tout, il est illimité, indéterminé, *inconditionné*, toute hypothèse, toute limite, toute détermination, toute condition doit nécessairement lui être postérieure. Au reste, précisément parce qu'on doit le considérer comme le premier principe, il est ce qu'il est, et personne ne peut connaître sa nature. Nous le trouvons dans nos pensées ; il les engendre, il les dirige, il les juge, il est immense, éternel, nécessaire, infini ; mais c'est une idée. En disant que *l'être est*, on ne fait que répéter deux fois la même idée, qui reste toujours la même, sans que par ce redoublement dialectique elle puisse acquérir une plus grande perfection. La pensée, voilà le lieu naturel de l'être, hors de là, il ne serait que dans la nature ou en soi. Supposons-le dans la nature : on ne pourrait l'y chercher que par le jugement, lequel doit posséder déjà l'idée préalable de l'être ; le jugement donc découvrirait l'être dans la nature par cette même idée de l'être qu'il a en soi, c'est-à-dire qu'il se ferait l'idée de l'existence de la nature par l'idée de l'existence qu'il a en lui. Il y aurait alors deux idées d'une même idée, la même chose, la même pensée serait deux fois elle-même, une fois parce qu'elle doit être dans l'entendement; une seconde fois, parce qu'elle est dans les objets extérieurs. Mais une chose étant deux fois elle-même est un véritable non sens. Que si l'être est en soi, le même raisonnement se reproduit et conduit encore au même non sens : car, pour percevoir l'être en soi, il faut un jugement se fondant sur l'idée préalable de l'être innée dans l'esprit. Ici encore, on a l'idée de l'être de l'entendement, plus une notion du même être donnée par lui-même; cette notion acquise ne peut être qu'une idée, et ce serait l'idée de l'être perçue par l'idée de l'être. Ainsi, l'idée primitive et fondamentale, après avoir fait le tour du monde et avoir abordé Dieu, se trouve encore une pensée dans nos pensées, et l'ontologie rentre forcément dans la psycologie. L'être est la base du jugement, et il faut le laisser à l'entendement; pour le déplacer il faudrait déplacer notre propre raison, notre propre individualité. Voulez-vous lui donner une existence en soi ? il sera logique de dire que c'est l'être ou Dieu qui pense en nous; le point d'appui du jugement, la notion d'existence étant en Dieu, alors Dieu sera notre raison, nous serons Dieu, il y aura là identité de deux personnes. Voulez-vous que cette base du jugement soit dans la nature ? il faudra déplacer de nouveau la raison, puisqu'on a déplacé son point d'appui : ce sera donc la nature qui pensera en nous, ou l'âme du monde, ou l'*intellectus agens* commun à tous les hommes; et de nouveau la nature, l'âme du monde, l'*intellectus agens* seront nous-mêmes, puisque nous ne pouvons les concevoir que dans notre propre intelligence.

Résumons-nous : la vie intellectuelle est dans le jugement ; le premier jugement suppose une idée générale ; il y a en nous une idée générale, celle de l'être, qui rend possibles toutes les autres. Elle se développe par l'expérience, grandit par la tradition, tire du néant toutes les existences ; c'est la *table rase* sur laquelle s'élèvent toutes nos connaissances, le *lumen quod illuminat omnem hominem*, le *fiat* qui verse des torrents de lumière sur les choses ; le Baghavat dont la vie est une génération éternelle, le Verbe, le Honover qui éclaire toutes les pensées ; l'*universel* anticipé par l'esprit, le *postulat* nécessaire de la connaissance, le *substratum* de toutes les idées, le *soleil du monde intellectuel*. Unique, cette idée donne le double principe de l'essence et de la connaissance ; indivisible, elle se multiplie par toutes les déterminations ; substance, elle devient cause dans le mouvement ; d'abord finie, elle devient infinie quand on la saisit dans sa simplicité. Certes, c'est une pensée et le centre de nos pensées ; mais hors de nous, c'est un mystère que l'homme ne peut sonder sans se perdre au sein de Dieu ou de la nature.

CHAPITRE II.

Plusieurs idées étant données, on tend naturellement vers un système.

Nous ne pouvons pas penser avec l'intelligence toute seule, l'idée première est indéterminée et ne se saisit pas sans opposition ; mais la sensation et le sentiment étant donnés, nous sommes à la merci des choses extérieures, l'être devient tout ce qu'elles le forcent de devenir. Il faut qu'il affirme le monde et qu'il affirme nos émotions. Avant de connaître l'idée, après l'avoir connue, je ne sais d'où vient toute cette variété indéfinie de phénomènes d'où résulte le spectacle de l'univers ; je ne sais pas comment il captive mon attention, ou comment il arrive jusqu'à ma pensée ; mais je sais que je suis forcé de l'affirmer, de le penser et de me penser. Je ne sais pas d'où viennent mes sentiments, mais je sais qu'il y a en moi un monde intérieur dont les variations incessantes sont exactement parallèles à la variété indéfinie du monde extérieur, et je suis forcé d'affirmer mes émotions, mes sentiments, et je ne puis réellement penser que ce qu'ils me présentent. Même lorsque j'abstrais, je généralise, je réfléchis, je suis toujours renfermé dans le cercle d'une observation fortuite, mes syllogismes sont à la merci de prémisses, mes inductions sont à la merci de données dont j'ignore la première origine. Quand ma pensée semble sortir d'elle-même pour commander au sentiment qui, dans ce cas, devient la volonté ; quand ma volonté me porte à agir sur les choses extérieures, je suis encore à la merci d'une force inconnue, mon action ne peut être qu'une réaction. Bien plus, cette réaction ne fait que me livrer de nouveau à l'action de forces inconnues ; et, pour m'en convaincre, je n'ai qu'à observer ce cercle d'action et de réaction qui constitue la vie humaine. Les premiers sentiments de l'homme sont déterminés par le milieu où il se trouve ; c'est la vue des animaux, des végétaux, de la mer, du ciel, qui lui inspire les émotions de l'amour, de la crainte, de la joie, de la tristesse, qui ne peuvent naître qu'à l'aide des sensations. Les premières pensées et les premières idées sont déterminées par les sentiments qu'on éprouve : ce sont eux qui disposent de l'attention, et par là de tous nos mouvements intellectuels. Or, quand une pensée descend, pour ainsi dire, de l'intelligence et se porte de nouveau sur le sentiment qui devient la volonté ; quand la volonté descend du sentiment pour se porter de nouveau sur la sensibilité qui devient l'action, le seul résultat possible de cette action est de modifier le milieu où l'on vit. La réaction intelligente de l'homme se bornerait au déplacement de son corps, qu'elle changerait ce milieu qui l'entoure, le mettrait en présence de nouveaux objets, d'une nouvelle nature, d'un spectacle nouveau. Mais le milieu étant changé, les émotions doivent changer, les sentiments doivent varier, déterminer une attention nouvelle, et par conséquent inspirer d'autres idées, d'autres pensées. Il faut donc revenir à l'action, modifier de nouveau les objets, le milieu qui nous entoure, modification qui ne peut manquer de réveiller d'autres émotions et d'autres idées, pour le moment inconnues. C'est ainsi que s'opère le mouvement circulaire de la vie; il monte de la sensation au sentiment, à l'intelligence, et il descend ensuite de l'intelligence au sentiment et à la sensation; et une fois là, il trouve de nouvelles forces, auparavant inconnues, qui l'obligent à remonter à l'intelligence pour redescendre à la sensation, sans que jamais on puisse prévoir le moment où il doit s'arrêter. On peut agir dans un but, mais aussitôt que le but est atteint, on ignore les vibrations du sentiment et de l'intelligence qui retentiront en nous en vertu de notre propre triomphe sur la nature. Nous prévoyons un but à toute action, nous ne prévoyons pas la nouvelle action que ce but renferme en puissance; et c'est ainsi que nos propres actions nous livrent toujours à de nouvelles forces inconnues. Mon intelligence est donc à la merci de sensations qui varient toujours, qui sont inexplicables et irrésistibles, qui m'imposent leur éternelle mobilité. Plus je déplace les choses qui m'entourent, plus elles déplacent mes sentiments et mes idées; je cherche le repos dans la richesse,

et la richesse m'impose les tâches de l'ambition :
je cherche le bonheur dans l'ambition, et l'ambition m'impose d'autres tâches; et ainsi de suite à
l'infini : de sorte que je ne puis pas même savoir si
ma vie ne sera pas une tâche éternellement manquée. Je marche donc sur un terrain mobile, qui
change au hasard et qui impose à mon esprit toutes
les variations fantasques d'une force qui certainement n'est pas la mienne, car elle est inintelligible.

Mais s'il m'est impossible de fixer ou de choisir
les sensations ou les sentiments ; si mon intelligence est enchaînée aux données de ces deux ordres de phénomènes, si je ne puis pas calculer les
forces mystérieuses qui provoquent la manifestation de mes pensées, il n'est pas moins vrai que
c'est de l'idée première que les phénomènes
reçoivent leur existence, et qu'ils doivent occuper
la place que l'idée première leur assigne en vertu
de ses propres lois. En d'autres termes, les phénomènes peuvent être ou ne pas être, mais ils ne
sont qu'en vertu de l'idée ; leur nombre peut
varier, mais ils ne peuvent se combiner qu'en
vertu des lois de l'idée ou de l'intelligence ; nous
sommes à la merci des phénomènes, mais les
phénomènes à leur tour sont à la merci des lois
de la raison. Nous ne produisons pas les phénomènes, nous n'en connaissons pas les causes ; mais
puisqu'ils subissent dans leur origine, dans leur
développement, dans leurs combinaisons les lois de
l'intelligence, il sera juste de les considérer comme

la matière, les conditions de l'intelligence. Nous pouvons toujours affirmer que, les données étant accordées, telle pensée sera nécessaire, que, les données étant admises, tel ordre d'idées sera inévitable; nous pouvons toujours considérer l'ensemble de nos idées comme le développement naturel des lois de l'intelligence, à la condition d'un certain nombre de phénomènes. Dans l'impossibilité de connaître les lois, la nature, les propriétés des phénomènes, il nous reste la possibilité, la nécessité de connaître les lois, les propriétés de la pensée, la seule chose qui soit compréhensible pour la pensée.

Cela posé, la formule la plus abstraite, il est vrai, mais la plus rigoureuse des lois de l'intelligence, celle qui découle de l'idée première, se réduit à l'axiome que, plusieurs idées étant données, on aboutit naturellement à un système. En effet, on ne conçoit que par l'être. Ce qui en même temps est et n'est pas, soit dans les substances, soit dans les qualités, n'a pas de sens pour nous. Nous sommes toujours dans la nécessité de juger et d'exclure la contradiction de nos jugements, de raisonner et de surveiller l'harmonie de nos raisonnements, de généraliser et de coordonner les résultats de la généralisation. On ne peut pas affirmer deux idées contradictoires, et ce qui se dit de deux idées se dit de cent, de mille idées, se dit de toutes les pensées, quels que soient leur origine, leur nature, leur sujet, leur portée. Nos connaissances se multiplient à chaque jour, à chaque instant, il n'y a pas un regard qui ne puisse graver mille souvenirs dans notre mémoire; la vie elle-même n'est qu'un écoulement continuel de sentiments et de sensations qui deviennent des idées ; mais en se transformant en idées, les uns et les autres deviennent intelligibles, et par conséquent, doivent subir l'action de l'intelligence, de la logique, se disposer d'après les lois d'une géométrie idéale dont les opérations peuvent se comparer à celles des mathématiques, qui n'en forment qu'une partie. Nos idées ne sont pas des nombres, mais elles se disposent forcément à la manière des nombres, *modo numerorum*. Que les données donc se multiplient, qu'elles varient indéfiniment ; elles ne sont admises qu'à la condition de devenir un système, c'est-à-dire, de développer le système de nos idées antérieures. Isolées, ces données ne comptent pas ; si elles se présentent quand la pensée les réclame, elles comptent, mais elles ne comptent que comme la matière qui se prête à recevoir la forme qui leur est prédestinée par l'intelligence.

L'esprit humain est donc essentiellement systématique ; la même force qui l'oblige à affirmer les phénomènes, l'oblige à les coordonner, la même force qui lui fait généraliser ses sensations, lui fait coordonner ses généralisations. Mille contradictions masquées par des erreurs pourraient rester latentes dans nos idées pendant des siècles ; mais dès qu'elles se manifestent à l'esprit, elles doivent disparaître, dût-il renouveler toutes les idées. C'est pourquoi la philosophie est à l'œuvre depuis le commencement du monde pour combiner les deux sciences de Dieu et de la nature, de l'infini et du fini : il y a là une opposition inexplicable, deux termes qui semblent se supposer et s'exclure, et la raison humaine ne se lassera jamais dans son éternelle recherche sur les rapports de Dieu et de la création. Au reste, les systèmes des philosophes ne sont que des fragments de leurs propres systèmes ou des conjectures anticipées sur un système à venir. Car le système qu'on adopte n'est ni celui qu'on conjecture, ni celui qui n'éclaire pas nos actions, encore moins celui qui se trouve en opposition avec la certitude pratique sur laquelle se fonde notre vie. Le système qu'on adopte est celui qui est identifié avec notre existence, sur lequel on n'a peut-être jamais réfléchi, mais que la foi de nos convictions ne peut pas abandonner un seul instant.

Nous venons de montrer que l'intelligence tend naturellement vers un système : à leur tour, le sentiment et la sensation, l'homme moral et l'homme physique, suivent à leur manière cette tendance de l'homme intellectuel. Nous ne pouvons pas trouver la logique dans la sensation, mais nous trouvons que la nature physique est périodique, quelle que soit la cause de ses évolutions circulaires. Ainsi la terre tourne autour du soleil ; ce mouvement dans les êtres vivants est suivi par les alternatives nécessaires de la veille et du sommeil, les fonctions du corps humain sont périodiques jusque dans les grandes alternatives de la vie et de la mort. Bien plus : l'habitude, cette force inconnue qui prend son origine dans l'organisation physique de l'homme, s'étend à nos sentiments et s'élève jusqu'à nos idées, l'habitude tend sans cesse à fixer le mouvement de la vie dans un cercle régulier de phénomènes. De là vient que la vie animale, quoique livrée indifféremment à une foule de plaisirs, de douleurs, de mouvements, en vertu de l'habitude s'arrête à certaines déterminations. On sait que les mouvements musculaires dans les métiers, dans les arts, dans toutes les actions artificielles deviennent une seconde nature, qu'ils parviennent quelquefois à se transformer en plaisirs ; on dirait qu'ils aspirent à devenir des instincts. Il y a mille occasions où le corps marche tout seul, de sorte que l'on peut dire avec le poète italien :

> E 'l poverin che non se n' era accorto
> Andava combattendo, ed era morto.

De même, par nos sentiments nous sommes accessibles à une foule de passions, le bonheur que nous pouvons désirer est indéfini, mais nous n'avons réellement que la volonté de nos habitudes, c'est-à-dire une fraction de la volonté possible. Malheur à nous si la puissance indéfinie du sentiment déployait toutes ses forces latentes ! En supposant que la volonté de tous ne prît que les limites de la volonté des plus riches ou des plus ambitieux, il y aurait en France 30,000,000 d'hommes comme Catilina, ayant les besoins des grands et la pauvreté du peuple. Et si la volonté n'avait pas même ces limites posées par l'inconnu et par l'habitude, si les passions devaient à tous les instants faire irruption dans la vie, exiger à tous les instants la réalisation de tous les biens possibles, les supplices de l'enfer donneraient une faible image des tourments de l'humanité. Mais la volonté déterminée par le milieu où nous vivons, par les idées que nous avons, reste naturellement dans sa détermination, par la force de l'habitude. On veut le bien, le meilleur, on se propose un idéal, c'est toujours l'idéal de notre détermination, c'est toujours la *possession* qui décide du bonheur de la vie. Aussi est-ce un acte d'héroïsme de renoncer au pouvoir politique, et cependant la plus grande partie du genre humain ne songe pas même à s'en emparer : partout on combat avec plus d'énergie pour garder le pouvoir que pour le conquérir, et les mouvements révolutionnaires réussissent plutôt lorsqu'il s'agit de se défendre contre une tyrannie qui devient insupportable que lorsqu'il s'agit d'obtenir une plus grande liberté. — En pénétrant dans la sphère de l'intelligence, l'habitude prend la forme de l'association des idées, faculté irrationnelle, mais qui tend invariablement à nous tenir dans le cercle des mêmes objets, des mêmes souvenirs et des mêmes idées. C'est là un instinct de répétition qui imite le mouvement de la nature, qui s'empare de toutes nos pensées et fait que leur marche suit le cours périodique des sentiments, tandis que ceux-ci suivent le cours périodique de la nature. Et comme nulle idée ne se dérobe à l'influence de l'habitude, comme toute pensée tend à se produire par cela même qu'elle s'est produite, la tendance systématique de l'intelligence, en dernière analyse, ne fait que chercher la cohérence, là où il y a déjà la régularité.

Nos sentiments présentent encore, sous une forme absolument différente, une harmonie analogue à la régularité de la nature et à la force systématique de l'intelligence. Sans discuter, avec Reid ou avec Gall, sur le nombre des sentiments ou des instincts primitifs, il faut convenir que nous sommes dans une profonde ignorance sur les lois d'après lesquelles ils varient ou se combinent. Le même sentiment donne des résultats opposés, d'après les milieux où il se développe; deux sentiments réunis ne produisent pas un effet double, mais cent fois plus grand, sans que nous puissions deviner cette arithmétique intérieure qui mesure l'intensité et la direction de nos passions. L'amour, par exemple, est toujours le même, mais dans la polygamie indienne, au milieu des vices de la Grèce, dans la chevalerie du moyen-âge, il change de forme, de poésie, je dirais presque de but: témoin le drame de Sacontale, le *Phèdre* de Platon et la *Divine Comédie*. L'amour, joint à l'ambition ou à l'instinct de l'art, enfante des prodiges que l'amour seul ne peut ni comprendre ni mesurer. Nous connaissons la musique, non pas parce que nous connaissons les sept notes de l'octave, mais parce que nous connaissons les lois de l'harmonie et de la mélodie, lois invariables dans tout milieu, où les sons peuvent vibrer. Mais si nous savons quelles sont les notes fondamentales du sentiment, nous ne sommes pas même dans la voie de connaître ces combinaisons sentimentales qui se transforment sans cesse en passant d'un milieu à l'autre, d'une époque à l'autre de la société. Cependant il y a une tendance harmonique, une véritable musique dans nos sentiments ; sans pouvoir l'expliquer, sans en connaître les causes, nous en voyons les effets éclatants dans la vie, dans l'art, dans la poésie qui la résume, dans la science qui la suppose. Que l'on prenne un tableau, un poème, une statue, on sentira là une harmonie que l'on ne peut ni contester ni démontrer. Par quel enchantement une chanson de Pétrarque est-elle une merveille si unique, si parfaite, qu'on ne saurait y changer un mot sans la défigurer ? Les efforts de la critique littéraire la plus subtile se réduisent à indiquer les beautés; la critique dénombre les personnages, les épisodes d'un poème, elle remarque le dessin, le plan d'un tableau, elle indique toujours, elle n'explique jamais. Souvent elle relève des défauts; peut-elle les corriger ?

Qu'est-ce, d'ailleurs, que la poésie aux yeux de la raison ? C'est une fiction, une réunion de rêves et de bizarreries : tout homme positif pourra toujours répéter à tout poète, le mot du cardinal d'Este à l'Arioste : *Dove avete preso tante corbellerie, messer Lodovico?* L'intelligence n'a rien à répondre à cette observation pas plus qu'à toutes les critiques de Platon contre la poésie ; oui, le poète n'est ni guerrier, ni historien, ni politique, il parle de tout et il ne sait rien, il ne cherche pas la vérité, il invente toujours ; il n'instruit pas, il remue les passions. Rien de plus vrai. Cependant dans les plus fantastiques rêves de la poésie il y a une harmonie parfois aussi profonde que dans la vérité de l'histoire. Le poète ne sait rien, mais il devine tout ; il ne peut commander une bataille, mais il couvre de gloire ceux qui commandent ; Lopez de Véga éclaire l'histoire mille fois plus que ne peut le faire l'historien : il est donc une puissance harmonique dans le poète, mais elle ne se borne pas à la poésie, on la retrouve dans tous les arts, dans l'enthousiasme mystique, chez les prophètes, tout aussi bien que chez les orateurs et les improvisateurs ; et comme tout le monde parle et improvise, comme tout le monde sent l'influence de la parole et de l'art, de la poésie ou de la religion, il faut que tous les hommes soient poètes et prophètes pour ainsi dire, car le sentiment ne vibre que sur le sentiment. Mais si tout le monde possède l'harmonie de l'inspiration, si elle est dans l'art, parce qu'elle est dans le cœur de l'homme, et s'il est vrai qu'il n'y a pas une de nos idées qui ne se produise en nous sans l'entremise du sentiment, il s'ensuit que nos idées les plus abstraites devront reproduire l'harmonie de nos instincts. Veut-on constater cette harmonie idéale? Il y a un moyen bien simple ; on n'a qu'à observer les grands systèmes, peu importe que ce soient des religions, ou des philosophies, ou des combinaisons politiques. Prenons les *Vedas* ou les *Pouranas*, ils ont été bien certainement écrits dans l'intention d'annoncer la vérité, l'esprit qui les animait s'est éteint, mais ils restent toujours de grandes épopées. Il y a une admirable symétrie de proportions dans les systèmes d'Aristote et de Platon ; il est impossible, si on sait les comprendre, de résister à la séduction de cette espèce d'architecture intellectuelle : on s'y plaît, quand même on n'y croit pas. D'où vient ce sentiment d'admiration ? Certes pour la raison les théories de Platon ou d'Aristote n'avaient d'autre but que celui de la connaissance ; mais chacune de ces théories se formait par l'attrait d'un sentiment, par la force d'une poésie occulte qui accompagnait ou précédait le mouvement intellectuel, et il en est résulté que ces grands systèmes sont aussi d'admirables poèmes. C'est une profonde erreur de croire que les peuples barbares sont poètes, et que chez les peuples civilisés l'imagination cède la place à la réflexion. Toute légende, toute poésie barbare acceptée par les croyances est un véritable système philosophique, car on ne croit, on n'affirme que par l'entendement; en même temps il n'y a pas de peuples, pas de savants, pas de philosophes dont les systèmes ne soient soutenus par une poésie continuelle, la poésie de la vie, la puissance harmonique du sentiment. La différence entre les anciens et les modernes n'est que dans le point de vue : la vérité dans les conceptions anciennes a disparu pour nous, elle ne nous en cache pas la poésie. Mais n'avons-nous pas, nous aussi, la chance de passer pour poètes devant une postérité qui démasquerait nos erreurs? Que si, en écartant les légendes, les religions, les philosophies, les idées, nous ne considérons que la pure histoire, d'où vient cet intérêt que nous portons à l'histoire des Tarquins ou des Mérovingiens? Non pas certes de l'utilité et de l'instruction que nous pouvons en retirer; mais ils ont vécu dans un autre point du temps et de l'espace, au milieu d'autres circonstances, ce sont des hommes, l'humanité sous une autre forme, et il y a un attrait invincible, quoique purement artistique, qui nous attache à cette harmonie antique de sentiments, d'idées et de choses qu'ils représentent. Les anciens avaient raison de mettre l'histoire au rang des muses; car, si on l'étudie dans toute sa grandeur, si on sait rapprocher, par exemple, les arts, les mœurs, le gouvernement de Rome, si on pénètre dans l'intimité de cette harmonie antique, on n'est plus devant l'histoire d'une ville, on est devant une épopée mutilée par le hasard. Si donc le poète s'inspire aux grandes sources de l'histoire et de la religion, c'est parce que la poésie cherche la poésie : si le poète devine l'histoire par les intuitions de l'art, c'est parce que la poésie doit deviner la poésie. — C'est là ce qui est incontestable, à notre avis; la discussion ne pourrait s'ouvrir que sur la nature de ce principe d'harmonie, car quelques philosophes en font une idée, l'idée du bien, du beau, du bon, le principe de l'ordre, de la mesure qu'ils placent dans l'entendement. Mais toute idée innée doit être illimitée, et au contraire le beau, le bien, l'ordre sont inconcevables sans les limites. — Toute idée doit être au moins un genre, comme l'idée de l'homme, et au contraire le beau est dans les proportions et dans les relations. — Toute idée innée est invariablement la même chez tous les hommes, et la beauté varie comme les sentiments de pays à pays. — Toute idée une fois posée doit se soumettre au raisonnement, et aucune induction, aucune déduction ne peut rendre compte de l'art. Comment donc, à quel titre, l'idée du beau variable, relative, limitée, insaisissable pour la raison, serait-elle une notion de la raison? D'ailleurs tout principe rationnel doit avoir sa formule : quelle sera donc la formule de l'art ? sera-t-elle l'unité dans la variété ? dans ce cas toute conception serait belle. Dira-t-on que c'est l'infini dans le fini? Ici encore toute pensée serait belle, réunissant le déterminé et l'indéterminé. Est-ce que le beau serait l'ordre dans un but? Dans cette théorie l'art périrait; car il n'a pas d'autre but que l'art lui-même. Pourrait-on soutenir que le beau est la *splendeur du vrai?* Dans ce cas, tout symbole poétique serait un voile pour la beauté, les livres d'Euclide seraient plus beaux que les poèmes d'Homère, et il resterait encore à savoir ce que c'est que le *rayonnement* d'une idée. Non, l'art n'est pas démontrable, n'a pas de formule, pas d'idée, pas de principe rationnel; le sentiment est le seul principe de l'art, et si toute idée doit être provoquée par le sentiment, au lieu de dire que le beau est la *splendeur du vrai*, il faut dire au contraire que le *vrai est la splendeur du beau*, et que l'harmonie qui se trouve dans les idées n'est que le reflet de celle qui se développe dans les sentiments.

CHAPITRE III.

Un système étant donné, tous les autres sont possibles.

Evidemment un système ne peut remplacer un autre système que par la même loi qui nous force à remplacer une pensée par une autre pensée. L'acte de l'intelligence est identique, soit qu'elle rejette une idée, une erreur, soit qu'elle rejette un ensemble d'idées et d'erreurs ; comme nous avons cherché dans l'origine de la pensée l'origine de notre tendance systématique, nous devons chercher dans les lois de l'erreur les lois de la succession des systèmes. Ce sera développer sous une autre forme ce que nous avons déjà dit, mais par là nous pourrons confirmer ce qui précède et préparer ce qui doit suivre.

Démocrite indique les causes d'erreurs dans les circonstances qui altèrent l'image des objets ; Platon dans celles qui nous font confondre une idée avec une autre ; Aristote énumère les erreurs dans les treize sophismes ; les pyrrhoniens dans les dix époches, espèces de catégories sceptiques. Parmi les modernes, Bâcon a divisé les erreurs en quatre classes ; Locke, Reid et d'autres nous présentent diverses classifications plus ou moins raisonnables; pour nous il ne s'agit pas de classer les erreurs, mais d'étudier l'erreur ; cette recherche ne peut pas sortir de la psycologie où elle a été fixée par l'école cartésienne.

§ 1. Les facultés de l'homme isolément considérées, sont infaillibles.

I. La sensation est infaillible : ce n'est pas une pensée, et cette seule considération suffit à la justifier. Il est vrai que les sens nous trompent de mille manières sur la grandeur, sur la dimension des objets, sur les couleurs, les distances ; cependant les illusions d'optique, les rêves, les hallucinations ne sont que des images, et toute image d'elle-même n'est ni vraie ni fausse. La sensation ne s'affirme pas, et où il n'y a pas d'affirmation l'erreur est impossible ; n'étant ni qualité ni substance, la sensation ne peut être ni erreur ni vérité.

Ce qui se dit de la sensation s'applique également aux facultés qui en relèvent, savoir : à l'association des idées, à la mémoire et à l'imagination. — L'association des idées est une habitude qui tend à reproduire nos idées dans un ordre périodique ; elle crée une foule de liaisons factices qui ne cadrent nullement avec la succession naturelle des phénomènes. Mais l'association des idées n'implique pas la croyance ; le jugement peut l'affirmer, soit à tort, soit à raison ; de là l'erreur ou la vérité : la liaison des idées, étant purement mécanique, ne peut être ni vraie ni fausse. — Le même raisonnement s'applique à la mémoire ; elle nous présente deux actes distincts, la réminiscence et le jugement mnémonique ; la réminiscence est une image que le jugement mnémonique seul peut replacer dans le passé. Or, l'image ne peut pas nous tromper ; l'acte qui la rapporte à un certain point du temps ou de l'espace, cet acte, le seul qui puisse faillir, n'appartient pas à la mémoire, c'est une forme du jugement. Par suite de l'oubli nous pouvons nous tromper ; mais comment confondre l'oubli, l'absence de souvenirs et de pensées avec un fait aussi positif que l'affirmation erronée ? — Nous ne nous arrêtons pas à l'imagination ; il n'est pas douteux qu'elle ne s'égare, il est certain qu'elle n'est pas une faculté simple ; et l'erreur doit être renvoyée à la faculté qui la trompe, peu importe que ce soit la sensation, le jugement ou le sentiment. En définitive si l'imagination ne croit pas à ses fictions, l'erreur est impossible, si elle y croit, elle n'est plus l'imagination, elle est l'intelligence.

11. Le sentiment n'ayant pas la force de s'affirmer n'est pas plus responsable de l'erreur que la sensation, l'association des idées, la mémoire ou l'imagination. Pour accuser la volonté, les cartésiens ont dû lui accorder la faculté de juger: « L'entendement, disaient-ils, ne fait que percevoir, c'est la volonté qui donne son assentiment aux perceptions, c'est donc la volonté qui est faillible ; l'homme n'a qu'à suspendre son assentiment, pour se rendre inaccessible à l'erreur. Là où la perception est claire et évidente, de sorte qu'elle nous force à consentir,.

nous sommes infaillibles comme dans les mathématiques; au contraire, dans les notions vraisemblables, nous sommes libres, et c'est la faute de notre volonté si nous nous égarons. » — Ainsi, d'après les cartésiens, nous avons une raison qui voit les idées, en conçoit les rapports, les combine; nous avons une raison qui juge (puisque voir, pour la pensée c'est juger), qui possède l'idée de l'être (puisqu'on ne juge pas sans idées); et en même temps nous avons une autre faculté qui peut également affirmer, ou nier, ou douter, qui par conséquent possède à son tour des idées, ou ce qui revient au même, les reçoit et double les jugements de la raison. Il y a donc en nous deux intelligences : l'une fatale, l'autre volontaire si l'on veut, mais toutes deux douées de l'idée de l'être, et pouvant toutes deux percevoir et raisonner. Il en résulte que toute pensée sera constituée deux fois par deux forces égales, et qu'elle sera deux fois elle-même, ce qui ne peut pas même se concevoir. — Que si les deux intelligences diffèrent, si l'intelligence volontaire est capricieuse, factice, de deux choses l'une, — ou elle ne voit pas l'être et elle n'est plus une intelligence, à moins qu'elle ne pense sans penser et qu'elle ne raisonne sans raisonner, — ou elle voit l'être, et il faut qu'elle subisse toutes les lois de l'être, et dès lors elle cesse d'être arbitraire, capricieuse et factice. Mais comment nous serait-il possible de voir deux fois l'être, de le constituer deux fois, de faire qu'il soit deux fois ce qu'il est?—On dit que la volonté peut affirmer, parce qu'elle peut toujours suspendre son *assentiment*, hormis les cas où l'évidence est irrésistible. Rien de plus faux; nous ne sommes pas plus les maîtres de nos doutes que de nos conceptions les plus certaines; notre volonté ne peut prévaloir contre le moindre soupçon de l'intelligence, pas plus que contre la force des nombres. C'est qu'elle est inintelligente et que partout où il y a une pensée, elle doit céder à la raison qui est inexorable et maintient toujours ses droits dans les moindres vraisemblances. Le pouvoir de la volonté ne se montre que dans la sphère où elle domine, dans la sphère du sentiment ; là elle maintient à son tour ses droits ; elle peut toujours jouir, souffrir à son gré de la vérité ; aucune évidence ne peut jamais la forcer, elle est libre de mentir dans les mathématiques comme dans les affaires de la vie, dans la certitude comme dans le doute. Elle accorde ou refuse donc son *consentement*, sans jamais avoir aucune influence sur l'*assentiment*. D'où il suit que c'est une erreur de soutenir avec les cartésiens que la contingence sort de la liberté, la nécessité de la raison. La raison seule apprécie la force de ses affirmations ; c'est elle qui peut s'opposer toujours à elle-même dans toute la sphère du possible, jusqu'à ce qu'elle soit forcée de s'arrêter devant une contradiction ; c'est elle par conséquent qui juge de la possibilité du changement, de la contingence et qui voit que l'univers ou la création pourrait ne pas être. Mais la volonté peut se révolter contre la création, renoncer à la vie sans jamais pouvoir nier ni la vie, ni la création ; si elle le pouvait, la raison elle-même pourrait être niée, et l'homme tout entier serait à la merci de l'un des éléments qui le composent. Ainsi, croire que la volonté se trompe, c'est croire à un absurde redoublement de nos facultés, ou c'est diviser la pensée de la pensée, le raisonnement de la raison ; et par suite, c'est diviser en deux parties hostiles l'intelligence et ses manifestations ; c'est mettre en opposition la raison et les systèmes qu'elle crée, la philosophie et l'histoire, le principe qui nous dirige et la direction qu'il nous imprime. Donc les sentiments, les passions, les caractères, les dispositions du moment, l'esprit de parti, de corporation, de caste, de nationalité, de famille, seront peut-être des occasions d'erreur ; mais en eux-mêmes les désirs, les penchants ne peuvent être ni vrais ni faux, et il est impossible qu'ils puissent nous égarer.

III. Sans jugement il n'y a ni vérité ni erreur, et certes notre raison est en apparence responsable de nos illusions. Cependant l'être et le jugement par eux-mêmes ne se connaissent pas ; une fois en présence des phénomènes, ils sont à la merci du sentiment et de la sensation, il faut qu'ils deviennent ce qu'ils doivent devenir. Bien plus, la vision intellectuelle de l'être en relation avec les phénomènes ne peut pas ne pas être formellement juste, le jugement est essentiellement logique, soit qu'il affirme, soit qu'il nie, soit qu'il compare. Si la sensation se présente, on doit l'affirmer, et si elle n'est pas, il est impossible au jugement de dire qu'elle existe; dans tous les jugements d'existence, on est toujours dans l'alternative de l'infaillibilité ou de l'ignorance. Si on réunit une qualité à un sujet, par exemple, la pesanteur au corps, la blancheur à la pierre, on ne fait que percevoir dans un objet ce qui s'y trouve, et on ne saurait percevoir ce qu'on ne perçoit pas. Si on compare (et nier, c'est comparer), comme le jugement n'invente pas les *données*, comme il doit les percevoir telles qu'elles se présentent dans l'identité d'une idée, il faut encore qu'il affirme ou qu'il nie ce qu'il doit affirmer ou nier. Certes nos jugements peuvent être faux, cela n'est pas douteux; mais à qui la faute? aux *données*, à l'*ensemble des jugements*; le jugement est aussi infaillible que toutes les autres facultés. Il se borne à réunir l'idée aux phénomènes, ou à voir dans un phénomène ce qui s'y trouve, ou à voir une même idée dans plusieurs phénomènes, et il est inviolable comme l'identité, comme l'être. On peut comparer son action au mouvement isochrone et invariable du pendule dans une horloge; la faute n'est pas au pendule, mais aux rouages et aux ressorts, si l'aiguille ne marque pas l'heure juste. D'ailleurs, quel est le moyen de vérifier les faux jugements? c'est encore le jugement : mais s'il pouvait varier son action, s'il pouvait se vicier, s'il était faillible, toute vérification serait impossible, nous serions condamnés à une erreur éternelle, sans aucun espoir de retour sur nos propres observations; tandis que cette force merveilleuse du jugement, toujours la même dans ses plus grands écarts, peut se servir de l'erreur pour découvrir la vérité. Par là on voit que la suite de nos jugements, c'est-à-dire le raisonnement, peut être matériellement faux, sans jamais cesser d'être formellement juste. La déduction nous donne véritablement la conclusion qui se trouve dans les prémisses; l'induction nous conduit forcément aux idées qui se trouvent dans les faits sur lesquels elle se fonde. La logique naturelle est également infaillible dans le jugement et dans le raisonnement. Ce n'est pas pour redresser notre raison que nous observons les règles du syllogisme ou de l'induction, une raison fausse ne saurait jamais se rectifier, c'est pour commander à l'attention, pour nous garantir, soit des illusions du langage, soit des erreurs matérielles qui pourraient se glisser dans les données. Comme le jugement, le raisonnement est donc à la merci de ses propres données, et si les prémisses sont fausses, l'erreur est plus logique que la vérité; comme le jugement, le raisonnement se rectifie par lui-même, en vertu de son infaillibilité; enfin, comme le jugement, le raisonnement est nécessairement régulier, isochrone, il peut être trompé sans qu'on puisse jamais dire qu'il se trompe.

§ 2. Origine de l'erreur.

Les éléments de la nature humaine sont infaillibles, les uns parce qu'ils sont rationnels, les autres parce qu'ils ne le sont pas ; l'intelligence seule ne peut pas s'égarer, les phénomènes seuls ne peuvent pas s'affirmer, toutes les facultés isolément considérées dans leurs attributions échappent à l'erreur ; il est donc certain que l'erreur naît de l'action réunie des forces de l'esprit humain. L'unité inviolable de l'être, se joignant à la dyade obscure et incompréhensible du sentiment et de la sensation, engendre en même temps l'erreur et la connaissance. Est-ce que l'entendement serait vicié dans les combinaisons de l'erreur? Non, l'erreur est une pensée comme toutes les autres, et, en elle-même, elle ne diffère pas absolument de la vérité. En effet, une pensée isolée ne peut ni être fausse, ni être reconnue comme telle ; l'erreur ne se manifeste qu'à l'instant où elle doit périr et elle ne peut périr qu'en vertu d'une autre pensée, c'est-à-dire, en vertu d'une nouvelle donnée que l'on affirme. L'entendement n'est donc pas plus vicié dans l'erreur que dans la vérité ; seulement toutes les idées sont sans cesse exposées à périr parce que nous sommes exposés à affirmer d'autres idées contradictoires. D'où vient cette possibilité de nouvelles contradictions, cette éternelle faillibilité de la nature humaine? Non pas certes de l'être, c'est lui qui nous sauve de la contradiction, non pas certes de toutes les variétés extérieures, qui ne seraient rien par elles-mêmes; mais de l'origine même de la pensée, de cette union illégitime du fini et de l'infini, du déterminé et de l'indéterminé, union irrésistible et inévitable, mais irrationnelle et incompréhensible. L'être devient tout ce qu'on le force de devenir, c'est là un fait; le jugement dans toutes ses versions présente l'être pur ou l'être transformé en une idée moins illimitée, mais toujours réunie à des sujets particuliers ou limités. Quelle est la cause de cette union? Non-seulement elle est inconnue, mais elle est arbitraire, car il y a là juxtaposition sans identité, il y a là combinaison sans équation, les deux termes loin d'être égaux offrent une différence indéfinie. Le grand terme est absolu, éternel, incommensurable, il pose son affirmative pour l'infini dans l'espace et dans le temps. On a dit que Dieu est tout entier dans l'affirmation et réellement le jugement est absolu même dans l'affirmation de la probabilité et du doute; cependant la moindre donnée le captive, l'apparition la plus éphémère l'éveille dans toute sa puissance; lorsqu'il varie dans l'espace, sa grandeur infinie lui permet de tout contenir; mais lorsqu'il varie dans le temps, il faut qu'il détruise lui-même ses déterminations transitoires qui se posent pour l'éternité; il faut qu'il leur retire son affirmation pour s'éviter la contradiction, c'est-à-dire le non être ou le non-sens. Ainsi, une pensée isolée est infaillible; plusieurs pensées peuvent se détruire : une existence immobile est éternelle, une existence qui varie, détruit les formes qu'elle rejette. — L'observation nous montre que nos pensées et les choses peuvent varier, et par conséquent, périr à chaque instant; notre raison voit à chaque instant la possibilité d'une variation indéfinie. Si on veut remonter à la cause de ce changement, on ne la trouve ni dans la dyade du sentiment et de la sensation, ni dans l'unité de l'être : nos facultés sont infaillibles et immuables; mais l'équation de la pensée est arbitraire. Il y a une différence infinie au profit du grand terme, et celui-ci peut contenir en même temps ou exclure successivement un nombre indéfini de pensées et de choses, suivant qu'il les pénètre par l'ordre, ou qu'il les détruit par la contradiction. De là viennent le possible qui exprime la différence infinie, le contingent qui est le possible en acte, la pensée qui est le contingent affirmé, et l'erreur qui est l'affirmation en désaccord avec la succession des existences. La pensée n'est pas viciée dans l'erreur; mais elle est viciée dans son origine, où elle trouve une différentielle qui lui permet, il est vrai, de se développer, mais qui la condamne en même temps à l'erreur.

L'ontologie présente le reflet gigantesque de cette loi de la pensée et de l'erreur. Dieu est nécessaire et la création est contingente; car il n'y a pas d'équation entre Dieu et la création : Dieu peut créer un nombre indéfini de mondes, puisqu'il est infini; il peut détruire une création par l'autre, comme il détruit une forme au profit d'une forme successive, car dans sa sagesse éternelle il ne peut pas maintenir l'impossible, savoir, l'immobilité dans le mouvement.

Si l'erreur vient de la différence infinie entre Dieu et la création, entre l'être et le second terme de la pensée, il s'ensuit qu'il y a un seul moyen de nous mettre à l'abri de l'erreur, c'est de faire disparaître cette différence, et par là, de supprimer toute possibilité de variation. Lorsque nous procédons par identités, comme dans les mathématiques, dans le syllogisme et dans les jugements identiques, les deux termes de l'équation sont égaux, l'erreur et le contingent sont impossibles : au contraire, dans la connaissance du monde, dans l'étude des phénomènes, de leur succession, de leur variation, la différence subsiste ; il n'y a pas d'équation juste, pas d'échange mathématique, et la pensée est essentiellement faillible.

Il est facile maintenant d'apprécier les diverses théories de l'erreur. — Suivant Démocrite, l'image des objets reste faussée : 1° par le milieu qu'elle traverse ; 2° par la variabilité de l'objet lui-même ; 3° par celle du sujet qui perçoit : mais l'image n'est ni vraie ni fausse, d'autant plus qu'on ne peut connaître l'objet d'où elle vient que par l'image elle-même. — Les dix lieux communs des sceptiques ne font qu'indiquer la variété des idées, d'après les espèces animales, les individus, le nombre des sens, les passions, les habitudes, les circonstances, les mélanges, les compositions, le sujet, les mœurs; mais les éléments de cette variété, tant qu'ils ne sont pas affirmés, ne sont ni erreurs, ni données. — On connaît les quatre espèces de fantômes indiqués par Bacon : 1° les fantômes de race qui nous font voir le monde dans nos analogies; 2° les fantômes de l'antre, c'est-à-dire nos habitudes; 3° ceux de convention, ou les erreurs de langage; 4° les fantômes de théâtre, savoir les fausses philosophies. Ces illusions sont des données préétablies dans l'esprit, et un jeu de l'habitude dans la philosophie, dans le langage, dans les individus, chez l'homme en général; or l'habitude est occasion et non pas cause d'erreur. — Locke signale les idées incomplètes, obscures, confuses, chimériques; le manque de preuves, le manque d'habileté à les faire valoir, les fausses règles de probabilité, les équivoques du langage et les écarts de l'association des idées. Jamais indication n'a été plus empirique : on y trouve confondues les facultés, les données, les occasions; la pensée de Locke, au reste, était de chercher l'erreur ailleurs que dans la sensation, afin de la rectifier par la sensation. — L'école cartésienne a bien compris que nos facultés ne sont pas causes, que ce ne sont que des occasions d'erreurs : elle n'a failli qu'en accusant la volonté : pour justifier la raison, elle a placé une seconde intelligence capricieuse et arbitraire, à côté de l'intelligence qui perçoit la vérité. — Aristote, en réduisant les treize sophismes à l'*ignoratio elenchi*, à l'ignorance des données, semble avoir vu, 1° que l'erreur était dans l'ensemble des pensées; 2° que la possibilité de l'erreur consistait dans la possibilité de découvrir de nouvelles données. — Kant aurait dû chercher l'origine de cette possibilité. Il a placé l'erreur dans l'opposition du fini et de l'infini; mais ses antinomies sont dans la raison elle-même : il n'a pas vu qu'il n'y avait qu'une seule antinomie, et qu'elle n'était pas dans la raison, mais dans ce qui s'y oppose, et dans la différentielle qui est inséparable de la pensée.

Il est à remarquer que Descartes a tenté de chercher la vérité dans une faculté isolée, la raison : Locke s'est adressé à une autre faculté isolée, la sensation : les mystiques, en accusant la sensation et la raison, ont cherché la vérité dans l'inspiration, dans le sentiment. Mais les diverses facultés ne sont infaillibles qu'à la condition de ne présenter aucune pensée : aussi, dans la sensation, dans l'inspiration, dans la raison, l'erreur s'évanouit en même temps que la vérité.

§ 3. Comment une pensée remplace une autre pensée.

L'être qui affirme rend possibles toutes les pensées isolément considérées; l'être qui évite la contradiction, rend possibles toutes les variations dans la pensée. En effet, on ne perçoit pas le mouvement d'un corps, ni parce que la sensation varie, ni parce qu'on peut l'expliquer *à priori* ou *à posteriori*; on le perçoit, parce qu'on affirme le même corps à plusieurs points de l'espace et du temps, et parce que l'on exclut la possibilité que le même corps soit en même temps sur plusieurs points. Par la même loi de la contradiction, une même chose comparée successivement à d'autres, devient pour nous belle, moins belle, laide, grande, moins grande, petite, et ainsi de suite tout varie dans les formes et dans les proportions. Par la même loi, ce qui était, cesse d'être ; ce qui était vrai, devient faux, si, par une occasion quelconque, nous commettons la faute d'affirmer en même temps sur un même objet des qualités, des proportions, des relations qui s'excluent. Les conditions nécessaires pour opérer cette espèce de changement de scène, qui retire notre foi à un jugement antérieur pour la porter à un jugement successif, ne sont donc que les conditions nécessaires pour que l'acte de la contradiction puisse se vérifier.

I. La première condition du rejet d'une idée est l'apparition d'un fait nouveau, d'une nouvelle donnée ; bien entendu que si la donnée du jugement est la sensation, celle de la contradiction ne peut être qu'une pensée. Comme tout change autour de l'homme et dans l'homme, de nouvelles données se présentent sans cesse dans l'action et la réaction circulaire de la vie. Tantôt ce sont des phénomènes que nous avions affirmés par l'éternité, et qui passent; tantôt c'est l'ensemble des choses connues que nous avions pris pour le tout, et qui s'étend et recule l'horizon de notre intelligence; tantôt ce sont des sentiments que nous avions crus durables, et qui se transforment, se développent ou s'éteignent. En un mot, tout varie dans l'espace, et nous ne savons pas comment l'être peut se multiplier sans cesser d'être lui-même; tout varie dans le temps, et la variation implique une contradiction; il faut détruire une forme pour admettre celle qui la remplace.

II. Une pensée ne peut disparaître que lorsque la contradiction est directe; alors seulement nous la rejetons dans ce néant qui n'est que le non-sens. Dans les perceptions immédiates des sens, dans les mathématiques, dans les jugements identiques, les contradictions de l'erreur sont flagrantes, et les illusions ne tiennent pas contre les vérifications du sens, du calcul ou du raisonnement. Au contraire, dans les probabilités, il n'y a pas de contradiction, et dans les raisonnements compliqués il est très-facile de croire à une inconnue quelconque qui déguise l'identité et la contradiction de deux jugements opposés. Un n'est pas égal à trois, mais l'unité jointe à un mystère peut donner l'équation $1 + x = 3$, l'inexplicable équation de la vie. Il faut donc que la contradiction tombe sur le même sujet, que les adversaires occupent le même terrain, et surtout qu'ils y restent, ce qui est extrêmement difficile s'il s'agit de plusieurs raisonnements ; car alors, à côté de chaque contradiction intermédiaire, on peut glisser une inconnue qui l'évite, ou un terme moyen qui la rejette sur l'adversaire. Ainsi, en doublant les termes, on tient tête à toutes les polémiques ; et, pour citer un exemple, la contradiction apparente entre la bonté divine et l'origine du mal s'évanouit, si on pose une inconnue à côté de Dieu, dans la matière de Platon, dans le monde d'Aristote, dans la chute des anges ou du premier homme, dans l'impénétrabilité des desseins de Dieu, etc.

III. Dans les luttes religieuses, politiques, nationales, artistiques, souvent les termes sont identiques, et cependant la contradiction ne peut pas produire son effet naturel, le changement des convictions. C'est qu'elle ne se vérifie pas sur un sentiment identique : lorsque les mêmes idées tiennent à des sentiments différents, ce qui est beau, honorable, glorieux pour les uns est laid, honteux, déshonorant pour les autres; les adversaires se présentent les uns aux autres avec les caractères de profanateurs et de sacriléges, et la raison ne peut ni supprimer ni concilier la dissidence. Il y a donc un troisième élément qui n'est ni le sens, ni la raison, qui se soustrait à la double évidence de la vue et de l'intelligence, et cet élément sentimental, poétique, mystique, une fois qu'il se trouve identifié avec une idée, ne veut plus l'abandonner. En effet, pour que la religion, la poésie, la morale, les idées de décence, d'honneur, etc., puissent changer, il faut (nous le voyons dans l'histoire) que les sentiments changent sous l'action des choses nouvelles d'un nouveau milieu social, il faut que la société soit agitée par de nouveaux intérêts; alors seulement ce qui était sacré, beau, sublime, devient suranné, insignifiant ou artificiellement poétique. Ce qui se dit des idées religieuses, politiques, nationales, morales, se dit de toutes les idées; et partout où une pensée doit céder la place à une pensée opposée, nécessairement il doit y avoir une variation bien qu'imperceptible dans l'élément mystique ou sentimental, ne fût-ce que celle de l'attention.

IV. La dernière condition (que l'on peut considérer comme la continuation de la deuxième) pour détruire l'erreur, c'est de l'expliquer. Si la tour semblait successivement ronde vue de loin et carrée vue de près, on dirait que c'est la tour qui varie, il y aurait changement sans l'erreur proprement dite. Si la tour semblait en même temps ronde et carrée, l'esprit resterait dans le doute, comme il arrive très-souvent dans la philosophie là où il y a des notions contradictoires et inévitables. Mais, d'un côté, la vision a varié, et de l'autre la tour n'a pas varié; et la variation subjective qui avait été affirmée avec la même force que l'invariabilité de l'objet, doit être rejetée dans la vision, sous peine de donner en même temps dans le même objet, deux figures qui s'excluent. Par là on voit que pour nous les lois de la variation et celles de l'erreur sont identiques, sans que nous puissions, toutefois, appliquer les lois de la pensée à la physique. C'est que nous connaissons la variation physique dans nos pensées, à la condition qu'elle suivra les lois intellectuelles; mais nous ne connaissons pas la cause intérieure qui fait varier des phénomènes qui en eux-mêmes ne sont ni substances ni qualités.

§ 4. De la succession des systèmes.

Le jugement est détruit par un autre jugement à l'apparition d'une nouvelle donnée contradictoire, qui se développe sur le même sentiment et rejette l'un des termes de la contradiction, de sorte qu'il ne peut plus se reproduire en même temps dans le même objet. Ce qui se dit d'un jugement faux ou exposé à la variation, doit se dire du raisonnement, d'une suite de raisonnements de toutes nos idées, et par conséquent des systèmes, car un système ne peut varier qu'en vertu d'un nouveau système qui remplit les quatre conditions que nous venons d'indiquer. Donc, lorsque l'esprit affirme une nouvelle série de données qui combattent un système établi, en détruisent la poésie, en rejettent ou en limitent les termes au profit d'une nouvelle variation qui ne peut être que systématique, il s'opère dans l'esprit cette crise, ce changement de scène qui renouvelle toutes les idées sinon dans l'ensemble au moins dans les rapports.

La nécessité d'exclure la contradiction, voilà à quoi se réduit en définitive la nécessité par laquelle on passe aux idées nouvelles. Mais nous avons vu que c'est précisément la nécessité d'exclure la contradiction qui rend l'homme essentiellement systématique et qui l'oblige à coordonner les harmonies des trois mondes. Il faut donc conclure qu'une même loi préside à la formation et à la destruction des systèmes, que le mouvement qui les enfante et celui qui les détruit sont identiques, que la destruction d'un système est la formation d'un autre système, et *vice versâ* que la formation d'un système est la destruction de celui qui le précède, à moins que ce ne soit le premier. L'être nous force à exclure la contradiction, la nécessité d'exclure la contradiction nous conduit de plusieurs idées à un système, la même nécessité nous conduit d'un système à tous les systèmes possibles, les données étant accordées. C'est la vision de l'être qui force l'esprit à passer de système en système, aussitôt qu'il s'aperçoit qu'il a prodigué contradictoirement ses imprudentes affirmations sur cette insaisissable variété des sentiments et des sensations qui se renouvellent à chaque instant de la vie. Ainsi, le même principe qui nous fait passer d'une idée à toutes les pensées et à toutes les idées possibles, les données étant accordées, nous fait passer d'une idée ou d'un système à tous les systèmes possibles, toujours les données étant accordées. Or, si on considère ce passage dans l'intelligence, si on suppose qu'elle conserve toujours ses données, que celles-ci s'ajoutent sans cesse les unes aux autres, sans oubli, sans omission, il en résultera que la série des systèmes sera nécessairement progressive, les données étant croissantes. En réalité, un système ne se forme qu'à la condition de nouvelles données, de nouveaux sentiments, de nouvelles idées, il ne triomphe qu'à la condition d'une vérité supérieure, à la condition d'expliquer la vérité antérieure, de la limiter soit à une apparence, soit à un phénomène transitoire. Si donc les données sont croissantes dans la succession des systèmes, le dernier sera toujours le plus vrai, il contiendra tous les autres, il sortira toujours de tous ceux qui le précèdent, il sera toujours supérieur à ceux qui l'ont devancé. Mais, dans le fait, les données varient sans augmenter. Souvent il arrive qu'il y a une perte de données, soit par la faute du sentiment, soit par la faute de la mémoire, et alors on passe nécessairement de la vérité à l'erreur, d'un système supérieur à un système inférieur. Quand les archives sont brûlées, les bibliothèques incendiées, les ateliers détruits, il faut bien revenir à la barbarie; de même si une passion fait oublier les autres, si elle ravage la mémoire, il y a des lumières intellectuelles qui s'éteignent, et l'on doit rétrograder à un système inférieur. Quels que soient donc les rapports de l'homme avec la nature ou avec ses semblables, quelles que soient ses idées ou sa destinée, comme être intelligent il sera toujours un système vivant qui se développe ou qui déchoit. L'isolement, l'association, le langage, la tradition, toutes les variations de la nature, toutes celles de la société ne pourront jamais l'arracher aux nécessités systématiques de l'intelligence. La parole de ses semblables ne portera en lui que les convictions qu'il doit se former en vertu de ses idées antécédentes; l'instruction sociale ne pourra réveiller que les idées et les sentiments qui dépendent du développement naturel et spontané de sa nature. La parole, l'enseignement, le spectacle de l'univers, de la société, provoqueront dès lors en lui, avec une rapidité extrême, la formation et la succession de tous les systèmes possibles; mais toutes les fois qu'une pensée ne tiendra pas à une pensée antérieure, ne sera pas invoquée par un sentiment, ne mettra pas l'homme dans la nécessité de développer ses idées ou de les rejeter d'une manière systématique, il n'y aura ni progrès ni décadence, il y aura une force perdue, une manifestation inutile qui ne comptera jamais dans la vie intellectuelle.

Pour nous résumer, nous n'avons qu'à observer une dernière fois le reflet que la loi idéologique de l'être projette sur le monde physique et sur le monde moral. — Une affirmation ne peut être détruite que par une autre affirmation, et aucun objet dans la nature ne périt qu'en prenant une nouvelle forme. — Plusieurs pensées ne peuvent coexister sans se coordonner, et plusieurs objets ne peuvent exister ensemble, sans des rapports harmoniques, ne fussent-ils que les rapports mathématiques du temps et de l'espace. — Un ensemble d'idées, un système ne varie qu'au profit d'un autre système, et nous ne pouvons pas concevoir une variation dans la création, dans les formes, abstraction faite des formes ou des créations successives. — La série des systèmes est croissante si les données sont croissantes. Nous ne savons pas si les données de l'univers sont croissantes; nous savons qu'il est dans l'être, qu'il est limité, que l'être peut contenir tous les systèmes possibles, et nous devons croire que le nombre des créations possibles, soit dans le temps, soit dans l'espace, est indéfini. — Puisque nous concevons la nature physique, il faut qu'elle suive les lois de notre pensée, puisque nous concevons la nature morale, il faut que les sentiments pris isolément, dans leur réunion, dans leur succession, suivent les lois de la pensée aussitôt qu'ils sont affirmés; puisque le sentiment du beau suit constamment toutes les variations, il faut que toutes les créations possibles présentent une beauté ou une difformité ; mais c'est là une loi idéologique, et nous n'avons pas le droit de l'étendre à la véritable réalité des choses, des sentiments, de tout ce qui se passe en dehors de nous et n'est pas conçu par nous.

CHAPITRE IV.

Toute société est un système.

La société se compose d'hommes et ne s'explique que par la réunion des trois éléments de la nature humaine : la sensation, le sentiment et l'intelligence.

Prenons la société à son origine. — L'homme physique ne suffit pas à la constituer, tout homme naît au sein de la famille, mais il n'y a pas un seul animal qui puisse naître en dehors de son espèce. — L'homme moral éprouve des sentiments qui le rapprochent de son semblable; mais la tendance à vivre en masse comme les moutons et les chevaux ne peut pas encore se confondre avec le principe de l'association. — Au contraire, soient donnés deux hommes qui se réunissent pour en tuer un troisième; là il y aura une société, immorale sans doute, mais humaine, il y aura un but criminel, sans doute, mais intelligible. — Si donc les hommes se trouvent réunis en naissant, s'ils tiennent les uns aux autres par leurs sentiments, ils ne s'associent réellement que lorsqu'ils conçoivent un but identique et lorsqu'ils le poursuivent en dirigeant leurs forces d'après une même pensée.

Ainsi la société se constitue par la communauté des idées, et l'on doit en considérer le développement comme le développement de l'intelligence d'un seul homme. La société, pas plus que l'individu, ne peut supporter que ses idées se contredisent, et par conséquent elle est essentiellement systématique. S'élève-t-il au sein de la société une pensée qui s'oppose au système dominant ? il y aura lutte, l'association sera limitée. Mais, nous l'avons vu, il n'y a qu'une pensée qui puisse détruire ou limiter une autre pensée, et les hommes qui se réunissent pour combattre une société devront nécessairement présenter une nouvelle communauté d'idées, le principe d'un nouveau système, d'une nouvelle association. Comme l'individu, la société est donc un système vivant, à moins que ce ne soit un système qui tombe sous les coups d'un autres système. Dans l'individu l'ordre des idées tient à l'harmonie des sentiments : il en est de même dans la société. Il suffit de jeter les yeux sur les arts, la poésie, l'architecture, les fêtes et même les costumes de tous les peuples, pour voir que la société ne peut faire un pas en dehors des lois de l'art, qu'elle ne peut avoir une idée, une pensée sans obéir au rhythme de cette symétrie mystérieuse qui se révèle dans toutes les formes extérieures de la civilisation. — Chez l'homme, l'ordre des idées et des sentiments se lie à une certaine périodicité de phénomènes préparée par la nature et développée par l'habitude. Ici encore il est impossible de ne pas voir que le mouvement de l'agriculture, de l'industrie, du commerce, l'action du gouvernement et de toutes les professions reproduisent dans l'association ces retours périodiques auxquels le corps humain ne peut se soustraire. A une distance infinie et sans que la raison puisse en pénétrer les rapports, le mouvement des mondes se répète dans le monde des nations; on dirait que par ses élections, ses fêtes annuelles et séculaires il veut présenter une image de l'harmonie des sphères au sein de l'humanité.

D'après Descartes, les lois de la société ne sont pas celles de la raison. La raison nous domine par l'évidence, lorsqu'elle contraint la volonté à donner une affirmation; mais elle ne perçoit l'évidence que dans l'identité. Dans les probabilités, dans les vraisemblances, dans les phénomènes, dans toutes les choses contingentes, l'affirmation est livrée au caprice d'une seconde intelligence arbitraire, celle de la volonté. Or, la société est essentiellement contingente; elle ne peut se fonder que sur les probabilités et les vraisemblances; elle n'est pas un nombre et ne peut jamais présenter la possibilité d'un calcul mathématique : elle est donc nécessairement en dehors des lois de la raison, et entièrement à la merci de la volonté; elle ne doit subsister que par l'autorité, et ne peut se développer que par la tradition. Suivant Descartes, la raison de l'homme est géométrique; celle de la société varie d'après le hasard des passions : même dans les choses probables, ce qui a été conçu par un seul homme est régulier, systématique, et porte l'empreinte d'une idée unique ; tandis que les ouvrages auxquels plusieurs ont mis la main ne peuvent être qu'informes et désordonnés. Descartes compare les civilisations à ces vieilles cités qui ont grandi dans le cours des siècles, et qui sont composées d'édifices mal arrangés, de rues courbes, inégales ; en les voyant, on dirait que c'est plutôt le hasard que la volonté de quelques hommes usant de raison qui les a ainsi construites. « Je « m'imaginais (dit l'auteur de la *Méthode*) que les « peuples qui, ayant été autrefois demi-sauvages « et ne s'étant civilisés que peu à peu, n'ont fait « leurs lois qu'à mesure que l'incommodité des « crimes et des querelles les y a contraints, ne « sauraient être si bien policés que ceux qui, dès « le commencement qu'ils se sont assemblés, ont « observé les constitutions de quelque prudent lé- « gislateur.... Je crois (ajoute-t-il) que si Spar- « te a été autrefois aussi florissante, ce n'a pas été « à cause de chacune de ses lois en particulier, vu « que plusieurs étaient fort étranges et même con- « traires aux bonnes mœurs, mais à cause que, « ayant été inventées par un seul, elles tendaient « toutes à une même fin. Et ainsi je pensais que « les sciences des livres, au moins celles dont les « raisons ne sont que probables et qui n'ont aucune « démonstration, s'étant composées et grossies peu à « peu des opinions de plusieurs, diverses personnes, « ne sont point si approchantes de la vérité que les « simples raisonnements que peut faire réellement

« un homme de bon sens, touchant les choses qui
« se présentent. Et ainsi encore je pensais que,
« pour ce que nous avons tous été enfants avant que
« d'être hommes et qu'il nous a fallu longtemps
« être gouvernés par nos appétits et nos précepteurs
« qui étaient souvent contraires les uns aux autres,
« et qui ni les uns ni les autres ne conseillaient peut-
« être pas toujours le meilleur, il est presque im-
« possible que nos jugements soient si purs ni si
« solides qu'ils auraient été, si nous avions eu l'u-
« sage entier de notre raison dès le point de notre
« naissance, et que nous n'eussions été conduits
« que par elle (1). » — Comme on voit, Descartes oppose l'intelligence de la raison à celle de la volonté; et par suite, il oppose le génie des hommes à celui des peuples, et les instincts géométriques de la raison aux bizarreries de la société et de la tradition. Mais si on replace l'affirmation où elle doit être, dans la raison, toutes ces fausses oppositions disparaissent et l'on trouve que le génie et la tradition sont indivisibles dans leur origine, leur développement et leur résultat. — Dans leur origine, parce qu'en effet, c'est bien la même raison qui éclaire les individus et la société, les grands hommes et les nations, le génie et la tradition. — Dans leur développement, parce que le génie naît dans la tradition, en accepte les données, les problèmes, et ne pourrait pas même exis-

---

(1) Discours sur la Méthode.

ter en dehors de la société ; tandis qu'à son tour, la tradition se compose des découvertes et des inventions du génie, et qu'elle serait détruite dans tous ses éléments, si on en retranchait ce qu'elle doit aux grands hommes. — Dans leur résultat, le génie et la société sont encore indivisibles ; le génie invente ce que tous voudraient inventer, il produit ce que tous voudraient produire ; il prend la société et la tradition où elles sont, pour les conduire là où elles veulent arriver ; il aurait des forces surnaturelles, qu'il ne pourrait encore que devancer les résultats de la tradition. En réalité, accepter un raisonnement, c'est le faire ; accepter une idée, c'est la penser : on ne pense donc ce qu'a pensé le génie, ses idées ne deviennent réellement la propriété de tous, que parce qu'elles se trouvent en communication directe avec les idées de tous. — Ce n'est pas que les grands hommes ne soient doués de facultés éminentes, il faut des conditions pour qu'un homme puisse précéder tous les autres ; mais si la tradition accepte le génie, si Sparte accepte les lois de Lycurgue, il faut pour le moins supposer que les peuples peuvent être aussi systématiques que le génie ; puisqu'ils peuvent s'identifier avec son intelligence.

Les grands hommes donc et la tradition naissent ensemble, se développent ensemble et ne sont que la double apparence d'un même principe, l'intelligence sociale, d'où viennent la puissance de l'homme et celle de l'humanité.

Descartes, on l'a vu, comparait les civilisations aux vieilles cités : au lieu de regarder les édifices, il faut regarder les idées; les premiers sont immobiles, les idées sont mobiles et peuvent s'harmoniser à chaque instant. Au lieu de considérer la société comme une réunion d'individus, il faut la considérer dans la communauté des idées comme un seul individu ; et alors on y trouve toute la rigueur de la raison individuelle, ce n'est plus une masse d'hommes, c'est un homme qui pense avec l'intelligence de plusieurs millions d'hommes. Il résulte de là que la logique des peuples, loin d'être inférieure, doit être supérieure à celle du génie; car c'est la même logique, mais surveillée, appliquée, contrôlée autant de fois qu'il y a d'hommes qui pensent et qui agissent dans la société. Les lois de Lycurgue sont harmoniques, mais les lois de Rome sont bien plus profondes, elles nous régissent encore, précisément parce qu'elles sont l'œuvre de la tradition qui ne pouvait admettre les écarts d'un système personnel. Le bouddhisme et le brahmisme se perdent dans la nuit des siècles ; ce sont des systèmes anonymes et éternels, tout le monde y a mis la main ; et ils sont si harmoniques, qu'on dirait qu'ils descendent du ciel. Ce merveilleux accord des poètes, des prophètes et des saints se trouve dans toutes les traditions sacrées bien plus que dans les traditions profanes, bien plus que dans les écoles philosophiques, où l'individu domine, et cet accord survit dans l'hérésie et ne faiblit jamais dans la pratique. Il n'y a personne qui puisse se dire l'inventeur d'aucun gouvernement, et le pire de tous les gouvernements civilisés offrira encore une combinaison merveilleuse de pouvoirs, de lois et d'administrations. Mais si l'intelligence dans la société multiplie les contrôles, si elle est à l'abri de tout oubli, de toute passion personnelle, il ne faut pas non plus reproduire la distinction cartésienne des deux intelligences pour attribuer à l'individu l'intelligence arbitraire, à la tradition l'intelligence systématique. L'école écossaise, l'école théologique et l'école historique ou traditionnelle tendent vers cette interversion de l'erreur cartésienne. A la vérité, l'école écossaise pourrait être écartée, elle n'oppose pas le sens commun à la raison individuelle, elle se borne à chercher les faits universels et instinctifs de la nature humaine, pour les opposer à ceux qui les nient au lieu de les expliquer. L'école théologique à son tour ne plaide pas précisément la cause de la société contre l'individu, elle plaide la cause d'un système contre tous les systèmes possibles, et par conséquent, contre la force qui les produit soit dans l'homme, soit dans l'humanité. Les philosophes seuls de la tradition mettent en opposition ouverte la raison et la tradition ; les uns accusent l'intelligence individuelle pour invoquer celle de l'histoire, les autres vont jusqu'à chercher dans la tradition le critérium de la vérité. Sans doute dans la société, l'oubli des faits est impossible, les passions personnelles sont impuissantes, les garanties multipliées, les moyens de vérification innombrables ; les occasions pour rectifier, développer, étendre nos connaissances sont presque illimitées : mais si les conditions, les données, les occasions de la pensée varient de l'individu à la société, la cause, le principe, la force qui pense sont les mêmes dans l'un et dans l'autre, et si cette identité cessait un instant, d'un côté, il serait impossible aux individus d'accepter, de comprendre la société elle-même, et d'un autre côté, la tradition serait anéantie, puisqu'elle ne pourrait recevoir des individus les éléments successifs par lesquels elle se développe.

Une fois admis que la société est un système, on doit lui appliquer les lois d'après lesquelles les systèmes se forment et se succèdent dans l'homme. Ainsi :

I. — Dans l'homme c'est la sensibilité qui détermine la volonté, et la volonté qui détermine l'intelligence : celle-ci, par la conception d'un but idéal, détermine de nouveau la volonté, et c'est par elle que l'intelligence réagit sur le monde extérieur. La même chose doit se dire de la société. Le milieu où elle se trouve détermine les sentiments et les passions, qui provoquent la pensée, et la pensée conçoit un idéal qui dirige la volonté sociale, laquelle réagit à son tour sur les hommes et sur les choses. La société subit par là l'action des idées, la nature celle de l'industrie, et la société et la nature une fois transformées déterminent de nouvelles passions, puis de nouvelles idées qui réclament une nouvelle action, une nouvelle transformation dans les choses qui nous entourent. Le rêve d'un peuple pasteur sera d'augmenter ses troupeaux ; cette nouvelle richesse une fois acquise l'engagera à défricher la terre, le bien-être de l'agriculture l'engagera à bâtir des villes ; une fois dans les villes, il lui faudra un but plus élevé, le commerce, l'industrie, les arts, la navigation ; mais à force de changer, de dominer la nature, il trouvera dans le changement, dans la domination, dans le bien-être, dans le repos lui-même, le besoin d'une nouvelle action et d'un nouveau mouvement.

II. — Mais les peuples repoussent les bienfaits de l'industrie s'ils n'ont pas songé à cultiver la terre : ils repoussent les bienfaits de l'agriculture, s'ils n'ont pas songé à d'autres besoins plus pressants : leur volonté, comme celle des individus, ne saurait sortir du cercle de leurs habitudes, de leurs sentiments et de leurs idées. Les sauvages dédaignent donc l'agriculture, les occupations de la vie sédentaire, les barbares dédaignent les arts, les sciences ; le spectacle de la civilisation n'a pas de prise sur eux, rien ne saurait les arracher à la sphère d'action prédéterminée par leurs sentiments, par leurs idées et par le milieu où ils vivent. C'est que les résultats d'un système supérieur ne sauraient être admis s'ils ne sont pas en relation avec nos habitudes, nos sentiments et nos idées ; s'ils ne se présentent pas comme la continuation de nos principes, de notre système, ou s'ils ne s'établissent pas au milieu de la société comme le principe d'un système, d'une association qui doit détruire dans la suite par la contradiction le système qui domine, et le mode d'association déterminé par ce système.

III. — Un système social étant posé, tous les autres sont possibles et nécessaires si les données sont accordées. Dans la société comme dans l'homme, le mouvement qui détruit les systèmes est identique à celui qui les forme, la nécessité qui les constitue identique à celle qui les dissout; et cette nécessité est encore soumise aux quatre conditions par lesquelles on passe d'une idée à une idée contraire, de l'erreur à la vérité. Ainsi la société passe à un nouveau système en vertu de nouvelles données, en réfutant l'ancien système sur tous les points, en occupant tout le terrain qu'il a occupé, en expliquant, en limitant les illusions et les affirmations qu'il a produites. Mais changer les idées, les sentiments, les intérêts, les choses, ce n'est rien moins que renouveler la société : aussi les révolutions sociales sont-elles lentes, embrassent-elles plusieurs siècles; c'est à peine si on peut indiquer le moment où elles commencent et l'instant où elles finissent.

IV. — Si les données sont en progrès, l'intelligence sociale est nécessairement progressive, et dans une série de systèmes, le dernier résume et dépasse ceux qui le précèdent. Cette vérité est, pour ainsi dire, plus forte relativement aux peuples que relativement à l'homme; car la société n'est ni mobile ni oublieuse comme l'individu; elle ne livre rien en pure perte, et ses garanties la rendent presque infaillible dans ses affirmations comme dans sa critique. Quand un système est tombé, si les données ont été progressives, on peut être bien sûr qu'il est condamné sans appel; car ce sont les mêmes forces qui l'ont formé, qui maintenant le rejettent par l'autorité de toute une société.

CHAPITRE V.

L'histoire est une succession de systèmes.

Un seul obstacle s'oppose à la solution du problème de l'histoire, c'est le hasard : pour le surmonter, on n'a qu'à observer ce que le genre humain nous présente dans l'histoire : savoir, une série de systèmes qui se juxtaposent dans l'espace et se succèdent dans le temps. Nous sommes à la merci d'un monde qui se transforme à chaque instant, d'un mystère incompréhensible dans sa variabilité indéfinie; mais nous le percevons par la pensée, et par là il se trouve soumis aux lois de notre pensée. Notre intelligence est à la merci de ses données, qui peuvent augmenter ou diminuer dans une mesure indéfinie; mais progressive ou rétrograde, elle est toujours dans un système. Nous sommes bien faibles dans notre individualité; liés à nos semblables, notre puissance s'augmente, pour ainsi dire, en raison directe du carré du nombre de l'association. La société est encore à la merci de ses données, mais elle est toujours un système, et par conséquent elle est toujours intelligible, soit dans sa constitution, soit dans son action. A son origine, la société est le premier système qui se trouve dans les données invariables de la nature humaine; à son plus haut degré d'élévation, c'est la toute-puissance dans les limites de la nature humaine, et par conséquent dans les limites d'un système. Dans l'histoire de toutes les nations, soit qu'elles avancent vers leur dernier terme, soit qu'elles reculent vers leur origine, il y a donc une succession d'idées qui ne peut pas être accidentelle, qui subit les nécessités imposées par la première idée, qui participe, malgré sa contingence, aux propriétés de la notion absolue qui nous éclaire. C'est là qu'il faut chercher les lois de l'histoire et de l'humanité; le hasard sera toujours dans les données, jamais dans les principes; on le trouvera dans les idées isolées, jamais dans leur succession ou dans leur ensemble. Le soleil, le vent, les orages peuvent déraciner le chêne sans altérer les lois de sa vie végétale : de même, la nature et les hommes obtiendront seulement dans l'histoire l'influence que les lois de l'intelligence peuvent leur accorder. Les nations sont condamnées à une espèce de somnambulisme; elles ne voient que ce qu'elles pensent : si la fortune les favorise dans leur sommeil magique, elles avancent toujours; mais tout entières à leurs rêves, elles traversent dans leur route les prodiges ou les horreurs de la nature sans les soupçonner; souvent même elles tomberont sans connaître la force qui les perd. C'est grâce à cette puissance relative, à cette faiblesse absolue de l'humanité, que la philosophie de l'histoire est possible. Aussi faudra-t-il la chercher dans les principes, et non pas dans les conditions de la civilisation; dans les idées, et non pas dans l'influence des climats, des races, du sol, des guerres, des inventions fortuites ; en un mot, dans tout ce qui est l'occasion ou l'obstacle du développement idéal des grands systèmes de l'histoire.

— Personne ne peut contester l'influence du climat. Il est évident que les habitants des pôles et ceux de l'équateur, les hommes qui vivent au milieu des glaces et ceux qui vivent sous la zone torride doivent différer de mœurs, de passions, de sentiments, comme ils diffèrent de couleurs, de stature, de force. Si on compare les peuples du nord à ceux du midi, on trouve que les uns sont austères, durs, impassibles, les autres voluptueux, passionnés, faibles et violents. Si on compare l'Orient à l'Occident, on voit d'un côté l'immobilité, de l'autre le mouvement ; d'un côté l'esclavage, de l'autre la liberté ; d'un côté les harems, le despotisme, de l'autre la dignité de la femme et la liberté ; d'un côté la faiblesse politique des états, les conquêtes rapides, de l'autre la force et la presque impossibilité des grandes invasions. Que de différences au sein même de l'Europe chez des peuples si rapprochés, si semblables, ayant les mêmes idées, la même religion, presque les mêmes gouvernements. Cependant si les civilisations étaient les produits des climats, elles ne pourraient ni se déplacer, ni se communiquer ; elles seraient attachées au sol, invariables comme le sol qui les enfanterait ; tandis qu'au contraire le même sol de l'Europe, de l'Asie, de l'Afrique accepte tour à tour les civilisations les plus opposées; et la même civilisation, née à Rome ou à Médine, peut s'établir sur tous les points de la terre. Les systèmes ne viennent donc pas du sol, mais d'un autre principe, de la raison qui est identique partout malgré la variété de la température. Le climat modifie les sensations et les passions, il dispose jusqu'à un certain point du monde physique et du monde moral, il ne peut rien sur le syllogisme, sur l'induction, sur les mathématiques ; il n'influe pas sur la logique qui dispose de l'ensemble de nos idées, par conséquent il ne peut pas altérer les lois qui disposent de l'origine, du développement et de la succession des systèmes. Le climat nous tient par le corps, il favorise, il arrête, il tue l'esprit sans le diriger ; il détermine le caractère, la capacité, le génie d'un peuple, sans en expliquer l'histoire. Ainsi les passions des Arabes favorisent un progrès presque impossible aux pôles ; le caractère national de la France hâte la marche d'une révolution très-lente ailleurs ; le christianisme, le Code de Justinien, le Koran s'établissent avec plus ou moins de facilité dans les diverses parties de la terre suivant les résistances matérielles du climat; mais là où il y a un système qui se développe, originaire ou transmis, on ne l'explique que par la raison. Il faut donc placer le climat au nombre des circonstances, des occasions de l'histoire, il n'en sera jamais ni la cause ni le principe. Aucune règle d'ailleurs ne peut mesurer l'influence de la chaleur, de la lumière, du soleil, de la nourriture sur l'origine et la succession des idées. Tantôt c'est la barbarie, tantôt c'est la civilisation qui semble inhérente au sol de Carthage; tantôt c'est la grandeur, tantôt c'est un abaissement sans espoir qui semble tenir au caractère d'une nation. C'est que les sentiments et les sensations sont des occasions, des moyens, ce qui sert à une idée ne sert pas à l'autre, l'élément du repos est un malheur là où il faut le mouvement; *vice versâ*, là où la guerre est utile, les tendances vers la paix sont ruineuses. Il n'y a donc pas dans une certaine latitude de bons ou de mauvais climats absolument parlant, tout est bon et tout est mauvais suivant l'occasion; et l'occasion ne peut pas se juger par elle-même, ce sont les causes, ce sont les idées qui doivent en déterminer et en varier la valeur.

Il en est de même des races. Soit que la différence des races vienne des climats, soit qu'elle remonte à l'origine du genre humain, elle produit les effets du climat, elle modifie la sensibilité, les passions, la capacité, elle n'atteint pas la raison, et par conséquent elle sera l'une des occasions et jamais l'une des causes de l'histoire. S'agit-il d'établir l'égalité des hommes? la couleur de deux races qui habitent le même pays sera un obstacle; l'incapacité de la race qui veut s'émanciper sera un autre obstacle. S'agit-il d'établir un gouvernement hiérarchique? la couleur sera un point de ralliement pour le vainqueur, la supériorité intellectuelle sera un autre avantage pour ceux qui commandent : mais, dans tous les cas, les éléments de la société se disposent d'après le système qui les combine. — La théorie des races a joué un grand rôle dans les histoires modernes. L'histoire de l'Europe commence avec l'établissement des races germaniques, et on a voulu l'expliquer tout entière par la différence des anciens et des nouveaux habitants. — Pour les uns, cette différence n'est que dans le fait de la conquête, c'est une longue injustice, le sort de la civilisation est confié à l'ancienne race qui doit défaire, par un travail de huit siècles, le résultat d'une victoire. Cependant les conquérants sont chrétiens, les vaincus sont dociles, et l'époque théologico-féodale, qui se forme après la conquête, est un système dont la grande idée théocratique, certes, n'a pas été trouvée dans les forêts du Nord, et dont la base, la docilité du vaincu, ne s'explique pas par la force militaire permanente des vainqueurs. — D'autres attribuent on ne sait quelle supériorité morale aux vainqueurs. Suivant eux, les peuples du nord sont venus régénérer ceux du midi; le monde moderne est une révélation germanique. En quoi consiste cette révélation? Non pas, certes, dans le féodalisme, c'est là l'institution naturelle de tous les peuples barbares : non pas, certes, dans l'aristocratie, car on la trouve à Venise, à Gênes, à Florence, à Rome et dans une foule de villes qui n'ont pas été visitées par la lumière du nord. Les conquérants ne nous ont révélé que la barbarie : quand on cherche leurs bienfaits, on ne les trouve nulle part ; quand on cherche les principes de la civilisation moderne, on est forcé de remonter au christianisme et aux communes, à l'Évangile et au Droit romain.—Il est des écrivains qui attribuent une supériorité intellectuelle à la race des conquérants : dans cette théorie il ne reste plus qu'un seul moyen pour expliquer la dégradation de la noblesse et l'émancipation de la bourgeoisie : il faut supposer le mélange des vainqueurs et des vaincus ; on doit imaginer, en dépit des registres des mariages, une fusion entre les Franks et les Gaulois ; on doit conclure que le dernier siècle de l'histoire de France se trouve résumé par le mot de ce marquis, petit, laid et contrefait, qui en montrant les beaux laquais de sa maison, disait : « Voyez comme nous les faisons et comme ils nous font. » Ce n'est pas là une épigramme, c'est l'expression la plus simple de la théorie de ces écrivains qui expliquent l'histoire par les organes de la génération.

Ce qui se dit du climat et des races, doit se dire de la géographie politique qui est plutôt déterminée par l'homme que par la nature. Ainsi, ce sont la guerre et le commerce qui font choisir la position des villes ; ce sont l'industrie et la force des peuples qui tracent les confins des états. Les fleuves et les mers, suivant l'occasion, sont des barrières ou des moyens de communication ; et dans les deux cas, c'est à la stratégie, c'est à la navigation, en un mot, c'est à l'intelligence des peuples à s'en emparer et à s'en prévaloir. L'Italie n'a donc pas été constituée par les Alpes, l'Espagne par les Pyrénées ; les deux nations ont cherché et adopté leurs frontières là où les remparts de la nature coïncidaient avec les limites de l'association. Il y a mille fleuves qui, après avoir divisé deux peuples ennemis, servent maintenant de moyen pour multiplier leurs relations commerciales. — Les autres influences de la localité sont comme les influences stratégiques et commerciales. La montagne protége la liberté de ceux qui l'habitent ; la plaine cède vite au despotisme ; mais là où il faut l'ordre du gouvernement monarchique, les montagnes seront longtemps des foyers de barbarie. On sait que la fertilité du sol conduit à l'agriculture, la stérilité à l'industrie : le voisinage de la mer impose la navigation ; joint à la stérilité de la terre, il impose la piraterie. Les grandes îles qui dominent les continents, semblent prédestinées à exercer une piraterie violente ou diplomatique, suivant les degrés de la civilisation. Mais toujours est-il que les localités comme les climats, comme les races, ne sont que des occasions ou des obstacles, et deviennent tour à tour obstacles ou occasions, d'après le but de l'association dans un temps donné. Ajoutons qu'aucune société ne peut être exclusivement guerrière, agricole ou industrielle ; qu'aucun peuple, absolument parlant, ne peut être sans commerce, ou sans agriculture ou sans industrie ; que la guerre, l'industrie, l'agriculture sont des arts, et subissent nécessairement les lois de la raison ; que les arts, les métiers, les ressources économiques viennent après la pensée qui les conçoit, à la place qu'elles doivent occuper dans le système qui domine. Par là on verra que cette matière des localités doit subir nécessairement et progressivement les formes que l'homme lui impose : si elle se révolte contre la domination de l'homme, la civilisation s'arrête ; si jamais elle s'emparait de la civilisation, celle-ci resterait immobile, invariable, intransmissible comme une végétation territoriale.

Quant à la guerre, si c'est un peuple qui combat, elle représente le combat d'un système qui se défend ou se propage. Plus la civilisation est élevée, plus elle est puissante dans la guerre. Cependant, quand les peuples combattent à armes égales, ou quand ils sont accablés par le nombre des ennemis, ou quand ils doivent combattre en même temps contre les hommes et contre les éléments, la guerre n'est souvent qu'une perte inutile d'hommes et d'argent, un véritable malheur matériel, un hasard inexplicable. Absoudre donc toutes les victoires, c'est diviniser le hasard, c'est juger les idées par les faits : plaider la cause de tous les vaincus, c'est donner tort à tous les principes qui triomphent, c'est bouleverser l'ordre de l'histoire. Il faut considérer les idées et non pas l'instrument des idées; par elles seulement on peut connaître les victoires providentielles et déplorer les victimes d'une malheureuse fatalité.

L'industrie, les découvertes, les inventions ne permettent pas de supposer qu'elles puissent rester en dehors d'un système : filles de l'intelligence, elles en suivent les lois. L'industrie peut rester stationnaire faute de matériaux, le commerce faute de produits; c'est peut-être le manque du fer qui a suspendu les progrès des anciens peuples de l'Amérique. Mais les choses ne peuvent qu'arrêter l'esprit; et là même où elles veulent l'élever, l'esprit trouve le moyen de les dégrader pour les mettre en harmonie avec les principes.

Concluons donc que toute société est un système, que toute époque de l'histoire est l'application d'un principe, et que la succession des époques n'est que la succession des principes. L'humanité trouve dans la nature des moyens et des obstacles. Par là elle est à la merci du monde extérieur : et, en effet, où il n'y a ni moellons, ni bois, ni pierres, il est impossible à l'architecte d'élever ses constructions; son travail sera plus ou moins rapide suivant la facilité ou la difficulté de rapprocher les matériaux, suivant qu'ils abondent ou qu'ils manquent; mais les édifices, dans les matériaux, ne sont que des possibilités, dans l'architecte ils sont en puissance. De même la civilisation est en puissance dans l'homme, en possibilité dans les choses. Devant l'individu, les sensations ne sont d'elles-mêmes ni qualités, ni substances ; devant l'humanité, les choses ne sont d'elles-mêmes ni moyens, ni obstacles, elles deviennent des moyens ou des obstacles aussitôt que le but est indiqué, que le plan est tracé, que l'intelligence se met à l'œuvre. Donc, malgré la variété des climats, des races, des choses et des hommes, puisqu'il n'y a qu'une intelligence unique, l'histoire doit présenter les caractères d'une idéologie, on doit l'étudier comme une Genèse idéale de systèmes qui se succèdent nécessairement toutes les fois que les données sont accordées. Tout est accidentel dans la nature, mais tout est logique dans l'intelligence, et l'histoire sera logique et intelligible pourvu qu'on sache la distinguer des conditions accidentelles à travers lesquelles elle doit passer. Il s'ensuit que la philosophie de l'histoire doit être idéale : qu'elle ne doit s'attacher ni aux individus, ni aux dates, ni aux événements, mais qu'elle doit suivre la succession des idées dans un temps idéal, sur un espace idéal, dans le nombre idéal d'individus qui est requis pour son développement. Les climats, les races, la vie des hommes, la capacité des peuples, toutes les conditions matérielles de l'histoire sont accidentelles : la vie seule des principes est nécessaire, seule elle peut être soumise à la science. On dira que les idées tiennent aux faits comme la forme à la matière : soit ; il suffira donc de supposer les faits partout où l'on voit la forme d'une idée. On reprochera à l'histoire idéale d'être abstraite; mais quelle est la science qui ne l'est pas? Une même intelligence devient donc successivement la religion, la philosophie, la science de tous les peuples; une même activité se réalise dans toutes les formes nécessaires du gouvernement, de l'industrie, de l'art; et toute l'histoire positive doit obéir aux lois d'une histoire idéale constituée par l'analyse rétrograde d'une époque dans l'autre, d'un système dans l'autre, en partant du plus élevé pour descendre jusqu'aux principes indéterminés de l'intelligence.

SECONDE PARTIE.

DE L'HISTOIRE IDÉALE DE L'HUMANITÉ.

CHAPITRE Ier.

Théorie des nations.

L'idéal de l'histoire, le dernier système auquel aboutissent tous les autres peut être pris dans le présent ou dans l'avenir : dans le premier cas, c'est le présent qui explique tous les systèmes passés : dans le second cas, le présent et le passé s'expliquent par un idéal à venir qui se pose comme but définitif du genre humain. On doit pourtant diviser en deux classes toutes les théories sur la science de l'histoire : les premières considèrent les nations, car il n'y a que des nations sur la terre : les secondes considèrent l'humanité, car l'idéal définitif doit embrasser l'humanité tout entière ; les premières sont plus particulièrement expérimentales, les secondes s'éloignent des faits pour mieux les embrasser au moyen d'une hypothèse.

Nous examinerons successivement les deux théories en commençant par la première, la théorie des nations.

La théorie des nations se forme en appliquant à toutes les nations la généralisation des phénomènes historiques qui conduisent le plus heureux de tous les peuples à la meilleure de toutes les époques que nous présente l'expérience. Son résultat est de soumettre la marche des nations à des lois uniformes et universelles. Aristote montre que l'homme est conduit par la nature à la famille et de la famille à la bourgade, à la cité, à la nation : voilà une loi uniforme sur l'origine de toutes les nations. Il ajoute que les arts, les sciences, la philosophie se développent chez tous les peuples par l'attrait d'une force constante, celle de Dieu : c'est là une autre loi sur le but de toutes les civilisations. L'identité de l'origine et du but doit déterminer une histoire idéale des gouvernements, des lois, des arts, des sciences, d'autant plus qu'Aristote ne voit dans le hasard qu'un accident négatif. Suivant lui le hasard sépare l'essence de la matière et fait disparaître la vie sans en altérer les lois (1). Mais préoccupé exclusivement d'une politique préceptive et dogmatique, Aristote ne fait pas attention à l'histoire : il n'a qu'une idée vague de l'uniformité des événements qui se succèdent dans les nations. — Platon avait été plus

---

(1) Conf. *la Politique* et *la Métaphysique*.

explicite, mais il l'avait été en poëte. Le *Phèdre* est une imitation fantastique des cosmogonies orientales : la *République* donne l'histoire idéale des décadences du meilleur gouvernement possible ; c'est là encore de la poésie, mais elle approche de la science. Dans *les Lois*, Platon semble chercher les événements à moitié historiques, à moitié hypothétiques, qui conduisent les hommes de l'état sauvage au meilleur des gouvernements (1).

A l'époque de la renaissance, on fut à même de comparer deux civilisations, l'ancienne et la moderne ; aussi Machiavel a-t-il doublé la théorie des nations indiquée par le Stagyrite. Quel est l'idéal de Machiavel? Il croyait que l'Italie devait opter entre les libertés du moyen âge ou l'unité des monarchies modernes : pour lui l'histoire ne présentait qu'une lutte incessante entre la république et la principauté, il n'y avait pas d'autres formes de gouvernement. Toute sa politique est écrite en partie double, l'une sert aux peuples, l'autre sert aux princes ; il voit que l'Italie moderne passe nécessairement de la liberté à la tyrannie, et il juge de la destinée de tous les peuples d'après celle du peuple italien. Il divise donc l'histoire de toutes les nations en deux époques, l'une de *probité*, l'autre de *corruption*. L'époque de corruption est celle de l'Italie qui perd ses libertés, de la France, de l'Espagne, de l'Allemagne, qui plient sous le

(1) *Rép.* liv. VIII, IX. — *Lois*, liv. III.

pouvoir des rois ; c'est un état de violence et de faiblesse, d'oisiveté littéraire et d'incrédulité, c'est l'âge où les hommes se laissent gagner par les richesses et où la puissance anarchique des gentilshommes ne peut se contenir que par le remède inévitable de la tyrannie. L'époque de *probité* est celle des républiques du moyen âge, de l'ancienne Grèce, des anciens peuples de l'Italie, et par exception des villes libres de l'Allemagne. Là tout est réglé par des lois, les mœurs et la crédulité religieuse rendent inutile l'usage de la force pour contenir les ambitions. La Grèce, Rome, l'Italie, l'Europe, tous les peuples passent continuellement par ces deux époques de république et de tyrannie, de probité et de corruption ; toutes les nations tournent dans ce cercle, car l'excès de la tyrannie les ramène à leur point de départ. Le monde est toujours en mouvement, mais il offre toujours le même spectacle : la même histoire s'est refaite quatre fois en Assyrie, en Grèce, à Rome et en Europe. Le christianisme lui-même ne sort pas de ce parallélisme universel, puisqu'il n'est pour Machiavel que la répétition du polythéisme affaibli par un nouveau principe d'abnégation qui ôte à la politique les grands moyens qu'offrait la force des passions dans la civilisation païenne (1). Les théories ingénieuses de Paruta, Boccalini, Sarpi et Bot-

---

(1) Conf. *le Prince et les Discours sur Tite-Live*.

tero se trouvent exactement renfermées dans le cercle tracé par le génie de Machiavel.

Machiavel avait soupçonné que les événements de l'histoire dépendent du mouvement des sphères. Platon l'avait pensé, Aristote ne l'avait pas nié (1) : l'astrologie du moyen âge l'avait démontré à sa manière, et les philosophes italiens du seizième siècle se sont emparés du système de Machiavel pour le transporter sur cette hypothèse astrologique. Pomponat, Cardan, Vanini et Campanella ont montré que les deux époques de barbarie et de civilisation, de croyance et d'incrédulité, s'alternent par l'influence des astres, de sorte que le monde social tourne sur lui-même, en suivant les évolutions des grandes périodes astronomiques. A l'époque des conjonctions sidérales, disaient-ils, les astres troublent le cours de la nature, le genre humain vit au milieu des prodiges, mais il y a quelques hommes dont l'imagination pressent les merveilles qui vont arriver. C'est là le moment des prophètes, des messies, des thaumaturges ; ils ne commandent pas à la nature, mais ils profitent de leur prévoyance mystique pour se dire les auteurs des miracles qui vont arriver. De cette manière, ils fondent les religions et les empires, régénèrent la société, et là commencent les grandes périodes sociales fatalement attachées à l'influence des astres et à la foi

---

(1) V. *Discours sur Tite-Live*, liv. I, chap. LVI. — Platon, *Rép*, liv. VIII. — Arist., *Pol.*, liv. II.

dans les miracles. Plus tard le monde rentre dans ses lois ordinaires, les prodiges cessent, mais l'ancienne terreur domine, et la crédulité subsiste : plus tard encore l'absence des prodiges encourage le doute, les traditions religieuses perdent leur empire, les peuples tournent à l'incrédulité tant que de nouvelles conjonctions ne viennent renouveler les religions avec de nouveaux prodiges (1).

Pomponat, Cardan et Vanini complétèrent donc les similarités politiques de Machiavel par les similarités religieuses. Les états, dit Campanella, passent de la monarchie à l'aristocratie, à l'oligarchie, et de là à la politique et à la démocratie, pour revenir à la monarchie, tandis que les religions passent par des révolutions analogues et supérieures de l'unité à l'hérésie, de l'hérésie à l'athéisme pour revenir ensuite à l'unité. Les sociétés commencent avec l'unité d'une papauté armée fondée par des envoyés de Dieu à certaines époques astrologiques. Plus tard l'ambition de l'homme se révolte contre la loi de Dieu, les hérésies se répandent et le pouvoir politique se sépare de l'autorité religieuse; au lieu d'une croyance, il y a une foule de croyances, au lieu d'une seule domination, il y a une foule de principautés. Mais le pouvoir politique en se séparant de la religion, tourne à la tyrannie, la société se fragmente, chaque prince cherche son indépen-

---

(1) Conf. Pomponat, *De incantationibus.*—Cardan, *De rerum rarietate.* — Vanini, *De naturæ arcanis*, lib. IV.

dance dans une nouvelle hérésie. A leur tour les hérésies tournent à l'athéisme, et à l'instant où les sectes parviennent à nier la providence de Dieu et l'immortalité de l'âme, tout frein est brisé pour les peuples et pour les rois, l'ancienne société périt, et il faut qu'un nouveau législateur surgisse pour fonder une nouvelle société par une nouvelle religion. La papauté, les hérésies, la philosophie athée ; la monarchie, l'affaiblissement du pouvoir politique sous plusieurs formes, et la démocratie, voilà les trois termes similaires qui se trouvent suivant Campanella dans l'histoire de tous les empires. On les rencontre également dans le mahométisme et dans le christianisme, dans la religion païenne et dans les cultes de l'Afrique, de l'Amérique et de l'Asie. Le christianisme en effet s'est propagé à Rome à l'époque de l'athéisme impérial, il arriva à la Chine et au Japon à l'instant où la secte de Tao et celle du Daïri niaient la providence de Dieu et l'immortalité de l'âme (1).

Le dernier philosophe de la renaissance, Vico, qui en résume toutes les traditions, est celui qui a réellement achevé l'œuvre de Machiavel en réunissant toutes les similarités politiques et religieuses, anciennes et modernes, dans une histoire idéale éternelle, d'après laquelle se développent dans le temps les histoires particulières de toutes les nations. Comme ses prédécesseurs, il est profondé-

---

(1) *Philosophia realis*, lib. III.

ment convaincu de la ressemblance parfaite de la civilisation païenne et de la civilisation chrétienne: il prend Tacite pour juger Charles-Quint et Philippe IV; les républiques de Venise et de Hollande lui rappellent Sparte et Athènes ; la réforme pour lui est une répétition des hérésies des Alexandrins; il compare les dictionnaires, les journaux, les travaux de la littérature moderne aux livres de Photius, aux compilations de Tribonien, aux travaux de la littérature byzantine. Mais au lieu de chercher l'histoire idéale dans les faits, dans la nature, dans les astres, Vico la cherche dans le principe qui l'engendre, dans les lois de l'esprit humain. Ce principe n'est que la raison éternelle qui sommeille en nous tant qu'elle n'est pas éveillée par les occasions de la sensation; mais loin de séparer l'intelligence de la volonté, les notions nécessaires de toutes les notions contingentes, Vico les lie ensemble d'après l'ancienne théorie de Platon. La volonté ne peut désirer que le bien, le bien ne se cherche que là où la raison le voit; toute action coupable n'est qu'une erreur, toute erreur n'est qu'une vérité défigurée et présente le reflet des idées. Il suit de là que la volonté n'est pas arbitraire; que l'œuvre de la volonté, l'histoire n'est pas livrée au hasard; que le développement de la raison et celui de la volonté sont indivisibles; que si la volonté tient aux occasions de la pensée, sa marche est sans cesse dirigée par les causes de la pensée, les idées. Il s'ensuit qu'on aurait tort d'opposer avec les cartésiens la volonté à la raison, la tradition à la réflexion, la philologie à la philosophie, le droit romain au droit de Grotius, la sagesse des nations à la sagesse des philosophes. C'est une même raison qui a dicté les lois de Sparte, d'Athènes, de Rome, et les traités de Grotius et de Puffendorf; la raison est une et identique dans la tradition et dans la science, dans l'histoire et dans les écoles, dans l'humanité et chez les philosophes; la tradition est donc la raison dans un moment donné, dans une condition historique, à telle époque de la vie d'un peuple; c'est la raison telle que la déterminent les idées latentes, imparfaitement réveillées par les nécessités sociales. C'est donc par la philosophie que s'achève l'œuvre de l'histoire, mais c'est par l'histoire que se prépare l'œuvre de la philosophie; la philologie, loin d'être dédaignée, doit s'élever au rang d'une science, et cette nouvelle science, par l'histoire idéale, doit prendre le genre humain à son origine dans les cabanes des sauvages, pour le conduire jusqu'aux académies des philosophes.

La matière de l'histoire idéale peut se diviser en deux parties, dont l'une embrasse l'histoire sociale, l'autre l'histoire religieuse; les deux parties peuvent se subdiviser dans l'histoire occasionnelle et dans l'histoire rationnelle des idées sociales et religieuses.

Le droit romain à la renaissance était la base de l'étude du droit : on appliquait à la société moderne

les mêmes lois qui avaient régi la société ancienne, et, entre les mains de Vico, l'histoire du droit de Rome devint tout naturellement le modèle de l'histoire de tous les peuples qui passent de la barbarie à la civilisation. Comme à Rome, trois époques se succèdent donc chez tous les peuples, et présentent partout l'*état de nature*, les *villes héroïques* et les *gouvernements humains*. Dans l'état de nature, des familles solitaires s'emparent du sol, le cultivent, le défendent contre les étrangers, accordent leur protection à ceux qui se réfugient sur leurs terres, à la condition qu'ils seront les serfs de la glèbe. C'est là la première origine de la vie sédentaire et de la civilisation. Mais les serfs doivent se lasser de leur sort et se révolter, et si les soulèvements se propagent, il faut que les familles solitaires se réunissent pour résister à l'émeute. De là les villes : leur existence atteste une fédération de familles et une victoire patricienne : de là, les sénats héroïques, le patriciat, les éphories, la féodalité, toutes les aristocraties, et leurs priviléges, qui sont les priviléges des maîtres du sol. Cependant les serfs, c'est-à-dire les plébéiens, comprimés par la force, doivent tendre encore à se révolter ; s'ils obtiennent des tribuns, la révolution s'organise ; ils demandent d'abord le bail des terres qu'ils cultivent, ensuite les mariages légitimes pour transmettre ce bail aux enfants, puis le partage des magistratures ; enfin, la participation de tous les droits politiques. En général, les chefs de l'aristocratie favorisent les plébéiens, et l'association patricienne, attaquée en même temps par deux pouvoirs, perd peu à peu ses droits, la démocratie triomphe, et les peuples peuvent jouir de la liberté dans les républiques, ou de l'égalité sous les rois. —Telle est l'histoire matérielle de la société, mais il n'est pas un seul intérêt qui ne réveille une idée innée, pas un progrès qui ne provoque la manifestation des types éternels de la raison. Ainsi, la première famille connaît la pudeur dans le mariage et la force dans l'agriculture; elle mérite de commander aux serfs qui se multiplient au hasard comme les brutes et sont dans l'ignorance de toute industrie. La famille solitaire, maîtresse du sol, exerce les droits de la guerre et de la paix vis-à-vis des étrangers, les droits du gouvernement sur les serfs et les enfants; c'est le droit même de la force, et cependant il présente un embryon du droit philosophique : le pouvoir est au plus digne, et la famille est l'image d'une monarchie. Les nouveaux intérêts du patriciat réveillent de plus en plus les idées latentes du vrai, du bien et du juste; et ici encore les hommes qui commandent sont les plus avancés dans l'initiation de la justice et de la vérité. Lorsque les plébéiens triomphent, on comprend la justice dans son universalité; les intérêts sont égaux; par conséquent une même loi s'applique à tous les membres de la société, et la philosophie du droit sort de la généralisation démocratique des lois populaires, qui sont les dernières occasions du réveil des idées dans l'esprit des philosophes.

La religion ne se sépare pas un instant de l'histoire de la société. La terreur de la foudre crée Jupiter, le premier entre les dieux, et c'est dans la crainte de Jupiter que les hommes se fixent à la terre, s'unissent à une femme et se groupent par familles. A chaque pas que fait la famille, il surgit un dieu pour la protéger, car l'homme anime tout par une poésie instinctive; *il se fait règle de la nature*, et il transporte à la nature toutes les personnifications mythiques qui se forment dans la société. De là viennent Junon, la déesse des mariages, Minerve, qui préside au conseil aristocratique, Mars, le dieu des combats, Vulcain, qui invente les arts mécaniques, et tous les autres dieux qui naissent au milieu des hommes pour étendre ensuite leur empire sur l'univers. La société est ainsi placée sous la garde des dieux, la tradition y devient une poésie réelle, un véritable poëme, et la superstition y établit la théocratie qui consacre les lois, les peines, la famille, le patriciat, et qui transforme en sacrilége toute violation de la cité héroïque. C'est pourquoi les plébéiens, dans la suite, pour obtenir la participation de tous les droits héroïques, doivent demander de participer à la religion; les gouvernements humains ne peuvent pas s'établir tant que les dieux de la tradition barbare gardent les remparts de la ville patricienne. — Cette théorie toute matérialiste tient à une seconde théorie toute rationnelle. D'abord, si la religion n'est qu'une poésie, elle contient néanmoins les passions ; et par là, elle confère toujours le pouvoir à la famille, aux patriciens, aux plus dignes, c'est-à-dire, à ceux qui peuvent être guidés par une force supérieure à la force matérielle. Ensuite, la poésie religieuse présente le premier reflet des idées de la raison ; Jupiter est la première image de Dieu ; Minerve, Junon, Apollon, Vénus, sont en même temps des caractères poétiques, et sont les premières conceptions idéales des peuples barbares. En outre, la poésie primitive est l'occasion qui provoque en nous successivement le réveil des idées. De la même manière que le droit, la morale des nations prélude au droit et à la morale des philosophes ; la sagesse poétique prélude à la sagesse des peuples civilisés, et en contient le premier embryon. De là vient que les philosophes invoquent l'autorité d'Homère : le poète barbare les a devancés par l'inspiration, ils l'expliquent à leur tour par la réflexion ; et quand ils croient à la sagesse d'Homère, c'est à la sagesse des nations qu'ils rendent un hommage involontaire. La conclusion de Vico est qu'il y a deux époques dans l'histoire des sociétés, l'une de poésie, l'autre de réflexion, l'une barbare, l'autre civilisée, celle-ci est bien supérieure à la première, mais on doit dire des nations comme des individus, *nihil est in intellectu quod prius non fuerit in sensu*, il n'y a rien dans la réflexion des peuples, qui auparavant n'ait été dans leur imagination, dans leur poésie, dans leur religion.

Vico a montré avec une adresse admirable que l'histoire de Rome s'est répétée partout, à Sparte, à Athènes, en Égypte, dans les villes de la grande Grèce : il n'y a pas un souvenir d'érudition classique et d'histoire moderne qu'il n'ait soumis au modèle de Rome. Il restait à achever toutes les similarités, à généraliser chez tous les peuples la chute de l'empire romain, à expliquer le retour circulaire de la civilisation à la barbarie. C'est ce que Vico a fait dans les dernières pages de la *Seconde science nouvelle.* Quand les nations se sont civilisées, dit-il, le commerce irrite l'égoïsme, le luxe allume les désirs, les philosophes attaquent la religion, les publicistes attaquent le gouvernement, et les peuples tombent d'abord dans l'anarchie, ensuite dans l'état de nature d'où ils sont sortis. La corruption, ajoute-t-il, est une barbarie bien pire que celle des peuples primitifs ; on y trouve la guerre de tous contre tous, mais armée de tous les moyens de la civilisation ; l'impiété des premiers hommes armée par l'athéisme scientifique ; la tyrannie du plus fort, mais terrible dans le despotisme ; enfin, le libertinage de l'état de nature dans la violation du mariage, et la solitude primitive des âmes au milieu de la foule des corps. Lorsque les nations en sont là, il est à désirer que par une crise violente la Providence hâte la dissolution de la société, afin qu'elle puisse recommencer son cours en retournant à son point de départ. C'est ainsi que finit la société ancienne : elle fut remplacée par la barbarie du moyen âge. Les villes se trouvèrent de nouveau enveloppées dans la superstition primitive, les guerres héroïques se renouvelèrent, le genre humain se réunit de nouveau dans les familles féodales. La clientèle romaine se reproduisit dans les serfs, le sénat de Romulus dans les champs de mai ; plus tard, les triomphes des plébéiens, le règne de César, se reproduisirent dans l'émancipation des communes et dans les monarchies modernes, et c'est alors qu'on revint naturellement à la jurisprudence romaine, dont les lois avaient déjà réglé autrefois les intérêts *des gouvernements humains* (1).

Sans nous arrêter aux détails et à la critique du système de Vico (2), il suffit ici d'en signaler les éléments et le caractère. — I. Vico a admis en même temps toutes les idées innées de Platon, et toute la théorie expérimentale de l'induction et de la généralisation de Bacon. Par là, il n'a pas considéré les deux éléments de la nature humaine, mais il a doublé le même élément, il a expliqué deux fois d'une manière différente le fait unique de la pensée. Il s'ensuit que ses origines occasionnelles

---

(1) Conf. *De studiorum ratione.* — *De antiquissimâ Italorum sapientiâ.*— *De universi juris principio et fine uno*, et les deux sciences nouvelles éditées en entier dans l'édition des *OEuvres complètes* de Vico ; Milan, 1834-37.

(2) Nous renvoyons le lecteur à notre ouvrage sur *Vico et l'Italie.*

rendent inutiles les origines rationnelles et *vice versâ* que celles-ci rendent inutiles les premières. En définitive, Vico a transporté dans la vie des nations l'harmonie préétablie de Leibnitz : mais, si le corps peut marcher tout seul, à quoi bon l'âme? si l'âme contient tout, à quoi bon le corps? de même, si la poésie explique la religion, si l'intérêt explique la société, à quoi sert l'intervention des idées platoniciennes déjà constituées par la généralisation démocratique ? Et si nous avons en nous, non-seulement l'idée première, mais toutes les idées, alors les caractères poétiques et les lois démocratiques seraient des idées innées et des généralisations, des révélations intellectuelles et des produits de l'induction ; la même chose serait ainsi constituée deux fois par deux facultés opposées. — II. La science nouvelle est une généralisation de l'histoire romaine, on ne trouve dans l'histoire idéale que ce qu'il y a de commun à la civilisation païenne et à la civilisation chrétienne. L'histoire idéale n'est donc pas une succession de systèmes, elle ne présente réellement qu'une seule époque qui se répète toujours : encore c'est là moins qu'une époque ; car dans sa généralité indéterminée elle ne saisit pas les différences des systèmes de l'Orient, de la Grèce, du christianisme, différences où se trouvent les déterminations et le mouvement de l'histoire.—III. Un autre défaut de l'histoire idéale, c'est d'avoir considéré le système social dans le patriciat : d'après

Vico, les serfs, les plébéiens ne sont que des bimanes sans mariage et sans religion. Comment se fait-il donc que ces bimanes sans religion, sans idées, arrivent tout à coup un jour par les tribuns, à comprendre tout ce qu'il y a de plus général dans l'homme, l'humanité? — IV. Comme Machiavel, Vico ne voit dans toute société qu'un système en deux phases, l'une barbare, l'autre civilisée, l'une crédule, l'autre qui penche vers l'incrédulité. Comme Machiavel, Vico croit qu'un système peut se détruire par ses propres forces; en d'autres termes, il croit que la volonté peut corrompre l'œuvre de la raison. Mais n'avait-il pas soutenu contre les cartésiens que la volonté n'est pas arbitraire, que l'autorité de l'histoire n'est jamais séparée de la raison; que la volonté soit des hommes, soit des nations, est toujours enchaînée aux lois de l'entendement; ce n'est que par cette théorie qu'il arrache l'histoire au hasard de la liberté et l'autorité (la philologie) aux dédains du cartésianisme. Mais si une fois au bout de l'histoire idéale, lorsqu'il se trouve en pleine civilisation, il admet une liberté qui se révolte contre l'intelligence, s'il croit aux caprices de la volonté cartésienne, les disciples de Descartes n'auraient-ils pas droit à leur tour de livrer au hasard toute l'histoire, toute la philologie, de rejeter tout entière la science nouvelle?

La doctrine des similarités ne finit pas avec Vico; au contraire, il n'y a pas de théorie moderne qui ne lui ait apporté son contingent d'idées. Montesquieu, tout le premier, a ajouté aux parallélismes de Vico comme Machiavel avait ajouté à ceux d'Aristote. En apparence, on dirait qu'il les détruit. Disciple de Locke, Montesquieu explique les lois et les gouvernements de tous les peuples par les deux principes de la réflexion et de la sensation, c'est-à-dire par le génie des législateurs et par l'influence du climat. Les nations sont donc à la merci du sol, les civilisations sont des végétations territoriales redressées par la main des législateurs; elles ne peuvent donc se déplacer qu'avec les races; encore, en se déplaçant, elles doivent dégénérer si elles passent du nord au midi, du midi au nord, car elles sont toujours sous l'influence du climat. Nous voilà bien loin de la théorie des similarités, et Montesquieu s'en éloigne d'autant plus que, suivant lui, les modernes sont supérieurs aux anciens, le christianisme au polythéisme; la féodalité elle-même, pour l'auteur de l'*Esprit des lois*, est un fait unique dans l'histoire. Cependant, malgré la variabilité indéfinie de cette donnée extérieure du climat, Montesquieu croit à la réflexion, il croit que tout gouvernement est un système, et puisqu'il croit à la réflexion et aux systèmes, il doit chercher le meilleur des systèmes, la plus belle œuvre possible de la réflexion. Quelle est donc, suivant lui, l'œuvre idéale de la réflexion? Tout le monde la connaît, c'est la constitution anglaise : ce sera donc là le modèle d'après lequel Montesquieu jugera le présent, le passé, et c'est là-dessus qu'il transportera les nouvelles similarités de la science politique : l'origine, le développement et le perfectionnement de la constitution anglaise, en un mot, l'histoire d'Angleterre, voilà le principe de tous les parallélismes qui embrassent et jugent l'histoire de tous les peuples dans l'*Esprit des lois*. On y trouve d'abord l'origine de la constitution anglaise : « Ce beau système, dit Montesquieu, a été trouvé « dans les bois. » Il était donc en germe dans toutes les forêts de la terre, et il pouvait éclore chez toutes les nations ; il est faux qu'il se trouvât seulement dans les bois de la Germanie. Les races germaniques se répandent dans l'Europe, la subjuguent, et fondent de nouveaux gouvernements : de là, la féodalité, qui n'est que le gouvernement germanique développé ou corrompu, comme on voudra, par les circonstances de la conquête. Montesquieu a expliqué pour la première fois l'harmonie de ce système, il a trouvé l'ordre dans la barbarie, il a compris qu'il contenait en germe le développement ultérieur de la constitution anglaise. Partout, donc, où il y a des fiefs, la réflexion peut arriver au gouvernement constitutionnel. C'est une erreur de croire avec Montesquieu que le féodalisme soit un fait moderne, sans exemple dans l'histoire du genre humain ; mais, en attendant, toutes les histoires des peuples de l'Europe sont soumises, dans l'*Esprit des lois*, aux parallélismes d'une seule histoire. Quant aux peuples de l'antiquité, Montesquieu ne cesse pas de les juger d'après les éléments de la constitution anglaise. Quels sont ces éléments ? La bourgeoisie, la noblesse et la royauté ; la première se fonde sur la probité, la seconde sur la richesse, la dernière sur l'honneur. Eh bien, décomposez la constitution anglaise, et vous aurez les trois gouvernements de la république, de l'aristocratie et de la monarchie, qui se fondent l'une sur la probité, l'autre sur la richesse, la troisième sur l'honneur. Ce sont là des idées générales qui s'étendent à l'histoire de tous les gouvernements ; ce sont donc des parallélismes universels ; et si on parcourt l'*Esprit des lois*, on en trouve mille qui embrassent les phases des gouvernements, l'influence des cultes, les lois, les révolutions de tous les peuples. Malheureusement, Montesquieu a fait une part trop large au hasard, et, tout en comprenant l'harmonie intérieure des civilisations, il les a considérées toujours dans l'espace, jamais dans le temps, toujours dans la distinction des climats, jamais dans la succession des systèmes. Il croit, par exemple, que la chute de l'empire romain tient au déplacement du siége de l'empire, qui penche naturellement vers le despotisme en passant en Orient. Suivant lui, la liberté moderne est encore une affaire de climat, attendu que les hommes du Nord, naturellement libres, « sont venus briser les fers que l'on avait forgés dans le midi. » Pour voir la succession des civilisations,

Montesquieu aurait dû observer, non pas seulement les systèmes politiques, les parallélismes de la constitution anglaise, l'harmonie des gouvernements; il aurait dû observer les systèmes qui dominent la politique, la liberté chrétienne, bien plus forte que celle de l'Angleterre, l'harmonie des religions, qui contient celle des gouvernements. Cela n'était guère possible à l'admirateur de la constitution anglaise; il considérait les religions comme des instruments, et il devait livrer au climat, au hasard, ces révolutions des idées qui se jouent de l'espace, se propagent dans le temps, et seules disposent par les harmonies supérieures de la logique et du sentiment, de toutes les harmonies inférieures de la pratique et des intérêts. Cependant, malgré les erreurs de Montesquieu, si on suit son principe de la réflexion, en laissant de côté l'horizon qu'il n'a pas voulu embrasser, les faits qu'il n'a pas voulu observer, on trouve que toutes ses théories ont donné de nouveaux parallélismes à l'histoire universelle en la faisant rentrer dans l'histoire d'Angleterre. Maintenant, si on rapproche Montesquieu de Vico, de Machiavel, d'Aristote, aurait-il détruit les similarités de la renaissance et de l'antiquité? Non : il a fait ce qu'il devait faire. Aristote avait généralisé l'expérience de la Grèce, Machiavel avait généralisé celle des républiques et des principautés italiennes, Vico, à part ses erreurs, avait réellement saisi ce qu'il y a d'uniforme chez les anciens et chez les modernes; Montesquieu, plus exact et plus compréhensif, a généralisé une expérience supérieure à celle de la renaissance et de l'antiquité. Il a remis à leur place les similarités antécédentes sans les détruire, il a fait rentrer celles d'Aristote dans le monde ancien, celles de Machiavel et de Vico dans le monde italien; et il a découvert des lois plus vastes et plus modernes, qui avaient été méconnues ou ignorées par ses prédécesseurs.

Depuis Montesquieu, on est tellement persuadé de l'uniformité de toutes les histoires européennes, que M. Guizot, en écrivant l'histoire de la civilisation française, affirme qu'il écrit l'histoire de l'Europe : de même M. Thierry, en assistant à la conquête des Normands, dit qu'il assiste à l'origine du féodalisme européen. En effet, l'histoire moderne se ressemble dans toutes les nations de l'Europe; puisqu'elles ont les mêmes points de départ, elles doivent parcourir la même carrière : l'historien qui plaide la cause du Saxon contre le Normand en Angleterre, plaide en même temps la cause des Gaulois contre les Franks, des communes italiennes contre les Lombards et les Normands des Deux-Siciles, celle des Espagnols contre les Goths et les Arabes. Un même féodalisme établi chez toutes les nations de l'Europe, devait conduire à des monarchies féodales analogues, puis à des monarchies absolues, enfin à une époque révolutionnaire commune à tous les peuples, ayant les mêmes antécédents en France comme en Allemagne, en Angleterre comme en Italie. Sans doute un peuple influe sur l'autre, mais un peuple n'accepte de l'étranger que ce qui est en germe dans ses propres idées; si Luther ou Mirabeau, Voltaire ou Rousseau se multiplient par leur influence autant de fois qu'il y a de peuples qui les acceptent, c'est que ces peuples ont les mêmes antécédents, témoin Richelieu, Ximenès, Élisabeth d'Angleterre, Maximilien d'Autriche, qui sont l'expression d'une même loi similaire sur les divers points de l'Europe. Si l'on peut reconstruire l'antiquité gréco-latine d'après le modèle de l'histoire de Rome, d'Athènes ou de Sparte, c'est que cette histoire rappelle d'une manière éclatante ce qui se passait obscurément chez les peuples anciens de l'Italie et de la Grèce. Comme actuellement nous expliquons une histoire par l'autre en Europe, il doit être permis d'expliquer, l'une par l'autre, les histoires de l'antiquité, celles de l'Asie ou celles de l'Amérique, attendu l'uniformité des développements, toutes les fois que le point de départ est le même : bien entendu que les histoires les plus grandes seront les plus instructives.

La nouvelle science de l'économie politique, quel que soit le système que l'on adopte, doit présenter autant de similarités que la politique : science ou art, comme on voudra, elle est une généralisation, donc elle doit se fonder sur des lois constantes, et cette constance ne peut pas être autre chose qu'un parallélisme dans une série d'événements analogues. Les causes qui s'opposent à la liberté du commerce étant les mêmes partout, on voit paraître par une même loi les maîtrises, les corporations dans toute l'Europe féodale : quand ces causes cessent, la libre concurrence s'établit à l'intérieur des nations, car on peut dire, en commerce comme en droit, *cessante legis ratione, cessat et ipsa lex.*

L'uniformité de l'histoire de la jurisprudence a été montrée jusqu'à l'évidence dans la distinction du droit barbare et du droit philosophique. Le premier est entouré de formules et de fictions : il se trouve également dans les actes légitimes des Romains, dans le droit poétique de l'Allemagne décrit par Grimm, dans les plus anciennes formules du droit français recueillies un peu trop au hasard par M. Michelet. La jurisprudence philosophique qui n'accepte que les formules nécessaires pour garantir la certitude du droit, vient nécessairement à la suite du droit barbare ; celui-ci une fois donné, il faut nécessairement que tôt ou tard la raison arrive à comprendre la justice en elle-même, abstraction faite de la forme.

La poésie et les arts ont eu dans toutes les civilisations, deux époques, comme la jurisprudence, l'une qu'on pourrait appeler populaire, l'autre littéraire et artificielle. C'est à la première époque qu'appartiennent les poèmes d'Homère, les épopées chevaleresques du moyen âge, l'Edda, le Niebelungen, les légendes espagnoles, les anciens poèmes de l'Inde, et la divine Comédie ; ces épopées sont contemporaines de la barbarie féodale et primitive, elles suivent les expéditions barbares des Croisades et de la piraterie grecque, et elles confondent la fiction et la croyance, la poésie et la religion. Viennent ensuite les poésies littéraires élégantes, inspirées par les sentiments mais se séparant des croyances, imaginant pour imaginer, grandes, sublimes, mais enfin artificielles, comme les poëmes de Virgile, de Ferdousi en Perse, des tragiques dans la Grèce, du Tasse, de l'Arioste en Italie, de Milton ou de Klopstock en Angleterre et en Allemagne : cette double poésie se trouve chez tous les peuples dont l'histoire présente successivement les deux époques de barbarie et de civilisation.

Les langues passent comme le droit de la synthèse à l'analyse, du symbole à la réflexion : les études récentes sur la linguistique montrent que leur marche est uniforme chez tous les peuples et que partout elles se perfectionnent en se décomposant. La transition du Sanskrit au Bengali, du grec ancien au grec moderne, du latin aux langues européennes, est ainsi soumise à une même loi qui se réalise d'une manière constante sur tous les points du globe. L'écriture à son tour suit une marche analogue en passant de l'imitation des choses, aux signes, et des signes à la découverte de l'alphabet qui se simplifie successivement jusqu'à réduire quelques centaines de lettres alphabétiques aux 24 lettres de notre écriture.

Les parallélismes dans les religions sont innombrables, on n'a qu'à comparer la mythologie scandinave, la mythologie grecque, les cultes de l'intérieur de l'Afrique, ceux des anciens peuples de l'Amérique, pour trouver des correspondances étonnantes. Les deux principes de Dieu et de Satan dominent également en Égypte, dans l'Inde, en Perse, quoiqu'ils prennent mille formes différentes. Le culte d'un dieu supérieur dût-il ne s'appeler que *Jupiter optimus maximus*, se trouve chez toutes les nations civilisées, avec les incarnations ou les dieux qui descendent du ciel, comme Osiris. Bien plus, les divinités se multiplient partout d'après une arithmétique sacrée où les nombres trois, quatre et sept dominent toutes les combinaisons, depuis les triades jusqu'aux calculs des dix grands nombres des Bouddhistes. Voilà ce qui est commun aux Pythagoriciens, aux Druides, aux Égyptiens, aux Perses, à tout l'Orient, voire même à quelques traditions américaines. Les rites et les cérémonies obéissent aux mêmes nombres, chaque religion a sa langue et ses caractères sacrés qu'elle maintient contre les révolutions des langues vulgaires : chaque culte a ses ministres, ou du moins ses grands-prêtres : la lutte entre les deux pouvoirs civil et séculier se trouve au Japon, chez les Lévites, en Europe, dans l'Inde : chaque religion est tellement identifiée avec la vie d'un peuple que la moindre hérésie, comme le remarque Campanella, correspond toujours à une révolution politique... On pourrait multiplier indéfiniment les citations, mais il n'entre dans notre plan ni d'indiquer, ni de résumer toutes les similarités ; il nous suffit d'en constater l'existence et de montrer l'impossibilité où nous sommes d'ouvrir un livre d'histoire sans les y rencontrer, ou d'imaginer un art sans supposer que partout où il y a les mêmes causes en action on doit trouver les mêmes effets.

On peut se tromper en rapprochant les faits à la manière d'Aristote ou de Machiavel. On se trompe avec Montesquieu en livrant l'histoire aux hasards du climat. Par une erreur contraire, on s'égare avec Vico en s'imaginant que partout où il y a un monticule et un ruisseau, l'histoire peut se développer ; on s'égare soit en isolant les civilisations dans l'espace, soit en les isolant dans des périodes circulaires, soit en supposant que les décadences se ressemblent. Bref on peut se tromper de mille manières, mais il n'en reste pas moins certain que la marche des peuples est similaire. Tous ont le même point de départ, l'état sauvage, tous sont doués des mêmes forces, les forces de l'humanité, tous finissent par se proposer le même but, celui d'un bonheur infini commun à tous les hommes ; donc tous doivent parcourir la même route et passer par des révolutions analogues. Les ressemblances sont frappantes dans les moindres détails, de la civilisation, à la Chine comme en Europe il y a des traditions littéraires, des lois, des tribunaux, des ambassadeurs, le papier-monnaie, l'imprimerie, le commerce des livres, des usages qui se correspondent à commencer par la mode des cartes de visite et des grades universitaires jusqu'aux dignités impériales, aux hiérarchies politiques et civiles et aux institutions religieuses.

Mais s'il est impossible de rejeter la théorie des nations, il n'est pas moins certain que telle qu'on l'a présentée jusqu'ici elle n'embrasse pas toute entière l'histoire idéale de l'humanité. — 1° On a commencé par rapprocher les similarités politiques, sans voir qu'une religion peut renverser deux cents états, que les gouvernements sont dominés par les idées, et que la politique proprement dite n'est qu'un fragment du système social.—2° Les parties des systèmes les plus opposés peuvent se ressembler; et en effet les tendances de la monarchie, de l'aristocratie et de la démocratie seront toujours les mêmes dans toutes les civilisations possibles. De là, Machiavel ne voyant, ne généralisant que la politique, a dû conclure que l'histoire était l'éternelle répétition d'un même système, qui se formait et se détruisait toujours pour se reproduire de nouveau. Quand les successeurs de Machiavel ont soumis la politique à la religion, l'erreur s'est maintenue, et ils ont considéré toutes les religions comme la répétition éternelle d'une religion unique. — 3° Par l'histoire idéale ainsi conçue comme un système unique, qui se forme et se détruit pour se reproduire, on ne rend compte ni de l'histoire, ni même des origines de l'histoire. L'histoire en effet n'est qu'une succession de systèmes, et tout son développement consiste précisément dans les différences des systèmes : quant aux origines, si les nations se ressemblent dans leur première enfance, elles diffèrent dans leur jeunesse. Les unes sortent de la Barbarie pour entrer dans la civilisation grecque, les autres entrent dans l'histoire pour rejoindre immédiatement le christianisme ; les Arabes ne comptent dans l'humanité qu'à l'époque de Mahomet. Tous les peuples semblent appelés à figurer dans l'histoire, mais à de longs intervalles. Leur origine est la même, physiquement parlant, mais elle est bien loin d'être identique au point de vue de l'intelligence. — 4° La plus grande de toutes les erreurs est celle qui prédit une décadence uniforme à toutes les sociétés, et c'est là cependant la conséquence naturelle de la théorie qui réduit toutes les civilisations à un seul système. Par là, on suppose que la raison, qui construit ce système, la raison qui est éternellement constitutrice, détruit un beau jour pour détruire, sans but, sans motif, cessant d'être la raison et néanmoins exerçant toutes les fonctions de la raison. — 5° Toutes les conceptions idéales qui ont été posées par la théorie des nations, savoir: la cité grecque, la principauté italienne, la monarchie moderne, le gouvernement constitutionnel, sont transitoires ; nous en avons la certitude, car nous sommes dans un état de crise et, quoi qu'il arrive, nous savons que la raison ne peut sortir d'un système sans entrer dans un autre système. Si donc les nations passent et si l'humanité s'avance toujours; si les civilisations passent et se succèdent en profitant également de la vie et de la mort des peuples qui les ont préparées, il faut conclure que l'histoire idéale est plus vaste que l'histoire des nations, plus grande que l'expérience, et qu'on doit l'étudier dans l'humanité. — 6° Peut-être l'humanité considérée comme une seule société est-elle une chimère, mais toujours est-il que si l'on supprime cette hypothèse, l'action que les peuples exercent les uns sur les autres nous échappe, et nous sommes condamnés à voir des religions qui s'étendent d'un continent à l'autre, des religions qui embrassent quelques milliers de peuples, un commerce toujours en progrès qui embrasse presque tous les habitants de la terre; nous sommes condamnés à voir les progrès de l'association universelle sans comprendre le système qu'elle forme, qu'elle suppose et qui l'explique. Peut-être le système de l'humanité est-il une chimère, mais c'est une chimère nécessaire, ne fût-ce que pour rendre compte de cette conscience du christianisme, qui se croit le devoir de réunir tous les peuples de la terre et de triompher de toute la barbarie naturelle de l'humanité. Encore une fois, il est possible que le but de l'association universelle soit éternellement manqué, mais on le conçoit, tous les jours on approche de ce but, le système qui pourrait l'atteindre résumerait tous les autres, et nous ne pouvons pas imaginer un idéal qui finisse autrement que par une théorie de l'humanité.

CHAPITRE II.

Théorie de l'humanité.

§ 1. Origine de la théorie.

L'origine de la théorie de l'humanité est bien plus simple que celle de la théorie des nations : au lieu de se former par une longue suite de rapprochements et de combinaisons, elle naît tout à coup avec les croyances mystiques du monothéisme. Dès que l'on croit à un Dieu qui agit sur les hommes par des envoyés, des prophètes ou des révélateurs, il faut supposer à ce Dieu un but universel. Peu importe que ce soit la purification du Zendavesta, le Kali-jouga des Brahmanes ou le Millénaire de Chérinthe. Un idéal universel détermine dans l'histoire des époques universelles, et il n'y a ni exception, ni résistance possible à l'action de Dieu ; il faut que l'homme et la nature, la pensée et les choses suivent le plan de la Providence, que l'histoire présente l'unité d'une épopée. C'est ainsi que le bouddhisme impose en même temps à toutes les forces cosmiques de la nature, à tous les êtres vivants et à tous les hommes des périodes de dépérissement et de progrès, où tout se rapetisse ou grandit d'après des proportions numériques qui se répètent à de longs intervalles en vertu d'une loi identique. C'est là ce que les Indous appellent les jours de Kapila, immenses histoires de l'homme et de l'univers, où les peuples ne comptent que comme des atomes, dans un tourbillon dont les mouvements sont géométriquement déterminés par le principe de la vie éternelle qui anime tous les êtres.

Le christianisme a dégagé l'histoire de l'humanité des cosmogonies orientales : son but n'est atteint, il est vrai, que dans le ciel, à la fin du monde, dans la Jérusalem mystique postérieure à l'Apocalypse. Mais en attendant la réalisation de l'idéal céleste, il pose un second idéal terrestre, la domination universelle de l'Église dans le monde. Voilà un point d'arrivée très-simple, tout moral, presque philosophique, accessible à la raison, que l'on peut soumettre à l'analyse et qui, s'appliquant au présent et au passé, nous montre que tous les peuples sont en marche depuis la création pour atteindre le même but. Que l'on supprime le mystère de la rédemption et le merveilleux qui en est inséparable, l'orthodoxie catholique pourra suivre, juger les peuples à travers les révolutions des empires, pour nous dire comment l'Église s'est constituée et comment elle pourrait s'étendre sur toutes les régions de la terre. Par la supériorité de sa nature, le christianisme a donc pu, avec Saint-Augustin, étudier l'histoire dans l'humanité, et trouver un lien, un point de ralliement, des époques universelles à tous les peuples sans trop s'engager dans les mystères apocalyptiques. On pourra dire qu'il étudie l'histoire dans l'Église et non pas dans l'humanité : mais si l'Église n'est qu'une des déterminations de l'humanité, c'est cependant la plus vaste qui ait jamais paru, et si elle n'explique pas tout dans l'avenir, elle est néanmoins plus que la moitié du passé.

Le nouveau christianisme des Millénaires a donné une nouvelle forme à la théorie de l'humanité. Ils se proposaient de faire régner le christianisme sur toutes les parties de la terre et de réaliser toutes les vertus de l'évangile. Suivant eux, le vice, l'égoïsme, l'ignorance avaient passé de l'humanité dans la chrétienté, de la chrétienté dans l'Église : les ordres religieux, ces images vivantes de la perfection évangélique, étaient impuissants contre les vices du clergé; le clergé, attaché aux biens de ce monde, était impuissant contre le règne de César; César (les rois), esclave des richesses et du vice, était impuissant contre la force des infidèles. D'où vient le mal? de ce que le monde est gouverné par la *crainte* et par la *foi*, par des lois civiles et par des mystères; mais le jour viendra où un nouveau réparateur, le *Saint-Esprit*, éclairera les intelligences, fera disparaître les symboles, les mystères, rétablira le règne de *l'amour*, de la charité, des ordres religieux qui domineront l'Église. Par là, la chrétienté sera dans l'Église, et l'humanité dans la chrétienté, car il n'y aura plus qu'un seul peuple, une seule foi, un seul pasteur, dont la domination s'étendra *de mari ad mare*. Voilà l'idéal des Millénaires; ils déplaçaient la Jérusalem mystique, ils la faisaient descendre du ciel sur la terre, ils considéraient le paradis provisoire du millénium comme le système définitif du genre humain, et par ce système, forcés de refaire leurs jugements sur tous les peuples, sur toute l'histoire, ils renouvelaient la théorie de l'humanité. Ainsi ils divisaient l'histoire universelle par les trois époques de l'Ancien, du Nouveau Testament et de l'Évangile éternel. Dans la première, Dieu le Père se manifeste aux patriarches et gouverne le monde par la *crainte*; le Fils est venu depuis prêcher la *foi* et l'*amour*, bientôt se réalisera le règne du *Saint-Esprit* et de l'*intelligence*. Au commencement il y eut Abraham, Isaac et Jacob avec douze fils; vinrent ensuite Zacharie, Jean et Jésus-Christ avec douze apôtres; bientôt paraîtra l'*homo indutus lineis*, l'ange, *habens falcem acutam* et l'ange *signum vivens* de Dieu avec douze anges inférieurs. Aussitôt qu'il paraîtra, la nouvelle Babylone (Avignon) sera détruite, l'Église, cette seconde Synagogue, sera remplacée par la nouvelle église, et le genre humain régénéré entrera dans la nouvelle ère de l'amour et de l'intelligence (1).

---

(1) V. Duplessis d'Argentré, *Collectio judiciorum de novis er*

Telle fut la théorie de l'humanité conçue par Amaury, Jean de Parme et l'abbé Joachim ; ce fut la première notion de la théorie du progrès imaginée au sein de la foi, dans l'attente d'une nouvelle révélation vraiment universelle, qui rendît la foi inutile et la crainte impossible. Toutes les tendances de la démocratie chrétienne, toutes les utopies catholiques, toutes les espérances chimériques des sciences occultes, et voire même quelques innovations savantes, se sont depuis ralliées à cette idée du millénium, de la suppression du mal moral et du mal physique. Raimond Lulle, Arnold de Villeneuve, Rupescissa, G. Postel entre autres appartiennent à cette tradition. Ce dernier rêvait la cessation du mal physique, la rédemption de la mort, le règne de Dieu sur l'homme et sur la nature régénérée, et le principe qui donnait cet idéal, lui fournissait une nouvelle explication de l'histoire universelle du genre humain. Voici sa théorie : Dieu est triple et un, car il est le sujet qui connaît (le Père), l'objet de la connaissance (le Fils), ou la connaissance elle-même (le Saint-Esprit). Qu'est-ce que le Fils? c'est le Fils non-seulement du Père, mais aussi du Saint-Esprit, comme disent Maïmonide et les traditions de l'église d'Éthiopie. Le Fils est le Verbe, et le Verbe est néces-

---

roribus, vol. I, p. 163. — Eccard, *Corpus Hist. medii, ævi,* vol. II, p. 819. — *Vaticinia et prædictiones* Joachimi, abbatis Calabri. Francofurti, 1606.

saire, car il fallait un milieu entre Dieu et la nature, l'infini et le fini, le créé et l'incréé. Le Christ est donc en même temps le créé et l'incréé, le fini et l'infini, le médiateur, le créateur, la substance des substances, l'âme des âmes, la forme des formes, l'*intellectus agens*, la lumière de la raison, enfin, l'*homme universel*. C'est de lui que viennent toutes les âmes, c'est à lui qu'elles retournent, c'est lui qui les introduit au sein de l'Éternel. Il est né quatre fois : la première, par tradition de substance il s'est distingué du Père, la seconde fois il est né en Adam, ce fut le moment de la création de l'homme et de tous les hommes dans l'homme. Il est né depuis à Jérusalem quand il a racheté l'esprit de l'erreur ; mais nous sommes encore livrés à la mort, la terre est souillée de crimes, l'œuvre du Christ n'est pas complète, elle doit s'achever par une nouvelle naissance qui rachètera le corps. Par elle, nous serons *christifiés*, *déifiés* dans le Verbe, nous deviendrons les véritables membres du Christ, la joie des uns sera la joie de tous et l'univers sera purifié. Telle sera la véritable résurrection dont la communion bishebdomadale de l'église d'Éthiopie est un symbole ; résurrection qui nous délivrera de tous les mystères, de toutes les allégories, et dans laquelle nous aurons la vision pleine et entière de l'univers. Ainsi Adam a vécu d'après *la loi de la nature*; Moïse a apporté *la loi écrite*, Jésus-Christ celle de la *grâce*, le nouveau réparateur, en régénérant la nature, achèvera l'œuvre de la rédemption (1).

Après Postel le *millenium* fut conçu d'une manière toute physique par Paracelse et toute mystique par J. Boehm. Tous deux s'expliquaient le monde par le système de la Bible, en annonçant un nouveau christianisme, tous deux entrevoyaient en même temps le renouvellement des idées et celui de l'univers. Nous parlerons plus loin de leurs systèmes, ce sont plutôt des apocalypses que des théories de l'humanité; Campanella réclame ici toute notre attention. Il réunit toutes les traditions du moyen âge sur le millénium : il est astrologue, *révélateur* comme Joachim, *réparateur* comme Postel; il écrit que les mystères vont cesser, qu'un nouveau christianisme va achever l'œuvre de la rédemption. La nouvelle époque d'après les astres devait se réaliser en 1600. Il la fait sortir de toutes les traditions du genre humain. Les promesses de l'Évangile, l'espoir du siècle d'or des poètes, les promesses du Talmud, puis les prophéties d'Ildegarde, de Brigitte, de Catherine, l'enthousiasme des anciens Pères de l'Église, de S. Justin, de S. Cyrille, de S. Cyprien, de Denys l'Aréopagite, de

---

(1) V. *les très merveilleuses victoires des femmes*, 1553. — *Le prime nuore dell' altro mondo*, 1555.— *De nativitate mediatoris ultima nunc futura*, 1547. — *Absconditorum a constitutione mundi claris*, etc. 1547. — V. les *Opuscules inédits* à la Bibl. du Roi, n° 6229.

S. Augustin pour l'avénement de la cité de Dieu, tout ce faisceau de traditions et de prévisions ranimées au cœur du moyen âge par les Millénaires, plus tard par Savonarola, suivant Campanella, conduisent à l'établissement d'une nouvelle église. L'ancienne église, ignorante dans la foi, arrêtée par son respect pour le règne de César, a transigé avec les ennemis de l'Évangile; elle a reconnu l'autorité séculière, abdiqué ses droits, sanctifié la propriété et la famille qui ne sont que tolérées par l'Évangile. Aussi longtemps que la communauté la plus absolue ne sera pas établie, le règne de Dieu ne pourra se manifester; les hommes seront esclaves de la propriété, le genre humain sera livré à la guerre; aussi longtemps que le christianisme admettra deux lois dans le monde, celle du Christ et celle de Papinien, deux pouvoirs contraires, celui de l'Église et celui de l'empire, il sera en contradiction avec lui-même et son œuvre restera inachevée. Jusque-là Campanella n'est que le continuateur de l'Évangile éternel; ce qui le caractérise c'est qu'il transporte son nouveau christianisme sur le terrain de la philosophie, il fond ensemble la tradition sacrée et la tradition philosophique; ici le *millénium* n'est plus l'*adventus Christi*, c'est la république de Platon généralisée à tout le genre humain et soumise à une théocratie sans mystères. Aussi Campanella n'est plus un Franciscain qui lutte contre Guillaume de Saint-Amour, ou contre Jean XXII, c'est un platonicien qui transforme le christianisme en une philosophie et attaque Machiavel et Aristote pour proclamer la communauté des biens et des femmes. Il espère peu dans les miracles, mais il parle des arts, des sciences, des découvertes qui doivent multiplier les forces de l'homme dans la nouvelle époque ; il croit peu, mais il démontre toujours ; il ne révèle réellement aucun évangile, mais il veut fortifier l'intelligence par de nouvelles méthodes, et sa propre méthode est la plus grande de ses espérances. En définitive, il fait marcher de front trois révolutions, l'une religieuse qu'il déduit de l'Évangile éternel, l'autre sociale qu'il tire de Platon, la troisième philosophique qu'il fait remonter à Télèse et dont il a tracé un programme qui lui assure la place de Bacon dans l'histoire de la philosophie italienne. A ce nouveau système idéal devait nécessairement correspondre un nouveau système historique ; ainsi d'après Campanella Dieu dirige lui-même la marche des peuples : en Chaldée par le cours des astres, à Rome et au Brésil par les augures, dans le monde ancien par les Sibylles, par les oracles et par les législateurs qu'il envoie de temps à autre pour réformer la société. Se pourrait-il que la mission de chaque peuple ainsi déterminée immédiatement par la Providence ne concoure pas à un but unique dans l'histoire universelle ? Nous avons vu quelles sont les similarités de Campanella : toute civilisation pour lui passe de l'unité orthodoxe d'une papauté armée à l'hérésie, ensuite à l'athéisme; les hérésies divisent les peuples, et les philosophies athées achèvent l'œuvre de la dissolution. L'excès du mal provoque le renouvellement de la société par de nouvelles religions et de nouveaux législateurs. Mais d'après l'idéal de Campanella quand Dieu se révèle de nouveau, les peuples recommencent leur vie sur une échelle plus vaste; ils ont une plus grande puissance sur la nature, et ils approchent de la grande époque qui doit les réunir. Toutes les révolutions sont donc progressives dans l'humanité. Campanella indique quelque part (1) les divers degrés du paganisme : c'est-à-dire le culte des animaux, celui des hommes, le culte des astres, le polythéisme, l'adoration des deux principes; bien qu'il n'indique pas le passage du culte des animaux au manichéisme, et de là au monothéisme, il montre par toutes les preuves qu'il peut rassembler, que le christianisme devait remplacer l'unité de l'empire romain, et que le nouveau despotisme des papes déjà aux prises avec l'hérésie de Luther et les insurrections nordiques, doit céder à l'église universelle du genre humain. Ces idées dispersées dans plus de quarante ouvrages (2), mêlées à une foule de plans et de projets apparemment contradictoires, forment assurément le système le

---

(1) *Atheismus triumphatus*, ch. xi.
(2) V. *Phil. realis*, lib. iii. — Civitas solis. — Atheismus triumphatus. — De Monarchia Hispanica. — Monarchia Messiæ. — De gentilismo non retinendo, etc.

plus vaste qui eût encore paru sur l'humanité. Rapproché de ceux qui le précèdent et de ceux qui le suivent, il marque le passage de la foi à la science : d'un côté la foi s'y dissout en embrassant toutes les croyances, en absolvant tous les cultes; de l'autre le millénium de la religion y devient un idéal philosophique, l'astrologie ne s'y trouve plus que comme une réminiscence, la nouvelle méthode expérimentale y change le sens des traditions mystiques qu'il embrasse.

Après Campanella on entre pour toujours dans l'histoire moderne. Bacon et Descartes apportent une nouvelle lumière qui chasse tous les fantômes du moyen âge : les génies et les démons sont écartés de la philosophie, l'influence des astres et les révélations sont écartées de l'histoire. Mais l'histoire ainsi séparée de la croyance semble perdre toute son unité : elle se sépare de Dieu en excluant son intervention immédiate, et quand l'homme reste seul avec ses forces, il semble que ses actions n'ont plus de but, que les peuples errent au hasard sur la terre, et que leur mouvement soit livré aux accidents de la nature. La force qui lie l'homme à l'homme en dépit des distances et des apparences extérieures est supprimée. Ainsi Machiavel ne considère que les nations; Vico, catholique par accident, isole les peuples; Montesquieu, tout grand observateur qu'il est, ne donne aucun plan universel; ses disciples présentent l'histoire comme une suite d'épisodes. L'unité

9

ancienne était perdue, il fallait la refaire par l'observation; tâche rude s'il en fut, mais on dut se remettre à l'œuvre. Le christianisme n'étant plus considéré que comme un fait, une production de la raison, on chercha l'unité dans la tradition des découvertes et des inventions, et dans un idéal à venir possible ou impossible, mais par lequel la raison conçoit la réunion du genre humain et sa toute-puissance sur la nature. Bacon est le premier à entrer dans cette voie toute hérissée de difficultés; il croit à un progrès indéfini, mais il avoue toutes les interruptions accidentelles de la civilisation. Pascal considère l'humanité comme un homme qui apprend toujours; (double erreur, car le progrès se fait par destruction, et il y a des destructions barbares qui ne sont nullement progressives) on résout affirmativement le problème longtemps douteux de la supériorité des anciens sur les modernes; plus tard on voit dans l'histoire spéciale des sciences les progrès de la raison; Herder porte l'idée du progrès dans la nature que Leibnitz avait seulement soupçonnée perfectible(1). Enfin, l'idée du progrès, développée par Turgot, Condorcet, Herder, Lessing, Price, Priestley, Kant, etc., pénètre partout et se fait accepter par toutes les philosophies et par tous les partis politiques. Aujourd'hui la nier c'est crime de lèse-civilisation : le mot de progrès est un mot d'ordre,

---

(1) *Théodicée*, §§ 202, 341.

le seul qui soit commun à toutes les opinions. Il y a des hommes que le progrès jette dans le délire, d'autres qui l'admettent à contre-cœur; ils exigent qu'il soit gradué, lent, excessivement lent, mais enfin, il y a même des physiciens qui sont à l'œuvre pour montrer que les trois règnes de la nature tendent vers un perfectionnement continu. Les anciens aspiraient à l'immobilité de leurs constitutions politiques; ils ne concevaient la force et la grandeur que dans la stabilité. Rien n'égale la crainte de Platon et d'Aristote pour les innovations; quelques législateurs de l'antiquité, pour assurer le maintien des lois qu'ils ont faites, se sont décidés à ne jamais revoir leur patrie après avoir fait jurer à leurs concitoyens qu'ils observeraient ces lois jusqu'à leur retour. Quant à nous, nous croyons que l'immobilité est un malheur; loin de chercher à éterniser les lois, nous cherchons à les rendre aussi mobiles que la pensée, et nous nous sentons heureux de ce que vingt siècles de vie chrétienne nous aient mis à la poursuite d'un idéal qui recule toujours, il est vrai, mais qui ne cesse pas de nous perfectionner. Cependant la conviction, le sentiment du progrès ne nous suffisent pas, il nous faut des preuves; la poésie est désormais insuffisante, il faut qu'on démontre et qu'on mesure la portée et les limites de cette idée du progrès. Née dans le monothéisme oriental, précisée par le christianisme, développée par les mystiques du douzième siècle, par les

Millénaires des époques successives, elle était autrefois aussi certaine que cette Jérusalem mystique qui éclairait la marche de tous les peuples visités par la lumière de l'Évangile. Après l'avénement de la philosophie serait-elle devenue incertaine? Non certes, mais les preuves que l'on a produites ne sont pas toutes de nature à nous rassurer.

§ 2. Preuves par l'expérience.

L'humanité n'est qu'une réunion de systèmes qui se juxtaposent dans l'espace et se succèdent dans le temps, on n'en trouve les lois que dans les lois qui président à la formation et à la destruction des systèmes. Mais l'observation expérimentale n'aperçoit que la nature physique, l'homme physique, elle ne voit que les données, les conditions, les circonstances extérieures des systèmes, devant elle il n'y a que des notions isolées, sans lien, sans ensemble. La vie de l'humanité doit donc lui échapper : l'expérience verra les systèmes dans les données, dans les faits, dans les arts, les inventions, les machines, les gouvernements; elle ne les verra jamais dans leur constitution intérieure, dans les idées qui ne sont pas sensibles, mais qui dirigent les faits, disposent des données, profitent des conditions extérieures. Le progrès ne peut se comprendre que par les lois qui règlent l'action et la réaction des systèmes; les données sont isolées, l'une ne conduit pas à l'autre, elles sont accidentelles, rien ne nous assure qu'elles soient progressives. Nous savons d'avance donc que s'il y a un progrès nécessaire, cette nécessité bienfaisante se dérobera à l'observation, le progrès pour l'expérience ne sera toujours qu'une possibilité ; et en effet la théorie de l'humanité dans l'école expérimentale, s'appelle la théorie de la perfectibilité, ce qui veut dire du perfectionnement possible.

Presque toutes les idées du dix-huitième siècle sur la perfectibilité tiennent dans le cadre tracé par Bacon. Le philosophe anglais a fait abstraction des idées et des sentiments : en examinant l'histoire, il n'a vu que deux choses, le monde physique et l'action de l'homme sur le monde physique, les forces de la nature et l'art qui imite la nature au profit de l'humanité. Pour lui le perfectionnement se réduit à observer et à inventer ; hâter le perfectionnement, c'est faciliter le mouvement par lequel l'observation se transforme en invention. Or, Bacon présentait sa méthode comme l'art de faire des inventions, l'art qui devait donner du génie à tout le monde, enfanter mille découvertes, régler et reproduire à volonté ces heureux hasards qui ont créé accidentellement de si merveilleuses industries (1). Si l'on a fait tant

---

(1) « Notre méthode, dit-il, laisse bien peu d'avantages à la
« pénétration et à la vigueur des esprits : on peut dire même
« qu'elle les rend tous presque égaux, car, lorsqu'il est question
« de tracer une ligne bien droite ou de décrire un cercle parfait,
« si l'on s'en fie à sa main seule, il faut que cette main-là soit

de découvertes au hasard, que ne pourra-t-on pas obtenir de l'art d'inventer (1)? Cet art déplacera les bornes du possible : elles sont toujours relatives aux moyens ; avant la découverte de la boussole on n'aurait jamais soupçonné qu'une aiguille pût nous orienter au milieu de l'océan, les effets de la poudre à canon ont dépassé tous les prodiges de l'industrie ancienne. « L'esprit « humain a commencé par croire que l'imprimerie « était impossible, puis il a fini par trouver in- « croyable qu'elle ait été si longtemps incon- « nue (2). » Il serait facile de multiplier les citations, toutes prouveraient que l'inventeur de l'art de découvrir devrait se comparer à Colomb, annoncer un nouveau monde industriel en vertu de sa méthode, et croire que le *règne de Dieu arriverait sans qu'on pût s'en apercevoir* (3). Voilà l'unité de l'histoire pour Bacon : elle n'est qu'une hypothèse à venir, exclusivement physique, où l'on ne voit que des choses, des machines, de l'industrie sans systèmes, sans principes, sans idées.

Aussi d'après ce type tout matériel, Bacon ne cherche dans le passé ni systèmes, ni principes,

---

« bien sûre et bien exercée, au lieu que si l'on fait usage d'une
« règle ou d'un compas, alors l'adresse devient presque inutile.
« Il en est absolument de même de notre méthode. » *Nov. Org.*
l. 1, § 122.

(1) *Cogit. et Visa. OEuv.*, p. 594. Leipsick, 1694.
(2) *Nov. Org.* l. 1, §§ 108-110, et ailleurs *passim*.
(3) *Nov. Org.* l. 1, § 92 et suiv.

ni idées ; il ne compte que les arts, les inventions et l'industrie. Derrière lui, il trouve la scolastique, la philosophie grecque ; il les regarde avec les yeux du corps, et comme elles roulent sur des objets invisibles, il les renie, disant que la raison s'est reléguée volontairement, pendant deux mille ans, dans un monde imaginaire. Ces philosophies ont-elles rien *inventé?* On ne voit pas des yeux l'action des idées sur les choses, aussi Bacon affirme que les philosophies antérieures n'ont rien produit ; se séparant du monde de la nature, dit-il, elles se sont condamnées à l'impossibilité d'agir sur la nature (1). Quant aux arts, aux inventions, aux découvertes, à l'industrie, Bacon qui ne les voit jamais dans un système, croit naturellement qu'elles paraissent et disparaissent au hasard, quoiqu'elles soient, à tout prendre, progressives. « A la vérité (ce « sont ses expressions) les arts mécaniques semblent « *animés par un souffle de vie* qui les perfectionne, « tandis que la philosophie reste immobile et sé- « parée de la nature, mais ils n'avancent qu'au « hasard, avec une très-grande lenteur, sans suite, « sans ordre (2). » Il y a des époques où l'esprit humain s'égare, d'autres où il est occupé de guerres, de révolutions, d'autres sont vides de découvertes et d'inventions : *l'histoire a ses déserts comme la géographie.* Cela dépend du hasard, et,

---

(1) *Nov. Org.* l. 1, §§ 71-76.
(2) *Nov. Org.* l. 1, § 74, *Cog. et Visa*, p. 594-595.

chose singulière, Bacon cherche précisément dans l'intelligence, qui n'est jamais accidentelle, les hasards qui ont retardé la marche de l'esprit humain. Il les dénombre (1), et on y trouve en première ligne le christianisme, puis les tendances de la raison, ensuite les passions, etc. : ce sont là des choses qui échappent à l'observation ; et, profondément persuadé que la vérité est dans la nature, Bacon n'invoque l'esprit que lorsqu'il s'agit d'expliquer la force qui nous trompe.

Bacon donc ne croit au progrès que parce qu'il fait appel à la nature, parce qu'il a imaginé un art d'inventer, et parce qu'il écarte les hasards de l'intelligence au moyen de sa méthode : sa théorie est une hypothèse pour l'avenir, moins qu'une hypothèse pour le passé.

La théorie de la perfectibilité de Turgot et de Condorcet, empruntée au *Novum Organum*, n'est à son tour qu'une très-forte présomption pour l'avenir et une hypothèse tout à fait incertaine et intermittente pour le passé. Que dit Turgot dans ses discours sur les progrès de l'esprit humain ? Qu'*à force d'épuiser des erreurs on arrive à la fin à la vérité ; — que les progrès sont plus ou moins lents suivant les circonstances et les talents.* — Il parle *des avantages que l'établissement du christianisme a procurés au genre humain ;* — du perfectionnement successif des sociétés pastorales et agricoles, du

---

(1) *De augm. scient.* l. 1. — *Nov. Org.* l. 1.

sort des peuples conquis, de l'amélioration du sort des femmes... Rien de plus raisonnable; mais il n'y a là ni principe, ni preuves, ni lois, ni méthode; ces décadences, qui forment la plus grande objection contre la théorie, ne sont ni niées ni expliquées, elles sont livrées au hasard des circonstances tout aussi bien que le progrès. Au reste, observer que nos religions, nos sciences ou nos inventions nous viennent en très-grande partie de la renaissance, du moyen âge et de l'antiquité, mettre une date à côté de chaque livre qui nous instruit ou rejeter aveuglément ce qui nous déplaît, professer le plus souverain mépris pour les systèmes qui diffèrent du nôtre, ce n'est pas là écrire la théorie du progrès; à ce titre elle serait aussi ancienne que le monde. Non, on n'arrive pas à la théorie de l'humanité tant qu'on ne remonte pas au principe qui l'engendre, tant qu'on fait abstraction de l'intelligence qui fait et défait les systèmes, tant qu'on ne saisit pas l'action et la réaction des systèmes dans l'histoire. — Chez Condorcet nous rencontrons encore les mêmes idées avec une plus grande exagération. Comme Bacon, il trouve *bien des déserts* dans l'histoire; comme Turgot, il se borne à additionner les inventions, les découvertes, les progrès qui sont accessibles à l'observation; plus inspiré que ses devanciers, il comprend le mouvement révolutionnaire de la renaissance, de la réforme, du cartésianisme; il aime et admire tous les grands hommes qui ont lutté pour l'émancipation européenne. Il signale les ressources de l'esprit humain, les avantages de l'association, les garanties du commerce. L'avenir est à lui, mais s'il n'a pas été marqué de terme au perfectionnement de l'homme, si la perfectibilité humaine est indéfinie, si le progrès ne doit pas rétrograder tant que *la terre occupera la même place dans le système de l'univers et que ses lois ne produiront sur ce globe un bouleversement général ou un changement extraordinaire;* néanmoins ce progrès n'est qu'une simple possibilité pour l'avenir et pour le passé. Condorcet lui-même s'engage à exposer les *erreurs*, savoir : les *aberrations de l'intelligence, les mystifications de l'imposture qui ont plus ou moins retardé ou suspendu la marche de la raison, qui souvent même, autant que les événements politiques, ont fait rétrograder l'homme vers l'ignorance.* Quelles sont ces aberrations, ces mystifications ? ce sont les religions, les cultes, le christianisme lui-même pour ne pas parler des hypothèses *creuses et frivoles* d'Aristote et de Platon. Voilà encore la raison mise en jugement, et accusée dans ses systèmes, ouvertement, sans détour, par une incrimination qui embrasse toute l'histoire, c'est-à-dire tous les systèmes juxtaposés dans l'espace ou se succédant dans le temps depuis cinq mille ans sur la terre. Ainsi Condorcet espère, mais en qui espère-t-il? Dans la nature? la nature est constante et périodique. Dans la raison? mais si la raison est la personnification du hasard pour lui comme pour ses maîtres, si la raison s'égare gratuitement ou se laisse mystifier, n'est-il pas clair que dans l'avenir elle pourra *tout autant que les événements politiques retarder*, ou *suspendre*, ou *faire rétrograder* l'homme vers l'ignorance!

Bacon, Turgot, Condorcet, cherchent le progrès, ils voudraient le toucher, et en réalité ils ne le trouvent nulle part, son principe est dans la raison et ils ne peuvent pas le voir dans les corps : l'esprit seul dispose de l'art, et en regardant la matière on n'y voit que par intervalles les traces de l'industrie. D'autres philosophes se sont égarés d'une autre manière par l'observation expérimentale : les uns expliquent l'histoire par les races, les autres par le climat, les autres par les circonstances du sol ; ils en saisissent les conditions et jamais les principes. Les économistes, les jurisconsultes sont les plus heureux, car ils ont devant eux une masse considérable de faits tout coordonnés ; ils peuvent les observer et chercher à connaître l'action des uns sur les autres. Mais ces faits sont fragmentaires, ils sont soumis aux principes des grands systèmes qui dirigent la marche des peuples ; par conséquent, ils sont emportés, détruits, constitués par des forces invisibles d'un ordre supérieur. Les jurisconsultes donc et les économistes, qui se bornaient à l'observation extérieure, se trouvaient dans la nécessité tantôt d'attribuer de grands effets aux petites causes, tantôt d'attribuer une influence miraculeuse au génie individuel des législateurs, tantôt de penser que le hasard était plus intelligent que l'humanité. Quels que soient les défauts d'une méthode, il faut bien qu'elle cherche la raison, la cause de toutes les origines quelque part ; si elle ne la trouve dans l'homme, il faut bien qu'elle la place dans la nature, dans les phénomènes. Mais plus la méthode expérimentale s'est perfectionnée, plus elle est devenue absurde à l'endroit des origines. Bacon avait cherché la raison dans l'homme et dans la nature, ses successeurs l'ont cherchée dans la nature et dans les sensations. Dès lors notre esprit ne fut plus que l'échiquier de la nature, une table de jeu où elle combinait au hasard les sensations, qui devenaient des idées aussitôt qu'elles étaient posées sur l'échiquier. Qu'était-ce donc que la pensée ? Un mouvement de la sensation combinée avec la voix. Qu'était-ce que le génie ? Une heureuse combinaison de sensations calquées dans la mémoire. A quoi se réduisaient l'industrie et les arts ? Encore à un heureux jeu de sensations, à une mimique vivante d'idées qui imitaient une première combinaison utile ou agréable de la nature. Dans cette hypothèse on devait conclure que l'humanité dans le temps et dans l'espace n'était que la nature travaillant par les mains de l'homme, et progressive toutes les fois que l'homme ne se mêle pas d'intervenir dans ce travail ; aussitôt qu'il intervient, il y a erreur, la nature est malade, les *contagions religieuses*, les illusions philosophiques s'emparent des peuples, l'humanité est en danger. La théorie en était là et demandait des myriades d'années pour que les sensations pussent devenir des arts, des sciences, la raison, quand elle rencontra un homme religieux par sentiment, un homme qui ne voulait pas désespérer de sa destinée, mais en même temps persuadé que l'humanité n'est qu'une forme de la nature. Puisqu'on avait déifié la nature en la mettant à la place de la raison, cet homme voulut chercher dans l'histoire de la création l'histoire de l'humanité, dans la destinée universelle de tous les êtres, la place, le lieu que le genre humain devait occuper dans le temps et dans l'espace. Telle fut la pensée d'Herder, et bien que sa théorie ne soit que l'épisode d'une théodicée, il donne toujours une théorie expérimentale. Il voit l'univers en progrès d'après une série ascendante de formes et de périodes cosmogoniques, et par conséquent il voit l'homme comme l'une de ces formes ascendantes dans un milieu donné. Par là Herder a déplacé le problème sans le résoudre; et il a échoué deux fois au lieu d'échouer une seule fois. Faisons abstraction, en effet, de toute considération sur la providence. Nous ne savons pas s'il y a transition d'un germe à un germe supérieur, nous ne savons pas quelle est l'origine des germes; nous ne pouvons concevoir l'origine d'aucun animal; la nature est constante, périodique, circulaire dans tous ses mouvements; si elle s'élève jusqu'à l'homme, elle tombe en poussière à la mort de l'homme. S'il y a une présomption à faire sur le système du monde, c'est que le soleil doit s'éteindre puisqu'il brûle ; s'il y a une certitude sur le système de l'univers, c'est que nous en ignorons les forces, les éléments, la marche, l'origine, le développement. Nous ne connaissons pas plus les lois intérieures des formes que celles de la vie ; pas plus les lois de ce monde que celles de l'univers ; l'immobilité du soleil et des astres est pour nous aussi mystérieuse que la mobilité de la terre, des planètes et des comètes. Nous voyons des phénomènes constants, réguliers, périodiques dans un horizon extrêmement borné, nous sommes dans un coin de l'univers sur un point de l'espace ; voilà tout. — Que pouvons-nous dire de la série ascendante des formes ? que pouvons-nous dire du ciel ? une forme qui se transforme, n'est-ce pas un aussi grand miracle que la création d'une forme ? un milieu qui se réalise exprès pour développer une forme éternelle, n'est-ce pas encore un aussi grand miracle que la transformation d'une forme ? Mais accordons tout, les déluges progressifs qui ont préparé l'habitation de l'homme, la série progressive des formes ou des milieux qui les reçoivent : mettons le ciel au bout de la terre et plusieurs sphères célestes au-dessus du ciel. Qu'en résulterait-il ? Herder aurait déplacé le problème : au lieu de parler de l'histoire il aurait parlé de la création ; au lieu d'expliquer les créations de l'intelligence, il aurait expliqué la création de l'intelligence ; au lieu de suivre la pensée dans les conditions actuelles il aurait suivi l'histoire des conditions de la pensée. Il a manqué la solution de son problème, car elle était impossible ; il l'aurait donnée, que son système nous laisserait sans réponse sur le problème de la pensée. Aussi quand il parle d'histoire, il tombe du ciel, pour ainsi dire, sur la terre ; il se trouve à côté de Bacon, de Montesquieu ; il n'est pas plus clairvoyant que les autres philosophes du dix-huitième siècle. Quelle est suivant lui l'origine des civilisations ? Les civilisations tiennent à des instincts et varient comme les climats qui les font éclore : elles ne se succèdent pas même progressivement, elles sont filles des races, du sol, des choses ; et par conséquent, dans le système d'Herder, elles naissent, elles disparaissent, elles se réunissent comme des végétations, elles ne sont pas historiques. Il a donc manqué en même temps la solution de deux problèmes, du problème transcendant et du problème historique ; il n'a pas plus dit pourquoi l'homme naît et meurt sur la terre, que la raison pour laquelle les systèmes se succèdent dans l'humanité. Et en effet, la pensée seule explique la pensée, et les sensualistes qui ne voient que les données, les circonstances, les choses, le milieu où nous sommes, les philosophes qui ne voient que les faits et les productions matérielles, soit de l'homme, soit de la nature; en un mot, ceux qui observent les choses et non pas les idées, ne pourront jamais dire ni pourquoi, ni comment les idées se tiennent, ou se succèdent, ou périssent, ou se transforment dans les systèmes de l'humanité.

§ 3. Preuve par le sentiment.

Prenons le sentiment dans toute sa force, dans toute sa rigueur; isolons-le des autres éléments, il ne donnera qu'une tendance vers l'humanité : éclairons-le par l'idée de Dieu, il donnera un idéal mystique ou religieux. Ce sera un idéal nécessaire, car Dieu ne souffre pas de résistance; universel, car devant Dieu il ne peut pas y avoir d'exceptions, et par conséquent cet idéal établira une théorie de l'humanité nécessaire et universelle. Mais comme il ne peut pas se manifester sans une révélation, une fois que le sentiment sera identifié avec une détermination de la pensée, il devra sacrifier toutes les pensées à une seule pensée, tous les systèmes à un seul système, toute la raison à une création de la raison. Qu'est-ce, en effet, que la révélation? C'est la perfection, c'est le point d'arrivée, c'est le but universel du genre humain; c'est, en outre, la vérité pure, sans origine humaine, sans histoire, absolument supérieure à l'homme, entièrement mystique, ou elle ne serait plus la révélation. Une ou plusieurs révélations une fois admises, la raison ne doit avoir que la faculté de croire ou de nier, d'accepter ou de refuser la lumière, Dieu seul est inventeur : devant lui il n'y a plus que des hommes dociles ou rebelles ; il est le seul acteur de l'histoire, les peuples ne sont plus que des instruments. Encore l'homme a-t-il le pouvoir de fausser, de corrompre, de méconnaître la parole de Dieu ; on ne peut lui laisser la faculté d'inventer une erreur, car une erreur indépendante peut conduire à toutes les vérités, y compris celles de la révélation, et dès lors la révélation est inutile. C'est là ce qu'ont bien compris les théologiens de tous les temps ; ils ont toujours considéré toutes les religions comme des altérations diverses d'une seule religion. Mais depuis que la philosophie a ramené toutes les origines aux forces indéterminées de la raison, les théologiens ne peuvent plus se renfermer dans une demi-négation, ou se défendre par des discussions historiques, où, par parenthèse, ils jouent de malheur ; ils doivent attaquer la raison dans son principe, pour défendre la divinité de la révélation.

THÉORIE DE BONALD.

Cette réaction antiphilosophique commence avec Bonald, et se trouve tout entière dans sa thèse qui refuse à l'homme la possibilité d'inventer le langage, ce qui, en 1796, revenait à refuser à l'homme la faculté de penser. Qu'est-ce, en effet que penser ou juger, pour Condillac ? c'est parler. Les langues, suivant lui, sont des méthodes, les classifications des mots, les systèmes l'œuvre du langage. Or, Bonald admet avec les nominaux, que, *pour les choses universelles, toute la science est dans les mots ;* il croit avec Hobbes que *l'évidence dépend du concours de nos conceptions avec les mots qui les expriment.* Il répète avec Condillac que *nous ne pensons qu'avec les mots ;* il reconnaît avec Rousseau que, *lorsque l'imagination s'arrête, l'esprit ne marche qu'à l'aide du discours ;* il dit avec Stewart que, *pour penser les genres et les universaux, les mots sont indispensables* (1). Bonald insiste plus que Condillac lui-même sur la nécessité de parler pour penser, et il ramène toutes les origines au langage, précisément pour les supprimer d'un seul coup, sûr d'avance qu'en montrant l'impossibilité d'inventer la parole, il aurait établi l'impossibilité de produire la pensée. Jamais coup n'a été porté avec plus d'adresse. Vous dégradez l'homme, pense Bonald, soit ; vous dites que sans langage on ne peut pas penser, soit ; vous expliquez toutes les origines par la parole, soit ; vous détruisez toutes les vérités sacrées par des origines profanes, soit encore : mais précisément parce que le langage est la condition de toute pensée, précisément parce qu'il explique tout et doit tout expliquer, il n'y a pas une seule pensée, pas une seule invention qui ne suppose un révélateur ; car il n'est guère plus possible à l'homme d'inventer

---

(1) *Rech. phil.* vol. I, p. 95-97.

sa langue sans penser, qu'il ne lui est possible d'inventer sa pensée sans parler. Si vous n'avez pas de langage, vous ne pensez pas; mais si vous ne pensez pas, vous ne pouvez pas inventer une langue : *il faut penser sa parole pour parler sa pensée.* Ainsi la parole est nécessaire pour inventer la parole, et il est impossible qu'un être, qui ne possède pas cette condition indispensable de la raison, puisse imaginer ces langues si merveilleusement identiques dans leur constitution logique, et qui présentent dans leurs ressemblances matérielles les traces d'une commune origine. De là Bonald conclut à *la nécessité rigoureuse et métaphysique* d'une révélation ; et l'homme moral et intellectuel, suivant lui, est une *seconde création* qui nous force à remonter à un créateur (1).

Comme on le voit, le sophisme de Bonald emprunte toute sa force au sophisme de Condillac, il n'aurait de valeur que dans le cas où la parole serait la condition de la pensée. Si l'on admet qu'il n'y a rien d'inné dans l'esprit, que nos idées ne sont que des sensations, que l'affirmation est dans les mots, il faut admettre qu'il est impossible d'inventer les langues. Au contraire, si on admet une idée universelle, si on admet qu'en vivant on éprouve des sentiments et des sensations, qu'il est inutile de parler français ou allemand pour prononcer ces jugements : *je suis, cet arbre existe,* le

(1) *Rech. phil.* vol. 1, p. 98-100.

système de Bonald s'écroule. Je pense avant de parler, et par là il est *rigoureusement* et *métaphysiquement possible* qu'avec ma pensée je puisse inventer ma parole. Inventer le langage en supprimant l'être et le jugement, comme fait Condillac, ce serait inventer le verbe, la substance, l'attribut; ce serait inventer l'entendement. Si on supprime la voix, si l'on suppose les hommes muets, on ne s'expliquera pas encore comment ils pourraient inventer les mots et le discours. Mais si l'on accorde l'intelligence et la voix, la question change, il ne s'agit plus de savoir si le langage a pu se former, mais de savoir s'il pouvait ne pas se former; la logique étant donnée, la voix doit en suivre les harmonies intellectuelles comme elle doit suivre les harmonies de l'instinct musical. Encore une fois l'argumentation de Bonald se fonde sur l'erreur de Condillac, et celle-ci détruite, elle tourne contre Bonald lui-même. En effet, il a raison de dire *que nous n'inventons rien, que nous ne faisons que perfectionner*: nous n'inventons ni la voix, ni la pensée, ni les rapports de la voix avec les passions et les sensations, pas plus que nous n'inventons les idées de substance et de qualité. Mais nous perfectionnons toujours, et ce perfectionnement incessant nous donne les arts, les sciences, tout aussi bien que les langues les plus ingénieuses. Nos premières pensées conduisent à toutes les pensées, y compris celles qui modifient toutes les voix, tous les mots, toutes les langues. *Les langues sont identiques dans leur constitution logique*, dit Bonald : nouvelle preuve qu'elles sortent de la raison identique chez tous les hommes. *On ne les invente, on ne les modifie pas à loisir* : nouvelle preuve qu'elles subissent toutes la nécessité de la raison. *Elles sortent tout d'une pièce de l'esprit humain*, suivant Bonald, et rien de plus vrai ; on n'invente pas un jour le verbe, un autre jour le nom, un troisième jour l'attribut, mais le rayonnement de l'être constitue la période par une révélation rationnelle et instantanée.

Jusqu'ici Bonald se sert de preuves à double entente ; avançons, et nous le verrons forcé d'abdiquer son hypothèse, forcé de la rendre lui-même complétement inutile. Quel est l'effet du langage ? Il *crée l'homme intellectuel et moral*. Est-ce que la parole transmet la pensée à celui qui ne peut pas penser ? Non : Bonald voit bien que recevoir, comprendre, penser une idée, sont des opérations identiques. Il soutient, il est vrai, qu'*avant le langage il n'y avait rien, absolument rien, que les corps et leurs images* ; que l'âme avant d'avoir entendu la parole était *vide et nue* (inanis et vacua), que dans cet état elle n'existait ni pour les autres, ni pour elle (1). Mais voyant que l'esprit nu ne peut rien recevoir, que les idées seules peuvent accepter les idées, Bonald suppose en nous des idées générales, espèces de femelles ou de germes qui doivent être fécondés par la parole (2). Étrange supposition de

(1) *Rech. phil.* vol. I, p. 144.
(2) *Rech. phil.* vol. II, p. 203.

la part d'un disciple de Condillac ! N'est-il pas vrai que si vous avez des idées, vous avez la condition de la pensée, que dès lors le langage est inutile pour penser ? Vous dites que la parole est l'*excitateur nécessaire* des idées : quel plus grand excitateur peut-on imaginer que le spectacle de la nature? Et si les *corps*, si les *images* ne réveillent pas l'intelligence, est-ce que la parole aura la puissance magique de réussir là où les passions, les instincts, les corps, la nature tout entière est impuissante? — Est-ce que la parole serait indispensable pour l'affirmation ? Non, Bonald avoue que les faits physiques et sensibles sont connus de chaque homme sur le rapport des sens, qu'on n'a *nul besoin du langage pour les percevoir*(1), et en réalité l'être les affirme sous l'excitation naturelle de la sensation. Est-ce que le langage serait nécessaire pour généraliser les connaissances sensibles? Point du tout, Bonald nous accorde encore la faculté d'abstraire et de généraliser les faits physiques, de nous former les idées d'étendue, d'espace, de mouvement, de pesanteur, etc. Nous voilà donc avec des idées innées, une faculté de juger, une autre d'abstraire, une troisième de généraliser ; le tout indépendamment de la parole. A quoi se réduit donc cette *nécessité* de la parole révélée pour penser? Aux idées morales, suivant Bonald, nous pouvons affirmer et généraliser les faits physiques sans jamais pouvoir

---

(1) *Rech. phil.* vol. 1, p. 101.

nous former les idées de vertu, d'humanité et de justice (1). Ici l'hypothèse, chassée de retraite en retraite par les idées innées et par l'*activité de l'intelligence*, s'est réfugiée dans les idées morales ; elle n'a pas même su protéger les idées de temps et d'espace. Mais puisque nous généralisons les faits extérieurs, puisqu'il n'y a pas un fait extérieur perçu qui n'éveille un sentiment, puisque les faits intérieurs, l'amour, la haine, le beau, sont aussi évidents que la pesanteur, la couleur, la forme ; pourquoi nous faudra-t-il une révélation pour savoir que nous aimons ce que nous aimons, et pour en conclure que l'amour existe comme on conclut du poids à la pesanteur ? La théorie de Bonald se réduit, en définitive, à un véritable entêtement théologique fondé sur une erreur de Condillac, que le théologien n'a pas même su maintenir dans sa rigueur paradoxale, mais logique soit dans le principe, soit dans la conséquence. Dans le principe, Condillac après avoir détruit la raison avait droit de chercher à la reconstituer par le langage : Bonald, qui croyait aux idées innées et à la réflexion, n'avait plus le droit de doubler la raison par une seconde raison créée par la révélation de la parole. Condillac, après avoir fait venir la pensée de la parole, a maintenu les conséquences de son principe, il a soutenu que ce sont les langues qui perfectionnent nos idées : Bonald, au contraire, soutient que

(1) *Rech. phil.* vol. 1, p. 590, et *Pensées*, vol. 1, p. 196.

le progrès des langues dépend du progrès des idées (1). Mais si c'est nous qui perfectionnons les langues, il y a un moment où la pensée va au delà de la parole, et si ce moment dont tout le monde peut avoir l'expérience existe aujourd'hui, s'il a existé il y a six siècles au renouvellement des langues, il a dû exister avant l'origine du langage lui-même. La théorie qui fait venir la pensée de la parole révélée ou naturelle est donc fausse quand elle veut remonter aux origines, parce qu'elle est fausse quand elle suit les développements ultérieurs de l'histoire. Que si on refuse à l'homme le droit et le pouvoir de perfectionner sa langue, alors il faut supposer que la parole, cette raison extérieure, se perfectionne d'elle-même, au hasard ou par une révélation incessante; et dans les deux cas, les progrès de l'esprit humain n'appartiennent plus à l'esprit humain, mais à un principe inconnu qui dispose de nous par la combinaison des mots.

Avec l'origine du langage, toutes les origines échappent à Bonald, et tous ses efforts pour réduire la raison à la passivité traditionnelle sont inutiles. La pensée, dit-il, est nécessaire pour inventer la pensée, la parole pour inventer la parole, la société pour inventer la société, l'écriture pour inventer l'écriture, l'acte de la génération pour imaginer l'acte de la génération (2). Voilà

(1) *Rech. phil.* vol. I, p. 383.
(2) *Rech. phil.* vol. I, p. 268, 230, vol. II, p. 250, et *passim*.

sa manière de raisonner. Elle est juste d'un côté, car il ne faut pas supposer l'invention avant l'inventeur; elle est fausse de l'autre, car il faut supposer l'inventeur à l'invention : telle que la propose Bonald, cette manière de raisonner se résout dans un cercle vicieux, elle ne prouve rien, car elle prouve trop. Elle se réduit à dire que nous ne pouvons pas chercher à découvrir l'inconnu, précisément parce qu'il est inconnu; que nous n'inventons jamais, quoique nous perfectionnions toujours. Mais, perfectionner, n'est-ce pas inventer? Accepter une découverte, n'est-ce pas découvrir? Est-ce qu'on ne découvre pas à chaque instant? La théorie est donc en contradiction avec les faits, fussent-ils inexplicables; le sont-ils? non, c'est Bonald qui s'efforce de les obscurcir. Il supprime les idées, l'idéal de la raison; pour lui, les sauvages sont au-dessous de la statue de Condillac, comment pourrait-il admettre un progrès spontané? Réintégrez la nature humaine dans ses droits, elle n'aura plus la tâche burlesque et impossible d'inventer l'intelligence et les instincts; elle aura la tâche naturelle et nécessaire de satisfaire ses besoins, de réaliser les harmonies du sentiment et les forces systématiques de l'intelligence, elle ne pourra pas s'arrêter dans la voie de la perfection, tant qu'il lui restera un besoin, une harmonie à satisfaire, tant qu'elle sentira une contradiction dans les idées.

D'après ce qui précède, on peut concevoir que

Bonald a dû établir la théorie du progrès, en se privant en même temps lui-même des moyens de la prouver. Il l'a établie avec rigueur dans l'idéal chrétien. « Que les peuples, dit-il, endormis dans
« les ombres de la mort, tels que les peuples idolâtres ou mahométans, ne puissent, faute de
« connaissance de la perfection, s'élever d'eux-
« mêmes à un meilleur état, dont ils n'ont pas
« même l'idée ; que tout chez eux, lois et mœurs,
« arts et sciences, reste au même point, et qu'a-
« près tant de siècles ils en soient encore aux élé-
« ments les plus grossiers de la vie sociale, ou
« pour parler plus juste aux derniers termes de la
« dégénération morale ; la société chrétienne à
« qui il a été dit d'être parfaite, *perfecti estote*, et
« à qui ont été donnés la connaissance et les
« moyens de toute perfection, la société chré-
« tienne intérieurement travaillée par cette con-
« naissance, voudrait en vain s'arrêter au point
« incertain qui sépare la perfection de l'imperfec-
« tion ; il faut qu'elle avance ou qu'elle rétro-
« grade ; qu'elle recule jusqu'au dernier terme du
« désordre (et nous en avons la preuve), ou
« qu'elle tende sans cesse à s'élever jusqu'à la
« plus haute perfection. Cette recherche conti-
« nuelle de perfection dans les arts, de nouveaux
« progrès dans les sciences, n'annonce-t-elle pas
« une société qui n'a pas encore trouvé le repos ? »
Bonald a raison, point de perfectibilité sans idéal, et si le monde chrétien était en mouvement, c'est

qu'il voulait s'approcher de son admirable idéal, la perfection évangélique qui est toujours restée comme une critique permanente de la barbarie transitoire de sociétés chrétiennes. Avec la connaissance du bien on ne peut pas rester dans le mal ; mais si vous refusez à l'homme le pouvoir de concevoir un idéal, de constituer un système par les forces de la raison, vous niez la perfectibilité humaine, Dieu seul est perfectible : si vous condamnez les Musulmans, les Indiens, les Égyptiens à une éternelle immobilité, si vous croyez que le sauvage n'a pas la force de s'élever dans la hiérarchie des sociétés, loin d'être perfectible, l'humanité est naturellement rétrograde et ne s'améliore que par des exceptions surnaturelles. D'où viennent alors ces systèmes de l'Inde, de la Chine? De deux choses l'une : ou l'Inde et la Chine ont connu le meilleur système et l'ont volontairement corrompu, ou elles l'ont ignoré, et elles ont inventé leurs propres religions. Dans le second cas, la raison est arrivée toute seule au bien, elle pourra passer au meilleur ; elle n'a pas été immobile dans la Chine, pas plus qu'en Europe. Dans le premier cas, si les systèmes de l'Inde et de la Chine sont des corruptions d'un système meilleur, alors la raison n'est douée que de la puissance de détruire, c'est le mauvais génie de l'homme ; loin d'être perfectible, elle tend naturellement vers une dégradation sans terme. Comment alors expliquer les progrès de la société européenne ?

On sait que la conclusion politique du système de M. Bonald est la condamnation de la raison en matière de politique. Là où il ne trouvait ni rois, ni clergé, ni noblesse, il voyait une société non constituée, fût-ce même celle d'Athènes; là où il ne trouvait ni les castes, ni l'aveugle obéissance à une autorité quelconque, il ne voyait que le désordre et la corruption. Depuis trois siècles l'Europe, suivant lui, était dans une décadence continue, et la révolution française était le dernier terme de cette décadence (1). Ainsi pour calomnier la révolution française, pour comprimer le mouvement moderne qui a déjà l'autorité de trois siècles, pour renfermer l'humanité dans le cercle du système catholique, pour maintenir une autorité, un système, une détermination de la raison, il est forcé de sacrifier la raison, cinquante siècles d'histoire, l'humanité elle-même qui périt aussitôt qu'elle est attaquée dans l'intelligence.

THÉORIE DE M. BUCHEZ.

Bonald était devenu presque sensualiste pour démontrer la nécessité d'une révélation : M. Buchez, d'abord sensualiste sans restriction, est passé ensuite au christianisme pour trouver un principe qui expliquât la création de l'homme moral et

---

(1) *Législ. primitive.*

intellectuel : son système n'est que la continuation de celui de Bonald tourné vers la démocratie.

Qu'est-ce que l'homme pour M. Buchez ? un instrument, une machine ; la raison elle-même n'est à ses yeux qu'un instinct et *un fait physique s'il en fut* (1). Mais si l'homme n'est qu'un corps matériel, s'il ne contient en puissance que les mouvements organiques, il faut supposer une révélation qui contienne en puissance toutes les idées de l'humanité. Le corps humain et la révélation, voilà pour M. Buchez les deux éléments de l'histoire et de l'humanité. Veut-on supprimer la révélation ? l'homme restera à l'état de machine, il ne pourra ni parler, ni s'associer à son semblable, ni se civiliser ; il existera, mais sans une *chiquenaude* de Dieu qui le mette en mouvement, il restera dans une immobilité éternelle. Dieu, suivant M. Buchez, a donné quatre impulsions, je veux dire quatre révélations à l'humanité, ni plus ni moins : il s'est révélé à Adam, à Abraham, à Moïse, et puis il s'est révélé par Jésus-Christ. Si la quatrième révélation avait manqué nous serions encore dans le monde romain, dans le cycle de la tradition mosaïque, notre société serait composée de patriciens, de plébéiens et d'esclaves. — Toute révélation doit se distinguer en trois périodes ; car toute conception doit se distinguer en trois moments. Avez-vous une pensée ? Il y a donc un premier

---

(1) *Cours de phil.* Introd.

moment pour la concevoir ou pour recevoir le principe que la raison toute seule ne pouvait pas inventer. Dans un second moment l'intelligence mise en mouvement par le principe, l'explique et en déduit tout ce qu'il renferme : le troisième moment donne la conclusion et se réduit à une vérification du principe, soit par l'expérience, soit par l'observation, soit par la pratique. Il en résulte que toute révélation, et par conséquent toute civilisation, doit présenter trois périodes. Celle du principe qui se révèle, c'est l'âge de la théologie, le moment où l'on établit les dogmes sur Dieu et sur la nature comme des *hypothèses* ou des *désirs*. Vient ensuite la période du rationalisme, c'est-à-dire de l'ontologie, des explications scolastiques, des classifications. Le dernier âge est celui des réalisations, de l'expérience, de la pratique, c'est l'époque de Descartes et de Bacon pour les modernes. Ici les sciences se subdivisent, se spécialisent ; l'étude des faits est le caractère dominant de ces derniers temps ; à force d'étudier les faits dans leur subdivision, on finit par les considérer comme existants par eux-mêmes et on tombe dans le criticisme qui, néanmoins, n'empêche pas les nations de continuer à développer cette même révélation, dont elles ont perdu le sentiment (1).

Tel est le système de M. Buchez dans sa plus simple expression. Quant aux preuves, elles ne manquent pas, il y en a même trop. M. Buchez

(1) V. *Intr. à la science de l'histoire.*

aborde toutes les difficultés avec une grande intrépidité ; on dirait qu'il veut les prendre d'assaut par des conjectures et des hypothèses innombrables. Mais en multipliant les batteries de son système il oublie d'en couvrir le centre ; fût-il invulnérable sur tous les autres points, rien n'est plus aisé que de le frapper au cœur. Que fallait-il démontrer avant tout et après tout? Il fallait démontrer qu'il n'y a que deux termes dans l'homme et dans l'humanité, la nature animale et la révélation ; que la raison est naturellement *vide*, que la pensée sort d'une impulsion traditionnelle, qu'elle ne peut pas naître d'elle-même. Or, M. Buchez refuse le langage à l'homme, il lui refuse l'invention, il lui refuse l'induction, le syllogisme ; il lui refuse toutes les vérités morales ; il élève quatre obstacles sur la route de l'histoire ; il s'efforce de les rendre infranchissables, mais il ne montre nullement l'impossibilité d'une première pensée. N'est-il pas certain que si une première pensée est possible, ne fût-ce que le jugement *j'existe*, ou *cet arbre existe*, on peut passer à un système et de là à tous les systèmes ? N'est-il pas évident qu'une idée étant accordée, ce passage à toutes les idées n'est plus qu'une affaire de données? Nous est-il possible, d'ailleurs, de naître sans naître au sein de la famille, de vivre sans avoir des sensations, sans éprouver des besoins, des sentiments, de sentir sans affirmer aucune sensation, aucun sentiment, de penser sans nous trouver aux prises avec l'erreur, et sans aboutir à un système qui contienne en puissance tous les systèmes possibles? Non, certes. De deux choses l'une donc : ou la première pensée est possible et Dieu est avec nous, et nous aurons des révélations sans révélateurs ; ou elle est impossible et nous ne pourrons recevoir aucune révélation, puisque la recevoir serait l'affirmer, l'affirmer serait la juger, et le jugement suppose à son tour la notion primitive de l'être qui embrasse toutes les idées. M. Buchez n'a su ni choisir dans l'alternative, ni éviter le dilemme ; il parle du jugement comme tous les logiciens (1), et par là son système est ouvert à toutes les attaques, car un seul principe en détruit toutes les preuves. Ces preuves se réduisent aux prétendues impossibilités de Bonald sur l'origine du langage et de la société, impossibilités étendues cette fois à l'origine de la morale, du syllogisme, de l'induction, de toutes les inventions, de tous les arts, de toutes les institutions politiques et religieuses. Nous savons à quoi nous en tenir : ou vous avez le pouvoir de lier ensemble deux jugements, et par là même le syllogisme est donné ; si vous ne pouvez pas vous contredire, vous ne pouvez pas manquer aux règles du syllogisme ; ou vous n'avez ni ce pouvoir sur les jugements, ni ce principe qui exclut la contradiction, et aucun révélateur ne vous fera jamais accepter ses syllogismes. De même, ou vous pouvez

---

(1) *Essai d'un cours complet de philosophie*, liv. II.

généraliser les faits, et l'induction est donnée ; ou vous ne le pouvez pas, et aucun révélateur ne posera une idée générale là où il n'y a pas une idée antérieure. De même, ou vous déduisez et induisez, et vous serez systématique ; par là vous arriverez à toutes les inventions, à tous les systèmes ; ou vous ne raisonnez pas et vous ne saurez jamais ni accepter ni détruire un système. De même, ou vous avez en vous le sentiment du devoir, et il produira tous ses résultats, y compris celui de l'égalité, ou vous ne l'avez pas, et il vous manque le principe pour obéir à la volontée révélée ou irrévélée d'un Dieu. Ces prétendues impossibilités sont nulles dans le principe ; mais quand M. Buchez les classe et en fait sortir la nécessité des quatre révélations, des quatre créations morales et intellectuelles dans l'humanité ; il a contre lui en même temps la philosophie et la philologie. Il voit, par exemple, le monde païen ou mosaïque fondé sur le syllogisme, sur les castes, sacrifié à l'esclavage, à l'immobilité, au dogme de la chute, condamné à tourner dans le cercle des déductions inutiles d'Aristote et de Platon. Il voit le monde chrétien fondé sur l'induction, sur la rédemption, forcé d'être libre, condamné pour ainsi dire à être inventif et à s'élever sans cesse vers la perfection (1). Prenons le syllogisme,

---

(1) Conf. *Int. à la science de l'histoire* et *Essai d'un cours complet*, etc., Introd., et *passim*.

l'instrument logique du monde ancien : nous ne le trouvons ni dans le Pentateuque, ni même dans la Nyaya (1) : comme forme il appartient à Aristote, comme principe à la raison, comme instrument à la scolastique : impersonnel, impartial comme la logique, il déduit également l'égalité et l'esclavage, la chute et la rédemption, il est à la merci de ses prémisses. Pourquoi donc en faire le principe exclusif d'une époque? Quoi! vous dites que l'induction a été révélée par l'Évangile? Mais on ne l'y voit pas plus clairement que dans le Chou-King ; si elle tient à l'idée de la rédemption elle devait naître avant l'Évangile, avec les vingt-deux rédemptions de Baghavat ; comme forme elle n'est connue que quinze siècles après l'Évangile, comme instrument elle n'a servi à personne, comme principe elle appartient à la raison. Pas un syllogisme n'est possible avant l'induction ; virtuellement les deux formes se suivent comme la lumière et les couleurs; les diviser c'est couper par moitié la raison ; c'est imaginer l'impossible en théorie; mais en histoire, c'est dire que les anciens n'avaient ni arts, ni sciences, ni inventions, ni découvertes ; c'est dire qu'ils n'observaient, qu'ils ne généralisaient pas, qu'ils ne savaient pas qu'il y a cinq doigts de la main droite comme cinq de la main gauche. Prenons

(1) Voy. le mémoire de M. Barthélemy Saint-Hilaire, sur la *Nyaya* (*Mémoires de l'Académie des sciences morales*).

la révélation mosaïque des castes et la révélation évangélique de l'égalité. La première était au moins inutile, il semble que l'homme n'a pas besoin d'enseignement divin pour établir la tyrannie. La seconde était indispensable, suivant M. Buchez, pour renverser les castes, c'està-dire pour renverser la première révélation. Ici encore en philosophie, nous n'avons qu'à regarder l'homme pour voir qu'il passe d'un système à tous les systèmes ; en philologie nous n'avons qu'à ouvrir l'histoire pour voir que le patriciat gréco-romain doit céder aux révolutions plébéiennes, nous n'avons qu'à suivre les lois de Rome pour voir les progrès naturels de l'égalité s'étendre de l'intérieur d'une caste, à tous les habitants de Rome, de l'Italie, du monde : sur quoi se fonde donc cette nécessité d'un envoyé de Dieu pour nous dire que nous sommes égaux ? Le patriciat détruit, restait la division des maîtres et des esclaves ; mais ce n'étaient encore que deux castes ennemies, et en lutte : on conçoit que Spartacus ait été malheureux comme Manlius l'avait été dans une lutte antérieure ; mais si Marius et César ont triomphé, les esclaves devaient triompher à leur tour, car la destruction d'une caste explique la destruction de toutes les castes possibles.

Malgré tous les efforts de M. Buchez, ses quatre époques sont fausses, mais les trois périodes de chaque époque sont encore plus fausses, s'il est possible. Faire commencer les époques par des *hypothèses* sentimentales, sans preuves, sans démonstration, comme si la révélation était un instinct animal, comme si l'homme pouvait se jeter à corps perdu vers le premier projet qui se présente, sans même le comprendre; c'est insulter de nouveau à la raison, c'est faire l'histoire des bimanes, des automates, non pas, certes, de l'humanité. Non : Jésus-Christ a parlé à des hommes, il a donné des preuves; il supposait dans l'homme le principe de toutes les démonstrations, dans les peuples les antécédents de sa mission, et il l'a déclaré lorsqu'il a dit : *Oves meæ cognoscunt me.* Supposer ensuite que l'on fasse des classifications d'après une hypothèse non démontrée, et enfin supposer que l'on puisse vérifier, appliquer une hypothèse que l'on a oubliée, que l'on nie, dont on n'a plus ni le *sentiment*, ni la conviction, c'est supposer la raison et la nier, l'admettre et la détruire en même temps. Malheureusement ce n'est pas là une erreur accessoire, c'est toute la conclusion du système de M. Buchez, toute sa philosophie pratique. Révolutionnaire et catholique, physicien et croyant, voulant déduire de l'Évangile les sciences et les révolutions modernes, il doit chercher la réalisation complète du christianisme dans l'époque qui en a perdu le sentiment. Par là, il fait de Robespierre, de Danton, de Saint-Just, les apôtres des apôtres; des philosophes du dix-huitième siècle, les disciples de Jésus-Christ; de Colomb, Galilée, Bacon, Descartes, les derniers confesseurs du christianisme. Il réunit deux systèmes qui depuis trois siècles se combattent et s'entre-détruisent, comme si l'intelligence pouvait vivre, croître, se développer dans la contradiction. Pour nous pousser à l'action avec la force du sentiment, sans réflexion, sans hésitation, car la réflexion hésite, doute et s'arrête; pour exiger le *dévouement* absolu et machinal d'un être emporté par la tradition et le fanatisme; pour doubler les forces du progrès, pour se passer de la raison et toutefois marcher avec un système, M. Buchez a réuni les armes du christianisme et celles de la révolution; il veut le millénium de Campanella, devenu orthodoxe par le fait de Robespierre. Il ne s'aperçoit pas qu'il tourne une batterie contre l'autre, qu'il ne reste rien sur le champ de bataille et que sa théorie, en débutant par une insulte à la raison, finit par la négation du principe de contradiction.

Malgré nos sympathies personnelles pour M. Buchez, malgré la profonde estime que nous professons pour son talent et pour son caractère, nous devons dire qu'au lieu de montrer le progrès il l'a nié. Il l'a nié dans l'intelligence, puis dans l'induction et dans la déduction qu'il a refusée à l'intelligence, puis dans le pouvoir de parler, d'innover, d'inventer, qu'il a refusé à l'humanité, enfin, en refusant à l'homme le pouvoir de se former un système et d'en tirer tous les systèmes. Il a dégradé l'homme au profit de la révélation, il a obscurci la philologie pour forcer Dieu à composer pièce par pièce la raison humaine, il a dénaturé le christianisme et la révolution pour les confondre, et les preuves très-nombreuses qu'il rassemble pour appuyer sa théorie ne peuvent pas la défendre de l'objection capitale qui les détruit toutes ensemble, la possibilité d'un premier jugement qui contient en puissance toutes les origines. Le progrès d'après M. Buchez ne serait pas dans l'homme, mais dans le seul acteur de l'histoire, Dieu; et encore ce progrès ne conviendrait pas plus à la divinité qu'à l'humanité. Car le Dieu de la philosophie est nécessaire, et il ne peut intervenir que là où la raison l'invoque par une nécessité rationnelle, ce qui arrive lorsqu'on remonte de la création au créateur, de la pensée à l'être. Si l'on fait descendre Dieu au milieu, non pas des nécessités, mais des difficultés purement contingentes de la philologie, là où l'érudition peut l'exclure par la découverte d'un manuscrit; si on le mêle à toutes les affaires de la société, là où une donnée peut le remplacer, on ne l'honore pas, on le dégrade. Il perd la nécessité de ses attributs, ce n'est plus Dieu, c'est un homme qui se charge de penser pour tous les hommes, c'est un Dieu qui recommence quatre fois son ouvrage quand il pouvait l'achever d'un mot; c'est un Dieu qui passe par quatre phases doctorales au milieu des tribulations humaines; un jour il invente le syllogisme, un autre jour l'induction, il remonte quatre fois cette machine de l'humanité, c'est un être bon et méchant, fini et infini, inaltérable et irritable ; il résume toutes les contradictions au lieu de résumer toutes les perfections. Est-ce là Dieu ? non, ce n'est qu'une image informe, un reflet capricieux de la raison humaine, ce n'est que l'embryogénie de l'histoire résumée dans la vie d'un être fantasque et incompréhensible.

THÉORIE DE M. LAMENNAIS.

Pour comprendre le système historique de M. Lamennais, considérons d'un nouveau point de vue la lutte entre la révélation et la raison, entre un idéal sans origine et une force qui est la cause de toutes les origines. Nous avons vu la théologie se défendre en accusant l'homme d'impuissance, de corruption, ou tout au moins le rendre immobile là où il est abandonné à lui-même. Faut-il lui accorder la force des origines, la raison ? La théologie revient à l'attaque, elle argumente de nouveau *ab absurdo*; elle rétracte ses concessions, en disant que l'intelligence conduit à une contradiction. Ces origines, ces progrès, cette perfectibilité indéfinie impliquent la variété : la raison varie donc dans ses déterminations d'homme à homme, de peuple à peuple, d'époque à époque. Chaque détermination condamne toutes les autres, un système détruit nécessairement tous les autres : si un système reculait devant cette nécessité, il serait anéanti. En politique il est forcé de combattre toute insurrection ; dans la société, il doit se proclamer infaillible ; en philosophie, il doit réfuter tous les dissidents ; en religion, il doit comprimer tous les hétérodoxes, sous peine de disparaître lui-même : et d'autre part, toute insurrection, toute société nouvelle, toute philosophie opposante, toute hérésie a le droit de détruire le système qui lui résiste, et ce droit est également inviolable. Voilà donc que la raison, la liberté de penser, la force des origines, une fois implantée dans l'humanité, oppose liberté à liberté, pensée à pensée, système à système, et se détruit d'elle-même par ses innombrables contradictions. Indéterminée, elle n'est rien, dans les déterminations, elle est anarchique, et ses meilleures déterminations sont toujours menacées par la puissance qu'elle a de se déterminer de nouveau. Si donc les théologiens admettent un instant la raison, ils l'accablent de nouveau par le désordre insupportable de ses créations ; et c'est ainsi que Bonald, De Maistre et M. Buchez proclament la nécessité d'une autorité sociale, la nécessité de se soumettre au chef de la chrétienté. L'*Essai sur l'indifférence en matière de religion* n'est que le plus beau développement de ce raisonnement dont l'origine remonte aux premiers temps de l'Église. M. Lamennais y voyait l'intelligence passer de négation en négation, du catholicisme au protestantisme, au déisme, à l'athéisme, au scepticisme; il la voyait tomber d'abîme en abîme, toujours puissante pour nier, jamais pour affirmer. Et, comme la raison est individuelle et anarchique, comme nos sentiments sont contradictoires, comme nos sensations sont des illusions, M. Lamennais rétorquait contre la philosophie le néant et l'absurdité des conclusions qu'elle donne.

Il n'y avait que deux conséquences à tirer de ce raisonnement, celle d'Hobbes ou celle de Rousseau : la raison vous perd donc : nous devons ou vivre en masse et obéir, ou rester libres et vivre individuellement dans les bois ; il n'y a point de milieu. Mais pour se résoudre à l'obéissance, il faut raisonner; pour se retirer dans les bois, il faut encore faire acte de raisonnement : le dilemme est donc faux, le plaidoyer de M. Lamennais pour l'autorité catholique ne porte pas juste, et le jour où le grand théologien se trouva aux prises avec l'autorité, cette même raison qui lui avait conseillé l'obéissance, lui conseilla la révolte.

Depuis la publication des *Paroles d'un Croyant*, M. Lamennais n'a pas eu de plus redoutable adversaire à combattre que l'auteur de l'*Essai sur l'indifférence en matière de religion*. Son génie est enchaîné par ses souvenirs; comme philosophe il ne peut pas accepter l'autorité, comme théologien il en cherche une ; son système, véritable transaction entre l'autorité et la raison, se ressent de toute l'inconsistance de cette position équivoque.

Ne pouvant accepter ni l'autorité du système chrétien qu'il rejette aujourd'hui (1), ni celle de la raison qu'il a rejetée autrefois, M. Lamennais a imaginé une autorité à demi rationnelle, à demi traditionnelle, l'autorité indéterminée du genre humain. Il trouve là le guide de l'intelligence, la méthode universelle, le critérium de la science, la garantie contre les aberrations individuelles, et toutes les vérités universelles et nécessaires (2). Mais qui choisira cette autorité indéterminée ? ce sera moi. La tradition présente mille systèmes, qui choisira le meilleur ? ce sera moi. Qui concevra ce qu'il y a de vrai, d'immuable, d'universel dans l'autorité indéterminée du genre humain ? personne autre que moi. Ce sera toujours moi qui raisonnerai, choisirai, distinguerai le nécessaire du contingent ; si le premier n'est pas en moi, je ne le trouverai jamais chez des êtres contingents. Suis-je variable dans mes idées ? le genre humain varie comme moi. Suis-je seul de mon avis ? il ne faut pas en conclure que je me trompe, car toute découverte nouvelle serait une erreur. Le premier acte de tout novateur ce n'est pas d'accepter, c'est de violer le critérium du consentement universel. Et si j'avais le malheur de mesurer ma croyance sur le nombre des croyants, quand cela serait possible, elle serait probable aujourd'hui, certaine

---

(1) Voy. *Esquisse d'une philosophie*, vol. II, p. 60.
(2) *Esquisse*, vol. I, p. 12 et suiv.

demain, elle aurait été fausse hier, elle était vraie cependant, et son plus grand mérite était dans sa nouveauté. La méthode universelle de M. Lamennais présente tous les inconvénients de l'autorité, et tous ceux de la philosophie. Le catholique peut l'accuser d'être variable, mobile, incertaine; le philosophe doit l'accuser de violer la raison et de nous asservir à l'autorité.

On ne répudie pas la méthode individuelle, sans répudier la psychologie : l'une conduit à l'autre, M. Lamennais a vu juste, en les rejetant toutes deux (1). La psychologie, dit-il, n'est qu'une *science de limites* : quelle est donc la pensée qui peut se connaître sans limites ? — La psychologie, ajoute-t-il, est une *science d'abstractions*. Si tout est lié avec tout, quelle est la connaissance qui ne soit pas une abstraction ? — Croyez-vous que ma raison conduise au néant ? Mais elle contient un principe nécessaire et elle ne peut rien en dehors de l'existence et de l'affirmation. — Pensez-vous qu'il soit nécessaire d'*ajourner* la psychologie ? Ce n'est là qu'une question de temps; en attendant, comme je ne connais qu'avec ma raison les merveilles qui m'entourent, les croyances qui m'entraînent seront à la merci d'une inconnue, et par conséquent d'un doute anticipé.

Quelle est la certitude qui résulte de cette méthode universelle procédant par l'ontologie ? Voici

---

(1) *Esquisse*, vol. II, p. 101 et suiv.

les propres expressions de M. Lamennais : — *Loin d'entreprendre de démontrer l'existence de Dieu et de l'univers, nous les déclarons au contraire indémontrables* (1). — *Le critérium universel est le seul critérium infaillible, mais il n'a de valeur que relativement à la raison, sans que l'homme ait d'ailleurs le droit de conclure d'une manière rigoureuse la vérité intrinsèque de la chose affirmée* (2). Mais si Dieu est indémontrable, si l'univers est indémontrable, si la raison l'est à son tour, si tant qu'il y a des dissidents, toute vérité est incertaine (3), si l'unité elle-même de Dieu, puisqu'il y a des dissidents, est incertaine, si le consentement universel étant donné, nous sommes dans l'impossibilité matérielle de le vérifier, si quand même, par impossible, on pourrait le vérifier, nous ne devons pas avoir le droit d'en déduire la vérité intrinsèque des notions qu'il nous garantit : nous le demandons, est-il un psycologue, est-il un sceptique qui ait poussé le doute aussi loin que M. Lamennais ?

Quand on étudie la philosophie par l'ontologie, il faut étudier l'histoire par la création, ce qui revient à expliquer le connu par l'inconnu. Suivons M. Lamennais sur cette route qui n'a ni principe ni fin. Deux opinions se présentent sur la création, puisque le mal est dans ce monde, les

---

(1) *Esquisse*, vol. 1, p. 12.
(2) *Esquisse*, vol. 1, p. 14.
(3) *Esquisse*, vol. 1, p. 12-13.

uns supposent que Dieu a voulu qu'il y fût, et qu'il était libre de tout vouloir ; les autres pensent que le mal est inhérent au fini, et par conséquent inséparable de la meilleure de toutes les créations possibles. Les premiers supposent que Dieu manque de sagesse en voulant le mal ; les seconds, que Dieu manque de puissance en l'acceptant. M. Lamennais croit que l'on peut éviter cette alternative. « Dès qu'on se représente la création « comme la manifestation progressive de tout ce « qui est en Dieu, et dans le même ordre qu'il « existe en Dieu ; car il est évident dès lors que « tout ce qui peut être doit être, qu'il n'y a pas « même lieu à imaginer un choix » (1). Malheureusement cette conciliation n'évite pas les inconvénients des deux opinions extrêmes. Elle suppose que Dieu a voulu le mal, car il n'a pas choisi les meilleures de ses pensées ; d'autre part elle n'excuse pas Dieu d'avoir cédé à une fatalité qui le sollicitait à tout produire sans nous épargner les premières ébauches de la création. Passons outre ; l'univers est créé : maintenant il s'agit de savoir s'il est en Dieu ou hors de Dieu, s'il est actif ou passif, si son but est fini ou infini, si ce but est en Dieu ou hors de Dieu. Voici la théorie de M. Lamennais. L'univers est un *écoulement* de la substance divine : infini dans le principe, il est fini parce qu'une nouvelle *substance*, la ma-

---

(1) *Esquisse*, vol. 1, p. 117.

tière, la *limite*, porte la distinction des formes sensibles dans cet écoulement éternel de la substance divine. De la limite viennent le temps (en Dieu il n'y a que l'éternité), l'espace (en Dieu il n'y a que l'immensité), le mouvement (qui limite l'omni-présence divine). Dieu est la trinité de la *connaissance*, de l'*amour* et de la *puissance*; dans sa triple manifestation, en rencontrant la limite de la matière, il devient *lumière*, *chaleur* et *magnétisme*. Ainsi la lumière est l'idée limitée, la chaleur est l'amour limité, le magnétisme est la force limitée. La prépondérance de l'un des trois éléments détermine les trois classes des êtres intelligents, organiques et inorganiques : la pensée, l'instinct, la vie, l'amour, la parole, la pesanteur, l'impénétrabilité, toutes les propriétés des êtres, sont autant de déterminations de la triade infinie. L'univers est la réalisation progressive de toutes les idées de l'intelligence divine; doué d'une force infinie, il grandit toujours; ayant un but infini, il recule toujours les limites de la matière; cependant il ne pourra jamais ni épuiser sa force, ni atteindre son but; il poursuit un terme qui fuit toujours devant lui, l'univers veut se réunir à Dieu, l'union de l'univers et de Dieu se réalise sans cesse, mais elle ne pourra jamais se consommer (1). Il n'y a pas de mal dans l'univers, pas de destruction; le mal est un moindre bien, la destruction un chan-

(1) *Esquisse*, vol. II, p. 82.

gement de forme, la douleur est un plaisir limité, la mort le principe d'une vie nouvelle, et c'est ainsi que par une transformation incessante, toutes les formes, tous les êtres tendent vers l'unité infinie sans pouvoir l'embrasser jamais. Le principe de ce progrès éternel, suivant M. Lamennais, ne se trouve ni dans l'activité des idées isolément considérées, ni dans l'activité des formes : les formes sont inaltérables tout aussi bien que les idées. Cherchez-vous le passage d'une idée à l'autre? la transition ne sera admissible qu'à la condition de supposer un instant où l'idée qui passe est et n'est pas en même temps la même idée. Cherchez-vous ce passage dans les êtres créés? la nature est invariable dans ses desseins, elle nous défend d'imaginer une transition d'une race à l'autre, soit par le mélange, soit par les métamorphoses. Ce ne sont ni les mêmes idées, ni les mêmes formes qui changent, ce sont des idées de plus en plus élevées qui se manifestent progressivement dans le monde et en résument toujours les formes et les idées antérieures pour l'approcher du but infini qu'il poursuit. C'est donc par un progrès de formes physico-idéales, que M. Lamennais, en partant de la forme la plus simple, l'étendue; de la création la plus simple, celle d'un chaos liquide, arrive à l'homme et entrevoit le perfectionnement indéfini de notre nature et de tous les êtres, qui sont dans le temps et dans l'espace.

Le vice originel du système, cette tentative d'une

transaction impossible s'y reproduit dans tous les détails et descend de conséquence en conséquence depuis le premier principe jusqu'à la dernière conclusion. La méthode ontologique commence par poser les deux principes de Dieu et de la création ; quand on se demande l'origine de la création, elle est forcée de dériver le mal, la limite de la bonté infinie, du principe illimité. Quand il faut chercher les rapports entre la nature et Dieu, la contradiction du fini et de l'infini se présente de nouveau. L'univers est-il en Dieu ou hors de Dieu ? Dans le premier cas ce n'est qu'une illusion, c'est le *voile de Maya;* dans le second cas, l'infini n'est plus l'infini, il est limité par l'existence de l'univers. M. Lamennais a voulu à tout prix éviter le dilemme : qu'a-t-il imaginé ! Il a fait une substance de la limite, de la négation qui s'oppose à la substance, ensuite il a substantialisé l'univers qu'il a appelé *un Dieu naissant ;* il nous a donné trois substances au lieu d'un seul principe : la limite, l'univers, Dieu au lieu d'un être unique. Peine perdue, car si les trois substances sont distinctes, Dieu est limité; il a voulu se limiter, il n'est plus Dieu ; si elles sont identiques et se perçoivent dans la conception unique de la substance, alors Dieu est la substance universelle, et tous les êtres ne sont que des négations, des ombres, des limites et non pas des êtres. L'univers est-il actif ou passif ? S'il est actif, il limite Dieu, s'il est passif ce n'est que le rêve de Dieu ; ici encore M. Lamennais a senti le dilemme, il a hésité; tantôt il dit que l'univers est l'*ombre de Dieu*, tantôt il dit que c'est un *Dieu naissant* (1); mais il est évident que les ombres n'ont pas de pouvoir, et qu'un Dieu qui naît est l'infini en puissance. Le but de l'univers est-il en Dieu ou hors de Dieu? Dans le premier cas l'univers tendrait à se détruire, pour retourner en Dieu; dans le second cas, l'univers serait immobile: dans le premier cas la création voudrait rentrer dans l'infini d'où elle est sortie; dans le second cas elle souffrirait éternellement cette malédiction de la limite qui la poursuit depuis qu'elle existe. Suivant M. Lamennais, la création distincte de Dieu et de la limite tend à détruire la limite et à se développer à l'infini: d'un côté, elle tend donc à s'anéantir, car elle n'existerait pas sans la distinction des formes (la limite); d'un autre côté, elle tend à détruire Dieu, car l'être qui tend à l'infini est en guerre avec l'infini. Comment concevoir un être qui tend en même temps au néant et à l'infini? Et si Dieu existe, comment le néant ou un second infini seraient-ils possibles? C'est toujours le même dilemme qui nous poursuit : le théologien se souvient de cette grande idée du sacrifice de Dieu; il veut que l'univers soit le sacrifice de l'infini, l'écoulement de la substance divine, il veut que l'univers s'identifie sans cesse avec Dieu, sans que jamais ce grand sacrifice de la création puisse se

(1) *Esquisse*, vol. 1, p. 184, 365.

consommer. Mais encore une fois, si l'univers est un écoulement de la substance divine, ce n'est que Dieu qui veut se transvaser en Dieu; si c'est une négation, il ne peut pas avoir de but; si c'est un Dieu naissant, c'est l'être hors de l'être, c'est le mauvais génie, le mystère du mal qui doit combattre éternellement pour remporter une victoire impossible.

Quant aux conjectures de M. Lamennais sur l'origine du temps, de l'espace et du mouvement; de la lumière, du magnétisme et de la chaleur, des êtres intelligents, organiques et inorganiques; quant à ces transformations par lesquelles l'idée devient successivement la lumière dans le monde, la figure dans les corps, l'instinct dans la vie, la pensée dans l'homme : ce ne sont là que de simples déplacements des problèmes ontologiques. Soit que l'on passe de Dieu à la création, soit que l'on passe de la création à une création successive, d'une forme à celle qui la remplace, le problème pour nous est de savoir la raison du changement, de la variation, du passage; et cette raison sera insaisissable tant que la distance d'une forme à l'autre ne sera pas mathématique. Vous dites que l'idée devient lumière : les deux phénomènes sont distincts; donc il n'y a pas d'équation, pas de science qui embrasse en même temps l'idée et la lumière; et si l'un des deux phénomènes s'est transformé pour produire l'autre, les deux mystères restent, car on ne peut pas comprendre comment une chose pourrait cesser d'être identique à elle-même. Ce qui se dit d'un phénomène, se dit de plusieurs phénomènes, se dit de l'univers : la raison ne peut pas s'expliquer comment il cesserait d'être identique à lui-même. Ainsi toutes les transformations sont énigmatiques comme la variation, comme la distinction des êtres, soit qu'elles viennent d'un principe, soit qu'elles résultent de la combinaison de plusieurs principes. Sont-elles progressives? M. Lamennais avoue que dans la physique on ne découvre pas le principe du progrès; il le cherche dans la pensée. Sans doute, dans la pensée une forme ne peut varier qu'en vertu d'une autre forme, l'affirmation seule détruit l'affirmation : la négation, soit d'une idée, soit d'un système, implique toujours la formation d'une autre idée ou d'un autre système. Mais si la distance de la pensée à l'être est infinie, si le progrès indéfini est possible, la distance de la pensée au non être est également indéfinie, et une dégradation indéfinie de formes est tout aussi bien possible. Rien donc n'atteste dans la pensée la nécessité du progrès ; à moins que de nouvelles données ne s'ajoutent continuellement les unes aux autres : mais si elles viennent s'ajouter à nos pensées, elles sortent de la dyade indivisible du sentiment et de la sensation, c'est-à-dire de la beauté et de la variété de ce voile de Maya que la parole ne peut pas indiquer, puisqu'il n'est pas dans l'idée première. Or, nous ne le savons pas si varier est, en soi, un progrès ;

M. Lamennais en convient, et si nous voulons invoquer la Providence, abstraction faite de toute révélation, alors il faut démontrer d'avance l'origine, le but de la création, l'incarnation progressive des idées, de Dieu, l'existence d'un bonheur possible hors de l'infini et de la limite. D'ailleurs cette marche éternelle de tout ce qui existe vers une plus grande existence, cette tâche éternellement marquée de l'univers, cette poursuite insensée d'un but qui fuit toujours devant nous, ne nous offrent que de véritables transactions entre le fini et l'infini, entre le malheur et le bonheur : elles ne satisfont ni à la nature humaine qui tend vers l'infini, ni à la Providence divine que nous concevons illimitée comme l'être.

Pour M. Lamennais l'histoire n'est qu'une des phases de l'humanité dans le temps et dans l'espace, c'est la lutte de l'intelligence contre les limites actuelles de la matière. D'où viennent les premières inventions? quelle est l'origine du langage? Cette question est décisive, et M. Lamennais en la résolvant combat encore contre les exigences contraires de la théologie et de la philosophie. La théologie rapporte le langage à une révélation; évidemment, observe M. Lamennais, cette solution *ex machinâ* implique la passivité de l'homme et de la création. La philosophie attribue le langage et les premières inventions à *l'expérience fondée sur la réflexion*. Mais l'humanité aurait péri mille fois avant de pouvoir imaginer les inventions les plus nécessaires ; d'ailleurs, *quel progrès déjà que celui dont la réflexion est le fruit!* Suivant M. Lamennais, la lumière matérielle est le reflet de la lumière invisible des idées, le son n'est qu'une forme de la lumière. La voix de l'homme contient des idées en puissance, et comme la voix a des inflexions instinctives, que l'on comprend instinctivement, l'homme n'invente pas son langage, il ne fait que le perfectionner en mettant en harmonie le retentissement lumineux du signe avec la lumière invisible qu'il provoque dans l'intelligence. Voilà le premier rayonnement de l'ontologie dans l'histoire, et dans la suite le progrès de l'humanité pour M. Lamennais est encore un jeu de lumière, un triomphe des idées sur les limites, de la lumière sur les ténèbres, de la liberté sur la matière. En voulant éviter la théologie et la philosophie, M. Lamennais s'est ainsi placé sur le terrain du mysticisme, doublement condamné par la religion et par la raison. Une fois là, nous sommes livrés aux analogies, nous sommes sur la terre enchantée des mystères; sans le frein d'un système, sans le guide de la raison, nous ne sommes plus libres de nous arrêter; la pente est irrésistible, car la profondeur des mystères est infinie. On ne peut dire donc que les consonnes sont des limites, les voyelles des couleurs, la lumière une idée, sans entrer dans ce labyrinthe fantastique de l'illuminisme, sans chercher l'univers dans l'homme et l'homme dans l'univers.

On ne peut pas poursuivre avec M. Lamennais le rhythme de la triade dans les êtres, sans se demander quel est le sens des astres, des planètes, de la couleur des fleurs, des vagues de la mer : si la lumière et les sons ont un sens, il faut interpréter ce double langage de la nature, partout où il se présente. M. Lamennais est contenu par la sévérité de son génie et par la rigidité de ses souvenirs ; il regarde l'abîme, et il résiste au vertige, il veut couper court aux puérilités de l'illuminisme (1). En a-t-il le droit ? Ses principes réclament l'explication mystique de la nature ; ce n'est donc que par un heureux détour qu'il laisse de côté la physique pour donner l'explication mystique de l'art (2) et de la société. Là il recouvre sa grandeur ancienne : c'est en même temps le poète, l'artiste, le grand-prêtre d'une nouvelle époque. Il devine par l'inspiration ce qui ne saurait être indiqué par la raison : sans rien mesurer, sans rien observer, il foudroie les intérêts, les vices, les calculs, le bien et le mal de la société moderne, de la même manière que les pères de l'Église avaient condamné tout entière la société ancienne, avec ses vices et ses vertus. Mais les premiers chrétiens avaient un point de départ et un point d'arrivée ; ils croyaient à une chute, à une rédemption ; ils avaient un but dé-

---

(1) *Esquisse*, vol. I, p. 315.
(2) *Esquisse*, vol. III.

terminé, un paradis immobile, le bonheur éternel ; et par la volonté jointe à la toute-puissance de Dieu, ils répondaient à toutes les questions. Suivant M. Lamennais, la chute, c'est l'origine du monde, la rédemption est nécessaire et universelle comme les pensées de Dieu : à quel titre pourrait-on exiger l'ascétisme de l'humanité, le combat incessant contre les limites de l'égoïsme ? Ce combat ne transformera pas la nature physique de l'homme, elle est inaltérable ; il ne transformera pas l'idée qui s'est incarnée dans l'humanité, l'idée de l'humanité ne peut pas tendre à se détruire. Si l'homme attend une transfiguration dans l'avenir, elle ne sera pas son œuvre, ce sera une nouvelle incarnation : lorsque cette transfiguration s'accomplira, l'homme se trouvera encore dans un paradis mobile avec la tâche d'un combat éternel, à la poursuite d'un but qui se dérobera toujours à ses efforts. Si jamais ce but pouvait être atteint, l'homme s'identifierait avec Dieu, ou il détrônerait Dieu, et dans les deux cas, il détruirait la création ; en effaçant la limite qui la détermine, il détruirait l'œuvre de Dieu, il s'en délivrerait comme au réveil on se délivre des angoisses imaginaires d'un rêve. A qui donc la faute du mal dans cette hypothèse ? A Dieu : à qui le devoir du combat ? à Dieu. A qui la responsabilité de l'erreur ? non pas à l'intelligence active, individuelle (elle voit ce qu'elle doit voir), mais à celui qui l'a limitée, encore à Dieu. Ainsi M. Lamennais succombe à l'étreinte du grand dilemme dont il a posé lui-même l'alternative : dans l'*Essai sur l'indifférence en matière de religion*, il sacrifiait la logique à la volonté de Dieu ; dans l'*Esquisse d'une nouvelle philosophie* il finit par sacrifier la volonté de Dieu à la logique : il n'a pas trouvé le milieu entre les deux extrêmes, très-souvent il a sacrifié en même temps la logique et la volonté divine, la Toute-Puissance et la providence de Dieu. Lorsque donc nous voyons reparaître ces formes bibliques dans des livres qui ne sont plus chrétiens; lorsque nous voyons les anciens symboles servir d'ornement à une philosophie qui les repousse ; lorsque nous voyons le mélange sublime et en même temps impuissant d'une ancienne poésie et d'une science nouvelle, nous ne pouvons pas nous empêcher de songer aux derniers prêtres du paganisme, à Plotin, à Proclus dont la parole était polythéiste, la pensée philosophique, et dont la prédication n'a pas laissé de résultats; car l'humanité, la tradition avant tout est logique, et ne peut pas adopter le système qui tient aux circonstances personnelles d'un homme ou de quelques hommes.

THÉORIE DE M. ROSMINI.

M. Rosmini est le seul théologien qui admette la méthode psycologique de Descartes, et en même temps le seul philosophe qui puisse aspirer à fonder une école italienne. Son système se compose de trois éléments : 1° la théorie de l'être; 2° la théorie de la volonté; 3° la théorie catholique.—Par la première (1), M. Rosmini fixe dans l'être son point de départ; l'être suivant lui rend possibles les perceptions, les pensées, les idées, et constitue l'évidence et la nécessité mathématique du raisonnement. Mais ici l'être ne donne que la *possibilité* et la *nécessité*, les deux extrêmes de la connaissance; il n'agit pas dans les notions contingentes, et ce manque d'action lui dérobe en même temps la connaissance probable, la connaissance possible, la connaissance nécessaire et la connaissance de l'être lui-même. Il n'agit pas dans les notions contingentes : en effet, quelle est l'origine de l'erreur pour M. Rosmini? L'erreur, suivant lui, vient de la volonté; c'est elle qui nous trompe; l'erreur, la variation de la pensée tient donc à une seconde intelligence phénoménale et arbitraire, l'intelligence de la volonté cartésienne (2). Or, si les erreurs viennent de la volonté, si la variation de la pensée tient à la volonté, toutes les notions probables, vraisemblables, contingentes, viennent de la volonté et ne sont pas arrêtées par l'être qui constitue les actes nécessaires de la raison. Mais dès que la volonté dispose du contingent, elle dispose du *possible*, celui-ci n'est que le con-

(1) *Nouvel Essai sur l'origine des idées.* OEuv. compl., édit. de Milan, vol. I-III.
(2) *Nouvel Essai,* vol. III, part. IV, *Des erreurs.*

tingent en puissance ; la faculté qui décide des affirmations non mathématiques, c'est-à-dire des perceptions instinctives et des équations arbitraires de la réflexion, doit en même temps décider du possible puisqu'elle détermine le probable. Avec le contingent et le possible, le nécessaire lui-même échappe à l'action de l'être. A quoi se réduit-il? aux jugements identiques. Si on excepte ce jugement que l'être existe, tous les autres jugements identiques redoublent un terme contingent, et comme le terme contingent est toujours *à la merci* de la volonté, toute la nécessité métaphysique de la pensée, tous les jugements identiques, un seul excepté, restent à la merci d'une force étrangère, d'un caprice, d'une hypothèse. Ainsi l'être, dans toute sa rigueur métaphysique, doit se réfugier dans un monde hypothétique, dans un monde d'abstractions, dans les mathématiques, dans les idées, sans jamais pouvoir étendre sa domination sur le contingent, sans créer les systèmes, sans trouver un passage du nécessaire au probable, au possible, au réel. Enfin, comme la nécessité ne se conçoit que par opposition à ce qui est contingent, comme la source de toute nécessité, l'être ne se conçoit que par opposition à ce qui est variable et limité, comme ce jugement même que l'*être existe*, tout aussi bien que les autres jugements identiques, n'a de valeur que par opposition aux jugements non identiques, il faut conclure que l'être de M. Rosmini, non-seulement n'explique pas le possible, le contingent, le nécessaire en dehors des abstractions, mais qu'il ne peut pas se saisir lui-même, précisément parce qu'il se sépare du fini, du contingent, et de la limite. M. Rosmini déploie une admirable dialectique pour établir l'idée de l'être, pour l'entourer de toutes les attributions de la divinité. Suivant lui, l'être est *objectif, nécessaire, universel,* c'est l'*unité*, la *substance*, la *cause*. Mais une fois là, après avoir dégagé l'être des phénomènes, M. Rosmini veut le voir *tout seul*, il veut en obtenir la vision pure (1), et il ne sait plus comment le contempler, comment le regarder avec la pensée, sans le limiter; comment admettre les phénomènes, sans le détruire. De là mille contradictions : il veut que l'être soit illimité, mais il ne veut pas qu'il soit infini (2); il dit que l'être est le premier principe, mais il le croit *vide de toute réalité*, à tel point que, suivant lui, Dieu est négatif (3); il affirme que l'être est *objectif*, mais il veut en même temps qu'il soit une *idée* (4); il soutient que l'être est l'idée première, mais toujours craignant que cette idée infinie, il-

---

(1) *Nouv. Essai*, vol. II, part. 1.

(2) *Nouv. Ess.* vol. III, p. 311. L'être, « c'est l'illimité qui commence, — la partie vide de nos idées; » (*un concetto incipiente dell' illimitato. — La parte vuota delle nostre idee.*) Contre M. Cousin.

(3) *Nouv. Ess.*, vol. III, p. 282. « Si nous avons de nous-mêmes et des choses une notion *positive*, la notion de Dieu, au contraire, ne peut être que *négative*. » Contre Schelling, voir aussi les articles contre Bouterweck et Bardili: M. Rosmini ne cesse de répéter que Dieu est négatif.

(4) *Nouv. Ess.*, vol. II, p. 20 : « l'idée de l'être ne présente

limitée ne soit trop grande pour la pensée, il dit que l'*être* n'est que le *possible* (1). Enfin, il ne veut pas que l'être soit une modification de l'esprit, puisqu'alors il serait subjectif et fini ; il ne veut pas non plus qu'il soit un être hors de l'esprit, car alors il serait objectif et infini ; la dernière conclusion de M. Rosmini se réduit à dire que l'être n'est ni en nous, ni hors de nous (2). Où est-il donc ? L'être n'est ni infini ni fini, ni objectif ni subjectif, ni hors de nous ni en nous, ce n'est pas même l'être, c'est le possible ; ce n'est pas même un possible positif, c'est quelque chose de vide, ou plutôt un vide qui n'est pas encore quelque chose ; c'est une négation, et pourtant c'est un principe *objectif, simple, un, universel, nécessaire* (3). Nous le demandons, pouvait-on établir sur une base plus fragile le premier

que la simple possibilité ; » — p. 21 : « Le premier caractère de l'être, c'est l'objectivité. »

(1) *Nouv. Essai*, vol. III, p. 292. « On conçoit l'origine de la pensée avec l'*être possible*, sans qu'il soit nécessaire de s'élever au concept de l'*être qui existe absolument*. » Contre Bardili. — P. 290. « Bouterweck a confondu l'*être possible* avec l'*être qui existe* : le premier seul est nécessaire à la pensée, Dieu seul comprend l'être en soi. »

(2) *Nouv. Ess.*, vol. II, p. 317 et suivantes. — 1. « En réalité l'être est un être de l'esprit (*mentale*), et pas encore un être qui existe par lui-même, hors de l'esprit. » — 2. « En second lieu, il faut dire qu'il n'est pas une simple modification de l'esprit ou du sujet qui le voit. » — « Il me suffit d'avoir remarqué que l'être n'est ni réel ni une modification de l'esprit : si les faits attestent l'impossibilité de ces deux extrêmes, il faut en conclure la possibilité d'un terme moyen. »

(3) *Nouv. Ess.*, vol. II, p. 24, 29, 30, 31.

principe de toutes les pensées et de toutes les choses? Une fois isolé donc, l'être ne se trouve nulle part ; on le trouverait quelque part qu'il ne pourrait développer ses identités mathématiques que dans un monde d'abstractions, de généralités, d'idées, séparé de toute réalité, séparé du contingent, séparé de l'ensemble de nos pensées. Et encore quelle sera l'origine de ces abstractions, de ces généralités, de ces idées ? Certes, elles ne viennent pas de l'être, puisqu'il est illimité ; elles ne viennent pas de la sensation, il n'y a rien de commun entre plusieurs sensations. M. Rosmini démontre que l'être rend possibles les affirmations, et que ces affirmations étant données, la réflexion peut en extraire ce qu'il y a de commun entre elles, c'est-à-dire les idées. Mais s'il n'y a rien de commun entre les sensations (et M. Rosmini l'affirme mille fois) (1), si on ne les perçoit que par l'être (volontaire ou nécessaire comme on voudra), il est évident que l'être sera la seule chose commune aux sensations affirmées. Quelle sera donc l'origine des idées ? Elles ne peuvent pas venir de la sensation, elles ne sortent pas de l'idée première ; elles ne pourront pas non plus sortir de nos affirmations, car l'analyse, l'abstraction, la réflexion, ne pourront séparer dans les affirmations que les deux éléments qui les composent, l'être et la sensation : le premier donc restera une idée illimitée et insaisissable, la sensation devra naturellement retomber dans le demi-néant, où elle était

(1) *Nouvel Essai*, vol. i. Polémique contre l'école de Locke.

avant d'être perçue. Ainsi l'être solitaire n'explique ni l'origine de la pensée, ni celle des choses; il ne peut pas se concevoir: n'étant pas à la merci de la dyade, du sentiment et de la sensation; ne la transformant pas quand il l'affirme, il n'en domine pas les variations par sa force systématique ; il ne peut se déployer que dans les identités mathématiques, et là encore il domine des idées dont il ne connaît pas l'origine.

Comme on le voit, M. Rosmini a dû suppléer à la première théorie de l'être par une seconde théorie de la volonté : il fallait expliquer toutes les perceptions, toutes les notions contingentes, toutes les notions probables ou vraisemblables, et M. Rosmini a dû chercher en dehors de la raison le principe des notions qui ne sont pas à l'épreuve d'un raisonnement mathématique. Par conséquent, il a cherché la pensée en dehors de la pensée, dans la volonté, dont il a fait comme les cartésiens le mauvais génie de l'homme, la puissance typhonique qui s'oppose à la raison, la source de toutes les erreurs, la force arbitraire et capricieuse qui nous livre à tous les instincts, à toutes les habitudes, à toutes les séductions. Et puisque la pratique dépend de la volonté, puisque les connaissances qui s'y rapportent dépendent encore de la volonté, il en résulte pour M. Rosmini qu'elles sont arbitraires, factices, tout au plus instinctives, affirmées sans raison, combinées sans système, sans ordre, sans règle. Il en résulte encore que la philosophie de M. Rosmini, comme celle de Descartes, ne pouvant se fonder que sur l'être et sur les identités, ne pouvant s'emparer de la volonté, c'est-à-dire du principe de l'histoire, absout, dédaigne et rejette en même temps ce monde pratique qui ne peut pas s'élever jusqu'à l'évidence des raisonnements géométriques (1).

La troisième théorie du philosophe italien se fonde sur la révélation. L'être est solitaire, et il ne peut pas nous éclairer dans la pratique ; la volonté n'a pas de règle et ne peut pas nous diriger. Reste la révélation qui se sépare en même temps de l'être et de la volonté : elle se sépare de l'être, car M. Rosmini n'a pas vu qu'il conduisait naturellement de plusieurs idées à un système et d'un système à tous les systèmes : elle se sépare de la volonté, car elle la guide, l'éclaire, la purifie et lui est absolument supérieure. Il nous semble donc que c'est le besoin d'un système pratique et l'impossibilité de le trouver dans les spéculations mathématiques de la philosophie, ou dans les conceptions arbitraires de la volonté, qui ont conduit M. Rosmini à compléter ses deux théories de la raison et de la volonté par une troisième théorie dont l'origine est surnaturelle (2).

---

(1) Vol. II, part. IV. « Absolution donnée à une foule d'erreurs « pratiques. »

(2) Voir les Œuvres ascétiques, les livres sur la *conscience*, sur la *morale,* sur la *politique.*

La *Philosophie de l'histoire* de M. Rosmini (1) est la combinaison la plus ingénieuse qu'on pouvait imaginer de trois théories, qui s'excluent mutuellement du terrain de l'histoire.

La société suivant M. Rosmini doit songer avant tout à se fortifier, ensuite à s'enrichir : tant qu'elle se fortifie elle avance, aussitôt qu'elle s'occupe des richesses et des plaisirs, elle sacrifie la substance aux accidents, l'existence aux accessoires de l'existence, l'être aux phénomènes. Il y a donc quatre époques dans toute histoire ; dans la première le peuple veut exister ; dans la seconde il songe à se fortifier ; dans la troisième on commence à sacrifier la force au bien-être ; dans la quatrième époque tout est immolé au bien-être, le plaisir est le seul Dieu de la société, elle traite son existence comme un accident, les sophistes ajoutent à la corruption générale, et le peuple qui les écoute ne peut plus se relever de son abaissement ; il ne sera plus que la victime prédestinée du premier peuple barbare qui viendra l'attaquer. Voilà la loi des masses, loi irrésistible : *plus le monde vieillit, plus il déchoit*, les peuples barbares sont les seuls qui peuvent le régénérer par les conquêtes, car ils dédaignent le plaisir et ne songent qu'à exister et à se fortifier. C'est là une loi de déchéance, une loi de corruption progressive, la loi de la volonté, le principe du mal qui se dé-

(1) *Phil. de la politique*, vol. xxii des Œuvres compl. édit. de Milan.

veloppe avec les arts, s'augmente avec la population et ramène la guerre des temps primitifs au sein de la société. Comme Machiavel et Vico M. Rosmini croit qu'un système peut être détruit sans être remplacé par un autre système; ou plutôt que la société peut se développer sans développer un système. Encore s'il avait livré les masses au caprice d'une aveugle volonté; mais après les avoir éclairées par l'idée première qui présente la possibilité de tous les systèmes, après avoir fait descendre cette idée dans l'existence de la société, il suppose qu'on peut l'oublier, que les masses peuvent l'appliquer à l'industrie sans l'appliquer aux idées et aux armes. La tradition est cependant profondément systématique; au quinzième siècle elle renouvelle les sociétés, et en même temps elle multiplie la puissance des armées; en 1789 elle renouvelle encore la société, et la liberté se présente armée d'une nouvelle tactique. Les idées peuvent donc dominer la force, et quand M. Rosmini par un odieux calembour métaphysique nous dit qu'en 1814 la *substance* européenne a refoulé les *accidents* de la révolution (1), il oublie que toute l'Europe a dû se réunir pour combattre une nation, et qu'il n'y a rien de plus accidentel que la force de quelques millions de baïonnettes qui se réunissent après mille défaites pour retarder la marche d'une idée.

Ces principes sont modifiés par d'autres prin-

(1) *Du premier principe*, etc., vers la fin.

cipes qui dérivent de la théorie de la raison ou de l'être. Si le monde se corrompt continuellement, si les peuples sont condamnés à une dégradation incessante, il en est bien autrement des individus, dit M. Rosmini : tandis que la foule recule, ils avancent; tandis que la foule s'égare volontairement dans les illusions de l'accident, ils s'élèvent par l'abstraction à la vérité de l'être. Les masses songent successivement à l'existence, à la puissance, à la richesse, au plaisir; leur raison pratique passe du bien au mal, de la vérité à l'erreur; mais la raison pratique des philosophes et des législateurs passe du particulier au général et s'étend toujours par la généralisation et par le calcul. On ne peut mesurer la capacité des hommes que par le *nombre*, l'*espace*, l'*abstraction* et le *temps*. Eh bien, la masse, dans la première époque, est limitée à la population, au territoire, aux idées, à la prévision, qui lui sont indispensables pour exister; dans la seconde époque, celle des conquêtes, l'ambition des masses est indéfinie dans le nombre des peuples, dans les régions, dans les moyens, dans l'avenir qu'elle embrasse : le commerce et l'industrie de la troisième époque augmentent la population, associent tous les peuples, aiguisent pour ainsi dire les intelligences, étendent la prévision, mais en même temps affaiblissent le mouvement intellectuel, en le détournant de son véritable but; et dans la quatrième époque, celle des sens et des plaisirs, l'intelligence se limite dans l'égoïsme, s'isole dans l'individu, perd toute prévision, toute mémoire : la société tend à se dissoudre. La puissance des individus se développe en sens inverse, les connaissances spéculatives augmentent toujours, et lorsque les nations se corrompent, ce sont les législateurs qui arrêtent la corruption. Ainsi, la chute de Rome est retardée par les Césars ; la Chine semble éternelle, grâce à son aristocratie intellectuelle ; la durée de la civilisation de l'Inde dépend des castes; ce sont encore Cécrops, Cadmus, Thésée qui régénèrent les peuples sauvages en rétablissant les éléments de la religion, de l'astronomie, de l'alphabet, du mariage, de l'agriculture et des arts (1). Ici la raison géométrique et l'intelligence volontaire, le bon et le mauvais génie de l'humanité forment une hyperbole, dont les deux lignes s'éloignent à l'infini. Comment les législateurs pourraient-ils transmettre des idées que la société devient de plus en plus incapable de comprendre ? Comment la société pourrait-elle se livrer corps et âme, pour ainsi dire, avec ses convictions, ses sentiments et ses intérêts, à des réparateurs qu'elle ne peut pas apprécier ? Si le législateur est hors du système de la société, il ne peut pas la conduire ; s'il veut la conduire, il s'engagera dans un duel insensé contre tous; s'il peut la conduire, alors il est dans le système social, dans la tradi-

---

(1) *De la société et de son but*, liv. III.

tion; et l'intelligence de l'humanité, et celle des grands hommes, obéissant aux mêmes lois, sont toutes deux progressives; et les deux mouvements, loin d'être opposés, sont identiques. « Afin que « l'action des individus sur les masses, dit « M. Rosmini, puisse réussir, on exige dans les « masses une certaine disposition..... sans la-« quelle elles n'entendent pas la parole des sa-« ges. » Quelle est cette *certaine disposition?* Notre pensée est la seule interprète de la pensée des autres. « L'accord et le désaccord des masses « et des individus (ajoute M. Rosmini), sont fixés « et prédéterminés, non pas par les hommes, mais « par Dieu (1). » Dieu, voilà bien l'expédient des théories théologiques; mais Dieu ne peut pas avoir établi les lois de la raison tout exprès pour les violer.

Le jeu de la troisième théorie se fonde précisément sur la nécessité de l'intervention divine, pour combiner la marche des individus avec celle des masses. Avant le christianisme, dit M. Rosmini, les hommes pour diriger l'humanité se sont servis : 1° de la force, 2° de la ruse, et 3° de la vérité ; le christianisme est venu nous apporter l'idée de la vertu. Quand les conquérants, les législateurs et les philosophes étaient impuissants à racheter la société romaine, le Christ a paru : *Voilà,* a-t-il dit, *je renouvelle toutes les choses.* Au milieu de la corruption il annonce que tous les biens de

---

(1) *De la société et de son but,* p. 303.

la terre sont illusoires, que le bien absolu est la dernière fin de l'homme ; il n'exige plus quelques vertus, mais toutes les vertus ; il ne s'adresse plus à l'école ou à la cité, il s'adresse à l'homme, au genre humain. Par là, il propose à la société décrépite et corrompue du monde ancien, le plus grand nombre (Dieu), le plus grand espace (l'univers), la plus grande abstraction (le bien), la plus grande durée (l'éternité). Enfin, l'Évangile nous promet que *Dieu sera avec nous à la fin des siècles.* Ainsi, le christianisme a guéri les nations et les a rendues incorruptibles, il a constitué (par l'Église) une classe d'hommes capable de résister à l'aveugle mouvement des masses, une classe d'hommes qui verse sans cesse dans la société une lumière infinie, et qui nous dirige par les idées illimitées de temps, d'espace, de nombre, de lieu, donnant ainsi aux peuples une garantie éternelle contre la corruption du luxe et des richesses, corruption jadis irrésistible, car la société païenne était sans défense contre les biens de ce monde. Nous sommes donc à l'abri des illusions et des accidents ; nous ne cherchons pas le bien, comme les épicuriens, dans ce qui passe ; nous ne prétendons pas le constituer par notre volonté, comme les stoïciens ; nous avons un but infini, et désormais, pour l'atteindre, nous pouvons accepter tous les biens comme moyens, sûrs que nous sommes qu'ils ne pourront pas prévaloir contre nous. « Qu'importe à l'homme de gagner le monde s'il perd son âme ? » En observant les nouveaux rapports que le christianisme établit entre les individus et les masses, on doit conclure, dit M. Rosmini, qu'il a reconstitué les nations, qu'il les a renouvelées, et « qu'il faut reconnaître en Dieu celui qui multiplie les peuples, les perd et après les avoir dégradés les réintègre dans leur état primitif (1). » Il résulte de ces idées, la nécessité de fortifier la hiérarchie ecclésiastique, la nécessité de confier le gouvernement aux individus, la nécessité de combattre le mouvement des masses qui ne se réalise jamais sans qu'elles détruisent les principes de la civilisation (2).

Cette troisième théorie résume les oppositions

---

(1) *De la société et de son but*, liv. III, ch. IX et suiv.
(2) Depuis vingt ans M. Rosmini lutte contre le mouvement démocratique : il est devenu l'organe du parti ultra-catholique de la Haute Italie; parti qui par ses exagérations donne parfois un faux air de libéralisme à l'Autriche, et provoque incessamment les réactions des gouvernements italiens contre les souvenirs de la révolution. L'acharnement de M. Rosmini contre les idées libérales a retardé la propagation de sa philosophie. On ne s'est pas aperçu du premier abord que l'homme qui prodiguait une foule d'injures monacales contre Locke, contre la philosophie du dix-huitième siècle, et même contre Descartes, était aussi cartésien que possible, aussi sensualiste que la raison permet de l'être. Parfois les libéraux ont été injustes, ils faisaient trop bon marché d'un prêtre qui professait, dans ses livres ascétiques, le catholicisme le plus littéral, depuis la pomme d'Adam jusqu'aux miracles des saints ; et qui fondait on ne sait quel ordre religieux, en recommandant vivement les jeûnes, les macérations, les trois génuflexions du matin, du midi, du soir, etc. Aujourd'hui on peut distinguer le philosophe du prêtre. Certes nous ne regrettons pas de voir que la doctrine de l'être s'est introduite dans les

des deux théories de la raison et de la volonté, des individus et des masses. En effet, si le développement de l'individu, loin d'être parallèle, est opposé à celui de la masse, si le christianisme se développe dans les quatre mesures du temps, de l'espace, du nombre et de l'abstraction, tandis que la masse tend toujours à se limiter en sens inverse dans les quatre mesures, le christianisme et l'Église sont à l'humanité comme les évêques *in partibus* sont à leur diocèse, comme l'homme est aux animaux domestiques ; aucune force, aucune persuasion, aucune ruse ne pourra faire pénétrer l'idée chrétienne là où elle rencontre un obstacle intellectuel qui grandit toujours, et la chrétienté tout entière depuis son origine, cette harmonie entre l'Église et les peuples qu'elle dirige sera un miracle permanent, une contradiction continuelle. D'où vient ce miracle ? De ce que le christianisme a atteint la plus grande mesure, dans l'éternité, dans l'immensité, dans le nombre, dans l'être : en définitive M. Rosmini mesure le christianisme dans l'illimitation de l'être. Mais par là nous ne voyons plus le christianisme, nous voyons le platonisme, le brahmisme, le bouddhisme, car

séminaires par l'effet même de l'intolérance religieuse, mais nous souhaitons que M. Rosmini triomphe des antipathies qu'il a soulevées, en comprenant mieux sa mission, d'autant plus que cette mission lui est nettement tracée par la méthode de Descartes qu'il suit, et qui certes ne conduit ni à la théocratie ni à l'absolutisme. (V. les *Catechetica*, — les deux volumes des *Opuscules*, — le *Fragment d'une histoire de l'impiété*, etc.)

toutes les philosophies et toutes les religions rationnelles se sont toujours posées pour l'infini dans le temps et dans l'espace. L'être seul n'est pas seulement le bouddhisme ou le christianisme, c'est plus ou moins comme on voudra; mais s'il est hors de nous, c'est l'annihilation en Dieu, s'il est en nous, c'est l'annihilation en nous-mêmes, s'il n'est ni en nous ni hors de nous, c'est moins que le néant pour la raison; quelque part qu'il soit, puisque l'illimité ne peut pas se concevoir, c'est l'infini sans conscience ou l'identité vide de sens. Est-ce le christianisme qui l'a révélé? Non, le christianisme n'est possible que parce que Dieu est avec nous. Est-ce le christianisme qui nous préserve de la corruption en distinguant l'être de l'accident? Non, car nul accident n'est concevable sans l'être; toutes les déterminations, toutes les actions, la conquête et l'industrie, le commerce et le mysticisme, l'existence et la corruption de la société sont également des limitations de l'être. Le christianisme peut-il se servir des biens de ce monde pour atteindre le souverain bien? Non, le christianisme a dû condamner ce monde, car il n'y a pas de rapport entre le fini et l'infini, mais il a dû construire un monde meilleur dans l'autre vie, précisément pour nous défendre de l'illimitation de l'infini. L'être joint au contingent est une cause d'ordre, car il est le principe de tous les systèmes, l'être joint à la volonté ne peut donner que des pensées utiles, car la volonté ne peut vouloir que le bien. Mais l'être séparé du contingent soit sensible, soit volontaire, détruit toute morale, tout ordre, toute règle pratique. La morale, l'ordre, la pratique, ne sont pas des identités mathématiques ; elles ne pourraient trouver l'identité que dans le seul cas où l'on découvrirait l'équation entre l'être et la création ; dès lors la morale, l'ordre et la pratique seraient détruits d'une autre manière ; il ne s'agirait plus que de vivre dans la plénitude des trois vies physique, morale et intellectuelle ; quand on aurait tout épuisé, le bien comme le mal, l'être serait toujours avec nous sans même distinguer dans son illimitation le plaisir de la douleur. Ici nous nous retrouvons au point de départ : la dernière conséquence est en harmonie avec le premier principe du système. M. Rosmini a commencé par établir un être qui, loin de se lier aux phénomènes, s'en sépare pour s'isoler : l'être restait ensuite dans les idées mathématiques, il ne donnait que les notions identiques de l'unité, de la substance, etc. ; le contingent était livré à la volonté, affirmé sans ordre et sans cohérence. La métaphysique n'était plus que la lutte du nécessaire contre le contingent, elle se développait par la force d'une seule idée, comme un sorite, elle construisait une espèce de stoïcisme intellectuel en dehors de la réalité. En descendant à la pratique l'être de M. Rosmini ne sort pas de l'identité de l'existence, il n'est que l'existence de la société, et la société doit se développer à son tour sur l'être par une esp. ce de stoïcisme spartiate ; loin de se lier, elle doit s'opposer aux accidents du commerce et de l'industrie. Après avoir disjoint la force de la raison et celle de la volonté, après avoir mis en opposition l'existence et la richesse, M. Rosmini met en opposition les masses et les individus ; il fait sortir de la masse les contingences sociales et de la philosophie individuelle les nécessités rationnelles de la société. Il s'ensuit, que la masse tend naturellement vers le mal, qu'elle peut se corrompre sans pouvoir se racheter, et que néanmoins elle peut obéir, sans savoir pourquoi, à des idées qui sont étrangères à sa volonté. Il s'ensuit encore, que l'école, la caste, la hiérarchie, en un mot les individus, actifs pour le bien, agissent sans moyens et s'identifient miraculeusement avec une volonté dont ils n'ont pas les idées. Enfin, quand M. Rosmini veut établir la domination des individus dans la société, quand il veut achever son stoïcisme intellectuel et social, il n'a plus qu'à invoquer l'être, et l'être toujours séparé des phénomènes ne peut plus se déployer que pour l'infini, dans le temps, l'espace, le nombre et l'abstraction ; loin de donner le système de la toute-puissance de l'homme dans les limites de l'humanité, il conduit à la toute-puissance de la barbarie dans ces quatre mesures, qui au reste ne peuvent pas plus nous arrêter dans le christianisme que dans le bouddhisme, dans le monde visible que dans le monde des esprits.

LES NOUVEAUX MILLÉNAIRES.

L'impossibilité de supposer une idée en acte, qui ne soit pas déjà en puissance dans l'esprit ou dans une idée antérieure, détruit toutes les hypothèses des Millénaires depuis celle d'Amaury jusqu'à l'Évangile éternel de Lessing. Nous faut-il une religion supérieure au christianisme ? Si la raison la cherche, elle la trouvera ; si elle ne la cherche pas, on ne pourra pas la lui transmettre. Si la volonté divine force la raison soit à accepter, soit à chercher une révélation, l'humanité est progressive comme objet et non pas comme sujet, n'étant plus responsable du bien, elle cesse d'être responsable du mal, et en supposant qu'elle soit responsable du mal, seule elle peut arriver au bien.

Frédéric Schlegel évite les difficultés en suivant le courant des écrivains mystiques, qui considèrent l'idéal définitif du genre humain, comme « le réta-« blissement dans l'humanité entière de l'image « divine qu'elle a perdue. » Il écarte la raison de l'histoire, il suppose que l'homme s'est séparé volontairement du bonheur et de la vérité : mais précisément à cause de cette séparation, Schlegel ne sait plus nous réconcilier avec la double nature humaine et divine de la raison. Ainsi, l'humanité dans le temps reste livrée à une volonté corrompue ; elle altère la langue qu'elle a reçue, elle se divise en nations, elle défigure dans les mythes les vérités révélées, elle ne sait plus ni comprendre, ni dominer la nature dont elle devient la victime ; dès lors, le climat agit sur les races, les dégrade ; il n'y a plus de limites pour la dégénération physique de l'espèce, tandis que l'athéisme se trouve nécessairement au bout de toutes les erreurs de l'humanité. Mais le sentiment, une fois séparé de la raison, ne peut plus la rejoindre ; la chute qui en est le premier effet, se répète pour Schlegel dans toutes les époques de l'histoire, et l'erreur du principe se reproduit ainsi dans tous les détails du système. Quel est, d'après Schlegel, la première époque de l'histoire? l'Orient : là le genre humain s'appuie sur la *parole* de Dieu, sur la tradition divine ; mais la Chine l'explique par la raison et aboutit à l'athéisme (le culte de Foe); l'Inde le développe par l'imagination et finit par adorer les forces de la nature ; l'Égypte applique l'entendement à la révélation, pénètre les mystères de la nature et se perd dans la magie ; chez les Juifs, la parole est confiée à la volonté, et il en résulte qu'à l'instant où le Sauveur se présente, ils le méconnaissent puisqu'il ne leur livre pas la domination de la terre. Voilà donc la raison divine qui veut réparer une chute par la *parole*, et l'homme qui lui oppose quatre chutes dans les quatre facultés de la raison, de l'imagination, de l'entendement, de la volonté (1). Une seconde époque commence

---

(1) *Leçons sur la Phil. de l'Hist.* leç. II.

avec la Perse ; cette fois c'est la *force* du génie et des armes qui doit régénérer la terre. Les Perses ouvrent la seconde époque du monde en donnant naissance à l'esprit de conquête, et « cet esprit, « transmis par eux aux Grecs et aux Romains, se « perpétue de génération en génération à travers les « âges, comme un principe interne de destruction « et de mort, comme un mal sans cesse engendré « de lui-même et dévorant l'humanité avec une « fureur toujours croissante. » En Grèce, l'art est divin, la science naturelle, l'état rationnel ; et l'art conduit à adorer la nature, la science conduit au sophisme, la raison à l'égoïsme. Les Romains, organisés pour la conquête, se déchirent eux-mêmes après avoir conquis le monde. Le règne de la *force* est épuisé, Dieu a manqué une seconde fois son œuvre, l'humanité lui a opposé trois chutes dans les trois plus grandes nations du monde. L'avénement du christianisme détermine la troisième époque : ici encore le génie du mal se révolte contre l'inspiration divine ; à l'instant même où le christianisme se propage, la volonté de l'homme lui oppose les hérésies des gnostiques, des Ariens et des Millénaires. Au moyen âge, la religion s'empare de l'état et le transforme ; elle constitue les monarchies chrétiennes, enfante un nouvel art, une nouvelle science : mais le péripatétisme païen se reproduit dans la scolastique, le pouvoir politique se sécularise, le droit romain fonde un droit hors de l'Église. Viennent ensuite le paganisme de la renaissance, le protestantisme d'abord religieux, plus tard politique et philosophique; et l'œuvre du christianisme est presque entièrement détruite. Suivant Schlegel « l'idée qui se présente « naturellement et irrésistiblement à l'historien est « celle d'une sorte de pathologie sociale, envisa- « geant l'humanité comme un malade dont l'état « devient chaque jour plus alarmant. » Le professeur autrichien finissait son cours en espérant le rétablissement de l'image divine dans l'homme, au moyen de la *lumière;* l'épigraphe de sa dernière leçon est le mot de l'Évangile : *Je viendrai bientôt, et je renouvellerai toutes les choses.* Quelle espérance peut-on conserver quand on a doublement insulté la raison, en attribuant un triple échec à la raison divine, une révolte éternelle et incorrigible à la raison humaine ?

Remarquons, en passant, que Schlegel soumet la raison à la *lumière.* De Maistre, assez initié dans les mystères de l'illuminisme, soumettait l'intelligence à une *conscience intellectuelle;* de là, son mépris pour la science moderne, sa prévision d'une troisième époque chrétienne, car aujourd'hui le christianisme, dit-il, n'a plus de *héros*, plus de *saints* (1). Les écrivains mystiques, depuis Boehm jusqu'à Swedenborg, résistent aux démonstrations rationnelles par les intuitions du sentiment, et c'est là-dessus qu'ils fondent leurs espérances

---

(1) *Voy. Soirées de Saint-Pétersbourg,* vers la fin.

d'une époque de rédemption définitive. Ici le sentiment, l'intelligence de la volonté que Descartes avait dite arbitraire, est relevé, et c'est la raison elle-même qui devient arbitraire et factice. L'erreur est renversée; mais elle ne cesse pas d'être une erreur, de doubler les facultés, les objets, les idées, de placer le raisonnement hors de la raison, la pensée hors de la pensée. Pour échapper à l'étreinte de la raison, on lui livre la victoire et on se réfugie ailleurs : qu'y a-t-il ailleurs? l'inconcevable ou l'absurde.

Le sentiment dans le mysticisme s'empare des objets de la raison, et par là il se trouve forcé de les rendre à la raison: hors du mysticisme, il n'a pas de formule, ce n'est plus qu'un fait comme la sensation, et il ne peut pas donner une théorie de l'humanité. Ainsi Kant, qui se fonde sur les forces de l'activité, se réduit à espérer la formation d'une église universelle et philosophique, dont la mission serait de surveiller la moralité du genre humain (1). Suivant lui, le plan de l'histoire consiste dans la tendance de tous les peuples à une fédération universelle; il faut penser, dit-il, qu'un jour les peuples entreront dans une fédération universelle pour éviter les malheurs de la guerre, comme jadis les hommes sont entrés dans la société pour éviter la guerre de tous contre tous (2). Malheureusement

(1) *Théorie de Kant sur la religion dans les limites de la raison.*
(2) Voici les idées de Kant : « 1° Toutes les dispositions natu-

l'activité est indéfinie, rien ne l'arrête, rien ne la contente ; la paix universelle serait établie, que l'activité ramènerait la guerre ; elle détruirait le bien

« relles d'une créature sont telles, qu'elles doivent enfin se déve-
« lopper d'après un but ; — 2° toutes les dispositions naturelles
« de l'homme, et qui sont fondées sur l'usage de sa raison, doivent
« se développer entièrement, non point, à la vérité, dans l'indi-
« vidu, mais bien dans l'espèce entière ; — 3° la nature a voulu
« que tout ce qui dans l'homme serait par delà l'ordre mécani-
« que de son existence animale, il le tirât tout entier de son
« propre fonds ; — 4° les moyens dont se sert la nature pour opé-
« rer ce développement des dispositions de l'espèce, c'est l'an-
« tagonisme des hommes. » — 5° L'antagonisme produit dans l'état de nature la guerre de tous contre tous, la société se forme par la nécessité d'éviter cette guerre et se perfectionne par les combinaisons heureuses qui tournent au profit de toutes les rivalités individuelles. — 6° Le gouvernement est indispensable pour empêcher le conflit des volontés : le meilleur gouvernement est celui qui sait « briser la volonté perverse, et la contraindre à obéir
« à une volonté convenable à tous. » — 7° La guerre entre les nations les empêche d'établir le meilleur gouvernement, ou du moins menace continuellement leur constitution intérieure. Il faut penser qu'un jour les peuples entreront dans une *fédération universelle* pour éviter les malheurs de la guerre, comme jadis les hommes sont entrés dans la société pour éviter la guerre de tous contre tous. — « 8° On peut considérer l'histoire de l'espèce en
« grand, comme l'exécution d'un plan caché de la nature, la-
« quelle tend à établir une parfaite constitution intérieure, et,
« pour y parvenir, une pareille constitution extérieure des états,
« comme le seul ordre de choses où puissent se développer entiè-
« rement les dispositions qu'elle a placées dans l'espèce hu-
« maine. — 9° L'essai philosophique d'une histoire universelle,
« d'après un plan de la nature qui tend à établir parmi les hommes
« une parfaite société civile, doit être regardé non-seulement
« comme praticable, mais encore comme devant concourir à
« l'exécution de ce plan. » *Idée de ce que pourrait être l'histoire universelle dans les vues d'un citoyen du monde,* 1784.

pour obtenir le mieux. En séparant l'activité de la raison, la théorie circulaire est tout aussi probable que la théorie du progrès, et dans les deux cas, l'idéal de Kant et le plan de l'histoire ne sont que de simples possibilités. A leur tour, toutes les utopies de Bernardin de Saint-Pierre, de Th. Morus, de Morelli, etc., au point de vue historique, ne sont que des combinaisons possibles, qui ne tiennent par aucun lien au mouvement de l'histoire et de la tradition.

Il en est de même de la doctrine de Saint-Simon. Il est vrai qu'il s'appuie sur les antécédents d'une tradition, et renouvelant la théorie de l'Évangile éternel, il veut supprimer la distinction entre l'Église et le monde, il veut achever l'œuvre de l'Église, détruire, dans la propriété et la famille, les deux sources de l'égoïsme, de la guerre et de l'esclavage. Comme les sectateurs de l'Évangile éternel, les Saints-Simoniens réclamaient la succession du christianisme qui à son tour avait réclamé et obtenu la succession du monde païen, et par là, les nouveaux Millénaires s'emparaient de l'histoire universelle. Cependant cette religion n'était pas imposée par une nécessité surnaturelle, puisqu'elle n'était pas révélée ; elle n'était pas non plus imposée par une nécessité rationnelle au genre humain, puisqu'elle ne se présentait que comme une formule de l'activité. On aurait donc admis l'utilité absolue du nouveau christianisme, qu'il se présentait encore comme une hypothèse, comme un fait possible dans l'avenir, et la tradition se dérobait à sa domination et se présentait comme un fait dans le passé. Quelle est en effet la démonstration historique de Saint-Simon ? En partant du sentiment et de la formule des sentiments, il cherche dans l'histoire plutôt les faits que les idées, il classe les faits de l'activité, il observe les progrès de la paix, de l'association, de l'émancipation, de la même manière que Bacon avait observé les progrès des découvertes, des inventions de l'industrie. Pour Saint-Simon, le polythéisme et le christianisme ne sont pas deux systèmes, ce sont deux formules de l'activité, ils expriment deux harmonies de sentiments, deux combinaisons des intérêts de la société. Le polythéisme, suivant lui, tient à l'art ancien et aux castes de l'antiquité ; le christianisme tient à l'art moderne et à l'organisation théocratico-féodale du moyen âge. Ainsi, séparées de la raison divine et de l'intelligence de l'homme, les deux religions ne sont que deux phénomènes ; on ne sait ni d'où elles viennent, ni le point idéal où elles s'arrêtent. On dira qu'elles viennent de l'intelligence des peuples et qu'elles aboutissent au Saint-Simonisme ; mais Saint-Simon a placé l'intelligence trop près du cœur pour pouvoir l'observer. Il a fait du paganisme et du christianisme une affaire d'état, il n'a pas vu qu'ils étaient plus grands que les sentiments, plus forts que les intérêts, qu'ils étaient la vérité dans un temps donné, et que c'est précisément parce qu'ils étaient la vérité, qu'ils avaient dominé les sentiments et les intérêts. L'utilité des religions, loin de les expliquer, ne fait qu'obscurcir le problème de leur origine : on ne les invente pas, on ne les fabrique pas, elles sont inflexibles comme la logique, et cependant il se trouve qu'en cherchant la vérité et le bonheur de la vie à venir, elles arrangent les affaires de ce monde. L'Évangile a tenu ses promesses : « Cherchez le royaume des cieux, a-t-il dit, et le reste vous viendra par surcroît ; » et en effet, le christianisme est venu par surcroît changer la face de la terre.

Il est donc évident que si on réduit les grands systèmes de l'histoire à de simples formules de l'activité, on les dégrade, on les change en faits matériels, et dès lors, on se met dans l'impossibilité d'en comprendre l'origine, la grandeur, les transformations. Aussi, Saint-Simon ne voit ni comment se forme le paganisme, ni comment il protége la société païenne, il n'en voit que les harmonies artistiques et politiques. Quand le paganisme est attaqué par les philosophes, quand le christianisme lui succède, Saint-Simon observe les attaques, comprend toute la profondeur de la révolution chrétienne, et ne sait pas remonter jusqu'au premier principe qui la produit. Ce sont là pour lui des faits progressifs, harmoniques, il est vrai, mais toujours sensibles, extérieurs. Bien plus, l'observation expérimentale nous attache aux faits, de sorte que nous ne pouvons plus les dominer, et Saint-Simon s'engage à classer les faits de l'activité tels qu'ils se trouvent matériellement dans l'histoire ancienne et moderne. Il ne connaît pas l'Orient, et dans son système, l'Orient se trouve sans similarités et sans parallélismes avec l'histoire d'Occident. Il ne connaît que deux religions, le polythéisme et le christianisme, et il réduit tous les moments historiques de l'humanité aux deux religions qui se succèdent en Occident. Encore sur ce terrain suit-il les faits sans les dominer; il présente le patriciat, la féodalité et la bourgeoisie, la chute de l'empire romain, la barbarie du moyen âge et la civilisation des temps modernes, comme trois moments nécessaires et successifs de l'histoire. Ainsi, une décadence et une barbarie accidentelles entrent tout à coup dans la tradition. Saint-Simon se trouve forcé de faire cadrer sa théorie avec cette rétrogradation momentanée de l'humanité; puisque les faits rétrogradent, il faut bien que sa théorie rétrograde. Il invoque donc la vieille théorie classique des deux époques de croyance et d'incrédulité: il subdivise la période païenne et la période chrétienne en deux périodes subalternes, l'une organique, l'autre critique; il suppose que les civilisations doivent se détruire de fond en comble dans la période critique, avant de se réorganiser sur de nouveaux principes. Pour expliquer la décadence païenne, il confond deux choses profondément distinctes, la destruction barbare et la destruction rationnelle des civilisations, la dévastation purement accidentelle et la lutte de systèmes. A la suite de cette confusion, il distingue deux choses identiques, le mouvement qui détruit et celui qui construit les systèmes ; il oublie que la critique s'exerce toujours au nom d'un principe, que la désorganisation progressive des sociétés se fait en pleine civilisation sous Auguste, sous Charles-Quint, à l'instant même où les nouveaux principes se manifestent. Si les deux périodes organiques et critiques n'étaient pas contemporaines, si le criticisme indépendant et absolument négatif était possible, il faudrait conclure avec la théorie classique que la période critique conduit à la barbarie, qu'après la période critique tout est à refaire, et que le monde tourne toujours dans le même cercle. En méconnaissant les lois de la pensée, Saint-Simon a donc présenté le nouveau christianisme comme une hypothèse, la tradition comme un fait, et lorsqu'il a voulu généraliser ce fait pour en donner la théorie, il a confondu les effets du hasard avec ceux de l'intelligence, et il a isolé les quatre phénomènes du polythéisme, de l'incrédulité ancienne, du christianisme et de l'incrédulité moderne, de sorte qu'on ne voit plus aucun passage nécessaire de l'une à l'autre de ces quatre périodes de l'histoire d'Occident.

La partie historique de la doctrine saint-simonienne a été renouvelée par le métaphysicien de la secte, M. Pierre Leroux. Le progrès, suivant M. Leroux, ne se fait pas par l'alternation des époques organiques et critiques, la tradition est toujours progressive. Pour éviter le démenti des faits qui nous montrent des ruines là où il y avait des capitales, la mer où il y avait des empires, M. Leroux suppose que le travail de l'intelligence se transforme en facultés au bout d'un certain nombre de générations. « Qu'un déluge, s'écrie-t-il, « ou une commotion de terre, ou la guerre, ou le « feu, viennent enlever à l'humanité ses bibliothè- « ques, elle ne se trouvera pas plongée dans son « état originaire. » Restait encore cette division que la guerre, les mers, les déserts mettent entre les hommes : pour établir l'unité progressive de toute la tradition, M. Leroux a imaginé de réunir le genre humain par un lien invisible mais réel. L'*humanité*, dit-il, *n'est pas un être véritable; et cependant, quand on considère un homme, on voit réellement tous les hommes, et il y a véritable pénétration* de l'homme à l'humanité (1). Ainsi, suivant lui, l'humanité n'est pas en soi mais dans les hommes, et néanmoins, en voyant un homme on voit tous les hommes, en voyant Pierre on voit Paul, Jacques, Martin : tout est communication avec tout dans l'humanité ; Kong-fou-tsée est un homme, Newton est un homme, donc ils se voient, se touchent, sont associés, ils se rendent des services mutuels. La conséquence dernière de cette singulière découverte de M. Leroux est, que l'homme ne se

---

(1) *De l'Humanité*, vol. 1, p. 249.

pouvant pas *séparer de l'humanité, la vie future de l'homme est liée au perfectionnement de l'humanité ;* de sorte que *nous sommes non-seulement les fils de l'antiquité et de ceux qui ont déjà vécu, mais au fond et réellement, les générations antérieures elles-mêmes* (1).

Certes, c'est là la plus grande bizarrerie qu'il était possible de rêver. Le progrès continu est démenti par les faits, et plus erroné que le progrès par décadence de Saint-Simon ; cependant on peut le concevoir. La transformation des idées en facultés est mille fois plus problématique que le progrès lui-même et n'implique nullement le progrès continu de tous les peuples; c'est à peine si elle laisse aux hommes qui échapperaient à un déluge, la faculté de refaire en dix-neuf siècles ce qui avait été fait auparavant en vingt siècles ; cependant la transformation des idées en facultés est, à la rigueur, possible. L'hypothèse de l'humanité en soi, à laquelle participent tous les hommes, est fausse, à notre avis ; cependant c'est la théorie de Platon. Si elle présente des inconvénients, elle résout des difficultés transcendentales ; on peut encore en admettre la possibilité. Mais établir une idée générale de l'humanité, qui n'est pas en soi, qui n'est pas une substance ; établir une idée qui n'admet aucune limite de temps, d'espace ni de nombre, précisément pour la limiter dans le temps,

(1) *Humanité*, vol. 1, p. 270, liv. v, chap. xii.

dans l'espace et dans le nombre des générations actuelles, c'est déduire une conséquence du principe qui l'exclut. En considérant un homme, je vois l'humanité (idée, substance ou parole), parce qu'elle ne contient aucune détermination, aucun rapport, aucune limite; je vois l'humanité, parce que les hommes peuvent se multiplier, diminuer, passer dans mille planètes, s'aimer, se combattre, et l'humanité reste toujours une idée, une substance ou une parole indéterminée, qui n'en est ni plus ni moins l'humanité. Pourquoi serons-nous donc dans un nombre déterminé, dans une association naturelle, dans une renaissance continuelle ? parce que nous sommes dans l'humanité, c'est-à-dire parce que l'humanité est indifférente au nombre, à l'association et à la renaissance; elle ne dit rien : eh bien, M. Leroux lui fait dire tout ce qu'il veut. Il faut comprendre cette erreur, car ce n'est pas l'absence de qualités éminentes que l'on peut reprocher à M. Leroux, c'est une malheureuse tendance à sacrifier les principes à un but arbitrairement anticipé. Pour les Saint-Simoniens, la civilisation est un grand édifice qui doit couvrir la terre, que tout le monde doit construire, et que personne ne revient habiter : le Saint-Simonisme est la religion du néant, et par conséquent l'irréligion de l'histoire. M. Leroux n'a pas voulu perdre le travail de l'histoire, il a imaginé un paradis bourgeois, dans lequel rien ne se fait pour rien, où il y a un peu de place pour tout le monde, des récompenses pour tous les travaux, et de l'économie, de la solidarité, des améliorations liées les unes aux autres. Un pareil paradis ne pouvait se trouver que sur la terre ; et le philosophe saint-simonien nous l'a assuré avec le progrès par la métempsycose qui nous attache aux hommes, attache les hommes à la terre, et nous donne d'un seul coup une politique, une religion, un but, une destinée, tout, hormis la vérité. Les autorités en faveur de la métempsycose sont nombreuses : M. Leroux a succombé à la tentation de les invoquer : lui, l'inventeur du progrès continu, cédant à l'entraînement d'une polémique, a montré que la métempsycose était le dogme des plus anciens peuples, c'est-à-dire des peuples les plus arriérés, que depuis elle a été défigurée par les philosophes de la Grèce et niée par le christianisme. Pendant deux volumes (1) il a soutenu, à son insu, que la philosophie et la religion n'ont pu avancer d'un pas, sans repousser cette ancienne doctrine ; que la science des peuples primitifs a été dans une décadence continuelle ; que Pythagore, Platon, Jésus-Christ s'éloignent de plus en plus de la vérité. Pendant deux volumes il ne s'est pas douté un instant que, cette hypothèse étant admise, l'histoire est dans une décadence continuelle, ou que la métempsycose est une erreur barbare qui devait disparaître avec les progrès de la raison. Il n'y a

(1) *De l'Humanité.*

pas d'autre alternative, le Dieu des barbares conduit à la métempsycose, le Dieu de la philosophie conduit à la béatitude éternelle, dans un monde meilleur ; la Providence bornée nous laisse dans un monde fini ; la Providence illimitée nous transporte forcément dans un monde infini. L'histoire et la philosophie sont d'accord là-dessus, et M. Leroux a pris au rebours l'histoire et la philosophie, en transportant en pleine civilisation la théodicée des barbares : il s'est demandé en Saint-Simonien, quelle est la religion la plus *utile*, et il a conclu de l'*utilité* à la *vérité* : les hiérophantes, comme les philosophes, avaient toujours conclu de la vérité à la réalité. — C'est en combattant l'éclectisme que M. Leroux a cherché à refaire Dieu pour le plus grand avantage de la démocratie. M. Cousin dit qu'il y a trois termes dans la pensée : l'unité, le multiple et le rapport, la substance, la cause et la différence (moi et non-moi). M. Leroux dit qu'il y a trois êtres : la nature, l'homme et Dieu. M. Cousin dit que Dieu, l'acte qui crée et la création sont inséparables ; M. Leroux soutient que Dieu, l'homme et la création sont indivisibles, que Dieu et la nature ne pourraient pas être sans l'homme ; il a substitué trois êtres aux trois moments d'un même être : il les rend indivisibles en eux-mêmes, parce qu'ils sont indivisibles en nous. De son chef il confisque l'infini, Dieu, au profit du fini, du contingent, et la Providence, l'être, au profit du progrès continu. Il nous présente un nouveau Dieu, un infini qui augmente toujours, un être qui devient de plus en plus l'être, une divinité philosophique par l'infini, à demi-sauvage vis-à-vis de l'humanité à laquelle elle n'accorde que l'usufruit de ses œuvres, avec laquelle elle vit sur la terre, sauf à se laisser secouer, de temps à autre, par quelques cataclysmes. Voilà donc un Dieu triple et un, puissant et impuissant, fini et infini, c'est-à-dire Dieu et non-Dieu. M. Cousin pouvait s'être trompé en maniant la formule du ternaire : M. Leroux a porté l'erreur jusqu'à l'impossible, en mettant trois êtres dans chaque être. Celui qui voit un homme, suivant lui voit l'humanité, voit le moi et le non-moi, voit l'homme, Dieu et la nature : la nature à son tour est tout à la fois la nature, l'homme et Dieu, Dieu est Dieu, l'homme et la nature ; quand un système en est là, il est détruit par sa propre formule (1).

Les inconvénients des systèmes se résument dans les méthodes: celle de M. Leroux nous semble faite en opposition aux idées de M. Jouffroy. Nous y trouvons d'abord trois critériums, le consentement, l'observation et la raison, puisqu'il y a trois êtres, l'homme, la nature et Dieu. Cependant si les trois êtres sont identifiés dans la pensée, la vérité est une, et trois critériums supposent, au contraire, trois vérités, trois intelligences séparées et encore dans ce cas l'une d'elles jugerait les deux autres, il y aurait deux critériums de trop.

(1) V. *Réfut. de l'éclect.— De l'Hum.*

En second lieu, M. Leroux rejette (il en a le droit) l'observation directe de la raison par la raison ; l'intelligence indéterminée ne peut pas se voir (1). Que s'en suit-il ? Qu'il faut recourir à l'observation indirecte, voilà tout ; mais l'observation indirecte ne voit ni le progrès continu, ni la transformation des idées en facultés, ni la métempsycose ; elle ne voit pas non plus les trois êtres dans un être, l'indivisibilité dans la division, etc. M. Leroux a donc imaginé une méthode future, dont il a le *pressentiment* (2) ; en attendant il établit une *méthode d'inspiration*, il dit que la philosophie doit être un art comme la poésie (3). Ainsi non-seulement il suppose avec Platon que le talent, l'art, le génie, l'inspiration sont indispensables au philosophe ; mais l'inspiration, c'est-à-dire, ce qui n'est susceptible ni de règle ni de préceptes, ce qui ne peut ni se diriger, ni se déterminer d'avance, devient la première règle, le premier précepte, le guide, la détermination de la philosophie de M. Leroux. Quel profit a-t-il retiré de cette méthode ? Elle ne lui a pas donné de l'inspiration, ce n'est pas la poésie qui brille dans *la réfutation de l'éclectisme* ou dans les livres sur *l'humanité* : M. Leroux ne s'est jamais livré à la *conscience intellectuelle* de Demaistre, à la *lumière*

---

(1) *Réf. de l'éclect.* Appendice.
(2) *Réf. de l'éclect.*, p. 2, § 4.
(3) *Ibid.*, p. 2, § 4.

de Schlegel, aux harmonies de Saint-Martin, aux visions de Swedenborg. Sa raison est trop forte, son imagination trop politique, sa préoccupation trop positive pour nier la logique; il est rationaliste à son insu, malgré lui, et quels que soient ses efforts pour être mystique, il ne croit qu'à ce qui peut se démontrer. A quoi lui sert donc la méthode d'inspiration? à reproduire sous une nouvelle forme ces époques critiques et organiques qu'il a réfutées, à raccommoder ce *progrès continu* qui n'est nullement continu dans la tradition. Ainsi, la philosophie déchoit-elle à Alexandrie? « Le monde n'est pas aussi philosophe que Pla« ton, mais il est vivant et créateur, il va créer « quand Platon va mourir, il prend l'idée de Pla« ton et en fait le christianisme... C'est mainte« nant Jésus et le christianisme qui vont dévelop« per l'humanité, pousser en avant l'humanité. » Quand les hommes ne pensent pas avec l'esprit, ils avancent avec le cœur; l'esprit de Platon passe dans le cœur de saint Paul, le cœur de saint Paul passe dans la tête de Leibnitz, et de gré ou de force il faut qu'il y ait progrès partout et toujours. Nous avons déjà parlé de la théorie des deux intelligences : remarquons ici que la méthode de M. Leroux rappelle son point de départ: le besoin de justifier l'attente d'une religion qu'on ne peut pas démontrer, d'avoir raison là où la raison se tait. Pour celui qui ne voulait ni accepter, ni rejeter le nouveau christianisme de Saint-Simon, il ne restait d'autre parti que de prêcher le bien en général, le progrès en général, la religion en général, le tout par pressentiment, par inspiration, par le désir d'un avenir, d'une croyance, sauf à attaquer le mal en particulier dans la politique, dans les faits, dans la société actuelle. La presse, avec cette merveilleuse propriété dont elle est douée d'oublier les erreurs personnelles pour exploiter les critiques qui profitent à tout le monde, rendra pleine justice au talent de M. Leroux : une critique déterminée est toujours une critique. Mais si on considère le système qu'il a formé par contre-coup, par réaction, on trouvera qu'il a fondé l'hypothèse du progrès indéterminé sur l'hypothèse encore plus incertaine des idées qui se transforment en facultés, laquelle à son tour repose sur la supposition de plus en plus invraisemblable de la renaissance de l'homme dans l'humanité. Cet échafaudage de conjectures a pour base une méthode indéterminée qui n'est pas une méthode; pour premier principe un Dieu qui n'est pas un Dieu, pour but une religion indéterminée, qui par conséquent n'est pas une religion. M. Leroux a bien vu que la tradition saint-simonienne était fausse, que le ternaire de M. Cousin pouvait être rectifié, que la méthode de M. Jouffroy présentait des inconvénients; tant qu'il détruit, il voit le brin de paille dans les yeux de son prochain, quand il construit il fait estimer les erreurs qu'il vient de combattre, car le progrès continu par la métempsycose, les trois êtres dans un être et la méthode d'inspiration feraient perdre la raison à ceux qui voudraient les adopter.

§ 4. Preuves par la Théodicée.

THÉORIE DE HEGEL.

Le mouvement de la philosophie allemande part des antinomies de Kant; elle veut les concilier et combiner les deux termes du fini et de l'infini. Kant avait évité la contradiction en se renfermant dans le doute; suivant lui, Dieu, la nature et l'homme sont trois possibilités. Cependant, ces possibilités sont encore dans l'antinomie, du moins on ne peut ni les admettre, ni les rejeter, et Fichte perfectionne le système de Kant en posant le moi objectif qui crée Dieu et la nature, la liberté dans l'histoire, le bonheur dans une série infinie de vies à venir. Mais ici le moi se limite pour combattre la limite, c'est l'infini qui se borne pour se reproduire; l'antinomie se représente, et Schelling l'évite de nouveau en mettant l'absolu à la place du moi. Ici encore, il y a une force inconnue qui limite l'absolu pour rendre possibles les deux évolutions du moi et du non-moi, des idées et des êtres. Hegel a donc cherché la raison en même temps logique et ontologique qui force l'absolu à se limiter, et qui doit ainsi concilier les antinomies de Kant. L'être absolu, suivant Hegel, ne se saisit pas, la raison indéterminée ne se connaît pas. Elle existe cependant, elle est cause de toutes les déterminations, car il est impossible de les concevoir en dehors de l'être. Le monde physique est *gouverné par la raison*, et on doit le considérer comme la manifestation directe de la raison. Mais jusque-là Dieu ne se connaît ni en soi, ni dans la nature ; la pensée ne se trouve ni dans la raison indéterminée, ni dans les choses. Il y a donc un troisième moment où la raison se connaît, et ce moment ne peut se trouver ailleurs que dans la pensée des êtres intelligents qui sont dans l'Univers. Les mêmes lois régissent donc en même temps la logique ou la raison indéterminée, la physique ou la nature, l'histoire ou la pensée déterminée. L'histoire est donc la raison divine qui arrive à la connaissance d'elle-même sur la terre, c'est donc une véritable théodicée où l'objet et le sujet s'identifient peu à peu dans la conscience de l'homme. Ce sont là les principes les plus abstraits du système de Hegel, et à cette hauteur il suffit de remarquer qu'en général ils sont vrais au point de vue subjectif, faux au point de vue objectif. Sans doute l'idée seule, la raison seule ne se connaissent pas ; la physique nous offre la première détermination de la raison, la pensée est la raison ou l'idée qui se connaît par l'opposition du déterminé et de l'indéterminé ; l'histoire est en puissance dans la raison, c'est la raison qui par l'opposition des limites, arrive à la conscience de ses propres lois. Mais comme on ne peut pas conclure du subjectif à l'objectif, de l'apparence à la réalité, il nous est impossible de savoir si le déterminé et l'indéterminé, indivisibles en nous, le sont par eux-mêmes, si la raison est dans la nature, si la pensée est réellement le résultat de deux objets qui s'identifient dans la conscience d'un seul être, ou plutôt dans le phénomène d'une seule pensée. Qu'un universel soit avec nous, qu'il se connaisse par opposition aux phénomènes, qu'il crée les systèmes de l'histoire, c'est un fait. Mais dire qu'un Dieu indéterminé crée les limites de la physique, qu'il doit descendre dans la conscience de l'homme, que pour se connaître il est forcé de s'appuyer sur ces limites mêmes qu'il se pose ; c'est là imaginer la pensée dans ce qui est antérieur à la pensée, pour en déduire la pensée; c'est en outre déifier l'homme et dégrader la divinité, placer le fini dans l'infini et l'infini dans le fini.

Hegel prévient l'objection en affranchissant d'avance l'indéterminé du joug de la contradiction ; suivant lui, le fini seul y est soumis : mais si l'être est supérieur à la contradiction, c'est parce qu'il n'est pas la pensée ; à l'instant où Dieu se connaît, il devient la pensée, et il est soumis au joug de la pensée. Dès lors il ne peut se limiter à son insu pour obtenir le résultat de la science; il ne peut pas se connaître dans le fini, il ne peut pas être en même temps en soi et ailleurs, un et multiple, fini et infini, déterminé et indéterminé, etc. ; et s'il présente ces contradictions, les antinomies de Kant se reproduisent plus fortes que jamais. La vieille réfutation du panthéisme subsiste donc : on doit soutenir contre le panthéisme de Hegel, 1° que, puisqu'au point de départ, on distingue le fini de l'infini, le phénomène de l'être, il faut maintenir dans la suite la distinction, sous peine de se contredire ; 2° que si l'on confond les deux termes, l'impossibilité où se trouve la raison d'admettre la contradiction qui en résulte, nous force à renoncer de nouveau à la conséquence du panthéisme, savoir que tout est dans tout. Cela posé, voici l'histoire de l'humanité d'après Hegel.

Leibnitz « avait cherché la théodicée avec des « catégories indéterminées et abstraites, comme « si, le mal physique étant nécessaire dans le « monde, Dieu devait se réconcilier avec le mal « moral. » Il faut chercher la théodicée par la raison divine qui se détermine dans l'histoire, d'une manière positive, en se dirigeant vers un but à la fois réel et rationnel. Quel est le caractère essentiel de la raison divine ou de l'esprit ? La matière est essentiellement pesante, elle tend à l'unité par la pesanteur ; elle tend ainsi à se détruire, car « elle a sa substance en dehors d'elle-même. » Au contraire, l'esprit est essentiellement libre, il tend à sortir de son unité, pour réaliser sa liberté d'après les lois, les formes, les forces de la raison. L'histoire n'est que le progrès de la liberté qui pénètre partout dans le monde. Les besoins, les passions, les intérêts, les caractères, les talents, voilà les moyens par lesquels l'esprit veut atteindre son but. « Pour que les hommes puissent s'intéresser à « une chose, ils doivent s'y trouver eux-mêmes « et y trouver la satisfaction de leurs sentiments. » Les destinées particulières rentrent donc dans la destinée universelle; l'égoïsme de César, qui viole la liberté de Rome, profite à la liberté du monde ; et les intérêts, la guerre, les dévastations dans l'histoire, sont des moyens comme la vertu, la morale, la religion. Où doit se réaliser la liberté? dans l'esprit : l'homme est en même temps le sujet et l'objet de la raison ; la raison éternelle est toujours immanente à son esprit; une idée générale, par conséquent, est toujours immanente à ses actions dans le monde. La religion, l'art, la philosophie, l'état, sont les idées générales dans lesquelles l'homme se trouve identifié comme objet et comme sujet. L'état est la manifestation de la liberté, non pas instinctive, non pas indéterminée, mais positive, déterminée, de sorte que la liberté, dans l'état, doit être fille du peuple, du temps ; ne doit exister que dans une conscience unique, indivisible de la religion, de l'art, de la philosophie, ne doit former qu'un monde unique, *fermé*, inaccessible à tout ce qui lui est étranger ; et c'est à ces conditions seulement que le citoyen en obéissant à la loi n'obéit qu'à lui-même, à sa raison ; il est libre, et le sujet reste ainsi concilié avec l'objet.

L'histoire est l'esprit qui se connaît, la raison qui se connaît par l'antithèse du fini, la liberté qui se développe par le combat : l'histoire est donc une succession déterminée de formes rationnelles qui s'excluent, un mouvement continuel ; là où il n'y a pas de mouvement, il n'y a pas d'histoire. Ainsi il faut écarter de l'histoire la vie des peuples antérieure à la formation de l'état ; ces émigrations primitives par lesquelles les peuples immobiles dans la barbarie se répandent sur la surface du globe ; ces nations immobiles qui n'expriment qu'une seule détermination de la raison, malgré leur durée éternelle. Non-seulement il y a des peuples, mais il y a aussi des pays qui ne sont pas historiques : là où l'homme est forcé de combattre contre les éléments pour vivre, il reste enchaîné à la barbarie. Aussi l'Afrique doit-elle s'exclure de l'histoire : suivant Hegel l'Océanie et l'Amérique sont encore des terres nouvelles ; l'Europe et l'Asie seules ont été l'une après l'autre le théâtre naturel de la civilisation. En Asie les trois dispositions territoriales, c'est-à-dire, les montagnes, les plaines et les côtes sont distinctes ; la barbarie des peuples pasteurs, les grands empires des peuples agricoles, l'activité commerciale des peuples maritimes s'y voient distinctement. En Europe, les trois dispositions territoriales sont moins séparées et la terre se prête mieux au mouvement de l'esprit. L'histoire commence donc en Orient et finit en Europe. On trouve la liberté d'un seul en Orient, de plusieurs dans la Grèce et à Rome, la liberté de tous en Europe : quatre peuples suivant Hegel avaient été prédestinés à révéler les quatre phases de l'esprit dans l'histoire du monde (1).

Le premier moment du monde oriental se trouve à la Chine : là l'état est conçu dans l'unité matérielle, tout est soumis à l'empereur, point de noblesse qui se distingue de l'unité impériale, point de liberté qui s'oppose à l'unité du chef; l'empire est considéré comme une seule famille. L'unité matérielle de la Chine se reproduit dans la science qui est soumise aux décisions de l'empereur, dans l'art soumis à la servitude de l'imitation, dans les mœurs qui soumettent les individus aux chefs des familles, les familles au culte des ancêtres ; dans les lois qui confondent le droit et la morale, imposent la vertu et punissent l'immoralité. Cette légalité morale est encore conçue au point de vue de la famille. L'état rapporte les individus à leurs familles, les membres des familles sont solidaires à l'égard de l'état, le père est responsable des enfants, les enfants sont enveloppés dans la punition du père. A l'intérieur de la famille le fils n'a pas de droit ; s'il porte plainte contre les parents, il est puni quand il a raison, doublement puni quand il a tort ; mais la famille est soumise aux ancêtres, et si le fils se tue par désespoir, il devient

---

(1) « Nous partons de la supposition, dit Hegel, que dans
« l'histoire du monde, l'esprit, dans la réalité, se manifeste sous
« une série de formes dont chacune nous montre un peuple
« réellement existant. »

ancêtre, et alors la loi lui sacrifie le vivant en punissant le père comme s'il était fils de son fils. L'unité matérielle se reproduit dans la religion, elle présente des divinités matérielles qu'on punit avec la bastonnade ; et ici encore l'empereur, le fils du ciel, par sa conduite, influe sur les éléments et décide du bien-être de l'empire. L'histoire officielle de la Chine, matériellement unique, assiste à la vie de l'empire en enregistrant les actions de l'empereur : elle ne le perd pas de vue un instant ; elle l'oblige ainsi à être dans l'unité de l'empire, et il est enchaîné à toutes les choses par la nécessité où il se trouve d'être le maître de la science, de la religion, de l'art, de la terre, du ciel. Comment la Chine peut-elle comprendre l'absence d'esprit dans cette unité matérielle ? De deux manières, l'une négative, l'autre positive : par la première elle fait venir le tout du fini, et par conséquent le fini du Néant qu'elle adore dans le culte de Foë. La religion des Mongols est la critique positive de l'unité chinoise : tandis que l'empereur de la Chine est le Dieu naturel, le Lama est la manifestation du Dieu spirituel ; les Chinois pensent que l'empereur peut commander aux éléments, les Mongols ne s'aviseraient jamais de demander des prodiges au Lama : ils savent qu'il représente un monde spirituel en dehors du monde matériel. — L'Inde en sortant de l'unité chinoise se constitue en plusieurs membres indépendants, sa distinction est toute matérielle, pétrifiée dans les castes, déterminée par le fait de la naissance : l'état est ainsi composé ou décomposé par les quatre castes des Brahmanes, des guerriers, des laboureurs et des artisans : les premiers représentent la divinité objective ; la force, la vie, le travail se distinguent matériellement de la divinité brahmanique, qui les repousse de son sein, les gouverne sans les absoudre, sans les racheter de leur dégradation naturelle. La moralité ici se divise d'après les castes, ce qui est vertu dans une caste est vice dans l'autre ; la religion elle-même manque d'unité, on n'adore pas Brahma, il est l'indéterminé, c'est l'anéantissement chinois ; adorer Brahma serait s'adorer soi-même : il ne contient pas la distinction ; les divinités sont donc matérielles, la vie des dieux et des hommes sort du naturalisme, elle est livrée au hasard. L'Inde n'a point d'histoire, elle ne peut la concevoir ni par l'unité matérielle, ni par une idéalité intelligible. — Chez les Perses, l'indéterminé devient intelligible dans la lumière, cette fois l'unité est un principe qui s'étend à la distinction : « La lumière n'est pas le Lama, n'est pas les Brahmanes ; ce n'est ni une montagne, ni un animal, ni un être particulier. » C'est la pure manifestation d'une unité qui devient sensible, et qui se connaît par l'opposition des ténèbres. Cependant le soleil de la Perse éclaire tous les peuples sans les réunir, il laisse subsister toutes les variétés sans les coordonner : les armées du grand roi ne sauront pas résister à l'unité organique des armées de la Grèce. — Chez les Juifs, l'esprit est distinct de la nature, la nature est condamnée, plus tard viendra la conciliation ; en attendant, tout est soumis à l'objet, le sujet est enchaîné à l'unité, la religion semble le fléau du peuple juif, et dans cet anéantissement de l'individu, l'état est encore dans la famille. — C'est en Égypte que l'esprit veut se séparer de la nature, quoiqu'il ne sache pas encore briser ses chaînes : sans gouvernement, sans histoire, l'Égypte ne sait pas se comprendre, elle manque d'unité ; on y voit l'art encore aux prises avec les formes colossales de la matière qui en arrête le mouvement. Quel est le culte de l'Égypte ? Un stoïcien trouvait le matérialisme dans le culte égyptien ; les philosophes d'Alexandrie y voyaient le spiritualisme allégorique : il faut réunir les deux hypothèses, en Égypte l'esprit est matière, et la matière est esprit ; les deux éléments sont réunis dans la contradiction du symbole : l'architecture, les pyramides, les contes, qui depuis ont passé aux Arabes, tout en Égypte est mystique, partout les formes matérielles cherchent à exprimer l'esprit, et partout l'esprit est esclave de la nature. L'Égypte est une énigme, son symbole est le sphinx renfermant la contradiction de deux natures, et par cette contradiction présentant un problème qui demande une solution.

L'énigme de l'Égypte est résolue dans la Grèce : l'inscription du temple de Saïs disait : « Je suis ce qui

« est, ce qui était et ce qui sera, et personne n'a
« encore soulevé mon voile. » Et Proclus ajoutait :
« Hélios est le fruit que j'ai produit. » Quelle est
donc la solution de ce mystère de l'Égypte? Œdipe
l'a donnée, c'est l'homme : «Connais-toi toi-même,»
disait le dieu de Delphes ; par cette révélation, le
symbole est brisé, Socrate ne veut plus être initié
aux mystères. L'unité, la substance dans l'homme,
voilà le principe de l'esprit, le principe que le
monde grec dégagera de la matière. Dans la
Grèce, la variété du sol, des races, des colonies,
provoque partout le développement de l'individu ;
les villes restent distinctes et se développent en se
combattant; les peuples ne s'identifient pas avec
les maisons royales, ils les voient tomber sans être
enveloppés dans leurs catastrophes. A son tour, la
religion grecque présente des divinités individuelles, qui ont des sens, mais qui sont intelligentes ;
l'art grec interprète les dieux abstraits et les
dieux symboliques de l'Orient, et les dieux de
l'art, comme dit Eschyle, détruisent les dieux
des mystères. C'est que l'art donne un sens individuel aux abstractions, prête un sens positif aux
symboles, cherche une signification humaine aux
phénomènes de la nature, il interprète l'inspiration
de la sibylle, les rêves, les accidents naturels, et
c'est ainsi que « l'esprit grec, après être parti de
« la nature, l'a forcée à recevoir ses lois. » L'état
dans la Grèce est subjectif, essentiellement démocratique, l'individu ne s'y trouve ni dans la dépen-

dance matérielle d'un homme comme en Orient, ni dans la dépendance du gouvernement comme à Rome. Les Grecs ne connaissent pas l'état comme abstraction substantielle : pour eux « l'état, c'est « Athènes, Sparte, un temple, un autel, une ma- « nière de vivre, un cercle de connaissances. » La Grèce est donc condamnée à périr dans sa jeunesse : aussitôt que cesse la confiance dans les sages, les grands hommes ne peuvent plus exercer l'influence de Lycurgue et des anciens législateurs; tout le monde veut gouverner; on exile le génie par l'ostracisme; les villes sont divisées par les factions, les divers états par les guerres. La philosophie suit ce mouvement de dissolution, elle sépare la pensée individuelle de la substance, elle fait de l'*homme la mesure de toutes les choses;* Socrate est déjà en opposition avec la légalité de l'état, il est condamné, mais la révolution gagne ses juges, qui sont condamnés à leur tour pour l'avoir condamné. Enfin, quand la Grèce est menacée, à l'heure du danger, elle veut des *libérateurs*, elle ne sait pas fonder un état, elle se meurt dans sa jeunesse ; elle avait commencé avec Achille, elle finit avec Alexandre, les deux symboles de la jeunesse héroïque.

A Rome, on trouve la liberté individuelle de la Grèce, plus l'abstraction de l'état ; en d'autres termes, on trouve la démocratie et l'aristocratie : le Romain était despote dans la famille, esclave dans la république. La mythologie perd toute sa poésie en traversant l'abstraction de l'état, les dieux de la

Grèce ici sont des images muettes, des comparses de théâtre qui viennent sanctionner toutes les lois de la république et de la famille. Mais la liberté subjective tourne à l'anarchie aussitôt que l'état n'est plus maintenu par le besoin de soumettre les autres peuples : l'état à l'époque de César n'est plus qu'une vide abstraction, César la remplace par le despotisme ; on tue l'usurpateur, mais le despotisme se renouvelle ; ce n'est donc plus un accident, c'est une nécessité. Quel est le résultat de l'histoire de Rome? A l'époque des empereurs, la république n'est plus qu'une forme vide ; la liberté et la personnalité du citoyen ne sont que des abstractions : la domination impériale est une oppression universelle qui apprend aux hommes que tout ce qu'ils peuvent posséder doit être considéré comme accidentel. Où est donc la réalité ? Tout ce qui appartient à l'homme est livré au hasard ; le stoïcisme, le scepticisme, l'épicuréisme, enseignent que tout est subjectif ou relatif. Mais quand tout l'élément divin de l'humanité fut opprimé, à l'instant où tous cherchaient la paix individuelle et invoquaient un principe supérieur, une généralité qui pût dominer tous les accidents, *il parut un homme qui était Dieu, et un Dieu qui était homme.* Dieu fut alors connu comme le créateur du ciel et de la terre : le ciel et la terre restent en son pouvoir ; ils ne s'opposent plus à Dieu comme en Orient ; ici « le général est dans le particulier comme « s'il était encore chez lui. » Avec l'apparition du

Christ « l'unité de la nature divine et humaine se « manifeste à la conscience au moyen de l'intui- « tion du général et au moyen d'une représenta- « tion extérieure.» La liberté de Dieu qui se distingue dans le Fils et se connaît dans la Triade, voilà le nouveau dogme de l'humanité. Le péché originel ne vient pas d'un accident, mais d'une nécessité éternelle de l'histoire de l'esprit; les animaux pouvaient rester dans le paradis, l'homme devait toucher à l'arbre de la science pour sortir de l'unité matérielle. Mais après le péché vient la rédemption, après la révolte vient la conciliation, le sujet est réuni avec Dieu et un gain infini compense une perte infinie. Désormais la tâche de l'humanité n'est plus de connaître l'homme comme à Athènes, mais de connaître l'esprit, elle l'accomplira après la mort du Christ, car le Christ ne doit pas vivre dans un homme comme chez les Mongols. « L'esprit, dit l'Évangile, vous conduira à toutes les vérités.» L'Église, c'est le règne de l'esprit : mais il faut qu'elle conduise les hommes par l'autorité, car ils ne possèdent pas encore la moralité intime, et la lumière de la liberté infinie n'a pas encore éclairé le monde. Cependant l'Église est indépendante de l'état, et 1° elle fait connaître la divinité de l'homme, l'esclavage disparaît; 2° elle fait connaître la supériorité de l'homme sur la nature, et les oracles se taisent.

L'esprit germanique est l'esprit du monde moderne, son but est la réalisation de la vérité absolue en tant qu'elle est la détermination de la liberté infinie. — En Orient, le procès de la purification se fait par l'unité mahométane, Allah est le dieu abstrait et positif des Juifs ; son affirmation cette fois n'a plus les limites d'une nation ; mais ici encore l'un seul est libre, l'homme ne compte pas ; il faut que tout soit dans l'unité illimitée. De là la propagande mahométane qui détruit tous les cultes, Omar qui brûle les derniers restes de la bibliothèque d'Alexandrie, de là une poésie sans forme et sans mesure, de là les gouvernements musulmans qui n'ont d'autre lien que l'unité du culte, enfin ce culte lui-même où Dieu envoie des prophètes mais ne se révèle sous aucune forme. — En Occident l'histoire offre trois périodes : dans la première, on voit l'unité grossière du spirituel et du temporel, elle finit avec Charlemagne. Dans la seconde période, l'unité est brisée, les nations s'insurgent contre la France et se divisent, l'empire n'a plus de force : les individus se révoltent contre la force légale, la féodalité se constitue, l'Église se distingue du pouvoir civil, elle devient elle-même une autorité temporelle. Par là, l'Église nous présente trois contradictions ; elle est une autorité extérieure et sensible, et cependant elle se pose comme l'absolu, elle affirme l'identité de Dieu et de l'homme, et cependant elle veut que le prêtre seul soit le dispensateur de cette identité ; enfin elle condamne les richesses, le monde, et elle acquiert des richesses, précisément parce qu'elle est extérieure dans ce monde. Trois contradictions correspondantes se présentent dans l'état : l'empereur est le chef de l'état et son autorité n'est qu'une vaine fiction de droit; l'état se fonde sur la fidélité féodale, et cette fidélité, à la merci du sentiment individuel, n'empêche ni la révolte ni l'anarchie; les mœurs nous offrent à leur tour un mélange contradictoire de crimes et de dévotion. Les progrès de l'Église ne sont que les progrès de ses contradictions, elle ne peut pas faire un pas sans mettre en opposition l'esprit de sa doctrine avec la grossièreté matérielle de ses institutions. Ainsi, quand elle usurpe la suprématie spirituelle, elle emprisonne l'esprit de Dieu dans l'hostie, elle nie l'identité de l'esprit divin et humain : en exigeant partout la médiation du prêtre, elle place la morale dans les actes extérieurs des sacrements, dans les pèlerinages, dans les *opera operata*, elle croit tenir les clefs du ciel et de l'enfer. Les trois vœux de chasteté, de pauvreté et d'obéissance, dans les ordres religieux qui exagèrent les tendances de l'Église, sont précisément le contraire de ce qu'ils doivent être, puisqu'ils insultent au mariage, au travail et à la liberté. Dès que, par un étrange bouleversement de toutes les idées, l'esprit fut ainsi méconnu et matérialisé, la chrétienté conçut le projet de la croisade; ce colosse sans âme de l'Église matérielle voulut chercher le Christ en Terre Sainte, l'infini dans le fini, le salut de l'esprit dans la relique des reliques, le saint sépulcre. Mais le résultat de la croisade fut précisément de montrer que l'infini ne se trouve pas dans le fini; la chrétienté a compris en Orient cette réponse de l'Évangile : « Pourquoi cherchez-vous les vivants « parmi les morts? il n'est pas ici, il est ressuscité. » Le Christ avait dit à ses disciples : « Je serai là où « deux ou trois seront unis en mon nom. » C'est là la véritable présence du Christ dans la communauté ; c'est là ce que la chrétienté a dû chercher plus tard, et ce qui a déterminé le mouvement de la pensée dans la dernière époque de l'histoire moderne. — Cette troisième époque commence avec les monarchies, avec Charles-Quint, avec la renaissance, avec la liberté de l'esprit dans l'art et dans la science, avec les découvertes géographiques ; elle donne pour résultat la réforme du protestantisme et la révolution française. La Réforme détruit tout ce que la religion avait de matériel : depuis Luther, l'hostie n'est plus rien sans la foi, l'homme communique avec Dieu sans l'entremise du prêtre, la moralité n'est plus attachée à des actes extérieurs, la sainteté à des temples, à des images, à des reliques ; on abolit les trois vœux des ordres religieux, Luther se marie, car Dieu se trouve concilié avec le monde, et la distinction de l'intérieur et de l'extérieur cesse de subsister. Cependant la Réforme veut constituer une église; elle s'arrête donc devant deux obstacles ; elle suppose la méchanceté de l'homme, ne sachant pas que la grâce est en nous ; elle sépare l'esprit et le monde, de sorte que Faust peut encore invoquer le génie du mal pour pénétrer les secrets de ce monde. — Luther, tout en faisant la conquête de la liberté, tout en conciliant l'homme avec lui-même, partait encore d'une donnée, la révélation. Qui acceptait cette donnée ? la conviction, la volonté, la liberté. Or, ce dernier principe, qui n'est subordonné à rien de ce qui est particulier, s'éleva un jour au-dessus de la donnée, et avec Rousseau la liberté se posa dans toute sa pureté, et devint la base du droit. « L'intimité pure de l'esprit germanique « avait été le terrain naturel de la Réforme. » Les autres nations, plus attachées aux représentations extérieures, n'avaient pas encore saisi l'intimité des deux natures. L'Allemagne avançait par le sentiment universel et irrésistible de la liberté conquise par Luther ; l'obstacle du catholicisme subsistait en France ; et quand l'heure fut venue, la France dut renverser d'un seul coup toutes les anciennes formes. La révolution nous présente la dernière réaction de la liberté générale, formelle, qui n'est soumise à aucune particularité contre le catholicisme et les institutions qu'il consacrait. « Le gouvernement français, dit Hegel, voulait « sortir de l'impasse où l'avaient conduit les règnes « de Louis XV et de Louis XVI ; mais la cour, le « clergé et la noblesse ne voulaient céder leurs privi- « léges ni à la force ni au droit ; comme le gouver- « nement était catholique, l'idée de la liberté n'é- « tait pas la dernière obligation absolue, leurs de- « voirs étaient encore consacrés ; mais tout à coup

« la liberté et l'idée du droit se manifestèrent dans
« toute leur énergie, et l'ancien édifice de l'injus-
« tice ne put opposer aucune résistance. On traça
« donc une constitution fondée sur l'idée du droit,
« et c'est là-dessus que désormais tout devait
« s'élever. Depuis que le soleil est fixé dans le fir-
« mament, et que les planètes tournent autour de
« lui, on n'avait pas encore vu l'homme s'ap-
« puyer sur la pensée seule pour se construire
« la réalité sur cette base. Ce fut là comme un
« magnifique lever de soleil ; alors il régna un
« enthousiasme sublime, une étincelle de l'esprit
« pénétra dans le monde, comme si la réconcilia-
« tion du principe divin avec le monde s'était ac-
« complie. » Cependant l'humanité n'est pas au
bout de son travail : ce droit de la révolution est
abstrait, il dicte des constitutions qui ne sont que
des fictions de droit ; son impuissance se révèle,
les divisions éclatent dès les premiers instants de
la révolution. Robespierre veut fonder le culte de
la vertu ; mais le sentiment est individuel et les divisions se reproduisent : le Directoire est encore
impuissant, Napoléon remporte des victoires sans
triompher des résistances, car on ne voit pas encore l'unité substantielle de la conciliation. La Restauration présente de nouveau la liberté formelle
aux prises avec le principe catholique ; la liberté
triomphe une seconde fois, mais la résolution substantielle du problème est réservée à l'avenir. En
attendant (Hegel avait remarqué en parlant de Cé-

sar) la répétition d'un même fait prouve la nécessité de la loi qui le produit; deux révolutions suffisent à constater les droits de la liberté formelle dans la période actuelle de l'histoire de l'humanité.

Voilà les moments historiques de l'épopée hégélienne; c'est de toutes les conceptions philosophiques la plus hardie, la plus originale, la plus simple par le principe, la plus vaste par la complication indéfinie des conséquences. — Il fallait un fil, un guide pour parcourir les labyrinthes de la tradition : Hegel le trouve dans la formule unique du mouvement intellectuel; par là la tradition est simplifiée, elle devient historique; d'un seul trait, l'immobilité barbare, les grands empires sans révolutions, la mobilité purement mécanique des émigrations, les continents où le développement de la pensée est impossible se trouvent relégués en dehors de l'histoire. — Il fallait résoudre une foule de problèmes historiques, car il n'est pas un point de la tradition qui ne soit hérissé de difficultés sur l'origine et la transmission des arts, des sciences, des lois et des cultes. Hegel dit qu'il ne doit observer que la pensée dans sa vérité, dans l'harmonie de ses manifestations, par là il dégage tout à coup la scène historique de toutes les discussions éternelles de la philologie. — Cela fait, il n'a qu'à s'emparer des points culminants de la tradition pour dominer l'Orient, la Grèce, Rome et l'Europe. Une fois l'horizon déterminé, il n'a plus qu'à identifier l'histoire du monde avec celle de la pensée, avec celle de Dieu, afin de considérer la tradition comme la série de moments progressifs par lesquels Dieu parvient à se connaître dans l'homme.—La Chine, la première dans la série, s'organise par l'unité matérielle ; l'Inde lui oppose la distinction matérielle des castes; la Perse s'élève à une unité spirituelle sans force ; le Dieu exclusif de la Judée condamne la nature ; les dieux de l'Égypte sont en contradiction avec les forces de la nature. C'est la Grèce qui résout cette contradiction en dégageant de la matière l'individualité de l'esprit : l'individualité grecque, à Rome, s'identifie d'abord avec l'abstraction de l'état, plus tard, repoussée par l'état, elle se réfugie dans le christianisme où elle trouve une représentation sensible qui la réunit à la substance éternelle. La tâche du monde germanique est de développer le nouveau dogme, la nouvelle eucharistie qui révèle l'identité de la double nature divine et humaine. Le catholicisme l'affirme par sa doctrine, et la nie par ses institutions extérieures; la Réforme réconcilie les deux natures en réduisant le culte à l'intimité de la volonté ; la révolution conduit le principe de la volonté jusqu'à la liberté formelle; la réalisation substantielle de la liberté divine et humaine est le problème qui nous est légué par l'histoire. — La métaphysique de Hegel était le point de départ de cette théodicée titanique, la métaphysique est la terre d'Antée où Hegel puise ses forces pour déterminer les moments historiques de l'humanité et de la divinité; la métaphysique de Hegel est encore le couronnement de l'histoire, la dernière formule par laquelle l'esprit du monde se connaît comme substance dans l'intelligence de l'homme. — On ne saurait se lasser d'admirer l'unité du système, mais cette unité même nous laisse d'une seule intuition distinguer l'erreur de la vérité qu'il contient.

Quel est le vice de la métaphysique hegelienne ? Il consiste dans le passage arbitraire du subjectif à l'objectif, dans la confusion arbitraire des nécessités subjectives de la connaissance avec les nécessités objectives de la divinité. De même dans la philosophie de l'histoire, Hegel confond arbitrairement l'histoire de Dieu avec celle du monde; au lieu de voir dans l'histoire l'homme qui arrive à l'humanité, il voit le progrès d'un être illimité, qui se limite pour se surpasser; il voit l'identité impossible de deux natures qui s'excluent. Dans la sphère métaphysique Hegel est très-près de la vérité comme psycologue, il est sous le coup des antinomies de Kant comme ontologue. Il en est de même dans la sphère de l'histoire. Tant qu'il suit le mouvement de la pensée, tant qu'il écarte de la tradition les peuples barbares, les peuples immobiles, les continents inutiles; tant qu'il interroge les divinités de tous les peuples pour mesurer le mouvement de l'esprit; tant qu'il se propose de découvrir ce mouvement, non pas par des idées abstraites de morale, de religion, de perfectibilité, mais en saisissant les déterminations nécessaires et positives de la raison, Hegel est très-près de la vérité ; ne fût-ce que par la méthode, il est très-près de l'histoire idéale ; la science lui doit un progrès ; mais il perd tout le terrain qu'il a gagné, aussitôt qu'il passe du mouvement de la pensée au mouvement de l'être, de l'histoire de l'homme à celle de Dieu.

1. Dès lors l'histoire positive telle qu'elle est, doit présenter un plan unique : c'est la manifestation d'un seul être, il faut donc que l'idéalité soit toute entière dans la réalité ; dès lors il est nécessaire que les éléments soient d'accord avec l'intelligence de l'homme, que la terre, le soleil, l'air, les eaux de la mer soient associés aux progrès d'une tradition unique, en même temps réelle et idéale. Pourquoi alors ces continents et ces peuples inutiles ? La nature, étant gouvernée par la raison, devrait présenter une harmonie préétablie et complète tout exprès pour préparer l'avénement de l'esprit ; le mouvement accidentel de la matière devrait cadrer exactement avec le mouvement des idées. Cette considération habilement éludée dans les détails, mais qui se reproduit sans cesse dans l'ensemble du système, force Hegel à supposer les quatre peuples prédestinés d'avance par leur propre nature à présenter les quatre phases de l'esprit dans l'histoire du monde. Mille événements matériels, mille accidents de-

viennent ainsi des nécessités idéales ; les quatre époques de l'histoire, et l'histoire elle-même, sont préétablies dans l'élément physique de la race, comme si l'intelligence sommeillait dans les conditions matérielles de l'humanité.

II. La chute des empires, le fait le plus accidentel que l'on puisse concevoir dans la tradition, celui qui est le plus opposé à la marche idéale des civilisations, pour Hegel se transforme à son tour en une loi idéale. Suivant Hegel, la ruine de l'empire persan, cette première secousse dans l'immobilité de l'Orient, est la transition naturelle à l'histoire de la Grèce; la Grèce doit tomber, Rome aussi, il faut que l'esprit se retire d'un peuple pour avancer chez un autre; quand même les empires restent debout, il passe de la Chine dans l'Inde, en Égypte, se déplaçant toujours pour se mouvoir. C'est justement la contre-partie de la vérité. Ce n'est qu'en Chine que l'humanité peut s'apercevoir du néant de l'unité matérielle ; ce n'est qu'en Égypte où la contradiction des deux natures est posée qu'on peut la résoudre ; ce n'est que dans la société romaine que le monde romain peut se développer. Après une chute, après une décadence, l'histoire doit recommencer. Et si la société n'existe que dans la communauté des idées, si l'histoire ne se meut que dans la continuité des systèmes qui se forment et se succèdent au sein d'une même communauté, il est clair qu'il ne faut pas aller à Babylone pour voir le développement réel et idéal de la Chine, ou à Athènes, pour résoudre l'énigme réelle et idéale du sphinx ; encore moins faut-il que la Perse, la Grèce, Rome se détruisent pour avancer.

III. Après avoir transformé le fait des décadences en une loi idéale, Hegel fait une autre loi idéale de l'immobilité des nations dans les principes qui les constituent. Il veut que la Chine reste éternellement au point de départ de l'humanité, que l'Inde et l'Égypte ne puissent pas marcher; et en effet, si pour avancer il faut se détruire, là où il n'y a pas une destruction matérielle, il n'y a pas de mouvement. C'est là encore transformer un accident en loi : les choses peuvent arrêter les idées ; mais supposer que toute nation soit sacrifiée au principe qui la constitue, qu'il lui soit impossible de le réformer, c'est refuser la pensée à l'homme ; c'est supposer que ses idées lui sont révélées d'en haut, que l'homme peut les accepter sans les concevoir, les concevoir sans les soumettre aux lois de la pensée; en faire un système sans pouvoir déduire de ce système tous les systèmes. Est-il vrai que la Chine a été réellement immobilisée dans le premier moment de la pensée ? Non, une unité de deux cents millions d'hommes ne peut pas être le premier moment de l'histoire. Quels que soient le Dieu et la conscience des Chinois, leur association présente les caractères similaires de la plus haute civilisation ; quels que soient le dieu et la morale des Indous, leur tradition se développe avec les caractères similaires de la scolastique occidentale.

IV. Comme on le voit, pour trouver l'unité de l'histoire universelle, Hegel a dû établir la nécessité des décadences, la nécessité de l'immobilité orientale; il a cherché le mouvement non pas dans la marche, mais dans la distinction des peuples. A quoi se réduit ce progrès ontologique, dans la distinction des races? Au progrès de l'idée de Dieu et de la liberté : on ne pouvait pas mieux fixer le point d'observation, mais il ne fallait pas que l'idéologie fût enchaînée par les accidents de l'histoire ou par la juxtaposition matérielle des peuples. La réalité accidentelle, ainsi imposée à l'idéalité, force Hegel à trouver autant de moments historiques qu'il y a de peuples célèbres; à expliquer la civilisation de ces peuples, d'après des moments ontologiques, dont ils n'ont pas les antécédents. De là, ce dieu Persan, sans force; ce dieu Brahmanique, sans unité; ce dieu Chinois, sans esprit; de là, mille analogies, souvent ingénieuses, trop souvent fantastiques, toujours arbitraires, qui remplacent la véritable déduction idéale des systèmes historiques, ou la bouleversent, pour la faire sortir d'une réalité accidentelle.

V. Hegel est en outre engagé, par son progrès ontologique, à considérer la distinction des peuples comme la succession des moments toujours progressifs de la tradition. Il a donc mis le polythéisme grec au-dessus de la divinité Indienne, la morale de Carthage au-dessus de la morale chinoise ; il a tantôt calomnié l'Inde, tantôt donné une fausse grandeur à des civilisations chronologiquement postérieures, mais idéalement inférieures. Il lui fallait un progrès continu : et il a voulu l'obtenir à tout prix. Ce n'est pas qu'il ait défiguré les faits. Hegel professe la plus extrême méfiance pour toute la philologie hypothétique de Niebuhr, de Wolf, etc. ; il se permet rarement l'interprétation d'un mythe, il n'adopte que l'histoire positive la plus certaine, la mieux prouvée : en revanche, il mutile des civilisations entières par ses généralités philosophiques. Ainsi, en Chine il fait abstraction de l'industrie, dans l'Inde, de la philosophie, en Grèce, du polythéisme : il interroge, sans doute, l'idée première de tous les peuples, mais il la réalise arbitrairement dans le système social : c'est la liberté indéterminée qu'il examine, quoi qu'il en dise ; ce n'est pas la liberté déterminée, fille du temps, des événements, de la philosophie, de l'art, de la religion, car celle-là est plus grande à la Chine que dans l'Inde, plus grande en Grèce qu'à Rome ; elle nie les progrès dans la distinction matérielle des peuples, quoiqu'elle l'établisse dans la succession idéale des systèmes.

VI. Il va sans dire que Hegel rejette *à priori* la théorie des nations, et tous les parallélismes de l'histoire : ils sont en opposition directe avec le progrès continu dans la distinction des peuples. Avouons qu'il a droit d'écarter toute similarité qui se fonde sur les idées indéterminées ou formelles, d'art, de morale, de vertu : l'élévation du courage, de la vertu et de la poésie peut être la même chez les Tartares, chez les Grecs, chez les Chrétiens ; et il serait absurde de mettre au même niveau les déterminations les plus disparates, à cause des indéterminations irrésistiblement uniformes chez tous les peuples. Mais il n'est pas moins absurde de rejeter toute comparaison entre la morale de Kong-fou-tsée et celle de Jésus-Christ, entre la poésie de Valmiki et celle d'Homère : ce sont là deux morales, deux poésies déterminées par des systèmes, elles suivent donc le sort des systèmes. Eh bien, ne comparez pas les vertus avec les vertus, la poésie avec la poésie, mais comparez le Ramayana avec l'Iliade, les livres de Kong-fou-tsée avec les Évangiles : ce sont là des déterminations. Sont-elles égales? non : mais précisément parce qu'elles ne le sont pas, le système d'Hegel n'en reste que mieux détruit, car il est impossible de mettre deux morales aussi peu distantes que celles du philosophe chinois et de l'Évangile, l'une au commencement, l'autre à la fin de l'histoire, et il est impossible de placer la barbarie des héros d'Homère au-dessus de l'inspiration philosophique de Valmiki.

VII. Hegel a conquis l'unité ontologique de l'histoire du monde en idéalisant les décadences, l'immobilité de l'Orient, la distinction accidentelle des peuples, en bornant les moments de l'histoire idéale aux moments de l'histoire positive, en niant toutes les répétitions idéales de l'histoire universelle. Ce n'est pas qu'il n'ait compris qu'il y avait de la barbarie dans la Grèce, ou dans les invasions germaniques, mais il a compris aussi qu'il fallait coordonner à tout prix cette barbarie avec les mondes successifs et distincts qu'elle devait enfanter : de là la supposition primitive des quatre races prédestinées par leur vocation naturelle à figurer successivement dans les quatre époques de l'histoire du monde. Ainsi, l'ontologie fait perdre à Hegel tout le terrain qu'il gagne par la psycologie : il perd toute l'histoire idéale parce qu'il doit l'identifier avec l'histoire positive, il perd tout le progrès de la pensée, parce qu'il doit le faire cadrer avec la succession des races.

VIII. Cette hypothèse des races ne pouvait pas être plus malheureuse : loin de s'accorder avec le côté idéal du système d'Hegel, elle l'anéantit. Prenons-la dans la quatrième période des invasions germaniques : la période décisive dans l'histoire du monde. Quel est le rôle de la quatrième race? Elle vient détruire au hasard le monde romain : et quand elle veut le reconstruire en Italie, en Espagne, en France, etc., elle manque à l'œuvre; elle vient apporter la barbarie, et c'est à peine si les restes du monde romain, le christianisme et les lois de Justinien peuvent triompher de la féodalité. Le monde moderne commence avec la suprématie très-peu germanique des pontifes, se développe par le principe anti-germanique de la commune, avance par le mouvement tout italien de la renaissance ; l'Allemagne se réveille au moment de la réforme ; mais c'est la France, la France communale et démocratique qui achève l'œuvre de la réforme par deux victoires remportées sur l'élément germanique. L'esprit s'est donc trompé en appelant sur le théâtre du monde une race qui longtemps l'a empêché de se connaître, et ne lui a permis que de s'entrevoir dans le sacrement de l'eucharistie. Il est vrai que depuis, il a eu l'avantage de faire sa propre connaissance dans la personne de M. le professeur Frédéric Hegel, mais avant de se constater, il faudra qu'il nous dise comment une nature peut se trouver en deux natures, comment une personne peut être en deux personnes ; et comment l'infini ou l'absolu peut se renfermer dans le fini ou dans le contingent.

THÉORIE DE M. COUSIN.

Suivant Hegel, Dieu se connaît dans l'humanité, suivant M. Cousin, c'est l'homme qui se connaît en Dieu ; de là une nouvelle théorie où l'histoire conduit la raison humaine à se connaître divine dans l'élément impersonnel qui la constitue. La pensée nous présente d'abord l'idée de substance ;

puis l'idée de cause, indivisible de la substance, en troisième lieu, le fini indivisible à son tour de l'idée de cause et rallié par là à l'idée de substance. Mais la raison est impersonnelle, elle conclut donc irrésistiblement de l'idée à la réalité, et les trois termes de la pensée se réalisent nécessairement dans les trois moments ontologiques de Dieu, de la causalité de Dieu et de la création. Cette conclusion ne s'obtient pas d'un seul coup. On commence par poser le premier terme, l'Orient est sacrifié à l'infini ; en Asie, les terres, les peuples et les hommes, tout est préparé pour la manifestation de l'unité. L'infini provoque l'antithèse du fini ; d'autres peuples, d'autres terres, d'autres hommes se chargent de revendiquer les droits de l'individualité, qui sont constatés dans l'antiquité gréco-latine. Maintenant l'infini et le fini sont en présence : d'un côté, il y a un Dieu illimité, de l'autre, on ne voit que les limites de l'homme et de la nature ; la contradiction est évidente, et c'est le monde moderne qui la résout par l'idée de cause, le *rapport* nécessaire entre le fini et l'infini. Hegel avait dit que la philosophie est la pensée de la pensée : M. Cousin croit que la civilisation se connaît dans la philosophie. Il divise donc chaque époque en deux périodes : dans l'une, la civilisation se forme spontanément par l'industrie, l'état, l'art, la religion ; dans l'autre, la civilisation se connaît par les quatre formes que prend successivement la philosophie dans le matérialisme, le spiritualisme, le scepticisme et le mysticisme. Ce sont là quatre erreurs et quatre vérités. Le rôle de la véritable philosophie se réduit à trouver la raison définitive de leurs débats, le principe dernier de leur conciliation, et ce principe est le *rapport* ou la causalité qui réunit l'*unité* à la *différence*.

Les inconvénients de la partie historique de l'éclectisme se réduisent tous à un seul. M. Cousin a cherché la détermination de la perfectibilité, la démonstration positive de la Providence, par les trois idées les plus indéterminées, les plus générales et les plus éloignées de l'histoire. Tout se trouve dans des catégories, tout se trouve dans les éléments de la pensée; mais précisément parce que ces éléments sont universels et indivisibles, il n'y a pas de raison, ni de cause déterminante pour qu'ils puissent distinguer une époque de l'autre ou un peuple de l'autre, dans l'histoire du monde. S'agit-il du théâtre de l'histoire? Le globe n'a pas été fabriqué avec les catégories, on ne voit pas de région, pas de continent qui puisse présenter ou exclure les trois caractères du fini, de l'infini et du rapport. S'agit-il des peuples historiques? on ne peut pas supposer des races ou des *ordres de populations* doués d'un instinct spécial pour telle ou telle catégorie. Les formes de la civilisation orientale présentent-elles les caractères de l'infini? Dans l'Inde, cela est possible; à la Chine c'est le fini qui domine, et dans tous les cas, l'Inde monothéiste et la Chine industrielle ne sont pas certes les premiers moments de l'histoire. Est-ce l'infini qui doit déterminer la première manifestation de la raison ? Au contraire, c'est le fini, l'affirmation particulière est le premier produit de l'idée : les Barbares sont très-positifs. La première époque se dérobe donc à l'infini, de droit, par la nature de la raison, et dans le fait par les antécédents que l'on doit supposer à l'Orient : par conséquent, la seconde époque du fini, la Grèce, n'est plus la seconde époque ; elle se distingue accidentellement de l'Orient, elle est polythéiste, et certes, le polythéisme n'est pas le développement du monothéisme. Mais si l'Orient et la Grèce ne se succèdent pas, que devient alors la troisième époque du rapport ? Ce n'est plus que la conciliation de deux époques qui n'ont pas de rapport. Les trois catégories aussi indéterminées que la Providence de Leibnitz, conduisent (si l'on veut) à l'optimisme, mais à un optimisme universel, sans exception ; à la sanctification de tous les accidents, de toutes les guerres, de toutes les victoires, de toute l'histoire positive ; comme si l'idéalité était toute entière dans la réalité, et la réalité dans l'idéalité. Que s'il faut justifier toute l'histoire positive, s'il faut *amnistier l'histoire à tous les points de sa durée* (1), alors pour-

---

(1) « Je regarde l'idée de l'optimisme historique, l'idée d'un
« plan général de l'histoire comme la plus haute idée à laquelle
« la philosophie soit encore parvenue..... Enfin on commence à

quoi exclure du théâtre de l'histoire les terres, les peuples et les hommes qui ne sont pas ou qui cessent d'être utiles à la cause de l'humanité? Aussitôt qu'il y a des peuples qui doivent se retirer de la scène du monde, il y a une déchéance, un élément irrationnel qui se mêle à l'histoire, et cet élément une fois admis, c'est en fait de l'optimisme historique. Que si la terre, les peuples, les hommes, si le bien et le mal qui se trouvent dans l'élément irrationnel de la matière ont été prédéterminés pour le plus grand avantage du mouvement rationnel de l'esprit; s'il y a une harmonie préétablie entre la marche des astres, la position des continents, le cours des fleuves et la succession des idées dans l'histoire du genre humain; si le soleil, l'air, la terre, interviennent à point nommé sur les champs de bataille pour le triomphe des principes; quelle est alors la *raison suffisante* de cette double harmonie, la seule qui puisse satisfaire à l'optimisme universel de M. Cousin? L'optimisme de Leibnitz était indéterminé, et le philosophe allemand ne se hasardait pas trop sur le terrain de l'histoire : il lui aurait fallu connaître l'infini avant de savoir la raison dernière des grands sacrifices de l'histoire. Hegel captivait l'infini et le forçait à descendre dans l'humanité pour qu'il pût se penser et revenir sur lui-même : vraie

« comprendre et à amnistier l'histoire à tous les points de sa
« durée. » *Cours de* 1828, Leç. vii, p. 39.

ou fausse, cette évolution forçait toute la nature à se prêter aux dernières intentions de la raison éternelle. Mais l'humanité de M. Cousin sort de la substance infinie qui devient cause; c'est un monde lancé dans une différence indéfinissable, c'est une espèce de comète lancée dans l'espace, vers un but étranger au premier moteur, et il nous manque un soleil matériel qui puisse la forcer à revenir sur son ellipse. Quand l'harmonie préétablie dans la nature pour le développement de la raison dans l'humanité serait un fait acquis à la science, encore faudrait-il, pour justifier le mal dans l'histoire, pénétrer au sein de la série indéfinie de toutes les causes : il faudrait savoir pourquoi Descartes est né tel jour, pourquoi tel poignard entre les mains de Brutus a tué César. En d'autres termes, il faudrait usurper la place de Dieu, car à ce point de vue il est nécessaire de tout connaître pour savoir quelque chose.

Dirons-nous que la civilisation se connaît dans les périodes de réflexion, dans la philosophie? Ici la distinction de la spontanéité et de la réflexion conduit à une seconde harmonie préétablie entre les peuples et les philosophes, hypothèse encore moins admissible que l'harmonie préétablie de la nature et de l'histoire. « C'est dans la philosophie, « dit M. Cousin, que la pensée d'une époque ar- « rive à se savoir elle-même; partout ailleurs elle « ne se sait pas; elle est, sans doute, mais elle

« est pour elle-même, comme si elle n'était pas » (1). Et ailleurs : « La spontanéité est le génie de l'hu-« manité, comme la philosophie est le génie de « quelques hommes » (2). Qu'y a-t-il dans l'intuition primitive de la spontanéité ? « Tout ce qui « sera plus tard dans la réflexion, mais tout y « est à d'autres conditions » (3). Voilà deux époques, deux intelligences bien distinctes ; l'une qui ne se connaît pas, l'autre qui se connaît ; l'une qui pense sans penser, l'autre qui pense deux fois ; tout peuple combat pour une idée, il la réalise dans l'industrie, dans l'état, dans l'art, dans la religion, et cette idée n'est connue que par quelques philosophes ; l'humanité tout entière se sacrifie pour ainsi dire aux dieux inconnus de la philosophie, et celle-ci n'a pas d'autre mission que de contempler ce sacrifice éternel de l'humanité (4). La distinction entre la spontanéité et la réflexion ne pouvait pas être plus profonde ; décidément « l'humanité est aux philosophes comme « la nature à l'humanité » (5), c'est-à-dire comme le corps est à l'âme. Sur quoi se fonde cette séparation entre le monde et l'école ? Sur la poésie, ou sur l'inspiration qui crée les religions ? (6)

(1) *Cours de* 1828, *Leç.* v, p. 12.
(2) *Cours de* 1828, *Leç.* v, p. 19.
(3) *Cours de* 1828, *Leç.* v, p. 10.
(4) *Cours de* 1828, *Leç.* v, p. 7, 8.
(5) *Cours de* 1828, *Leç.* iv, p. 1.
(6) *Cours de* 1828, *Leç.* v, p. 12, *Hist. de la phil.*, vol. I, p. 161.

L'inspiration n'est que le génie ou le talent, c'est une poésie muette, si elle n'est pas déterminée par la raison, et d'ailleurs la poésie est un moment mystique qui précède toutes nos pensées et se trouve également dans la religion, dans la science et dans la philosophie. Est-ce que la religion, en admettant le prophétisme, diffère essentiellement de la philosophie? Les prophéties et les miracles ne sont que les données d'une religion, c'est toujours la raison qui les cherche, les juge, les choisit; si bien que tous les prophètes ne sont pas saints, car tous ne peuvent pas être acceptés par le système religieux. Suivant M. Cousin, la réflexion suppose une négation essayée et vaincue, ou un doute dont la raison triomphe en rétablissant tous les éléments de l'affirmation primitive ou de l'inspiration (1). Mais il n'y a pas de religion qui ne soit un système, pas de système qui ne suppose l'exercice de la raison, des contradictions vaincues, des doutes supprimés. Quelles sont donc, en définitive, les forces de la spontanéité?

---

(1) « La nécessité de la conception, c'est-à-dire la négation
« essayée et convaincue d'impuissance, est le caractère propre
« de la réflexion. Il s'en suit que la réflexion ne crée rien, et si
« elle suppose une opération antérieure, dans cette opération
« antérieure il faudra bien qu'il y ait autant de termes que dans
« le phénomène tel qu'il se passe aujourd'hui..... dans une né-
« gation vaincue, essayée et reconnue impuissante, il ne peut y
« avoir autre chose que ce qui fut dans l'affirmation première,
« dans le phénomène auquel s'appliquait la réflexion. » *Cours*
de 1828, *leç.* v, p. 7, 8.

« Antérieurement à la réflexion, observe M. Cou-
« sin, toutes les facultés entrent en exercice dans
« leur vertu spontanée : la raison avec les sens,
« les sens avec la raison, l'activité libre avec les
« sens et avec la raison, et leur action primitive et
« simultanée donne les grands résultats » de l'industrie, de l'état, de l'art et de la religion (1). Si donc la raison se mêle à nos facultés, elle constitue la pensée, elle aboutit à des systèmes, on ne peut pas les créer sans les croire, les croire sans les connaître : que fait donc la philosophie ? Elle nie la religion et ensuite elle la rétablit, elle la renverse pour la reconstruire; c'est ainsi que la spontanéité se connaît dans l'école. Cette pensée de la pensée se réduit donc à rien, ce n'est qu'une amende honorable de la philosophie envers la religion. Mais admettons la spontanéité : elle crée les philosophies orientale, grecque et moderne par les religions de l'Orient, par le paganisme et par le christianisme. D'où viennent ces religions si diverses ? d'un fait primitif, inexplicable, inaccessible à la raison : ce sont trois *inspirations*, trois enchantements, trois *révélations*. L'école les comprend et ne saurait pas les produire, le monde les produit et ne saurait pas les comprendre. Ainsi, les trois mondes de l'Orient, de la Grèce et de l'Occident reposent sur un mystère, et ce mystère n'est d'accord avec les philosophies que par le nouveau mi-

---

(1) *Hist. de la phil.*, vol. I, p. 160.

racle d'une harmonie préétablie tout à fait pareille à celle qui met d'accord les trois régions de l'Asie, de la Grèce et de l'Europe avec les trois catégories de l'infini, du fini et du rapport. Ajoutons qu'en séparant l'école du monde, M. Cousin s'est pour ainsi dire cloîtré dans l'école : certes, personne ne pourra l'accuser d'ignorer les destinées de la philosophie, personne ne les a mieux signalées en France : mais il reste toujours à savoir comment la philosophie passe de l'école dans le monde ; comment l'âme passe dans ce corps de l'humanité ; comment les philosophies de la Grèce sont tombées dans les croyances de l'Occident. Il est impossible de nier que les philosophies de la Grèce se reproduisent au sein du christianisme, et que la spontanéité moderne, en remplaçant la réflexion de Platon, la résume dans un nouveau système. Mais d'un autre côté, après avoir condamné la philosophie à expliquer les religions et à rester dans le cercle tracé d'avance par une spontanéité antérieure, il était également impossible de réunir les philosophes au genre humain, il fallait recourir au miracle d'une nouvelle spontanéité pour arriver à une nouvelle philosophie. La difficulté avait été plus habilement éludée par Hegel : celui-ci mesurait les progrès de la raison dans les religions, il la voyait naître, se développer dans le monde, et il y restait. M. Cousin est dans l'école : il fait de la Grèce le piédestal de Socrate, de l'Europe la base de Descartes, il reste dans l'école : sans ignorer les destinées de la pensée, il ne peut pas se prononcer d'une manière systématique sur les transformations, les applications ou les réactions de la pensée philosophique.

M. Cousin, en historien de la philosophie, nous semble bien près de rejeter lui-même les formules indéterminées de son optimisme historique; du moins est-il certain que dans l'histoire, sa raison est plus forte que sa philosophie de l'histoire. « Il « faut, dit-il quelque part, que l'histoire (poli-« tique) soit ce qu'elle doit être et qu'elle s'ar-« rête dans ses propres limites ; ces limites sont les « limites mêmes qui séparent les événements et « les faits du monde extérieur et réel, des événe-« ments et des faits du monde invisible des idées. » Voilà des paroles d'une très-grande portée: il y a donc un monde réel, extérieur et irrationnel, qui peut pas être subjugué par les catégories. Quelle part faut-il faire à ce monde extérieur ? Suivons M. Cousin : « La philosophie scolastique est sortie « d'une phrase de Porphyre, traduite par Boëce. » — « *Heureusement* (dit-il), dès le début de l'Organon, « dans l'introduction de Porphyre, se rencontrait « une phrase, » et c'est de cette phrase que viennent le réalisme, le nominalisme, et toutes les philosophies du moyen âge. « Otez ce premier mo-« bile, et le mouvement n'aurait pas eu lieu » (1). C'est là faire au hasard une bien large part : l'école dépend d'une phrase pendant cinq siècles : d'où vient donc la renaissance? « Le seizième siècle

---

(1) *Introduct. aux OEuvres d'Abélard*, p. LIX.

« tout entier, dit M. Cousin, n'a pas produit un
« seul grand homme en philosophie, un vrai pen-
« seur, un philosophe original. Toute l'utilité,
« toute la mission de ce siècle n'a guère été que
« d'effacer, de détruire le moyen âge sous l'imi-
« tation artificielle de l'antique... On peut dire
« que la scolastique est née à Paris et qu'elle y
« est morte : un rayon dérobé à l'antiquité la pro-
« duisit, l'antiquité tout entière l'étouffa. » Sans
discuter sur ce jeu d'ombres et de lumières, il
est évident que M. Cousin met la scolastique, c'est-
à-dire cinq siècles, à la suite d'une phrase ; la renaissance, c'est-à-dire deux siècles, à la suite d'une
découverte accidentelle de vieux livres. Il était
difficile d'être plus optimiste dans la philosophie
de l'histoire, il est impossible d'être plus fataliste
qu'il ne l'est dans l'histoire de la philosophie. Quelle
sera donc l'origine de la philosophie moderne,
si ses antécédents sont livrés au hasard? « Les
« philosophes de la renaissance (ce sont les ex-
« pressions de M. Cousin) n'ont fait qu'effacer le
« moyen âge sous l'imitation artificielle des an-
« ciens jusqu'à ce qu'enfin, au dix-septième siècle,
« un homme d'un génie assurément très-cultivé,
« mais sans aucune érudition, enfante la philoso-
« phie moderne avec ses immenses destinées. »
Prendrons-nous à la lettre ces paroles? dirons-
nous: *ôtez ce premier mobile*, Descartes, et la
philosophie moderne n'aurait pas existé? Non certes : mais si la philosophie moderne est tout en-

tière dans la nécessité de ses idées, elle ne dépend pas d'un homme; la renaissance à son tour ne peut pas tenir à quelques livres; encore moins la scolastique peut-elle dépendre de quelques phrases. M. Cousin, dans l'histoire de la philosophie et dans la philosophie de l'histoire, cède donc à un double entraînement en deux sens opposés : en confondant l'idéal avec la réalité, il est conduit à un fatalisme enchaîné à tous les accidents physiques; en séparant la réflexion de la spontanéité, il est conduit à suivre la première dans tous les accidents de l'école sans tenir compte de ce qui se passe dans le monde. Il suffirait d'exagérer un peu cette théorie pour ne voir dans l'histoire de la philosophie depuis Aristote jusqu'à Descartes, que l'histoire de la tradition classique, ou des livres anciens. Dans ce cas, on ne verrait plus l'intelligence moderne qui les comprend, les transforme, les renouvelle, s'en empare en un mot, et en fait des instruments pour enfanter ce qu'ils ne contenaient pas, le monde moderne. Car le monde moderne est fils du christianisme, son sort a été arrêté par la foi chrétienne; la sainte ferveur de Grégoire le Grand en assurait les destinées à l'instant même où ce pontife brûlait d'anciennes bibliothèques. La religion, qui avait triomphé du monde gréco-romain, détruisait en vain les livres, elle contenait en puissance toutes les écoles de la Grèce, et elle devait les reproduire et les dépasser. Aussi le *logos* est dans le

Dieu qui crée le ciel et la terre ; le réalisme se développe donc avec Scot Érigène, il provoque naturellement l'antithèse du nominalisme chrétien. L'école s'attache à une phrase de Porphyre, puis elle ressuscite Platon, Aristote, puis à la renaissance elle reproduit la tradition classique : à la bonne heure! mais le principe qui anime l'école est dans le monde, c'est le monde qui lie le christianisme à la philosophie, c'est le monde qui l'en sépare plus tard et veut que la philosophie marche toute seule comme à l'époque d'Aristote ; c'est encore le monde qui impose à Descartes de résumer la renaissance dans les quelques pages de la Méthode. Au point de vue philologique, la scolastique sera, si l'on veut, un rayon de lumière qui s'échappe au hasard des ruines du monde ancien, rayon qui disparait quand les derniers reflets de l'antiquité éclairent la renaissance ; au point de vue historique, la scolastique est le développement à la fois matériel et savant du christianisme ; la philosophie qui succède à la scolastique, c'est l'esprit qui se dégage de ses enveloppes et laisse aux fils posthumes du moyen âge le soin de garder le sépulcre vide de Jésus-Christ.

Nous regrettons que le plan de cet ouvrage nous impose d'examiner la partie la plus brillante mais la moins solide de l'éclectisme. Cependant nous ne faisons que rectifier la philosophie éclectique avec ses propres travaux. Encore une fois, comme historien, M. Cousin ne s'affranchit que trop du joug de ses généralités historiques, et c'est pourquoi on ne pourra jamais lui contester la gloire d'avoir inauguré en France une nouvelle science, l'histoire de la philosophie. Quant aux premiers principes de l'éclectisme, il faut accorder que la raison semble impersonnelle, en d'autres termes nécessaire, mais elle ne peut pas substantialiser les phénomènes, car la substance infinie nous empêche de concevoir l'existence réelle des substances finies. Il faut accorder aussi que la substance prend les apparences de la cause, que son mouvement dans la différence est nécessaire pour constituer le mouvement de la pensée; mais on ne peut pas conclure du subjectif à l'objectif, et le mot de cause ne fait pas disparaître cette distance irrationnelle qui sépare l'être des phénomènes. Il faut encore accorder que le mouvement, les phénomènes réveillent en nous nécessairement l'idée de cause; mais si on remonte nécessairement de la création à l'être, il n'y a aucune réciprocité, aucune identité de l'être à la création : l'antinomie subsiste donc, il n'y a pas de rapport qui puisse la faire cesser. Reste à savoir si la philosophie qui se connaît en Dieu, et par là domine l'humanité et le monde, et concilie tous les systèmes, présente une conclusion plus ferme, plus précise que la conclusion de Hegel, la Divinité qui se connaît dans l'homme et qui s'identifie avec la liberté de tous les êtres raisonnables. Ici, il faut être éclectique à l'égard de l'éclectisme. Le point de départ de cette philosophie est la psycologie, la méthode cartésienne ; on ne saurait méconnaître la profondeur avec laquelle M. Cousin a analysé et réduit aux trois termes tous les éléments de la raison. L'idée de l'être et les phénomènes, la substance et la différence, sont bien certainement les éléments de la pensée, et ils ne peuvent pas se joindre dans la raison de l'homme sans que l'être devienne cause pour réunir le déterminé à l'indéterminé. Mais la psycologie nous défend de passer à l'ontologie. L'affirmation est toujours dans la pensée, c'est toujours en vertu d'elle-même que la raison croit à la substance, à la cause, à l'effet : l'ontologie ne peut sortir de la série de nos idées. Quelle puissance pourrait la tirer de cette sphère ? La démonstration rationnelle ne le peut pas. Elle procède par identités, elle affirme que le même est le même, et il n'y a pas de passage mathématique du moi au non moi, ou de l'être aux phénomènes ; la différence est partout, l'identité nulle part. Supposons qu'il y ait échange mathématique entre les phénomènes du monde intérieur et entre les phénomènes extérieurs ; supposons deux sciences absolues des deux mondes, ou trois sciences des trois mondes si on ajoute Dieu à l'homme et à la nature. Qu'en résultera-t-il ? Ou les trois mondes ne sont qu'une seule substance et l'unité de trois différences est une contradiction ; ou les trois mondes sont réellement séparés, et alors le passage mathématique de l'un à l'autre est impossible.

ils restent impénétrables au point de vue de l'identité. Le monde extérieur, disait Fichte, est en moi ou hors de moi : s'il est en moi, il n'est pas extérieur, s'il est hors de moi, je ne puis pas le connaître. Voilà le terrible dilemme de la psycologie qui veut passer à l'ontologie par une méthode rigoureuse et vraiment rationnelle. On dira que la raison est *impersonnelle ;* le mot est spécieux, mais il n'est pas même assez fort, la raison est nécessaire, universelle, d'où vient que ses croyances sont irrésistibles. Et justement parce qu'elle est nécessaire, universelle, impersonnelle, il faut accepter ses exigences dans toute leur indétermination, si l'on veut faire une ontologie rationnelle. Il faut donc que la raison résolve par l'identité le dilemme de Fichte, qu'elle nous dise comment la même personne peut être en soi et hors de soi, en Dieu et en nous, en d'autres termes, personnelle et impersonnelle. On dira que c'est grâce à la causalité inhérente à la substance, qui établit un rapport entre le fini et l'infini. Mais il n'y a pas de rapport possible entre le fini et l'infini, et il n'y a pas d'identité dans la causalité ; encore une fois le problème ou plutôt la contradiction subsiste ; si le mouvement suppose la cause, si la création suppose l'unité, l'unité une fois admise, il n'y a pas de réciprocité de l'unité à la variété, de la substance à la création. Ces remarques ne doivent pas tourner au profit du scepticisme : seulement elles signalent dans la théorie éclectique deux moments bien distincts, l'un psycologique d'une admirable profondeur, l'autre ontologique qu'il faudra renfermer dans les limites quelquefois tracées avec tant de lucidité par M. Jouffroy. Au surplus, l'ontologie de M. Cousin est soumise à sa psycologie, elle ne fait que céder à la force du sens commun; et le premier principe de l'école éclectique, est bien plus fort que l'impersonnalité. C'est ce principe qui la rend si pénétrante quand il s'agit d'analyser la pensée, si profonde quand elle suit les mouvements de l'intelligence dans les écoles philosophiques, si supérieure à ces philosophies où la raison est volontairement sacrifiée à des utopies ultra-mondaines, à des idéalités ultra-mystiques, ou à des ontologies ultra-métaphysiques.

Nous avons déjà parlé des théodicées de M. Lamennais et d'Herder, il reste à chercher la conclusion critique des deux théories des nations et de l'humanité. La moindre déviation dans les premiers principes, on l'a vu, conduit aux plus grands écarts dans l'interprétation de l'histoire, il faut espérer qu'en rectifiant les principes il sera possible de déterminer les limites de la philosophie de l'humanité.

CHAPITRE III.

Histoire idéale de l'humanité.

Nous venons de chercher la science de l'humanité dans l'unité de l'histoire universelle ; et cette unité se dérobe à tous les efforts de la philosophie. Bacon avoue qu'il y a des *déserts* dans l'histoire ; les mystiques nous parlent des peuples qui sont *hors de la voie du salut* ; Hegel écarte de son plan *les pays et les peuples qui ne sont pas historiques*. Malgré ces restrictions, l'expérience voit les peuples livrés à la variabilité indéfinie des circonstances ; l'activité du sentiment est une force indéterminée, elle peut également construire et détruire la civilisation ; l'idéal mystique exige de droit un progrès universel et le nie dans le fait, en supprimant les forces de la raison. La Providence est un principe indéterminé qui ne peut se déterminer dans l'histoire : si on lui arrache une détermination au moyen de l'ontologie, tantôt on substitue l'histoire de l'univers à l'histoire de l'humanité ; tantôt on idéalise les faits matériels de l'histoire en spiritualisant pour ainsi dire la matière et en matérialisant l'esprit. L'unité de l'histoire ne se trouve ni par la sensation, ni par le sentiment, ni par les êtres ; il reste à interroger la pensée en tant qu'elle est la pensée. Mais pourquoi cherchons-nous une théorie de l'humanité ? Parce que l'histoire est l'œuvre de la raison, parce que la raison est essentiellement systématique, parce que l'histoire ne peut être qu'une juxta-position ou une succession de systèmes. Les systèmes naissent et se succèdent dans la communauté des idées ou dans la société considérée comme une seule personne. Le premier mouvement a été de chercher la science de l'histoire dans les sociétés, c'est-à-dire dans la théorie des nations. Elles nous présentent en effet bien des similarités certaines, justifiées par la raison qui, étant identique chez tous les hommes, doit prendre partout le même point de départ pour tendre au même but. Cependant, on l'a vu, il y a une histoire idéale qui déborde les limites des nations, car il y a des suprématies spirituelles à la Chine, à Constantinople, à Rome, qui aspirent à la domination universelle ; il y a une association commerciale et politique qui embrasse presque tous les peuples de la terre ; il y a enfin la raison qui justifie la prétention des suprématies spirituelles et les progrès de l'association universelle. Tous les hommes tendent donc sciemment ou à leur insu à la vérité dans la communauté ; l'humanité, considérée comme un seul tout, n'est donc ni un fait qui puisse se trouver dans le passé, ni une chimère de l'imagination : c'est un être de raison qui n'est en acte nulle part, et qui est en puissance partout où il y a des hommes qui pensent. On ne pourra donc chercher l'unité de l'histoire universelle que dans l'avenir, on ne trouvera jamais dans le passé d'autre unité que la tendance uniforme de tous les peuples vers une seule humanité à venir.

Loin de se contredire, les deux théories des nations et de l'humanité s'identifient dans la vérité d'une théorie unique. Sans doute, si on les exagère, elles se détruisent mutuellement. Exagérez-vous la théorie des nations? vous arriverez à la conséquence que toutes les civilisations se ressemblent tellement qu'elles passent par les mêmes décadences pour revenir aux mêmes origines : dans ce cas, il faudra admettre l'axiôme *nil novi sub sole*. Exagérez-vous au contraire la théorie de l'humanité? vous verrez l'humanité comme un être unique qui est en progrès partout et toujours, et cette idée se résumera dans l'axiôme opposé qu'il *n'y a pas deux faits qui se ressemblent dans l'histoire*. Écartons d'une part l'accident des décadences, écartons de l'autre l'accident de la distinction des peuples; ne regardons que le principe de l'histoire identique dans les nations et dans l'humanité, ne considérons que la pensée, la seule chose qui soit intelligible pour la pensée. Eh bien! comme l'histoire est l'œuvre de la raison, et comme la raison se développe par des procédés uniformes chez tous les hommes, comme partout où il y a une bourgade, une famille, un peuple, une nation, il y a l'humanité en puissance, il en résulte qu'il doit y avoir une théorie de l'humanité (car l'humanité est tout entière dans toutes les histoires), et qu'il doit y avoir une théorie des nations, précisément parce que toutes tendent à devenir l'humanité.

Le perfectionnement du genre humain pouvait se faire de deux manières : ou par le développement physique, intellectuel et moral d'une seule famille, ou par les parallélismes de l'histoire qui auraient conduit tous les hommes à se reconnaître dans l'humanité. La première alternative n'a pu se réaliser; il paraît que l'œuvre de la multiplication dépasse celle de la raison; d'ailleurs, par une fatalité inexplicable, nous sommes condamnés à conquérir la fraternité à coups de canon. Mais si l'unité matérielle s'est brisée, reste l'unité inviolable de la raison, l'unité spirituelle de l'histoire, qui tend sans cesse à se réaliser dans ce monde. Les barbares la sentent dans l'unité matérielle de leur race, quand ils veulent détruire les autres peuples pour soumettre le monde à une seule conquête; les peuples à demi civilisés la voient dans l'unité de leurs croyances quand ils propagent la foi avec le glaive pour faire de tous les hommes un seul peuple sous un seul pasteur; les peuples civilisés l'entrevoient dans la raison universelle d'une seule association où l'homme en étant homme, en ne cherchant que son intérêt, se trouverait collaborer à l'intérêt du genre humain.

L'histoire ne saurait être une théodicée, puisqu'elle est le développement de la raison humaine : mais c'est une théodicée telle qu'on peut la concevoir dans ce monde, où la Providence se trouve partout aux prises avec une fatalité indéfinissable. On voit la Providence dans ce plan universel de l'histoire idéale qui conduit naturellement tous les hommes à se connaître dans l'humanité : on voit la Providence dans ces similarités qui, avant même d'arriver au dernier terme, établissent à notre insu un lien intellectuel entre plusieurs nations, de sorte qu'avant de se connaître dans l'humanité, elles se connaissent comme bouddhistes, comme chrétiennes, comme musulmanes. On reconnaît encore la Providence à cette prodigalité infinie par laquelle Dieu a mis l'humanité en puissance chez tous les peuples, chez toutes les hordes, chez toutes les familles. Mais la Providence se sacrifie à elle-même pour se réaliser, elle sacrifie des milliers de germes pour produire un être vivant, elle sacrifie des milliers de créatures pour en nourrir une seule ; qui sait si elle n'a pas sacrifié des milliers de mondes pour produire un monde? L'homme, tout en recevant le privilége de l'intelligence, est soumis à la loi de ce sacrifice universel : mille peuples sont sacrifiés à un peuple, mille humanités, pour ainsi dire, sont sacrifiées à l'humanité. Nous ne savons pas si celle-ci arrivera jamais à se réaliser complétement : il n'est pas impossible que des myriades de planètes périssent dans une manifestation inférieure de la raison ; peut-être ce n'est pas sur la terre que paraîtra la plus grande révélation de la pensée qui gouverne les mondes.

Les époques de l'histoire idéale doivent être des systèmes, et chacun de ces systèmes doit être un monde distinct et contenir la solution pleine, entière et harmonique du problème de la destinée humaine. Au point de vue physique, le bonheur idéal peut s'obtenir de trois manières : ou par la violence, ou par l'égoïsme, ou par l'intelligence; car l'homme en relation avec l'homme ne peut être qu'à l'état de guerre, de transaction ou d'association. Les sociétés peuvent donc s'organiser par la force afin d'obtenir la domination de l'humanité. — Elles peuvent satisfaire à leurs besoins par une transaction politique entre la force et le travail. — Enfin, il peut se faire que, par une combinaison intelligente, les hommes ne cherchant que leur propre intérêt, soient utiles à l'humanité tout entière. — Voilà les trois solutions possibles du problème social au point de vue de l'intérêt ; ce sont donc les trois époques auxquelles se ramènent tous les faits de l'histoire par rapport au bonheur matériel de l'homme. Nous appellerons la première passionnée, violente, guerrière ; la seconde intéressée, égoïste, politique; la troisième libre, intelligente, économique : mais la nature humaine est identique dans les trois âges. Les sauvages tuent leur ennemi, ils n'ont pas d'autre moyen de pourvoir à leur sûreté ; les barbares utilisent leur ennemi par l'esclavage ; les peuples civilisés, dans leur propre intérêt, émancipent les esclaves et les laissent libres, complétement libres de mourir de faim ; dans la première époque, les hommes se croient ennemis, dans la dernière ils s'appellent frères : la nature humaine est toujours la même ; dans les deux cas, l'association qui domine est livrée à ses propres données et ne peut choisir que le meilleur moyen possible de pourvoir à son propre bonheur matériel.

Les intérêts déterminent les sentiments et réveillent un nouveau monde de forces latentes qui correspondent aux faits extérieurs sans jamais se confondre avec eux. Les déterminations physiques des trois époques correspondent donc à trois déterminations morales, à trois poésies, à trois mysticismes profondément distincts les uns des autres.

Mais les déterminations du sentiment et de la sensation provoquent toujours une troisième détermination, celle de l'intelligence ; s'il y a donc trois époques pour les intérêts et pour les sentiments, il doit y en avoir trois pour la raison, trois mondes successifs qui sortent les uns des autres pour suivre et diriger les phases de l'intérêt et du sentiment.

L'histoire idéale n'est donc que la succession de

trois époques dans la société, et chacune d'elles renouvelle la société considérée dans le triple élément des intérêts, des sentiments et de l'intelligence.

§ 1er. L'histoire idéale au point de vue des intérêts.

L'homme dans l'histoire ne commence à vivre que par la guerre. La première occupation des sauvages est la chasse, c'est déjà une guerre ; la chasse les disperse sur la terre à la recherche d'une patrie, les réunit par hordes dans le but d'un travail, éveille leur intelligence par l'attrait d'une lutte. La chasse provoque la guerre de l'homme à l'homme : chaque horde doit protéger ses forêts contre l'empiètement des hordes étrangères ; dès lors elle sent l'utilité de l'association, la propriété des terres qui lui appartiennent. Il faut ici que l'homme se surpasse pour triompher de l'homme ; et l'intelligence, éveillée par les nécessités de la guerre, entre pour la première fois dans le champ de l'histoire. En effet, le seul fléau des sauvages et des barbares, c'est l'indolence ; dans la paix, ils semblent condamnés à une immobilité éternelle, ils sont moins que des hommes : voyez-les dans la guerre, ils sont plus que des hommes. Là, animés par toute la force de l'injure et du danger, par la nécessité d'avoir du génie ou de mourir, ils passent de l'indolence à la fureur ; ils deviennent industrieux pour se fabriquer des armes, ils se réunissent pour conjurer le danger, ils suivent les conseils du plus habile, dans leur propre intérêt; ils savent commander, obéir, s'apprécier, partager les récompenses en raison directe du mérite et des services. Les peuples primitifs ne peuvent donc grandir que par l'apprentissage de la guerre. Ils sont immobiles par eux-mêmes, mais il n'y a rien de plus mobile que la guerre ; et s'ils ne sont pas détruits, la mobilité continuelle du combat les force à se perfectionner. L'indolence, l'imprévoyance, les erreurs, la routine, ne résistent pas devant la démonstration de la mort. Les Européens n'ont qu'à attaquer les sauvages pour leur apprendre l'usage du fusil; les Romains ont une flotte à l'instant où il faut combattre Carthage ; ainsi la guerre révèle les secrets de la guerre, et une fois en mouvement, les invasions barbares deviennent irrésistibles, elles semblent conduites par le génie des victoires. — Aussitôt que l'industrie primitive et les besoins de l'association guerrière introduisent l'inégalité du mérite et de la richesse, la guerre conduit à l'une des premières conquêtes de l'esprit humain, l'esclavage du vaincu. Celui-ci doit préférer la souffrance à la mort, mais il ne s'agit pas de lui, il s'agit du vainqueur. S'emparer d'un instrument animé, maîtriser un être qui a la force du cheval et l'intelligence de l'homme; le considérer comme une chose, s'en défaire quand il ne sert plus à rien, le charger des travaux les plus durs et les plus utiles, ce fut là un grand progrès pour la barbarie primitive. La guerre est le premier contre-poids de l'indolence, le premier principe extérieur de mouvement ; l'esclavage est un second contre-poids, un second principe de mouvement implanté au sein même de la société. D'abord, l'esclavage ennoblit la liberté des maîtres, leur assure les avantages du travail, multiplie les richesses, grandit les inégalités. Ensuite les maîtres, déjà associés en vue de la guerre, doivent achever, pour ainsi dire, leur association ; ils ont des hommes à conduire, ils doivent surveiller la société, contenir un ennemi intérieur ; imprévoyants dans la misère, ils deviennent tout à coup prévoyants pour garder ce qu'ils ont conquis. Auparavant, la nécessité de vivre donnait le génie des conquêtes, maintenant l'intérêt de la conquête donne le génie de la conservation.

De là viennent les gouvernements héroïques, les castes, le féodalisme, le patriciat : les formes de la barbarie varient, mais elle présente toujours ces deux classes des maîtres et des esclaves, des seigneurs et des serfs ; et de plus, une classe intermédiaire d'ouvriers, de compagnons, de clients, de plébéiens, d'artisans, composée par la réunion de toutes les personnes qui restent en dehors de l'association sans tomber dans l'esclavage. Les maîtres ou les guerriers sont les seuls personnages historiques de cette époque ; le reste de la société est à eux et ne peut pas échapper à l'infernale prévoyance de leur égoïsme. Ils établissent donc toutes ces législations primitives, écrites ou traditionnelles, admirables combinaisons où l'intelligence du fort lutte contre l'intelligence du faible pour déjouer tous les efforts de la masse, pour multiplier toutes les précautions les plus minutieuses, les plus cruelles, en vue d'assurer le monopole de la force, des armes, des terres, des richesses, le monopole de la raison et de la liberté chez les maîtres de la société. Ainsi, la guerre enfante l'esclavage, l'esclavage crée la caste : quel sera le résultat de la caste? La caste est une association, un monopole, et le résultat naturel de tout monopole est de conduire à la conquête du monde, s'il ne rencontre pas un second monopole qui puisse arrêter ses envahissements. Donc, à l'intérieur, la caste a le monopole des armes et du gouvernement : hors de la caste il n'y a pas de véritable association; les laboureurs sont dispersés, surveillés, chargés de dettes et de redevances, comprimés par des peines terribles : découragés par la servitude, ils perdent la moitié de leur intelligence, et ce sont les maîtres qui s'en emparent pour sceller à jamais les chaînes de l'esclavage. A l'extérieur, la caste est une légion, une véritable phalange dressée par la guerre; et comme une conquête impose des conquêtes ultérieures, comme les triomphes apprennent à triompher, toute aristocratie héroïque doit se considérer comme le noyau d'une invasion qui peut asservir tout un continent. De là ces avalanches barbares des Pélasges, des Gaulois, des Tartares, des Germains, et cette conquête romaine qui est l'expression la plus grandiose et la plus élevée de la première époque de l'histoire idéale. Les formes de la conquête dépendent de l'organisation intérieure de la caste ; mais, dans tous les cas, l'effet naturel de la victoire est l'abaissement moral du peuple conquis et l'exaltation du peuple conquérant. Le premier est désarmé, sans gouvernement, sans unité ; s'il obéit, il est perdu ; s'il se révolte, il précipite sa dernière ruine. Au contraire, les intérêts de la victoire donnent du génie aux conquérants les plus barbares : les Romains, en s'emparant de la Grèce, savent s'enrichir de tous les arts de la Grèce ; les Tartares à la Chine s'élèvent comme par enchantement au niveau du vaincu ; en Europe, les premières tentatives des conquérants sont de reconstruire à leur profit l'empire romain. — Telle est la première inspiration de l'histoire ; elle se développe par l'énergie de l'ambition, s'organise par la force d'un égoïsme sans limites ; son but est de fonder une association guerrière pour marcher à la chasse des hommes, pour s'en emparer, pour les traiter comme des machines, les rendre inoffensifs et leur imposer de cultiver la terre, les arts, la science même s'il le faut. Cependant la caste se gouverne d'après les véritables principes de l'association : les guerriers n'obéissent qu'aux lois qu'ils établissent dans l'intérêt de leur propre liberté ; la loi ne pénètre dans la famille que lorsque son intervention est réclamée par l'intérêt de tous. Elle ne punit que celui qui trahit la caste ou qui l'insulte dans l'un de ses membres, encore faut-il que la société se réunisse pour juger le coupable. Tout le monde doit intervenir dans l'administration de la justice, tous les titres du droit doivent être fondés sur une conviction générale ; la vente des terres, les testaments, les actes importants n'auront pas de valeur s'ils ne sont pas établis en présence de la société ou d'un grand nombre de témoins. De là les formalités du droit héroïque, le duel judiciaire à défaut de preuve, la violence à défaut de duels : mais la justice, une fois comprise dans l'intérêt de l'association, doit se développer, soumettre la force aux intérêts de la force, atténuer les formes inutiles ou gênantes, pénétrer dans tous les éléments de la société, régler le droit des familles et protéger enfin les clients et les serfs, toujours dans l'intérêt de ceux qui commandent. La première époque de l'histoire s'est répétée plusieurs fois dans le monde ; on la voit au moyen âge, à Rome, dans la Grèce, en Égypte, en Asie, si on excepte la Chine, le seul empire où le despotisme ait su briser la féodalité sans s'engager dans une révolution ultérieure. Bien que cette époque suppose de grandes invasions et un grand nombre de combats en pure perte, il faut cependant qu'elle se dégage au milieu de tous les hasards de la guerre par la force des fédérations ou des centralisations. Les premières supposent des villes qui s'exercent au combat en se combattant, se réunissent dans les grands dangers et se développent similairement par les arts de la paix et de la guerre : dans ce système, chaque ville semble contenir en puissance à elle seule les destinées de l'humanité. Mais si une ville s'avance sans que les autres puissent profiter de son exemple, alors l'unité de la conquête commence, et si elle continue, la centralisation est irrésistible. Ainsi, divisées ou réunies, il faut que les nations juxta-posées s'avancent toujours vers une plus grande humanité.

L'association héroïque est inexpugnable, si on la combat directement : la force, en triomphant, doit reconstruire l'œuvre de la force. L'histoire ne peut donc avancer que par une seconde association d'abord assez méprisée et assez utile pour se faire tolérer, plus tard assez puissante pour combattre ses ennemis. La force s'est emparée de l'homme pour le contraindre au travail, maintenant il faut que le travail s'empare de la force, et cela ne se peut que par l'association de l'industrie et du commerce. A l'instant où le travail crée une nouvelle richesse, il crée de nouveaux intérêts, une société nouvelle : il y a deux sociétés dans la société : la première qui garde le monopole du gouvernement de la guerre et des terres, la seconde qui s'empare tous les jours du monopole des arts, de l'industrie et du commerce. De là deux tendances contraires, l'une aristocratique, l'autre démocratique ; mais l'aristocratie est esclave des besoins du luxe et de la terre, la démocratie a besoin des produits du sol et de la protection des armes : il se fait donc un compromis entre les deux tendances, et ce compromis est d'autant plus facile que d'abord la démocratie doit accepter les conditions que l'on veut bien lui accorder. Tous les mouvements politiques de cette époque s'expliquent donc par la lutte entre le travail et la force, entre l'industrie et le sol, entre la démocratie et l'aristocratie. L'histoire ancienne est remplie de soulèvements populaires; on en voit en Égypte, en Grèce, on doit en soupçonner en Asie. Le peuple de Rome ne fait que chercher la solution du problème de la démocratie; les Césars ne s'établissent qu'en favorisant l'émancipation du genre humain, Constantin ne triomphe des prétoriens et du sénat qu'en admettant la liberté du christianisme. Chez les modernes, la féodalité depuis le onzième siècle est placée entre deux forces contraires, la démocratie des communes et le pouvoir des rois. D'un côté, il n'y a pas une invention, pas une amélioration dans les arts qui ne profite à l'industrie et au commerce, qui ne mette la bourgeoisie à même de s'enrichir, de se racheter, de contre-balancer l'influence de l'aristocratie. Il n'y a pas un objet de luxe fabriqué dans un atelier qui n'enlève aux grands une partie de leurs revenus, qui ne les force à congédier les milliers de clients et de soldats qu'ils entretenaient par des prodigalités héroïques et qui ne les oblige enfin à se charger de dettes et à vendre en détail la liberté du commerce et de l'industrie. Tandis qu'ils se ruinent, toutes les découvertes géographiques sont d'abord aux caravanes commerciales, ensuite aux grandes compagnies, et il vient un moment où les trois mondes sont jetés dans la balance politique de l'Europe en faveur de la démocratie. D'un autre côté, en s'affaiblissant, l'aristocratie se resserre autour de son chef; le premier d'entre les seigneurs devient un maître, plus il s'élève, plus il acquiert les moyens de s'élever; il n'a qu'à suivre l'entraînement de l'aristocratie pour devenir le protecteur de la bourgeoisie; mais en protégeant la bourgeoisie, il s'engage à son tour à empiéter sur les droits de la féodalité. Dès lors, la cour devient le centre de l'administration judiciaire, politique et militaire; elle dégrade les grands qui résistent, elle absorbe ceux qui se soumettent. Une fois à la cour, l'aristocratie n'est plus que de la noblesse, elle conserve ses rangs dans l'armée et dans le gouvernement, mais l'armée et le gouvernement sont au roi, elle entoure la personne du roi, mais elle s'éloigne de ses terres, le véritable lieu de sa puissance; elle représente toujours la nation, mais à ses propres frais, et se ruine dans cette comédie où elle doit payer argent comptant l'ombre d'un pouvoir que jadis elle possédait naturellement. Ainsi attaquée à la base et au sommet, cette phalange jadis impénétrable de l'aristocratie barbare, tôt ou tard, doit se dissoudre. Quelle sera donc l'institution naturelle de la seconde époque ? C'est une époque de lutte entre deux pouvoirs qui ne peuvent pas se séparer, c'est donc une époque de transaction, et elle doit aboutir au gouvernement qui représentera avec le plus de rigueur la combinaison de la double association guerrière et industrielle, agricole et commerciale. Ce gouvernement ne peut être que la monarchie, la seule forme capable de réunir l'égalité et l'inégalité, la démocratie et l'aristocratie, les intérêts de la paix et ceux de la guerre. L'aristocratie asservie par la richesse ne peut pas se maintenir dans sa pureté, elle doit tolérer la seconde association qui se développe au sein de la société : la démocratie pure ne peut pas non plus s'établir; n'étant organisée qu'en vue de la richesse, n'ayant ni le secret du commandement, ni celui des armes, elle se trouve dans l'impossibilité de se gouverner et de se défendre. L'existence des républiques de la Grèce est tout à fait momentanée, c'est un accident de la paix : la guerre conduit Rome aux pieds de ses généraux, et met le monde romain sous le joug des empereurs. Les républiques italiennes du moyen âge, pour se gouverner, invoquent des protecteurs, pour se défendre, elles soudoient des *condottieri*, elles reconstruisent d'elles-mêmes l'association guerrière et politique qui doit les détruire. Les gouvernements libres finissent donc par se donner des protecteurs ou des libérateurs, ou des maîtres, ou par céder à des aristocraties commerciales qui savent s'emparer du monopole politique. Les formes de cette transaction peuvent varier indéfiniment, Aristote et Machiavel en ont indiqué toutes les combinaisons possibles; mais la monarchie est la forme la plus solide, la plus durable, la plus vraie au point de vue historique, celle qui se dégage naturellement de l'aristocratie et de la démocratie, parce qu'elle est enfantée par les deux associations à l'instant même où elles se combattent. L'aristocratie a besoin d'un chef, soit dans la guerre, soit dans le sénat ; la démocratie a besoin de protecteurs, soit dans la guerre, soit dans le forum ; et le roi n'est pas autre chose qu'un chef, ou un général, ou un dictateur, ou un tribun qui devient en même temps tribun et capitaine, le premier entre les maîtres et le dictateur de la république. Dans la personne du roi, les intérêts des deux associations sont ainsi identifiés ; il a besoin du peuple pour grandir en dépit de la méfiance éternelle de l'aristocratie ; il a besoin des anciens maîtres de la société pour se garantir contre l'ambition des généraux et contre la mobilité des masses. Quels seront donc les personnages historiques de la seconde époque ? des rois ou des candidats pour la royauté; des dictateurs, des empereurs et des hommes qui aspirent à la dictature ou à l'empire. Plus tard, toutes les illustrations finissent par tourner autour de la cour, tous les grands hommes, capitaines, généraux, navigateurs, politiques, poëtes, artistes, bon gré, mal gré, ne figurent plus que comme des serviteurs de la couronne. Tel est le sort et la gloire de Ximènes, de Richelieu, de Cortez, de Pizarre, de Wallenstein, de Condé : l'histoire trouve Aristote, Platon, Colomb, le Tasse, l'Arioste à la cour des rois : Doria, le plus grand citoyen de Gênes, est l'amiral de Charles-Quint ; Machiavel, l'homme de la république, sacrifie la morale et ses haines personnelles pour servir le pouvoir naissant de la royauté qu'il abhorre du fond de son âme. Quant aux républiques, elles sont fécondes en grands hommes, car à chaque moment elles sentent la nécessité de se gouverner, mais en général elles ne savent ni les employer ni les respecter, car elles voient dans tout homme de génie un maître naturel qu'il faut de quelque façon réduire à l'impuissance.

Vers la fin de la seconde époque, la richesse prend possession de la force : le roi ne devient le maître de l'armée et du gouvernement qu'en transformant les grades et les fonctions publiques en autant d'emplois à ses gages. Désormais, il doit tout payer de ses deniers, et il doit établir l'axiôme que tout se fait dans l'intérêt de tous, pour emprunter la plus grande partie de ses ressources à l'industrie et au commerce. Mais d'un autre côté il ne domine la richesse qu'en restant le maître de la terre et des armes, c'est-à-dire en conservant à la noblesse l'ancien monopole de l'armée et des fonctions publiques. De là une profonde contradiction. Le gouvernement est, de droit, une administration payée par ceux qui travaillent, et dans le fait, une sinécure assurée à perpétuité à un seul corps privilégié. Deux associations se trouvent ainsi en présence avec deux opinions diamétralement opposées, et cette fois les deux opinions doivent se justifier au point de vue unique de l'intérêt universel. La démocratie juge l'état avec ses idées de commerce, de travail, d'utilité, de justice; elle cherche dans le roi le premier employé de l'état, dans tous les priviléges une fonction utile, dans le gouvernement une administration ; elle veut l'économie et la probité dans l'administration publique. A ses yeux, le manque de contrôle est l'impunité assurée d'avance à toutes les dilapidations. Elle voit dans l'oisiveté un vice, dans la faveur un crime, elle exige que toutes les fonctions dûment contrôlées soient confiées à celui qui est le plus capable de les remplir : c'est là le moment de l'histoire où l'humanité s'aperçoit qu'elle a été gouvernée par l'injustice. Mais à la cour, ce sont d'autres idées qui dominent : là, le travail est méprisé, on éprouve un invincible dégoût pour la vénalité du commerce, l'honneur chevaleresque se révolte contre l'idée de déposer des bilans. D'ailleurs, la noblesse justifie ses droits sur le champ de bataille, elle sent l'unité de l'état dans l'obéissance à la couronne. Enfin, elle croit que pour encourager le travail elle n'a qu'à dépenser; le roi pense qu'il fait l'aumône quand il prodigue l'argent de l'état pour donner de grandes fêtes. La personne du roi devient ainsi une contradiction vivante : pour les uns c'est un employé, pour les autres un maître; pour les uns il n'a que des devoirs, pour les autres il n'a que des droits ; mais s'il agit, il ne peut agir qu'en maître, et il n'a qu'à se laisser emporter par le courant pour mentir, à son insu, malgré lui, dans tous les actes de sa vie publique. Une fois là, il est coupable de haute trahison ; au premier embarras d'argent, il est sacrifié. Le jour où le roi est renversé, les nobles ne sont plus que des propriétaires, ils ne comptent plus dans l'état qu'en qualité de riches; les immeubles ne sont plus considérés que comme des machines à production, et tous les efforts du gouvernement tendent à les rendre accessibles à l'industrie et à les mobiliser en faveur du commerce. C'est là le dernier coup qu'on puisse porter aux maîtres du sol. Maintenant la démocratie réussit-elle à se gouverner? On doit répondre oui et non. Elle saura se gouverner dans la paix ; en perfectionnant le monopole royal, elle le transformera en une administration nationale, et elle pourra régler les intérêts de tous au point de vue de l'agriculture, du commerce et de l'industrie. Mais la guerre reproduit naturellement à l'intérieur le monopole du gouvernement et de l'armée. Les victoires pourront conduire à la dictature le général de la république ; les défaites pourront ramener au pouvoir l'ancienne aristocratie, si elle cherche l'appui de l'étranger; la paix armée fortifiera tous les jours ceux qui gouvernent, car les dangers d'une guerre effrayeront tous les intérêts. Ce n'est pas que les nations puissent revenir sur leurs pas ; la démocratie commerciale ne peut pas rétrograder. Ceux qui s'élèvent par la grâce des révolutions sont forcés de rendre compte de leurs actions au point de vue de l'intérêt universel ; ceux qui s'appuient sur l'étranger viennent jouer une triste comédie, démentie chaque jour dans les discussions parlementaires. On a vu le premier empereur du monde redevenir général après une défaite ; une restauration imposée par l'Europe et brusquement congédiée en trois jours, et la révolution si forte qu'elle mettait à la tête des affaires le premier propriétaire du pays dans l'intérêt de la richesse, quelle que fût son origine. Mais la guerre sera toujours l'obstacle éternel de la démocratie ; tant qu'il y aura des armées permanentes de quatre cent mille hommes, les nations flotteront toujours dans l'alternative des monopoles et des révolutions. Une troisième époque ne peut donc se concevoir que par la paix universelle imposée et garantie non pas par la force, mais par l'association industrielle de tous les peuples qui se réunissent dans un intérêt unique. Quel sera le principe de la troisième époque ? Dans la seconde, la richesse s'est emparée de la force, il faut désormais que le travail s'empare de la richesse dans l'intérêt de la richesse. Cette tâche, bien que réservée à l'avenir, est imposée par le présent et se trouve indiquée par les derniers triomphes de la démocratie. Quand la société se composait de monopoles qui cherchaient à s'équilibrer, les communes, les corporations des arts et métiers, les universités, les grandes compagnies commerciales, la noblesse, le clergé, la magistrature, étaient de grandes associations qui se réglaient par des franchises, par des priviléges, par des lois particulières. Il fallait un secret d'état pour les équilibrer, et cette idée de l'équilibre se reproduisait dans la politique internationale, dans la balance du commerce, dans les systèmes économiques qui opposaient les intérêts de l'agriculture à ceux du commerce. A l'instant où les priviléges sont détruits au nom de l'intérêt universel, à l'instant où l'on accuse de perfidie les secrets du cabinet, il se trouve que l'intérêt universel n'est pas satisfait et que la richesse reconstruit tous les monopoles. On a déclaré avec une profonde bonne foi que l'intérêt de tous doit être respecté, et il se trouve que la richesse seule conduit à la richesse, aux grades, aux fonctions, que la société tout entière est esclave du capital. Pour abolir les droits de la naissance, on a proclamé les droits du travail et de la capacité, on veut que la société se gouverne par l'intelligence; et dans le fait la société n'est qu'une combinaison de monopoles où l'homme est estimé en raison directe du capital, et où ce sont les rentes qui donnent la mesure de la capacité et de la moralité. On sait très-bien que la misère conduit au crime, et l'on punit le crime comme s'il conduisait à la misère, parce qu'il jette l'alarme parmi les riches : on sait très-bien que le capital décide de l'éducation, et l'on traite les hommes comme si l'éducation faisait le capital. L'association est ainsi en contradiction avec elle-même : c'est elle qui pose tous les principes, et c'est elle qui nie toutes les conséquences ; pour la critiquer, il suffit de comparer sa charte avec les principes de la charte, ses codes avec les principes de ses codes, son commerce, son industrie, son agriculture, avec le principe de l'intérêt universel au point de vue du commerce, de l'industrie et de l'agriculture. Rien de plus facile que de faire la satire de la société actuelle ; mais le pire de tous les maux, c'est que ses vices sont nécessaires. On ne peut en effet réorganiser la société dans un but exclusivement industriel sans imposer la paix universelle, on ne peut toucher au gouvernement sans déplacer toutes les propriétés, et on ne peut modifier la propriété sans porter atteinte à l'industrie elle-même. D'ailleurs, toutes les industries pouvaient se considérer comme une seule association quand elles combattaient contre le monopole de la force ; alors elles n'avaient qu'un seul intérêt qui donnait une profonde unité à cette innombrable variété d'exceptions, de priviléges, de franchises qu'elles arrachaient peu à peu au système de la force. Après la victoire, les priviléges se fondent en une loi unique que le gouvernement applique comme une abstraction mathématique à tous les citoyens. Mais l'union des industries n'en est pas moins brisée; elles s'opposent les unes aux autres par mille intérêts contradictoires, et le gouvernement étant un monopole extérieur à la production, ne sait pas et ne doit pas intervenir pour les associer. Républicain ou monarchique, il n'a que la force pour lui, il n'a que l'équilibre pour règle, il lui manque l'unité d'une pensée qui puisse s'appliquer à l'organisation du travail pour faire cesser les conflits des industries, la lutte entre les pauvres et les riches, les inconvénients de la misère. Chose singulière ! le dernier mot de l'économie politique est de *laisser faire,* la dernière conséquence de la libre concurrence est d'émanciper les colonies et d'effacer les barrières des nations; pour elle, l'idéal du gouvernement serait l'absence complète de gouvernement. Rien de plus juste, car le principe organique de la richesse est en dehors du gouvernement. Mais en attendant la société actuelle étant donnée, c'est précisément la concurrence qui établit un conflit entre les industries des divers peuples et rend ainsi la guerre inévitable; or, la guerre enfante un gouvernement actif qui ne peut pas laisser faire tous les intérêts. Somme toute, dans la première époque les guerres extérieures prolongeaient à l'intérieur le monopole des armes : le même phénomène se reproduit actuellement; chaque nation est un monopole industriel, le monopole extérieur maintient forcément le monopole intérieur du gouvernement, et celui-ci doit se borner à chercher l'équilibre de tous les priviléges subalternes de la concurrence et de la richesse. La société actuelle est donc une contradiction : comme le Sphinx, elle a la tête de l'homme et le corps de la brute, elle ne peut se dégager de sa nature inférieure qu'en devenant l'humanité. Certes il faut une certaine simplicité d'esprit pour tracer le programme de l'histoire à venir, ce serait résoudre d'un seul coup le problème qui doit occuper tous les hommes de génie des générations futures. La pensée seule a créé le règne de l'industrie et du commerce, quand la ruse et la force ne pouvaient rien contre la barbarie : la pensée seule pourra faire que dans l'avenir les hommes se reconnaissent dans l'humanité. Mais il est incontestable que l'humanité ne peut pas s'arrêter à l'état actuel. Les utopies sanglantes sont des délires, les utopies pacifiques sont des rêves ; mais soutenir que le genre humain sera toujours ce qu'il est, plaider la cause de l'immobilité dans une époque où pas un jour ne s'écoule sans produire des inventions et des découvertes en tous genres, sans qu'il s'établisse de nouveaux moyens de communication entre les peuples, sans qu'on stipule des traités de commerce ou de politique qui resserrent les liens des nations, quelles que soient les intentions de ceux qui gouvernent ; dire que tout est immobile, tandis que le monde est en mouvement depuis cinq mille ans et que ce serait une témérité d'en borner la durée à l'espace de cinquante mille ans : c'est là se servir de la pensée pour nier la pensée, c'est là faire l'utopie du mal par la plus aveugle de toutes les perversités, celle qui se sert des lumières pour les nier.

§ 2. L'histoire idéale au point de vue des sentiments.

La vertu est inséparable de l'égoïsme. Nous naissons avec un principe indéterminé de dévouement, mais il n'est pas un seul intérêt au sein de la société, qui ne détermine ce principe et qui ne se mette ainsi sous la protection d'une vertu. Les trois époques des intérêts doivent donc déterminer de trois manières différentes l'ensemble de nos sentiments.

Le règne de la force présente toutes les vertus de la guerre, l'amour du danger, l'enthousiasme dans le combat; c'est l'intérêt qui conseille la guerre, on la continue par héroïsme, au point de lui sacrifier les biens et la vie. Les sauvages de l'Amérique s'élèvent au rang de guerrier au milieu des plus horribles tortures; les jeunes Spartiates défiaient la mort devant l'autel de Diane; les tournois du moyen âge sont d'autres épreuves de la valeur barbare. L'hospitalité héroïque, les amitiés contractées sur le champ de bataille, la loyauté dans le combat, en un mot, tout le code de la chevalerie n'est que l'antithèse morale de tous les intérêts de la barbarie. Plus l'intérêt est violent, plus la vertu est ascétique ; l'homme est prêt à se sacrifier parce qu'il veut s'emparer de l'homme. A l'intérieur de la société, on voit l'orgueil des généalogies, véritable fraternité féodale, le dévouement des serviteurs pour leurs maîtres, le respect pour la force physique, les affections profondes de la famille qui accepte toute la sévérité de l'autorité paternelle ; c'est là la poésie qui consacre tous les intérêts des sociétés primitives. — Dans l'âge politique, les sentiments changent avec les conditions du bien-être, et l'on se dévoue aux nouvelles conditions de la société. De là, le mépris pour la violence, pour le vol, pour la piraterie ; en revanche, l'estime de la richesse nécessaire à l'industrie, le respect de la justice inséparable des transactions commerciales, l'amour de la paix indispensable aux travaux de l'industrie. L'ancien honneur chevaleresque, la morale de la guerre se décrédite tous les jours ; mais la probité commerciale devient peu à peu la morale universelle. La première, d'abord confinée dans les manoirs, doit se réfugier à la cour et subir les lois de la cour ; la seconde, d'abord confinée dans la commune, se répand dans le monde et finit par gagner l'esprit des rois. Par cet inexplicable mystère de la nature humaine qui ne peut pas séparer l'intérêt de la vertu, à l'instant où la royauté représente tous les intérêts et protége tous les égoïsmes, il arrive nécessairement que tous les intérêts et tous les égoïsmes se réunissent pour son exaltation. Bien que le roi soit l'homme le plus puissant et le plus riche, et par conséquent le plus heureux, bien que ses vertus ne soient que les vertus de son intérêt, il est dans l'intérêt de tous, et cela suffit pour que la nation se dévoue à la dynastie et suppose sans cesse le dévouement de la dynastie pour la nation. Avant d'être élu, le roi sera la personne la plus suspecte, on se méfiera de toutes ses intentions, on prendra toutes les garanties, on voudra réduire son rôle à celui de vivre; après l'élection, il est la moralité même, et la moindre faveur royale est une consécration qui résume le prestige de tous les intérêts et de toutes les vertus. — Quelle sera la morale de la troisième époque? Nous pouvons l'entrevoir : l'admiration des peuples ne se porte plus vers la richesse ou vers la force ; désormais, les vertus chevaleresques appartiennent à l'histoire; le temps de l'idolâtrie pour la royauté doit passer. Depuis trois siècles, une nouvelle puissance se manifeste dans le monde, celle du génie : jamais auparavant on n'avait vu des hommes qui n'étaient ni prêtres, ni rois, ni tribuns, exercer tant d'influence sur l'humanité tout entière. Jadis la raison qui se développait dans l'homme sans avoir reçu la sanction préalable de la religion ou de la politique était une force suspecte, on l'attribuait à une suggestion diabolique; la démocratie industrielle des temps modernes a sécularisé le génie et l'a imposé à la religion et à la politique. C'est là le principe d'un nouvel enthousiasme, et il est certain que les conditions de la moralité seraient changées, le jour où des hommes comme Christophe Colomb ou comme Newton pourraient recevoir ce titre de *grand*, que jadis l'on décernait aux Alexandre ou aux Charlemagne. Il est vrai qu'il n'y a plus rien à découvrir en fait de morale depuis l'avénement du christianisme, mais l'évangile est encore à réaliser, car toutes les vertus qu'il commande supposent autant d'intérêts qui n'existent pas encore, et qui peut-être n'existeront jamais sur la terre. En effet, l'amour du prochain peut-il s'imposer? Non; et toutes les fois qu'il se développe par l'association, il est irrésistible, témoin tous les dévouements de la famille et de la caste. Il a donc fallu que le commerce réunît les nations, pour que les lois de l'amour pussent dépasser l'enceinte de la cité et de la patrie. La fraternité des hommes proclamée par l'évangile suppose donc l'association universelle ; tant que celle-ci ne sera pas établie, la fraternité sera une fiction poétique. Si jamais l'association universelle se perfectionnait à tel point que tout homme, en ne cherchant que son propre intérêt, se trouvât travailler au plus grand bonheur du genre humain ; dans cette hypothèse, qui touche aux dernières limites du possible, l'humanité serait dans l'adoration d'elle-même. La distinction du juste et de l'utile que le christianisme fait disparaître dans le ciel disparaîtrait de la surface de la terre; le plus grand effort de l'égoïste serait d'être vertueux, celui de l'homme vertueux se réduirait à chercher son plus grand avantage. Le péché ne serait plus qu'un acte d'ignorance, et cette ignorance devenant à son tour impossible, l'humanité serait amnistiée et coordonnée dans toutes ses tendances qui se trouveraient être les tendances de l'harmonie universelle.

La poésie du sentiment enveloppe la société tout entière : on le voit dans les fêtes populaires, qui expriment toujours le dévouement pour une victoire ; dans les cérémonies, véritables drames qui ennoblissent les intérêts de l'association ; dans l'étiquette, qui idéalise l'expression de la puissance ; dans la politesse, espèce de comédie à l'usage de tout le monde et qui exprime une bienveillance réelle, bien que minime, comme l'intérêt inspiré par le premier venu. Le luxe, c'est l'art en détail, l'art qui s'empare de tous les objets qui nous sont utiles ; l'art enfin dans sa pureté n'est que l'expression la plus élevée de l'harmonie du sentiment qui se superpose naturellement à toutes les combinaisons des intérêts. Les fêtes, les cérémonies, les usages, les mœurs, le luxe, les arts parcourent les trois cycles de l'histoire idéale. Il serait long de suivre les formes de cette triple évolution, il suffit ici de constater que, provoquée par l'intérêt, la poésie du sentiment le protége, et seule elle peut expliquer tous les grands sacrifices de l'histoire, comme seule elle explique ce sacrifice continuel de la famille où les générations se dévouent toujours à celles qui doivent les remplacer.

§ 3. L'histoire idéale au point de vue de la raison.

Au point de vue de la raison, c'est-à-dire de la vérité absolue, les grandes époques de l'histoire ne sont que les moments où l'intelligence, en se faisant illusion à elle-même, croit résoudre tous les problèmes de l'intelligence.

La raison est absolue dans toutes ses affirmations, et précisément parce qu'elle est absolue, le monde lui suffit d'abord et elle l'affirme comme s'il existait par lui-même, éternel dans le temps, immense dans l'espace. Mais tout se meut dans le monde ; le mouvement est le phénomène qui se répète dans tous les phénomènes ; quelle sera donc la cause du mouvement? Heureusement le mouvement trouve dans la vie une cause première et indépendante et l'homme n'a qu'à se livrer à l'instinct des analogies pour transporter la vie dans tout ce qui se meut. Ainsi le monde est l'absolu ; la vie est la cause de tout ce qui passe, et par conséquent la cause permanente de tous les phénomènes transitoires du mouvement. Chaque bois a son génie, chaque fleuve est sacré, la pluie, les orages, les moissons, tous les événements sont l'effet d'une volonté. Les dieux s'emparent ensuite de tous les mystères de la nature humaine qui ne s'expliquent pas par l'action immédiate de la volonté. Ils président aux maladies, à la mort, à toutes les inspirations si diverses des arts, à tous les prodiges si merveilleux de l'instinct. Dans les rêves, dans les visions, et dans le prophétisme des bardes, des sibylles, des poètes, l'homme ne s'appartient pas, et cependant le mystère de la vie subsiste dans toute son énergie créatrice : c'est alors que l'esprit est complétement subjugué par ses propres créations et que les dieux s'établissent parmi les hommes en donnant la preuve visible de leur existence. En effet qu'arrive-t-il dans la vision ? On perçoit des couleurs, on entend des voix, on touche des corps en absence de couleur, de voix et de corps; une vision est un miracle, un miracle en explique mille, et tous les miracles de la tradition deviennent des faits par les phénomènes du prophétisme. Le nombre des dieux est illimité, car il faut un dieu à chaque mouvement, mais les formes et les habitudes des dieux doivent être animales ou humaines, car la vie est inséparable des formes animales ou humaines. Enfin la vie étant le premier principe de ce qui change, on conçoit qu'elle cesse d'agir, on ne conçoit pas qu'elle cesse d'être; on ne peut donc pas admettre la mort, et on la respectera dans les tombeaux, comme un sommeil passager, dans l'attente d'un réveil mystérieux. — De même que toute théorie a sa pratique, toute religion a son culte. Se voyant à la merci des forces cosmiques divinisées, l'homme les redoute ou les aime, les supplie, les nourrit, quelquefois il les combat : de là les sacrifices, les exorcismes, les invocations, les enchantements, toutes les cérémonies religieuses qui impliquent pour la plupart la conviction de leur puissance magique. Rien ne se fait donc sans la permission des dieux, ils président à l'origine des arts, ils décident du sort des combats, on les consulte avant d'entreprendre les expéditions, et puisqu'ils décident du sort des combats, on peut mettre sous leur garde toutes les transactions politiques et civiles. De là viennent les serments, les consécrations; peu à peu la religion embrasse tout le gouvernement, les castes, les lois, les terres, les peines, la paix, la guerre, et tout attentat contre la société devient un sacrilége, toute action politique devient une cérémonie religieuse. Puisque les hommes vivent au milieu des dieux, l'histoire se transforme en une légende, les miracles se multiplient avec les événements, et la société devient une preuve vivante de la Providence divine. — Jusqu'ici on n'a fait que poser le principe de la vie, il faut maintenant en déduire toutes les conséquences qu'il renferme. — D'abord la vie suppose les deux sexes, et se propage par l'acte de la génération. Il faut donc donner un sexe, des amours, des généalogies aux astres, au soleil, à la famille des dieux, et comme le principe de la vie n'est pas satisfait tant qu'il ne s'étend pas à tout ce qui se meut et à tout ce qui engendre ou peut être engendré, le ciel, la terre, le monde lui-même, auront un sexe, une origine vitale, dussent-ils sortir d'un œuf, ou de l'amour qui féconderait les éléments du chaos. — Bien plus, on a placé l'existence ou l'essence dans la vie; or, les formes de la vie peuvent changer;

mais on ne saurait concevoir que l'essence puisse cesser ou commencer, c'est-à-dire passer de l'être au néant, ou du néant à l'être. Il n'est donc plus possible d'admettre les deux faits de la naissance et de la mort, si on ne les explique l'un par l'autre, en supposant que l'immortalité des essences consiste dans la renaissance continuelle de l'homme sur la terre. On imagine donc des transmigrations, des résurrections et des mouvements circulaires où la vie et l'amour réparent sans cesse les ravages de la mort. — Toutes les dualités suivent naturellement la dualité des sexes ou les alternatives de la mort et de la vie. La sympathie et l'antipathie, l'amour et la haine, le mouvement et le repos, la sécheresse et l'humidité, la chaleur et le froid, la lumière et les ténèbres, le plein et le vide, la possession et la privation, la paix et la guerre, l'harmonie et le désordre, toutes les antithèses des contraires, toutes les oppositions d'extériorité et d'intériorité, de forme et de matière, de causes et d'effets, d'activité et de passivité ; voilà autant de mystères qu'il faut expliquer : ce ne peuvent être que les formes diverses des deux premiers principes mâle et femelle. — Le jour où les mystères s'identifient, la vie d'abord décomposée d'après la différence des choses et des mouvements se recompose dans quelques abstractions physiques et vitales. Le principe actif ou mâle deviendra successivement la chaleur, la lumière, la sympathie, l'activité, la cause, la forme : le passage une fois établi entre les mystères de la nature, ce sera peut-être la lumière qui usurpera le rôle de la vie et deviendra la forme dans les êtres inanimés, la végétation dans l'arbre, l'instinct dans l'animal, l'intelligence dans l'homme. Le nombre des dieux est toujours illimité comme le nombre des mouvements ; si on distingue la musique des autres arts, il faut alors un dieu à la musique ; si on distingue les tons de la musique, peut-être faudra-t-il un dieu à chaque ton ; mais l'abstraction physique dominera nécessairement toutes les différences ou les transformations, de sorte que le Dieu de la musique, le Dieu de la lumière ou le Dieu du temps, gouvernera les dieux des tons, des couleurs ou des heures. En outre, comme les mêmes principes, savoir : la lumière ou la vie, ou le temps, ou la musique, sont identifiés, tous les dieux du temps, des sons, des couleurs, tous les mouvements du monde, tous les astres du ciel, tous les êtres de la terre dans leur différence indéfinie exprimeront l'harmonie ou la lutte, ou l'intention, ou l'histoire des grands dieux qui dominent les innombrables légions des divinités inférieures. Ainsi le soleil, les planètes, les fleuves, les arbres, les fleurs, les animaux, tout ce qui présente une symétrie, une loi constante, une force organique, un instinct qui se développe, devra exprimer une intention de haine, d'amour, une combinaison céleste ; et toute la nature sera un symbole vivant de l'histoire des dieux. C'est ici le moment où la musique sacrée règle le mouvement des sphères, le cours des saisons, l'ordre de la nature, et se traduit à l'extérieur dans l'harmonie des arts, à moins que le ciel et la terre ne résultent de la lutte du bon et du mauvais génie, à moins que le soleil, ou les astres, ou le ciel ne dirigent directement le cours de la nature. Car l'analogie, la seule méthode de toutes les mystagogies, varie indéfiniment les formes et les mythes ; et mille accidents peuvent altérer à chaque instant cette poésie flottante des croyances. Une seule loi est constante : la raison, malgré les caprices de l'imagination, doit attribuer à des principes physiques, l'éternité et l'invariabilité des principes métaphysiques, et les instincts et les intentions de la vie animale. — Le nombre multiplie et domine en même temps les rapprochements et les combinaisons des premiers principes de la vie, du mouvement et de l'ordre. Impersonnel, pure abstraction, le nombre s'applique à tout, embrasse tout, il pénètre à travers les trois mondes des idées, de l'art et de la nature, en restant toujours le même et en identifiant ainsi tous les mystères de la vie, malgré les différences des formes et des substances. Il montre qu'il y a sept tons, sept couleurs et sept planètes, comme si un seul principe produisait la musique, la coloration et les planètes. Il mesure le rhythme de la poésie, de la danse, de l'architecture ; il compte nos sentiments, nos idées et nos actions, comme si les mêmes principes circulaient à travers toutes les productions de l'intelligence, de l'art et de l'industrie. Au reste, ce qui est, a été ou sera, tombe sous les déterminations du temps et de l'espace, et comme le temps et l'espace se mesurent, le nombre semble ainsi pénétrer au sein même des choses, pour surprendre le secret de leur formation. Nous voyons les mêmes chiffres gravés sur la figure des minéraux, sur les feuilles des fleurs, sur les membres des animaux, et il est certain que l'univers suit un rhythme mystérieux qui se répète de loin à loin, et qui laisse entrevoir une foule de prédilections numériques dans toutes les lois de la vie et de la mort. Si l'on suppose que l'unité est mâle, et la dualité femelle, la triade sera l'acte de la génération réunissant le père, la mère et l'enfant, et la génération se répétera dans les trois lignes qui constituent la première surface, dans les trois dimensions qui déterminent le solide, dans le mouvement qui suppose un objet entre deux points, dans le changement qui suppose un objet entre deux états. D'autres analogies se retrouvent dans la tétrade, puis dans le septenaire; et l'addition et la multiplication des nombres symboliques coïncident tantôt avec les dents, les pieds, les vertèbres des animaux, tantôt avec la durée de la vie, tantôt avec les distances des villes, tantôt avec le cours des saisons, tantôt avec les jours de la semaine ou de l'année, tantôt avec la marche ou l'accouplement des astres. L'esprit humain une fois engagé dans les mystères de l'arithmétique sacrée considère l'univers comme une musique vivante et réelle, et il multiplie par les lois des nombres les légions des dieux qui président à tous les mouvements, il détermine par des symétries numériques les grands cycles des métempsycoses, et cherche enfin à quelle puissance il faut élever un premier chiffre symbolique pour découvrir la grande période cosmogonique du ciel et de la terre. La vie, cependant, bien que permanente, est toujours matérielle; les divinités sont corporelles, elles punissent ou récompensent par la ruine des empires ou par les grandes conquêtes, elles promettent un paradis terrestre ou une terre céleste. Le guerrier se fait suivre dans la tombe par ses chevaux, ses esclaves, quelquefois par ses femmes et ses clients. On élève des monuments gigantesques qui protégent le repos des rois, ou l'on détourne les eaux des fleuves pour les ensevelir avec d'immenses richesses dans les lits inaccessibles des courants. Il y a des héros qui doivent ressusciter comme Arthur; d'autres qui doivent se réveiller dans leur tombeau, comme Barberousse; d'autres qui sont enlevés au ciel avant la mort, comme Romulus.— La première époque conduit à la divinisation de la vie et à la consécration mystique de toutes les symétries : par conséquent, son culte embrasse l'univers, et le prêtre devient le grand artiste de la création. D'abord la société avait été fondée sur un sortilége qui invoquait ou subjuguait quelques divinités au profit de l'humanité; à présent, le monde lui-même est une sorte d'enchantement, et il faut que la société se fonde sur les lois de cette magie universelle. Orphée et Amphion qui bâtissent les villes au son de la lyre, voilà les deux types du sacerdoce. Il trace le plan des villes, il oriente les édifices, il les surcharge de symboles, il fait dresser sept enceintes autour d'Ecbatane, il veut qu'il y ait un nombre déterminé de castes, de métiers, de soldats, de livres sacrés ; les vers eux-mêmes des livres sacrés sont comptés ; l'architecture des temples est une représentation rhythmique de l'architecture du monde. Ce qui sort de ce rhythme ou ce qui le trouble est déclaré immonde ; on punit l'arme qui tue, l'homicide involontaire est un crime ; si la patrie est attaquée, toutes les divinités de l'univers se réunissent pour la défendre. Les règles des arts deviennent des cérémonies ; les prescriptions de l'hygiène, des préceptes religieux ; la connaissance de la nature, une science sacrée ; la moindre innovation est considérée comme une hérésie ou un sacrilége, car elle altère les lois de la vie. Au reste, tout le culte est un enchantement qui captive les forces cosmiques par l'adoration des animaux, des astres, par les orgies quelquefois sanglantes : les formes du culte varient avec les analogies des croyances, mais toutes concourent à la déification du prêtre, qui est le ministre de l'harmonie universelle. A ce titre, il dispose de la pluie, du beau temps, de la fécondité de la terre ; il secourt le soleil et la lune dans leurs éclipses ; il promet la victoire, il prédit les malheurs et il tient les clefs du paradis et de l'enfer. Il va sans dire que la tradition justifie ses titres et sa puissance : qu'est-ce en effet que la tradition? C'est une suite de miracles et de légendes et par conséquent une démonstration positive de la providence divine. Mais la providence a protégé ceux qui triomphent, elle a prodigué toutes ses faveurs à ceux qui gouvernent, c'est par leur entremise qu'elle s'est rendue visible dans l'humanité. Or les visions, nous l'avons vu, rendent probable la légende, mais en outre elles l'expliquent et la complètent en remontant aux premiers âges de la création. D'ailleurs, à cette époque, les analogies et les nombres sont des preuves décisives, et après avoir coordonné les dieux, les phénomènes naturels et les institutions sociales, ces deux preuves ont droit de s'emparer de la légende, c'est-à-dire de l'histoire, pour la coordonner à son tour avec l'harmonie du monde visible et invisible. Dès lors l'histoire commence ou avec les sept cent mille ans du règne de Demschid, ou avec les sept empereurs de la Chine, ou avec la dualité d'Isis et Osiris, ou avec les fils du Soleil, ou avec les demi-dieux, ou avec Vitzipuli. L'histoire entre donc dans le rhythme universel, le prêtre est d'origine divine, il se trouve de fait et de droit l'artiste de la création, et il est bien entendu que si elle n'obéit pas à ses lois c'est que les hommes ont dégénéré et que le monde est dans une période de décadence.

La première époque aboutit à la plus monstrueuse de toutes les contradictions. On a éternisé la vie pour expliquer tous les mouvements, et il se trouve que la vie a besoin d'un principe antérieur et que ce principe ne peut avoir la figure du lotus, ou d'un œuf ou d'un animal, sans supposer à son tour un principe qui l'engendre. On a découvert l'ordre de l'univers, et il manque une cause qui puisse le produire et l'expliquer : l'ordre est dans toutes les parties, et aucun principe matériel ne peut être en même temps en soi et sur tous les points de l'espace. Si on sépare la matière des formes, la matière n'est plus matérielle ; si on la réunit aux formes, alors les êtres ne peuvent plus changer, la naissance et la mort sont impossibles, les êtres ne peuvent plus ni croître, ni varier, ni se mouvoir, sans venir du néant et retomber dans le néant. Si l'on suppose que le chaos a été antérieur à l'ordre, alors on déduit le bien du mal, et c'est ici encore, sous une autre forme, l'existence qui vient du néant. Si l'on suppose que la vie et le mouvement constituent un ordre circulaire qui revient éternellement sur lui-même, l'ordre du tout se trouve de nouveau constitué par chaque point du cercle, chaque individu est cause du tout, et le principe de l'harmonie se dérobe de nouveau à l'esprit qui le cherche. En un mot on veut expliquer le mouvement par le mouvement, la vie par la vie, le fini par le fini, et il se trouve que le mouvement, la vie, le fini s'évanouissent en une différence insaisissable : on a emprisonné l'infini dans le fini, l'intelligence dans la matière, et le monde matériel ne les contient qu'à la condition d'offrir une contradiction universelle. Il faut donc délivrer l'infini et l'intelligence de cette absurde captivité. La vie n'explique pas la vie, le mouvement ne peut pas être la cause du mouvement, le monde ne se suffit plus à lui-même, et l'esprit humain doit chercher un principe qui ne soit ni la vie, ni le mouvement, ni le monde, et qui puisse être partout et antérieur à tout sans subir toutes les contradictions d'une matière infinie et intelligente. L'esprit seul satisfait à ces conditions, et la tâche de la seconde époque consiste à refaire la religion et le culte au point de vue d'un dieu spirituel.

Le premier principe sera donc immatériel, inaltérable, immobile ; il n'aura ni sexe, ni couleur, ni figure ; il n'offrira ni limites, ni qualités, ni déterminations ; il sera indivisible et universel ; on le trouvera partout et nulle part ; il sera hors du temps hors de l'espace, hors du monde, et cependant il sera la cause première du temps, de l'espace et du monde. Toutes les contradictions disparaissent ainsi par la distinction de deux principes, de l'esprit et de la matière. Dieu est l'infini, le monde est fini, Dieu est la cause, le monde est l'effet, Dieu est l'ordre, le monde subit les lois de l'ordre. Mais plus Dieu grandit, plus le monde déchoit ; il perd l'unité, le principe de la vie, de l'ordre ; il n'existe plus par lui-même, il n'a pas même en lui sa propre substance, et il se réduit à la distinction des êtres et à la variation des formes. Mais si Dieu est le seul être, la distinction des êtres est illusoire : si la variation implique la destruction des formes, elle vient du néant et elle rentre dans le néant, le monde n'est qu'une négation ; si bien que lorsque Dieu veut se manifester il ne peut vaincre l'imperfection originelle du néant. Dans la création Dieu subit donc la négation du fini, il déchoit ou il se sacrifie (1), et le monde qui résulte de cette décadence, enchaîné pour ainsi dire au néant et condamné à la mort, ne peut se racheter qu'en se dégageant de la matière pour retourner en Dieu. Mais si la création est double et se compose de réalité et de néant, d'esprit et de matière, d'ordre et de désordre, l'homme est double à son tour, c'est un mélange d'esprit et de corps, de réalité et d'illusion, d'immortalité et de néant. Le corps passe, il est limité, il vient du néant, il est sacrifié à la mort et à toutes les conditions de la mort ; l'âme seule peut participer à tous les priviléges de la Divinité, et elle les explique en quelque sorte, parce qu'elle domine le corps sans se décomposer dans le corps, et sans que l'empire qu'elle exerce sur le monde puisse jamais s'épuiser. Dieu déchoit dans la création : de même l'homme déchoit en naissant, soit qu'il expie sur la terre

---

(1) Cette idée du sacrifice remonte au *Rig-Veda*. Voy. la traduction de Rosen.

les fautes d'une vie antérieure, soit qu'il subisse les lois d'une fatalité inexplicable. La vie terrestre n'est donc qu'une expiation ou un accident de la vie éternelle ; l'homme doit considérer la vie dans le corps comme une captivité temporaire ; bref, il doit chercher la vie dans la mort, puisqu'il voit la mort dans la vie. Par ce dédain du monde matériel l'ancienne religion est renversée, elle s'était attachée aux apparences extérieures, maintenant on sacrifie les apparences à la réalité, le monde extérieur au monde intérieur, qui est devenu réellement invisible parce qu'étant spirituel et intelligible, il ne se voit que par l'intelligence et par l'esprit. — Cependant le nouveau dogme ne pénètre que peu à peu dans les anciennes croyances, et les débris de l'ancien culte peuvent servir à la construction de la nouvelle religion. Ainsi les nombres secourent le raisonnement en expliquant le multiple par l'unité : l'unité du Tien, de la lumière, ou de Jupiter, n'a qu'à détruire sa propre matière pour devenir Dieu ; la métempsycose n'a qu'à séparer le bonheur du plaisir, le ciel de la terre, pour coïncider avec le principe de l'immortalité de l'âme ; les légions des anges et des génies n'ont qu'à se retirer dans la région des esprits pour devenir les ministres de l'Éternel ; enfin l'ordre de la nature, démontré par le rhythme des nombres qui se répète dans le ciel et sur la terre, devient une démonstration symbolique des lois éternelles de l'intelligence divine. Mais il reste à savoir d'une manière positive comment ce dieu immatériel et infini a pu être cause de la matière et se limiter dans la création. La raison démontre négativement l'existence de Dieu ; mais la légende seule peut en démontrer l'action en racontant l'histoire du ciel et de la terre. Or la légende était déjà une démonstration positive de la providence divine, la vision l'avait déjà complétée en remontant aux origines de l'histoire ; c'est à la vision encore à coordonner cette démonstration avec les nouveaux dogmes, en dégageant la légende des théogonies matérielles pour substituer aux générations physiques des dieux, la génération de la pensée divine qui devient la réalité dans le monde. Il n'est pas douteux que la vision ne puisse achever l'œuvre de la raison en se faisant adopter par raison. Aussitôt que G. Postel est persuadé de la nécessité d'une quatrième incarnation, il la voit de ses propres yeux dans la personne d'une religieuse de Venise, et il continue à développer ses théories sous le coup de ses hallucinations. C'est ainsi que Boehm écrit sous la dictée de Dieu ; que Swedenbourg se trouve en communication avec les anges ; Huguetin voit l'enfer et le purgatoire quelques instants avant sa mort ; d'autres sont élevés au ciel, d'autres sont obsédés de visions où les idées se traduisent en images et deviennent des allégories réelles et vivantes. L'ascétisme des solitaires, la vie des cloîtres, l'exaltation des révolutions religieuses présentent mille phénomènes où le raisonnement se

fait chair dans le délire, tout en conservant sa puissance. Mais précisément parce qu'il conserve sa puissance, il s'empare des voix intérieures, des rêves, des apparitions, pour obtenir la démonstration positive de la providence divine, non plus au point de vue matériel, mais au point de vue de l'esprit qui déchoit en se faisant chair et se réhabilite en se dégageant du corps pour retourner à Dieu. Les phénomènes de l'extase qui se développent précisément par l'ascétisme sont de nature à compléter l'illusion. « La fin dernière du soufisme (ou du pro-
« phétisme), dit Al-Gazzali, est l'absorption totale
« en Dieu.... Les révélations ont lieu dès le com-
« mencement d'une manière si éclatante, que les
« soufis voient pendant l'état de veille les anges
« et les âmes des prophètes ; ils entendent leurs
« voix et en obtiennent des faveurs. Puis le trans-
« port s'élève à la perception des formes et des
« figures, à un degré qui échappe à toute ex-
« pression et sur lequel aucun homme ne saurait
« s'expliquer sans que ses paroles renferment un
« péché grave. En un mot, les choses en sont
« venues au point que quelques-uns se sont ima-
« giné être *amalgamés à Dieu*, d'autres, *lui être*
« *identifiés*, d'autres enfin *lui être associés.* » (1)
Voilà l'origine des apocalypses, des révélations, des prophéties, des incarnations, depuis les Bouddhas de l'Orient jusqu'à Mahomet, qui est le pro-

---

(1) *Voy.* Schmolders, trad. d'*Al-Gazzali.*

phète d'un Dieu qui ne doit plus s'identifier avec une créature vivante. L'inspiration est nulle par elle-même ; mais, dans la première époque, lorsque la raison la dominait, elle donnait la démonstration positive de la Providence ; et maintenant, lorsqu'elle suit le mouvement de la raison, elle doit développer cette ancienne démonstration en sacrifiant sans cesse le monde matériel au monde spirituel. — Quel sera donc le nouveau culte ? La vie extérieure est immolée à la vie intérieure, on doit donc sanctifier l'abnégation et la mort pour s'élever vers la perfection infinie d'un être qui n'est pas sujet à la variation. Le grand-prêtre était l'artiste de la création, c'était un dieu vivant ; le premier pontife de la nouvelle époque est un homme qui est devenu dieu, ou un dieu qui s'est fait homme, et qui se sacrifie pour se dégager de l'esclavage des sens. La nouvelle Église se fonde donc sur le principe de l'ascétisme, elle ne peut se développer qu'en développant l'idée de l'abnégation : le prêtre n'est plus ni roi, ni magicien ; il n'est plus de ce monde, il ne promet ni richesses, ni pouvoir, il conseille au contraire la pauvreté, l'humilité et le sacrifice de la vie actuelle. L'ancienne Église était toute dans le monde ; la nouvelle ne veut être rien, et par le plus sublime de tous les paradoxes, le monde est à ses pieds, car elle offre la réhabilitation de l'homme, et tous les royaumes de la terre ne sont rien pour celui qui perd son âme. Quelles que soient les vues du sacerdoce, il se trouve condamné, par son ambition, à déduire toutes les conséquences qui se trouvent renfermées dans le principe de l'abnégation. Il dédaigne les richesses, donc, à ses yeux, toutes les distinctions politiques disparaissent, il ne voit que l'esprit dans l'esclave comme dans le roi, dans le concitoyen comme dans le barbare. Il déifie la sainteté, il faut donc qu'il obéisse au plus digne et qu'il rejette toutes les distinctions sociales, de sorte que le soudra lui-même puisse forcer Indra à descendre de son trône. A l'égard du monde, les instincts de l'Église se trouvent d'accord avec toutes les tendances de la seconde époque ; l'Église, en effet, ne peut ni conseiller la guerre pour la guerre, ni sanctifier l'oppression, ni approuver les pompes de la barbarie, les jeux des gladiateurs, les tournois des chevaliers. Elle ne peut pas supprimer les intérêts de la société, mais elle exige le renoncement au monde dans les affaires mêmes du monde ; pour elle, les fonctions publiques seront des devoirs entourés de séductions dangereuses, et l'état sera une association où le principe de l'amour doit pourvoir à l'intérêt universel. C'est par la force de cette loi d'abnégation que le bouddhisme s'est révolté contre les castes, et, vaincu dans l'Inde, il s'est réfugié à la Chine où il était appelé par les intérêts du plus grand empire du monde. Dans une sphère bien supérieure, l'ascétisme chrétien a proclamé la loi de l'amour universel, et tous les progrès de l'émancipation sociale et politique, toutes les inventions de l'industrie, tous les liens que le commerce a établis entre les nations ont été autant de déterminations positives de l'idéal chrétien, dont la réalisation suppose l'association universelle de tous les intérêts.

Pour nous résumer, il faut conclure qu'en sortant du naturalisme pour condamner la nature, la religion embrasse trois termes : Dieu, qui n'a aucune des qualités de l'univers ; le prophétisme, qui est une démonstration positive de la providence ; la création, sans valeur par elle-même, mais indispensable pour la manifestation positive de l'infini. L'organisation intérieure de l'Église correspond aux trois termes, et présente : la philosophie officiellement constituée, bien que condamnée à un rôle négatif ; le culte qui se réduit à la purification de l'âme ; le monde hors de l'Église est toléré comme un mal indispensable pour la manifestation de la providence. Les développements, les détails, les formes extérieures du monothéisme varient indéfiniment ; il embrasse l'histoire de trois ou quatre mille ans ; cependant tous ses progrès ne sont que les progrès de l'idée du sacrifice, et ils ne peuvent se réaliser que dans les deux termes du fini, de l'infini et de la tradition qui les unit au profit de l'humanité. Ainsi l'idée de l'infini se développe progressivement depuis le Tien des Chinois, ou la Lumière des Perses, jusqu'au Dieu de Leibnitz ; l'idée du fini sort de l'explication numérique de la création donnée par les Brahmanes et les

Bouddhistes pour s'arrêter dans les systèmes de Fr. Bacon et de Newton ; le prophétisme, limité par l'expérience, se retire peu à peu sur le véritable terrain des mystères et ne domine plus que l'origine de l'homme et les premiers jours de la création.

La religion ne se perfectionne pas sans entrer dans une troisième phase. En distinguant l'esprit de la matière, elle a placé le prophétisme entre le monde, qui est livré à ses propres lois, et la philosophie, qui donne la démonstration négative de l'existence de Dieu. Or, il se trouve que le Dieu de la philosophie étant indéterminé, attaque sur tous les points les déterminations positives de la tradition prophétique ; il est infini, et un Dieu infini ne peut ni s'incarner, ni envoyer des prophètes, ni s'irriter, ni même sortir de son immobilité éternelle pour créer le monde ; c'est au reste un Dieu qu'on ne fléchit ni par la prière, ni par les jeûnes, ni par les martyres ; il est inaccessible à toutes les formalités des cultes, et quelles que soient notre vie ou notre croyance, nous ne pouvons pas vivre sans vivre en Dieu. D'un autre côté, aussitôt que le monde est livré à ses propres lois et que le prêtre n'est plus l'artiste de la création, toutes les sciences sont pardonnées, et les inventions et les découvertes n'ont plus besoin de cette consécration religieuse, qui subsiste encore à la Chine. Mais le monde, ou en d'autres termes, l'expérience ne s'avance pas sans attaquer à son tour le prophétisme ; elle voit dans la foudre l'électricité, dans l'ordre de l'univers, les lois de la gravitation ; dans les miracles, les prodiges de la nature ; dans les visions, l'effet des maladies nerveuses ; dans l'inspiration, la grâce du génie qui peut se révéler partout où il y a un problème à résoudre ou un art à inventer. Le prophétisme était la démonstration positive de la providence, et cette démonstration, détruite *à priori* par l'idée d'un Dieu qui ne peut pas se révéler et régler la nature par un ordre exceptionnel à la nature, cette démonstration, dis-je, est détruite une seconde fois par les découvertes de la philologie qui rapproche les monuments de toutes les nations et ne trouve d'autre unité dans l'histoire du monde que l'unité de la raison. Ainsi le prophétisme est attaqué à la base et au sommet, il a parlé au nom d'un Dieu qui ne parle pas ; et cette parole divine qu'il a entendue, il l'a entendue dans le délire. Reste l'idée de la purification du monde ; appartient-elle de droit à l'Église ? Oui, sans doute, s'il s'agit d'un ascétisme indéterminé, qui prodigue son dévouement à pure perte, dans une société qui ne sait pas le rattacher à des intérêts positifs, et qui n'a ni la force ni le droit de commander l'héroïsme dans tous les instants de la vie. Dans ce cas, la voix de l'Église, quoi qu'il en soit du prophétisme, est réellement divine, car elle dépasse par l'intuition du cœur les démonstrations de l'expérience. Nous ne dirons pas que la religion s'attache à l'égoïsme, parce que son enfer est une sorte de supplément au code pénal et son paradis une espèce de prime pour les actions que la société ne peut pas récompenser. Toujours est-il que si les premiers ici-bas doivent être les derniers dans le ciel, si ce renversement de la société est accepté, c'est en vertu du mystère du bien et du mal, et en vertu de l'ascétisme qui a besoin d'une détermination intéressée pour se produire, tout en restant l'ascétisme. Mais l'opposition entre l'Église et le monde, savoir entre l'ascétisme indéterminé ici-bas et toutes les déterminations de l'intérêt, n'en est pas moins une contradiction permanente et stationnaire de la société. A quoi conduit l'ascétisme indéterminé? A contrecarrer tous les instincts de la nature humaine ; de sorte que le même homme sera tour à tour dévot et criminel, suivant qu'il est dominé par une idée religieuse ou par une idée mondaine. S'il arrivait que l'Église pût obtenir la purification du monde par son ascétisme, le monde serait anéanti, car enfin l'industrie et le commerce vivent d'illusions et supposent, sinon tous les vices, comme disait Mandeville, au moins tous les égoïsmes. Imaginons que l'Église accomplisse son œuvre en moralisant le monde ; la contradiction se représente, avec cette différence que les rôles seront intervertis, l'Église complétement démoralisée serait le monde, et le monde complétement moralisé serait l'Église. Les hommes en professant l'humilité, la chasteté et l'obéissance, se trouveraient dans l'Église comme les frères mendiants du moyen âge; le sacerdoce, maître du monde, c'est-à-dire du pouvoir et des richesses, se trouverait hors de l'Église, et la sainteté du sacerdoce deviendrait la plus grande de toutes les mystifications. — Le prophétisme, c'est-à-dire l'Église, peut-il se retirer de la scène du monde? alors la démonstration positive de la providence est supprimée, les deux extrêmes que le prophétisme conciliait, savoir : le Dieu inaltérable de la philosophie et le monde qui ne se suffit pas à lui-même, restent séparés, et il n'y a plus aucun raisonnement qui puisse jamais les réconcilier dans leur réalité ontologique. Un Dieu inaltérable n'explique pas le mouvement, et cependant le mouvement suppose une première cause; celle-ci ne se trouve pas dans la physique, et cependant la métaphysique ne peut pas intervenir dans le monde physique. Ainsi l'esprit et la matière, l'éternité et le temps, l'immensité et l'espace, l'indivisibilité et la division, la prescience divine et la liberté humaine, la providence et le mal, en un mot l'infini et le fini, se supposant et s'excluant sans cesse, nous enveloppent dans un labyrinthe inextricable d'antithèses, tant qu'on ne voit pas que la pensée elle-même nous est donnée à la condition de cette lutte et qu'il est impossible à la pensée de ne pas la reproduire dans tout ce qu'elle conçoit ou affirme. Nous reviendrons plus loin sur la nécessité de nous renfermer dans la description d'un premier mystère qui implique tous les autres, et de le circonscrire dans la pensée, pour éviter les contradictions insolubles de l'ontologie. En attendant, il est clair que les trois éléments de la société actuelle, c'est-à-dire la philosophie, l'Église et l'expérience, sont en opposition, sans que l'un d'eux puisse se retirer et faire cesser la lutte. Il est évident en outre que la société ne peut pas avancer sans chercher l'harmonie des trois éléments, en mettant d'accord les lois de la science, de l'amour et de l'intérêt. Mais le problème est posé depuis trois siècles et le monde est en mouvement pour le résoudre. Nous avons vu que le système de l'intérêt universel coïncide avec celui de l'amour universel. L'Église a dû renoncer successivement à ses énormes pénitences, à ses couvents, à ses suprématies, à ses indulgences; et cette abdication était naturelle, puisque les intérêts suppléaient à son ministère en déterminant une partie de sa morale. Si la morale évangélique était complétement déterminée, l'opposition entre l'Église et le monde disparaîtrait, les intérêts produiraient toutes les vertus, et le sacerdoce serait partout et nulle part. Mais l'ordre une fois donné, quelle plus grande démonstration pourrait-on obtenir de la providence divine? Que si l'on parle des difficultés ontologiques, il faut avouer que le premier mystère est insoluble, et c'est là, précisément, la raison par laquelle l'histoire a commencé, sans que personne puisse en prévoir la fin.

§ 1. Passage d'une époque à l'autre de l'histoire idéale.

Dès qu'un principe est établi il ne peut rien tolérer en dehors de sa domination, il faut qu'il soit la vérité absolue, et s'il n'est pas d'accord avec les faits, il va chercher lui-même l'idée qui doit le détruire. C'est ainsi que le polythéisme cherche l'ordre dans l'univers, et quand il l'a trouvé, il doit céder la place au principe qui coordonne toutes les divinités inférieures. Le monothéisme distingue l'être de toutes les qualités ; mais lorsque cette distinction est établie, le prophétisme est une qualité rejetée par le monothéisme. Le monopole de la guerre veut produire toutes ses conséquences ; et à l'instant où il se sépare complétement de ce qui ne tient pas à la guerre, savoir : du commerce et de l'industrie, il se trouve en présence d'une force qui va le dominer. Le monopole lui-même de l'industrie, du commerce et de l'agriculture veut tout envahir, et, soumettant les forces productrices à la domination du capital, il va chercher à son tour le principe inconnu, auquel il doit laisser la domination. Les monopoles trouvent dans leur triomphe la cause de leur ruine ; les religions deviennent hétérodoxes par excès même d'orthodoxie, et en général tous les systèmes deviennent des paradoxes à l'instant où ils déduisent les dernières conséquences du principe qui les a engendrés. Mais puisque la contradiction éclate dans les applications, il s'en suit que le mouvement des réformes commence par les dernières applications du système qu'elles attaquent, pour remonter de conséquence en conséquence jusqu'aux premiers principes de l'ancienne société.

Le mouvement des réformes présente donc l'exacte contre-partie du mouvement logique des systèmes établis. Ceux-ci partent des principes pour arriver aux conséquences, les réformes partent des conséquences pour arriver à un principe qu'elles ignorent ; au lieu de dominer la pratique par une idée nouvelle, elles dominent l'idée ancienne par une pratique nouvelle ; au lieu de poser des lois pour les appliquer à la société, elles posent au contraire des exceptions, sauf à dégager plus tard la loi qui résume toutes les exceptions. — Ainsi le droit romain, depuis les lois des Douze-tables jusqu'à la jurisprudence des empereurs, est une fiction continuelle par laquelle on respecte la barbarie de la loi ancienne en l'interprétant avec une équité nouvelle. Le droit moderne commence par suite de priviléges, de franchises et d'exceptions, les codes arrivent bien tard, et encore à présent, chez plusieurs peuples, les codes ne sont qu'une grande exception du droit féodal de l'aristocratie. En général la noblesse conserve ses titres en perdant ses droits, la chevalerie garde sa poésie en perdant sa mission, les gouvernements vivent encore dans les formes extérieures longtemps après qu'ils ont cédé la force aux nouveaux pouvoirs. De même, les innovations religieuses commencent toujours par les accessoires, par quelque article de discipline, et se propagent par des hommes qui se croient fermement fidèles à la vérité de l'ancien culte. C'est pourquoi les novateurs en fait de religion se présentent toujours comme de simples réformateurs. Zoroastre restaure le culte des Perses, Mahomet invoque l'autorité des prophètes qui l'ont devancé, Jésus-Christ vient accomplir la loi de l'ancienne alliance, Luther vient ramener l'Église à son origine; Kong-Fou-Tsée et Bouddha à leur tour, disent qu'ils viennent réformer l'ancien culte, et c'est par une prétention analogue que s'annoncent tous ces hérésiarques d'Orient et d'Occident qui auraient fondé de nouvelles sectes s'ils n'avaient pas manqué à l'œuvre. La propagation des cultes d'un peuple à l'autre se fait encore par une transaction entre les formes étrangères et les idées nationales. Le polythéisme n'a-t-il pas introduit la moitié de ses héros au milieu des saints du christianisme? Une foule de cérémonies païennes subsistent encore en Europe où elles se sont réfugiées dans les villages les plus arriérés. On sait que les jésuites à la Chine substituaient le Tien au Dieu de notre religion. La même fraude s'est reproduite dans toutes les propagandes. Lors même que les missionnaires étaient de bonne foi, l'illusion n'en était pas moins réelle dans l'esprit des peuples qui admettaient le Christ au nombre de leurs dieux et préparaient ainsi à leur insu les hérésies qui devaient étonner l'Église quelques siècles plus tard. Enfin, quand la raison et les mœurs chassent forcément du sanctuaire les anciennes divinités, l'interprétation allégorique les y retient, et sans changer de formes, elles reçoivent un sens nouveau. L'interprétation est au reste la source permanente de toutes les réformes religieuses : elle est indivisible du récit, de l'art, de la tradition elle-même ; on ne raconte rien que le récit n'approche d'une explication quelconque qui est toujours moderne ; on n'élève pas une statue que l'artiste ne cherche à comprendre les sentiments du dieu qu'il anime ; et quand les explications passent de la tradition à l'art, de l'art à l'école philosophique, il faut bien qu'elles transportent les idées nouvelles dans les anciens symboles. La philosophie et les sciences elles-mêmes, tout en s'écartant brusquement des religions, rendent un hommage plus ou moins volontaire aux croyances, ou tout au plus ne se présentent que comme des exceptions. Ainsi Descartes excepte la philosophie de la religion ; avant lui Colomb et Galilée avaient fait admettre les exceptions de leurs découvertes ; avant Galilée et Colomb la physique et la philosophie étaient suspectes, l'une de magie, l'autre d'hérésie ; et cependant Roger Bacon et Abélard à leur tour avaient pour but, l'un de livrer l'empire du monde à la chrétienté, l'autre de fonder la religion sur les bases de la raison.

Si les nations étaient désarmées et désintéressées, il est certain que les principes se transformeraient à l'insu de tout le monde; du moins les débats ne prendraient que la forme d'une discussion sur des réformes partielles. Mais les peuples sortent armés du sein de la terre; il n'y a pas une idée qui ne tienne à des intérêts, et à l'instant où les exceptions sont plus grandes que l'ancienne loi, la contradiction doit prendre la forme du combat. Or, la force aveugle ne compte pas dans l'histoire idéale, car les répressions violentes replacent les choses où elles étaient avant le débat, et les destructions violentes ne sont nullement des réformes progressives. L'émeute des esclaves, tout aussi bien que l'incendie des machines, n'est qu'une dévastation barbare; ceux qui triomphent sont forcés de reconstruire après la victoire ce qu'ils ont détruit pendant le combat. Mais la discussion légale elle-même, soit qu'elle ait lieu dans les parlements, dans les conciles, ou à la cour, ou devant les tribunaux, se trouve à son tour à la merci de la force, qui fausse la logique au profit du plus puissant, en sacrifiant l'idée du plus faible. Il arrive souvent qu'une idée devient la croyance presque générale d'une société; alors le peuple peut se lever comme un seul homme, et ce sont là les rares instants où les insurrections coïncident avec le développement des idées. Mais si la fureur des masses est irrésistible, il ne faut pas non plus oublier que l'unité organique d'un gouvernement établi offre toutes les ressources d'un monopole. Il y a d'ailleurs une considération qui empêchera toujours de prendre à la lettre les révolutions armées. Que demande-t-on, en effet, les armes à la main ? un droit ou quelques droits. On ne remet jamais en question tout un système : la société se transforme lentement ; à tous les points de sa durée elle est toujours un système ; la contradiction qui l'oblige à marcher ne peut tomber que sur quelques franchises ou sur quelques garanties : en d'autres termes, les peuples ne combattent que pour maintenir ce qu'ils ont conquis ou pour réclamer les garanties sans lesquelles les biens acquis ne seraient que des faits sans valeur, ou des droits incertains. Mais si tout tourne contre les peuples, si rien ne leur prête appui, ni la religion, ni les généraux, ni les rois ; si la moitié de la société est armée contre l'insurrection, alors l'insurrection doit faire appel à tout un ordre de choses inconnues. Dans l'impossibilité de construire instantanément une société nouvelle, il faut qu'elle devienne une Jacquerie insensée. De là ces conspirations folles, ces révoltes inutiles, ces utopies audacieuses où l'imagination remplace la raison pour se figurer un avenir qu'on ne peut pas deviner ; de là ces systèmes fantastiques que toute révolution fait éclore, soit qu'elle s'empare inopinément d'une société qui ne doit pas lui appartenir, soit qu'elle succombe à un gouvernement qui abuse de ses droits. Ainsi les Millénaires voulaient détruire tous les mystères de la religion ; de quelle manière ? en supposant le plus grand de tous les mystères, le mystère qui les implique tous, c'est-à-dire en supposant une nouvelle incarnation. Les philosophes de la Renaissance attaquaient les miracles et les légendes : comment ? Ouvrez Vanini et Pomponat : par la magie et par l'astrologie. Les Saints-Simoniens voulaient réformer la société : par quel moyen ? par une nouvelle papauté. La raison ne peut pas se surpasser, et quand elle le veut, elle tourne à son insu dans le cercle des anciens souvenirs, témoin les conspirations de Babeuf, de Campanella, les frères de la Rose-Croix, témoin les hérésies gnostiques et manichéennes du moyen âge et les efforts des anciens alchimistes, qui recouraient à la féerie pour devancer les prodiges de l'industrie moderne. Bref, pour grandir, les sociétés nouvelles sont forcées de répondre à toute objection par une découverte, à tout pouvoir constitué par une nouvelle invention ; et comme on n'invente pas tous les jours, comme l'avenir ne peut pas sortir tout armé de la tête d'un homme ou de quelques hommes, si les malheurs deviennent insupportables, il faut qu'ils éclatent en délires ; dans la civilisation comme dans la barbarie, l'esclave perd toujours la moitié de son esprit, et le maître a pourvu d'avance à garantir sa domination. Mais le délire, pas plus que la force brutale, ne peut compter dans l'histoire des idées ; il n'y a donc qu'une seule loi qui soit commune à toutes les révolutions ; elles commencent par des persécutions isolées, qui chassent du sanctuaire ou de la caste, ou de la cour, le premier prêtre, ou le premier ambitieux, ou le premier général qui devient suspect. Les masses se groupent autour des transfuges et forment les partis ; les partis sont persécutés à leur tour, mais s'ils s'étendent à tel point que les persécutions deviennent impossibles, si jamais ils arrivent à se faire tolérer, alors commencent ces polémiques parlementaires qui durent des siècles, en attendant que la révolution se propage insensiblement et pénètre au fond de toutes les idées, de tous les sentiments et de tous les intérêts. Tant que les nations avancent, le mouvement est irrésistible, tous les jours les vieux monopoles perdent un privilége, à chaque instant les anciens dogmes reçoivent le démenti d'une découverte ; puis le langage lui-même s'altère, et l'ancienne orthodoxie est forcée de parler le langage de l'hérésie pour combattre l'hérésie. Quand un édifice s'écroule, les pierres qui tombent concourent à le ruiner, il ne peut durer que par l'immobilité, et le hasard même conspire à le détruire ; car le hasard, c'est le mouvement. Cependant il n'y a pas de caste qui ne se réveille au moment de la mort, mais ce n'est que pour se voir dans l'alternative ou d'adopter la révolution, ou de tenter le sort des armes. Dans le premier cas la caste disparaît, dans le second les massacres et les guerres civiles mettent à l'épreuve l'odieuse vitalité d'un principe condamné par la haine universelle. Ainsi les nouveaux dogmes commencent par les martyres, se développent par la tolérance et triomphent soit par la force de la tolérance, soit par la force des armes. Voilà la seule loi qui soit commune à toute révolution, loi tout extérieure et accidentelle dans sa manifestation. La loi intérieure des révolutions est celle qui forme et réforme les systèmes, et il n'est guère possible de la saisir dans une période isolée, car la société est toujours en révolution, et néanmoins elle est toujours un système. — Il est à remarquer que c'est la guerre qui détruit les images et les symboles. Une société dont le progrès aurait été pacifique présenterait dans ses derniers jours ses anciens temples et ses vieilles idoles, respectés mais complétement défigurés par l'intention, par l'art ou par l'allégorisme d'une religion toute philosophique. Pourquoi changer de langue, quand les anciens caractères, en se simplifiant régulièrement, peuvent exprimer le sens de tous les systèmes possibles ? Mais dans le combat, l'ancien symbole devient une insulte, et il faut le briser pour constater la victoire.

Aussitôt que les réformes présentent le caractère de révolutions, l'opposition des intérêts provoque une opposition bien plus violente dans les sentiments. Les intérêts calculent, transigent ; pour eux, il n'y a ni vertu, ni lâcheté ; mais dans le cœur de l'homme, tous les combats supposent une vertu, et toutes les défaites se présentent comme des humiliations ou des profanations. Le véritable principe de la guerre est donc moins dans l'intérêt que dans la poésie qui le protége en dépit de l'intérêt lui-même. C'est pourquoi les castes ont poursuivi de leurs anathèmes toutes les révolutions; tous les hommes nouveaux ont été considérés comme des criminels, tous les progrès ont été signalés comme des chutes, à tel point que nous sommes réellement sous le poids de l'exécration de toutes les générations qui nous ont précédés. — La religion de Moïse est une hérésie condamnée en Égypte; le christianisme est une hérésie du judaïsme; le protestantisme est une profanation de l'Église catholique. Les premiers chrétiens ont été vilipendés dans la société païenne : l'humilité était de la lâcheté devant le culte de la force; nos missionnaires sont accusés de pervertir les mœurs en Chine et au Japon; ce sont encore des profanes en Orient. Le Bouddhisme est maudit par les Brahmanes, et Mahomet est accusé d'imposture et de folie par les anciens prêtres de Médine. Mais si en général toutes les religions nouvelles sont des hérésies, d'un autre côté, il n'est pas un seul intérêt nouveau qui n'ait été considéré comme dégradant pour la dignité de l'homme. Voyez le mépris de Platon et d'Aristote pour la concurrence et pour le commerce, Platon va jusqu'à proscrire les ports de mer; il y a dans cet arrêt la condamnation de toute la puissance du monde moderne. Le travail de l'agricul-

ture est une tâche humiliante pour le sauvage de l'Amérique ; la vie sédentaire est une corruption aux yeux des Arabes et des peuples pasteurs. Appius, et tous les représentants de l'aristocratie romaine voyaient la ruine de Rome dans les prétentions des plébéiens. La littérature même et les sciences n'échappent pas au mépris de la barbarie ; on connaît le dédain des Goths pour la littérature classique, et ce dédain est héréditaire dans la noblesse, jusqu'à Descartes qui est méprisé par son frère ; c'était aussi le sentiment de Caton l'Ancien pour les philosophes de la Grèce. Puis, ce fut une méfiance du même genre mais bien plus cruelle, au moyen âge, pour le simple usage de la logique mise au service de la religion : témoin saint Bernard, Grégoire le Grand et d'autres mystiques, qui finissaient par considérer le talent comme une suggestion diabolique et la science comme une profanation. Roger Bacon, Albert le Grand, d'autres physiciens passaient pour des négromans. Lorsque Colomb veut partir pour les Indes, il semble téméraire à la cour de Ferdinand et d'Isabelle, mais il est sacrilége dans le port de Palos. Voici une plainte d'une autre espèce : « On déplorait, dit
« M. Aug. Thierry, comme la ruine de toute fran-
« chise et une honte pour le pays, la tentative de
« substituer au combat judiciaire la procédure par
« témoins : *Vous n'êtes plus Français, vous êtes*
« *jugés par enquête*, dit un chroniqueur du trei-
« zième siècle. *La douce France qu'on ne l'appelle*

« *plus ainsi, qu'elle ait nom pays des sujets, terre des* « *lâches* (1). » Cette accusation de servilité et d'assujettissement accompagne tous les triomphes de l'histoire moderne. Le jour où les armées régulières ont remplacé les armées féodales, ce fut un jour d'humiliation pour l'honneur chevaleresque ; ce fut une chute pour la valeur, que de se soumettre à la tactique. On vit dans les triomphes de la monarchie autant d'attentats contre la dignité nationale, de véritables spoliations anarchiques, qui livraient le pouvoir à des gens indignes de l'exercer. La paix elle-même semble une honte à la barbarie ; après la bataille de Crécy, observe M. Michelet (2), les communes d'Angleterre ne voulaient pas continuer la guerre contre la France : *Quoi*, dirent les lords, *voudriez-vous d'une paix perpétuelle?* Il est inutile de parler de la révolution de France, nous pouvons lire à chaque instant les plaintes quotidiennes du parti qui la considère comme un effroyable désastre. — Tous les moyens de vulgariser et de propager la pensée, depuis la plus haute antiquité jusqu'à nos jours, ont été constamment un objet d'alarme et de réprobation. Amaseo demanda à Charles V des lois pénales contre les auteurs italiens qui imprimeraient des traductions ou des ouvrages importants en langue vulgaire. Dati, Vico, Giannone, redoutaient la puissance de l'imprimerie ; plus tard, et à présent encore, on redoute la

---

(1) *Considérations sur l'hist. de France*, p. 10.
(2) *Hist. de France*, vol. III.

liberté de la presse et l'action du journalisme ; et si on remonte aux souvenirs de la Grèce, on trouvera dans le Phèdre de Platon les derniers mots d'une discussion sacerdotale contre l'usage de l'écriture. Le plus innocent de tous les arts, la musique, n'a pu avancer d'un pas en Orient en Égypte, en Grèce, au moyen âge, sans être accusé de pervertir les mœurs : on peut voir dans les récits des missionnaires et des voyageurs les plus étranges résistances contre l'admission des arts les plus utiles de la civilisation moderne. Mais pourquoi multiplier les preuves historiques ? il n'y a pas une bourgade sur la terre, où l'on ne puisse prendre sur le fait cette haine pour l'innovation incessamment comparée à un désordre, à une chute, ou à une dégradation de la nature humaine. — Mais si les révolutions sont d'abord condamnées comme des corruptions, à leur tour, quand elles s'accomplissent, elles renvoient les accusations aux générations antérieures. On n'aurait qu'à additionner les griefs des hommes nouveaux contre leurs ennemis, en remontant de siècle en siècle, depuis Voltaire jusqu'à Abélard, depuis les pères de l'Église jusqu'aux sages de la Grèce, on verrait qu'à son tour, l'antiquité est sous le poids de l'exécration de l'Europe moderne. Au reste, ces griefs, nous n'avons pas besoin de les connaître ; ils sont en nous, ils vivent dans notre cœur, ils forment cette poésie réelle de notre vie, qu'on ne peut attaquer sans nous blesser dans notre existence même. Nos idées et nos intérêts eux-mêmes n'ont de fixité qu'en vertu de cette poésie inviolable des sentiments actuels ; et c'est elle qui rend impossibles à tous les instants de l'histoire moderne, les castes, les esclaves, les gladiateurs, les décimations des armées, les exterminations antiques, les supplices héroïques, les vices de la vie privée, le servage de la femme, en un mot, la brutalité sauvage et fastueuse des anciens temps, et ces cultes sanglants qui la sanctifiaient et construisaient un ciel souillé de crimes à l'image d'une terre qui n'était pas encore purifiée.

CHAPITRE IV.

De l'allitération de la pensée.

Les formes sont inséparables des idées ; c'est à peine si l'on peut penser sans langage, par conséquent les formes suivent naturellement toutes les évolutions de la pensée. L'histoire des formes doit donc présenter trois phases : l'une sacrée, l'autre poétique, la troisième logique.

Les formes sacrées sont celles de la religion primitive ; elle suppose que la nature est un enchantement, elle place un dieu dans chaque phénomène, et elle doit attacher aux signes une puissance magique ou cabalistique. La parole, la danse, les cérémonies, les amulettes, les invocations, les exécrations, certaines figures, certains nombres sont tellement liés aux forces cosmiques, que la moindre altération dans la forme doit entraîner avec elle une rébellion dans les forces invisibles de la nature. Dans une religion philosophique, le culte se réduit à l'intention et à la prière mentale ; dans le polythéisme, il n'y a pas de culte hors du temple, pas de prière sans cérémonies. Les actes de la vie doivent cadrer avec des formes pour se mettre sous la garde de Dieu. Point de roi sans l'oint du Seigneur ; le serment est violé s'il n'est pas littéralement observé ; Agamemnon et Jephthé sacrifient leurs filles à la magie de la parole ; Guillaume le Conquérant et Pizarre se croient dispensés de tenir leur promesse parce qu'ils l'ont jurée sur des recueils de chansons. Dans ce formalisme l'avenir reste lié aux signes, au vol des oiseaux, aux entrailles des victimes, aux augures du vendredi, du 13 du mois, aux moindres accidents extérieurs. Le poète cherche naturellement son inspiration en s'adressant aux muses, Pulci finit son poème burlesque par le *Salve Regina* ; Descartes prélude à sa philosophie par un pèlerinage à Notre-Dame de Lorette. Au moyen âge, la morale la plus élevée ne fut comprise que dans les actes matériels des sacrements ; pendant longtemps le christianisme chercha le jugement de Dieu dans les épreuves de l'eau et du feu. Enfin les règles des ordres religieux de tous les temps et de tous les pays, depuis la Chine jusqu'au Mexique, n'ont jamais été que de diligentes et minutieuses interprétations du dogme, qui se traduisaient en tortures physiques, morales et intellectuelles pour donner la représentation matérielle de la vertu. Et cela était nécessaire, puisqu'on supposait une force magique à la dévotion.

Après les formes sacrées viennent les formes poétiques et profanes, véritables pédanteries barbares, espèces de superstitions sécularisées qui remplacent les cérémonies religieuses et occupent le champ que celles-ci laissent libre. Le droit romain est rempli de formules ; l'ancien droit quiritaire était tout entier dans les *actiones legitimæ*. Les mêmes cérémonies légales se trouvent sous d'autres formes dans le droit féodal. Ces cérémonies à nos yeux sont poétiques, jadis elles étaient aussi nécessaires que nos actes par-devant notaire ; toucher à la lettre de la loi aristocratique, c'était toucher à la certitude elle-même du droit ; interpréter les lois, c'était usurper le droit de les faire. Aussi, la loi anglaise, essentiellement aristocratique, est inflexible comme celle de Sparte ou de Rome ; les jurisconsultes et les juges peuvent interpréter, falsifier les faits, mais il faut toujours que la loi soit appliquée dans toute son iniquité littérale. Il est peu de chants populaires, de mœurs traditionnelles, de souvenirs patriotiques, de cérémonies civiles qui ne rappellent les formes poétiques de la barbarie ; elles subsistent encore dans les campagnes, où les anciennes idées se refusent à adopter le langage moderne ; la royauté, qui doit parler à l'universalité de la nation, n'a pas encore renoncé au sacre, vieille comédie jadis indispensable pour constater l'acte du couronnement devant tous les corps de l'état.

Il faut placer ici presque toutes les formes de la scolastique, l'un des plus singuliers phénomènes de la barbarie, en contact avec la logique d'une civilisation antérieure. Au moyen âge toutes les idées rétrogradèrent vers les symboles, et pendant que la philosophie se matérialisait dans la religion, la religion dans la papauté, les droits dans les solennités féodales, la logique des anciens devint à son tour la dialectique des scolastiques, dont les formules furent les véritables *actiones legitimæ* de la philosophie. Qu'était-ce que les formules du droit? des précautions pour le faire valoir : de même, les formules de la dialectique furent les précautions indispensables pour faire valoir la pensée. On n'en conçoit pas la nécessité si l'on oublie que dans la barbarie les idées ne peuvent triompher que par la dispute. Les plus anciennes discussions du polythéisme sont liées à l'inspiration sacrée des bardes, des poëtes et des prophètes; là, c'est le génie de la poésie qui décide de la victoire, et la victoire est sanglante si le vaincu a été inspiré par un génie sacrilége ou inepte. Ainsi la mythologie rappelle la lutte d'OEdipe et du Sphinx, d'Apollon et de Marsyas : les contes arabes et persans nous parlent de ces logogriphes mortels que les princesses proposaient à leurs prétendants : dans les traditions scandinaves, Odin tue Vafthrudnir qui ne sait pas répondre à une dernière interrogation ; dans le Mahabahrata, le brahmane Kahora, vaincu dans une dispute par Vardi, est obligé de se noyer. A l'instant où les peuples entrent dans la phase du monothéisme, le raisonnement se dégage de l'inspiration sacrée, et il aspire à subjuguer les convictions par la démonstration ; mais c'est toujours la dispute qui décide de la valeur de la pensée. Les premiers ouvrages de la philosophie grecque, depuis Zénon jusqu'à Platon, sont des dialogues ; au moyen âge les livres d'Alcuin présentent une suite de demandes et de réponses ; les demandes deviennent de plus en plus audacieuses dans les ouvrages postérieurs, et quand les interlocuteurs disparaissent, tous les livres de la scolastique arabe et européenne sont écrits par thèses et antithèses, par preuves et contre-preuves; on dirait comme des procès-verbaux de discussions. Même mouvement dans la philosophie indienne : le Mahahbarata et les Pouranas se développent par la forme du dialogue ; dans le grand poème du Ramayana, cette forme est encore indiquée dans l'introduction ; plus tard, c'est l'acte de la dispute qui décide de la forme des traités de la scolastique indienne. Partout il a fallu que le philosophe barbare payât de sa personne, qu'il sût prévoir les objections, qu'il réduisît son adversaire au silence et qu'il lui imposât ses démonstrations par l'énorme certitude d'une forme extérieure plus forte que l'inspiration de la poésie et toutes les subtilités de la mauvaise foi. Or, les organons de toutes les scolastiques, ces *claves magnæ*, ces *formulæ logicales* qui nous font horreur, ont été les véritables instruments de la pensée, la véritable garantie de la précision matérielle des disputes. Les syllogismes, les modales, les conversions, les définitions, les distinctions, les lieux des topiques, toutes ces

espèces d'armures, de flexions artificielles, d'articulations de fer, forgées dans une langue spéciale, ont été indispensables pour préciser des idées qui n'auraient trouvé ni formes, ni expressions dans les langues de Froissard, du romancero et des anciennes chroniques de tous les peuples de l'Europe. Aristote, le grand maître, j'allais dire le grand magicien de toutes les formes antiques, devint naturellement le roi des écoles. Mais on ne se contentait pas de sa logique ; on renchérissait sur les divisions, sur les subdivisions, on opposait thèse à thèse, preuve à preuve, on subdivisait la discussion à l'infini à force de *déclarations*, de *points*, d'*explications*, d'*exceptions*, et il fallait à tout prix que la vérité restât emprisonnée dans ce réseau de forteresses qu'on élevait autour de toute grande pensée philosophique. La Somme de saint Thomas est le véritable chef-d'œuvre de ce genre de constructions gothiques. Au reste, on les trouve chez tous les peuples qui entrent dans la phase du monothéisme. « Les philosophes arabes, dit un
« orientaliste, ressemblent aux scolastiques, qui
« cependant, en raideur de formes, en sécheresse
« et en concision de style, enfin en tout ce qui nous
« choque aujourd'hui comme empreint d'un pé-
« dantisme bizarre, sont encore loin d'égaler les
« Arabes. Ceci est surtout vrai des Motakahllims
« (les péripatéticiens), qui ne font aucun pas sans
« le marquer de polémique, qui ne procèdent que
« par syllogismes : la philosophie, ils la réduisent

« à une espèce d'algèbre où, au lieu de lettres
« formulaires, on trouve des mots : là, nulle ex-
« pression qui ne soit absolument nécessaire, tout
« y devient formule stéréotype, et une traduction
« rigoureusement verbale, si elle était possible, se-
« rait à coup sûr illisible (1). » La Nyaya des Indous divise les phases de l'argumentation, à partir de l'objection première jusqu'à la réduction de
l'adversaire au silence, en seize moments topiques
qui règlent depuis trente siècles toutes les discussions de la philosophie indienne. La philosophie
grecque, si indépendante, a fait le même apprentissage. Chaque système avait sa forme : le dilemme de Zénon, l'interrogation de Socrate, les
sophismes de Mégare, la division de Platon, le syllogisme d'Aristote, c'étaient là les armes des diverses écoles, à cette époque où le sophisme
des cornes pouvait arrêter une discussion (2). Si
les formes du droit héroïque sont la poésie du
droit, la scolastique est l'âge poétique de la philosophie, assurément aussi passionné que l'âge de
l'Iliade, aussi pittoresque que les joutes des chevaliers (3). Les formes scolastiques, comme celles du

---

(1) *Essai sur les écoles philosophiques chez les Arabes*, par Schmolders, p. 108.
(2) Voy. *l'Euthydème* de Platon.
(3) Témoin l'histoire des écoles depuis les luttes d'Abélard et de Guillaume de Champeau jusqu'au tournois de Pic de la Mirandola : les disputes étaient interminables, et quelquefois elles devenaient de véritables batailles. Voici quelques exemples :
« Franciscus Moironus Franciscanus, sub anno 1315, magnani-

droit barbare, expriment en réalité la première sécularisation de la pensée, le premier moment où la raison comprend ses propres conditions et s'oppose au mouvement polythéiste de l'analogie et du nombre. Quels sont, en effet, ceux qui s'opposent à la dialectique ? Ce sont des voyants, des mystiques, des hommes qui écoutent les voix intérieures et qui restent dans l'intuition du prophétisme. Sans doute ils sont dominés par le dieu du monothéisme; mais la légende est polythéiste, elle voit les esprits, elle leur donne un corps, des passions, et en luttant contre la raison qui veut con-

« mum illud Sorbonicum introduxit quo æstate per singulos dies
« Veneris respondetur a quinta matutina ad septimam vespertinam, sine præside, sine otio, sine prandio et pastu, sine
« ulla emigratione, in eadem perpetua corporis sede et animi
« contentione, donec cunctis opponentibus satisfactum sit, qui
« sunt minimum sexaginta et argumenta circiter centum agitant. » *Genebrad*, p. 693. — « Clamores primum ad ravim,
« hinc improbitas, sannæ, minæ, convitia, dum luctantur et
« uterque alterum tentat prosternere : consumptis verbis, venitur
« ad pugnos, ad veram luctam ex ficta et simulata. Quin etiam
« quæ contingunt in palæstra illic non desunt, colaphi, alapæ,
« consputio, calces, morsus; etiam quæ supra leges palæstræ,
« fustes, ferrum, saucii multi, nonnunquam occisi. Estne hæc
« exercitatio sapientiæ ? » Vives, *de corrupt. dist.*, liv. 1,
« p. 42…. Ut frequenter usque ad pallorem, usque ad convitia,
« usque ad sputa, nonnunquam et usque ad pugnos invicem
« digladientur, ubi prædicatores pro suo Thoma cominus atque
« eminus dimicantes, minoritas contra subtilissimos seraphicos
« doctores, junctis umbonibus tuentes, alios ut nominales, alios
« ut reales loqui. » Erasme, *Epist. ad Iodgium præmiss. Enchiridio.*

cevoir au point de vue de l'esprit tous les faits de la légende, le prophétisme n'a qu'à suivre sa pente pour matérialiser toutes les causes premières, sans excepter la cause de toutes les causes. Aussi, le prophétisme tend à consacrer de nouveau toutes les formes, parce qu'il remplit la nature de prodiges ; mais le rationalisme, avec sa dialectique, profane tous les enchantements et tend à porter une explication logique dans tous les faits dont il s'empare.

Les formes logiques viennent les dernières, elles brisent tout le formalisme de l'époque poétique, et leur rôle est de faire valoir la pensée et l'intention dans la simplicité et la bonne foi du discours intérieur qu'elles expriment. Ce n'est pas qu'elles cessent d'être poétiques ; rien ne se dérobe à l'empire de la poésie, car il n'y a rien en dehors de la beauté et de la laideur. Ce n'est pas que la pensée soit complétement libre ; il nous faut toujours des signes, et les idées seront toujours allitérées dans l'homme et dans la société. Bien plus, les nations seront toujours tant soit peu barbares dans les formes, puisqu'elles ne peuvent subsister sans tribunaux, sans administrations, sans pouvoirs officiels, sans preuves légales, sans lois générales, essentiellement dures dans la pratique (qui ne se compose que de cas particuliers), et par conséquent toujours à une certaine distance des intentions réelles, les seules que doivent considérer le droit et la morale de la philosophie. Ce n'est pas non plus que les formes antérieures soient entièrement perdues et que les devanciers aient fait fausse route, de sorte que tout soit à refaire. Au contraire comme les principes en se succédant résument nécessairement tous les principes antérieurs, les formes en suivant le mouvement des principes, se résument à leur tour, et c'est leur complication même qui fraye la route aux simplifications postérieures. Mais précisément parce qu'elles se simplifient, il en résulte que la poésie se rapproche toujours de la logique, que le formalisme se borne aux signes indispensables à l'organisation de la société et que l'association trouve dans la simplicité des dernières formules une force inconnue aux générations antérieures. C'est là ce qu'on peut voir par l'histoire de la langue, de l'écriture, des tribunaux, de la lettre de change, de la banque, de la dette publique, de l'administration publique, en un mot, de l'industrie, du commerce, de la guerre, de toutes les institutions sociales. Pour nous borner à la partie la plus vitale de la pensée, la logique, et à la forme la plus essentielle de la logique, la démonstration, il est évident qu'elle se simplifie progressivement avec les systèmes qu'elle exprime et qu'elle protége. La Nyaya est inventée par l'Inde et pour sa religion : là, la création est une chute et la réhabilitation est le retour à Dieu; par conséquent la méthode commence avec le péché, c'est-à-dire, avec l'activité de la pensée, avec la recherche qui enfante l'objection, et son mouvement finit avec la réduction de l'adversaire au silence. De même le dilemme de Zénon a été créé pour le système de Zénon qui consiste à nier la réalité de la nature parce qu'on ne peut l'expliquer par la raison sans contredire l'observation, et par l'observation sans contredire la raison. Zénon devait donc placer l'adversaire entre les deux alternatives du dilemme et montrer par exemple que le corps n'est pas composé d'atomes parce que ceux-ci se divisent à leur tour à l'infini; qu'il n'est pas composé de points indivisibles, parce que l'indivisible et l'inétendu ne peuvent pas donner le divisible et l'étendu. La dialectique de Platon (pour laisser de côté les sophistes et Socrate) était au service de la théorie des idées; aussi s'emparait-elle du discours par la *division*, en séparait les parties, en faisait jaillir les notions pures contenues dans les mots, les dégageait de toutes les différences; et ainsi elle arrivait aux êtres proprement dits et au premier être, qui les implique tous. Le syllogisme d'Aristote sort du système d'Aristote, et précisément de la théorie de l'*acte*, qui est l'arc-boutant de tout le péripatétisme. L'acte est constitué d'une *essence* indivisible et individuelle et d'une *matière* générique et possible. Les deux autres principes d'Aristote, *Dieu* et le *mouvement*, tiennent à cette réunion de la matière et de l'essence; le mouvement y tient parce qu'il la réalise, et Dieu parce qu'il faut une cause pour déterminer le mouvement dans l'essence (1). Le syllogisme est la véritable création rationnelle de l'acte, puisque son rôle est précisément de réunir

(1) Les choses viennent à l'existence et disparaissent. Est-ce qu'elles sortent du néant? retombent-elles dans le néant? Le néant peut-il enfanter l'existence? le néant peut-il exister? S'il n'est pas, tout est plein, le mouvement est impossible; tout est un, la distinction des choses est impossible. S'il existe, ce n'est plus le non être, c'est quelque chose. La division à l'infini est-elle possible? On connaît la double antithèse qui en résulte. Le principe des choses est-il éternel? Si on l'affirme, comment l'impérissable engendre-t-il le périssable? si on le nie, comment ce qui passe peut-il s'engendrer? Quel est le principe de la science? Le général, la définition. Platon fonde la science sur les *idées*; mais les idées conduisent à établir qu'une même chose est en elle-même et en mille endroits différents; elles conduisent à mille antithèses : d'un autre côté, si on ne fonde pas la science sur le général, sur la définition, elle devient impossible. Tels sont les problèmes qui prennent mille formes différentes, et qu'Aristote résout par la distinction de l'acte et de la puissance. La définition suppose le genre et la différence : ce sont la matière et l'essence; la matière, réunie à l'essence, constitue l'acte; l'acte c'est l'individu, la seule réalité visible. Vient-elle du néant? Non, l'essence est impérissable. Comment l'impérissable engendre-t-il le périssable? en se joignant à la matière, au genre. D'où vient la destruction? de la séparation de la matière et de l'essence. Qu'est-ce que la matière? C'est le non être en acte, et l'être en puissance. Ainsi le non être n'existe pas en acte, il existe en puissance; le général n'est pas en acte, car il serait en soi et partout; il existe en puissance et il constitue la science. Le vide, c'est le non être en acte, l'être en puissance : c'est la puissance qui rend possibles le mouvement, la production, la génération, en même temps que la distinction des choses et leur division. Peuvent-elles se diviser à l'infini? Oui, en puissance, non en acte. Quel est l'instrument qui joint l'essence à la matière? C'est le mouvement (l'acte du possible, en tant que possible). Quel est le

dans la conclusion le genre et l'essence, le général et le particulier, en d'autres termes la matière et la forme. Mais un système étant donné, on passe nécessairement à tous les systèmes possibles. Sans considérer les systèmes des Indous ou des Éléates, ou d'Aristote, comme nécessaires dans leur détermination spéciale, il est clair qu'en partant d'une philosophie quelconque pour arriver à un système supérieur au péripatétisme, il faut passer par les termes intermédiaires, sauf à insister plus ou moins longuement sur chacun d'eux. Il y a donc un passage de Gothama à Platon et, pour rester dans la Grèce, de Zénon à Aristote. En effet, l'être unique de Zénon n'est nullement perdu pour Platon qui ne fait qu'y ajouter le non être différentiel et les idées qui produisent la différence. Ce sont les idées, le non être et l'être à un point de vue différent, mais toujours en présence du même problème, qui donnent dans le système d'Aristote la matière (non être), l'essence (idées), le mouvement qui unit l'essence à la

premier principe du mouvement? Dieu. Est-il l'être? non, ce serait une puissance, il serait périssable. Dieu, c'est l'acte pur, la pensée de la pensée, le premier moteur immobile, qui communique le mouvement à toutes les essences impérissables d'elles-mêmes, mais qui passent de la vie à la mort en vertu du mouvement qui les joint et les sépare sans cesse de la matière générique, l'être en puissance et le non être en acte. C'est de la sorte que la distinction de l'acte et de la puissance explique l'origine et la destruction des choses, remonte à Dieu, pour trouver le principe du mouvement, et résout tous les problèmes soulevés depuis Thalès jusqu'à Platon.

matière, et Dieu qui est la cause du mouvement. Ceci posé, il est évident que les formes logiques doivent s'agrandir et se résumer successivement. C'est pourquoi le dilemme de Zénon n'est nullement perdu pour les sophistes, témoin les sept sophismes. Après la réforme de Socrate il s'étend dans la *division* de Platon où les alternatives du dilemme embrassent toutes les possibilités par les vingt-quatre positions de la dialectique qui considère l'être et le non être en acte et en puissance, comme existant ou n'existant pas relativement à l'un, à l'autre, à tous deux. Enfin ce travail de subdivisions formelles acquiert toute la précision et la simplicité du syllogisme dans l'Organon d'Aristote. Il fallait en effet un point d'appui pour choisir entre les termes de la *division;* la dialectique les multiplie; mais pour opter il est nécessaire de recourir à un principe supérieur à la division, sinon la démonstration reste arbitraire et ne s'arrête que par pétition de principe sur l'une des parties divisées. Ce fut le syllogisme qui donna ce point d'appui, il enchaîna les termes par le terme moyen, il rendit nécessaire le choix, par toute la force du principe de contradiction, et la division qui avait préparé ce nouveau progrès y fut tout naturellement absorbée. L'acte péripatéticien résout par la distinction de l'être et du devenir toutes les difficultés qu'avaient élevées les écoles de la Grèce depuis Thalès : le syllogisme résume à son tour toutes les formes, assignant à celles qu'il ne contient pas entièrement leur valeur et leur place dans le système des formes logiques (1).

Entre les formes d'Aristote et celles du moyen âge, malgré l'identité du texte, l'*Organon*, il y a la différence qui sépare l'idée et le symbole. L'*Organon*, en Grèce, observait toutes les versions possibles de la déduction, c'était une algèbre : au moyen âge ce fut un formulaire, un manuel, un instrument dont on ne connaissait ni les principes, ni la portée. Il se fondait sur les Catégories et sur l'Herménéia, et on le sépara de ces deux traités préliminaires qui restèrent incompris. Il se déployait par des calculs d'une admirable simplicité à l'aide des lettres alphabétiques, ce qui le rendait extrêmement facile et hautement compréhensif dans sa généralisation; au moyen âge on le noya dans les exemples, les paraphrases, les cas particuliers, les distinctions de toute espèce, il perdit toute sa clarté pour se transformer en une espèce de machine à pensées, très-utile sans doute, mais d'une difficulté inouie, puisqu'elle exigeait plusieurs années d'apprentissage (2). En

---

(1) V. *Prem. analytiques*, liv. I, ch. 31, de la Méthode de division ; son impuissance. liv. II, ch. 23-27.

(2) Ceci mérite quelques explications, car en soutenant la clarté extrême des *Premiers analytiques*, nous sommes en contradiction avec presque tous les commentateurs. Accordons que la lecture matérielle de cet ouvrage est très-pénible, que les combinaisons s'y multiplient à chaque page. Aristote les résout d'un mot, et l'esprit le plus ferme ne peut le suivre. Il emploie constamment les lettres alphabétiques, au lieu des

un mot, l'*Organon* transmis à la scolastique rétrograda de la forme logique à la forme barbare.

exemples : cela obscurcit toutes les explications et les rend presque inaccessibles à l'imagination. On ne saurait nier qu'il ne soit difficile de suivre des raisonnements tels que ceux-ci, et ce sont les plus simples : — A est à tout B, donc B est à quelque A ; — A est à tout B, B est à tout C, donc A est à tout C. La difficulté est double dans les conversions des syllogismes, triple dans les réductions à l'absurde, infinie dans les modales ; l'imagination se perd dans les démonstrations circulaires, dans les calculs sur les prémisses fausses, partiellement fausses, etc., etc. Tous les commentateurs sont unanimes à considérer les exemples comme beaucoup plus faciles, et ici encore on ne saurait contester que les raisonnements cités deviennent évidents, s'ils se réduisent à dire : les hommes sont raisonnables, donc quelque être raisonnable est homme : les hommes sont raisonnables, Pierre est homme, donc Pierre est raisonnable. Cependant, tout le calcul d'Aristote ne se fait que par lettres, et précisément par trois lettres qui, d'ordinaire, sont A, B, C : de là, ce laconisme désespérant qu'on s'est efforcé de suppléer par toute sorte d'exemples et d'explications. Citons le plus illustre de tous les commentateurs. « Cette concision, dit M. B. Saint-Hilaire, éclate sur-
« tout dans les Premiers analytiques, et là elle a paru poussée si
« loin, que l'étude de cet ouvrage a été trouvée rebutante, même
« par les plus sagaces et les plus vigoureux esprits. » (Logique, II, p. 80.) — « Dans cette route ardue que parcourt le génie d'Aris-
« tote, il a pour tout appui un simple changement de signes qui ne
« s'applique qu'aux trois figures du syllogisme, et qui, par consé-
« quent, lui fait défaut dans la plus grande partie de sa carrière. »
On s'est demandé, et la chose en valait la peine, comment Aristote a-t-il renoncé volontairement à la clarté des exemples ? Pour Reid, l'obscurité des Analytiques est calculée ; Aristote a voulu couvrir le vide de sa théorie par les difficultés dont il l'a entourée. (Œuvres, trad. fr., vol. I, p. 167 et suiv.) Cette opinion ne mérite pas d'être examinée. Suivant M. B. Saint-Hilaire : « Dans la con-
« science toute naïve de sa force et de son intelligence, Aristote

CHAPITRE QUATRIÈME. 355

Comment la forme logique a-t-elle triomphé de nouveau ? Cette révolution s'accomplit de deux ma-

« n'a pas cherché à aplanir pour d'autres les difficultés du sujet, « il s'est contenté de les vaincre. » (Logique, II, p. 85.) Il nous semble, cependant, qu'Aristote, l'auteur de la Rhétorique, n'était pas assez naïf pour ignorer les difficultés de son exposition, et que son esprit grand jusqu'au miracle n'arrivait pas jusqu'à l'impossible ; et il est impossible non pas d'inventer, mais de suivre avec l'imagination ses calculs tels qu'ils se trouvent matériellement exposés. Encore une fois, tous les commentateurs sont unanimes sur l'obscurité des Analytiques et sur la nécessité des exemples ; mais, à notre avis, les exemples loin de les éclaircir les obscurcissent, les lettres alphabétiques loin de les entourer de difficultés les réduisent à une simplicité admirable; seulement il faut les accepter et les suivre à la manière d'Aristote. Quelle était cette manière ?

Les Analytiques, en général, roulent sur trois termes, et sur quatre rapports que ces termes peuvent avoir dans le syllogisme ou dans une suite de syllogismes. Être à tout, — être à quelques, — n'être à aucun, — ne pas être à quelques, — voilà les quatre rapports ; — A, B, C, — voilà les trois termes. Or, si l'on traduit les quatre rapports en signes *non alphabétiques* comme ceux-ci, $\pm$, $+$, $=$, $-$, on n'a qu'à s'attacher aux propres lettres d'Aristote, et écrivant tous ses syllogismes en chiffres, ayant soin de les ranger par colonnes, on réduit tous les analytiques à un calcul de la facilité la plus banale. Les chiffres placent ainsi sous les yeux les figures du syllogisme ; on ne peut pas se méprendre, car la position du terme moyen devient évidente : elles développent les théories par tableaux en peu d'espace, de manière à laisser embrasser d'un coup d'œil toutes les combinaisons possibles. Toutes les opérations d'Aristote se fondent sur les conversions des propositions, c'est-à-dire sur un simple déplacement de termes comme celui-ci, $A = B$, $B = A$: il en résulte que toutes les opérations des Premiers analytiques se réduisent à de simples transpositions, réglées par les quatre règles des quatre rapports, c'est-à-dire par les lois de la conversion des quatre propositions. Ce n'est là qu'un travail graphique dans lequel la plume est si rapide qu'elle dépasse la pensée dans les théories les plus difficiles. Le calcul des modales que l'on peut

nières, l'une lente, obscure, presque inaperçue; l'autre rapide, universelle, éclatante. Les progrès

caractériser par un ou deux guillemets, suivant qu'elles sont nécessaires ou contingentes, se réduit à un déplacement de termes d'après les règles de la conversion, de manière à revenir aux lois des modes simples. Ainsi, toutes les difficultés disparaissent en écrivant, à la manière d'Aristote, ses propres déductions; en s'en éloignant, on retombe dans les ténèbres. Malheureusement, il a exposé tout au long son calcul, il n'a pas mis des signes à la place des mots qui indiquent les quatre rapports ou propositions, et parcourant les analytiques sans le moindre secours graphique, on se trouve précisément dans la situation de celui qui ferait une multiplication arithmétique sans chiffres, ou une multiplication d'algèbre sans les signes du plus et du moins. Si on exécute cette simple opération $(A+B)(A+B)$, en l'écrivant tout au long, il faut un effort d'esprit pour arriver à comprendre que le résultat est $A^2 + 2AB + B^2$. Si pour faciliter le calcul, on substitue des chiffres arithmétiques, supposant $A=2$, $B=4$, on verra tout de suite que le résultat de la multiplication est 36, mais l'évidence sera pour l'arithmétique et non pas pour la généralisation de l'algèbre. Il en est de même pour les Analytiques : les exemples éclairent le cas particulier sans jeter la moindre lumière sur la règle et sur l'enchaînement des règles générales : au contraire, les lettres et les signes en colonne rendent inutile l'explication du cas et présentent le calcul dans la clarté admirable de sa simplicité naturelle. C'est pourquoi Aristote a dédaigné les exemples, ne s'est jamais éloigné des lettres; l'usage des lettres a été constant dans l'antiquité, et Proclus avait trouvé que les Analytiques sont d'une très-grande clarté (Fabr. Bibl., Graec., III, p. 215). Reid se trompe doublement en croyant qu'Aristote voulait les obscurcir par les lettres : M. B. Saint-Hilaire (d'ailleurs si profond) va trop loin dans un autre sens en prêtant à Aristote une facilité intellectuelle contraire aux lois de l'intelligence. Il faut comprendre Aristote par le procédé antique d'Aristote, il faut compléter ses signes par ses propres indications. Au reste, la traduction des quatre rapports en signes est connue depuis un temps immémorial dans les quatre lettres sacramentelles des scolastiques A, E, I, O : il suffisait donc des langues modernes, les discussions populaires de la réforme, l'étude des textes anciens qui reparaissaient à propos pour présenter d'admirables modèles d'exposition libre, le discrédit où tombait la théologie en se séparant des sciences physiques et spéculatives, enfin l'action de l'imprimerie qui remplaçait la dispute par les livres et rendait inutiles les précautions du débat scolastique, toutes ces causes réunies firent disparaître les

de les distinguer des lettres alphabétiques pour éviter la confusion, et de les dégager de ce formulaire ancien qui sert à la pratique, mais ne donne pas l'intuition du calcul. Quant aux cercles d'Euler, ils mettent sous les yeux la nécessité des conversions et des modes simples ; hors de là, ils sont inutiles. D'abord ils sont très-longs à exécuter dans les opérations compliquées; ensuite ils n'éclaircissent que la règle du moment et non pas la suite et l'enchaînement des règles ; puis, tandis qu'ils apportent un luxe d'explications inutiles, ils n'offrent pas l'appui d'un signe algébrique à la pensée. Enfin, ils ne mettent sous les yeux ni les nombres des combinaisons, ni les modales, ni les trop nombreuses transpositions des obversions, des réductions à l'absurde, des démonstrations circulaires, etc., etc.

Maintenant, si on rapproche l'*Organon* tel qu'il a été conçu par Aristote, et l'*Organon* tel qu'il a été employé par les scolastiques, on trouvera une différence énorme : d'un côté, il y a observation, force d'abstraction constante et facile, calcul, rapidité de conception à l'aide des signes, véritable domination de la pensée, le génie qui commande à la forme d'être géométrique ; et la forme antique est maîtrisée, jugée, simplifiée par Aristote. De l'autre côté, la forme péripatéticienne est traduite en formulaires; des mots bizarres (barbara celarent, etc.) servent à la rappeler à la mémoire ; elle est suivie plus ou moins aveuglément, comprise plutôt par l'exemple que par la raison, surchargée de distinctions et de puérilités de toute espèce.

vieilles formes, ou plutôt les firent oublier si bien, qu'en deux siècles on finit par ne plus les comprendre. Depuis Valla jusqu'à Locke, elles sont accusées d'entretenir le désordre, de torturer les mots en pure perte, de forcer le consentement sans pénétrer au fond des choses. Aristote lui-même est accusé d'imposture, parce qu'on le rend responsable de toutes les comédies philosophiques du moyen âge. Mais d'un autre côté, cette forme de l'*Organon* avait laissé au fond de toutes les intelligences le sentiment et comme le besoin d'une allitération extérieure plus forte que la pensée elle-même, car le syllogisme, nous le verrons plus tard, avait été plus fort que la religion elle-même. Eh bien, on se mit à l'œuvre pour chercher de nouvelles formes. D'abord, c'est le grand-art de Raymond Lulle qui aspire à l'omniscience, croyant que la vérité est tout entière dans un nombre prédéterminé d'abstractions; ce furent ensuite de nouvelles études sur l'*Organon* d'Aristote, qui se simplifie dans l'école péripatéticienne (1). L'*Organon* de Bacon, intervertit la marche de la logique en la faisant dépendre des cas particuliers, c'est-à-dire des phénomènes de la nature. Cependant, les trente-deux formes de l'induction baconienne nous rappellent l'évacuation des cases de Lulle, et certes, Bacon a la prétention antique d'inventer le grand art de faire

---

(1) Patrizzi, Ramus, Hospinien, d'autres reviennent sur les calculs du syllogisme avec une liberté toute moderne.

des découvertes. Descartes recommande une autre espèce d'allitération, celle des mathématiques, et il s'imprime partout des livres de droit, de médecine, de politique, disposés par théorèmes, corollaires, lemmes et scholies. Enfin on s'aperçoit que la forme mathématique est aussi illusoire que toutes les autres; Condillac, à la suite de Locke, réduit la logique à la langue, l'exactitude de la pensée à la rigueur de la parole. C'est là la dernière destruction de ce dix-huitième siècle, si profondément iconoclaste. Cependant la langue ne fait que suivre la pensée; loin de la dominer elle en est dominée, ce sont les idées qui la perfectionnent, de sorte que la dernière exactitude du langage dépend de la dernière exactitude des idées. A quoi se réduit donc la logique ? A la pensée elle-même, c'est-à-dire, au jugement, à l'induction et à la déduction. Or, il est ridicule de vouloir régler le jugement qui est irrésistible dans sa formation ; on peut en observer les lois, mais elles se réalisent en nous malgré nous, et il n'est guère possible de les rectifier. Quant au raisonnement inductif ou déductif, ce n'est qu'un jugement sur plusieurs jugements, ses règles sont celles du jugement, on ne saurait ni les manquer, ni les rectifier. — Quelles sont, en effet, ces règles ? Pour l'induction ce sont des indications, des conseils, des recommandations vagues, sans aucune valeur par elles-mêmes; elles se bornent à vous dire de ne généraliser ni trop, ni trop peu; c'est ne rien dire. Pour la déduction, toutes les règles se réduisent à une seule, le principe de contradiction. Cette réduction a été faite, adoptée et sanctionnée par l'histoire. Aristote, en observant toutes les phases du raisonnement, les a réduites successivement aux deux premiers modes de la première figure, lesquels à leur tour ne sont que deux modes du principe de contradiction (1). Leibnitz, Euler, Buffier, Port-Royal, en simplifiant les règles de la déduction, les ont exprimées par deux axiomes qui sont précisément les deux modes du principe de contradiction et qui correspondent aux deux modes de la première figure (2). Ainsi le principe de contradiction, la loi de l'identité, voilà la seule loi de la logique, la seule qui rende possible la pensée, la seule qu'il soit impossible de violer. Voulez-vous en déduire des formulaires ? Ce seront des formulaires généraux, nuls par eux-mêmes, inutiles dans l'application positive, car c'est toujours la donnée ou la prémisse qui doit nous avertir de l'instant où la contradiction se réalise, et quand cela arrive, il n'est pas besoin de préceptes pour reconnaître l'erreur.

Au surplus, le support même du syllogisme, la théorie de l'acte tel que nous devons le concevoir, tout en justifiant le syllogisme, démontre l'inu-

---

(1) *Premiers analytiques*, liv. 1, chap. 7.
(2) « Ce qui est dans le contenu est dans le contenant, ce qui n'est pas dans le contenu n'est pas dans le contenant. »

tilité pratique de ses formules. Qu'y a-t-il dans l'*acte* ou dans un objet en particulier ? Du général, c'est-à-dire de la *matière*, qu'Aristote appelle l'être en puissance, et une *essence* individuelle insaisissable par elle-même, mais visible grâce à la matière. La matière, c'est l'être ou la qualité, toujours une généralité ; l'essence, c'est une entité indivisible, nécessairement individuelle, et par elle-même insaisissable ; la matière ou l'idée générale n'est pas visible sans l'essence, c'est pourquoi Aristote l'appelle le non être en acte et l'être en puissance ; l'essence ou l'individu n'est pas visible sans l'idée générale ; c'est pourquoi Aristote la croit invisible. L'acte est l'objet, mais comme nous avons vu que l'objet vient à l'existence en vertu du jugement, savoir en vertu d'une sensation et d'une idée générale, il est évident que l'acte péripatéticien ne faisait que transporter à l'extérieur dans les objets les deux éléments de la pensée, le général et le particulier, l'indéterminé et le déterminé. Ce qu'il y a de vrai dans la théorie ontologique de l'acte, qui est la base du syllogisme, coïncide donc avec la loi de la pensée et nous force à considérer la logique abstraite comme le non être en acte ou comme l'être en puissance. La pensée ne peut pas manquer à ses lois : aussitôt que la *matière* et l'*essence*, que le général et le particulier se juxtaposent, il y a une connaissance, et cette connaissance suit irrésistiblement la loi de l'être. Si l'on sépare la *matière* de l'essence, si on construit une logique abstraite, on pourra bien saisir toutes les versions de la pensée en puissance; mais ce sera une tâche inutile que de se souvenir de ces versions possibles, lorsque dans les actes elles se vérifient avec leur précision naturelle (1).

(1) Cette division entre la logique abstraite et la logique concrète a été signalée par tous les philosophes modernes : Bacon et Campanella appellent l'*Organon* la logique des mots ou la logique des disputes; ils veulent que l'attention se porte sur les données, sur les faits, sur les *prémisses*, sur les *anticipations*. La logique de Port-Royal parle de *la lumière naturelle* de la raison, plus forte que les règles abstraites de la déduction. Locke fait observer que tout le monde *raisonne sans connaître les règles du raisonnement*, et que *l'exposition est plus persuasive que le syllogisme*. Reid, Condillac, Destutt de Tracy, et tous les philosophes de la réaction du dix-huitième siècle montrent que *les règles sont plus difficiles à comprendre que les difficultés qu'elles sont appelées à éclaircir*, et que leur valeur *dépend de la valeur des principes* ou des prémisses. Tout le mouvement de la philosophie moderne aboutit à une distinction profonde entre la logique abstraite et la vie réelle de la pensée. La première est une sorte de psycologie qui se connaît dans le langage; la seconde n'est que la première qui se réalise dans la pensée et qui est à la merci des données. Observer la logique abstraite pour faire des découvertes, c'est croire qu'il y a un art pour se donner du génie et pour enfanter des données. Observer les règles du raisonnement pour se rendre infaillible, c'est aspirer à identifier les deux termes de l'équation arbitraire de la pensée, comme si l'expérience pouvait rentrer dans l'idée première. Cette prétention est anéantie par l'ancien dilemme rapporté dans Sextus Empiricus. Il est impossible, disait-on, de démontrer les propositions, car si elles sont identiques, elles n'offrent qu'une véritable tautologie; si elles ne sont pas identiques, dans ce cas, elles sont arbitraires. Le même dilemme s'applique à la démonstration : identique, elle est inutile; non identique, elle

est arbitraire. Au reste, la déduction se fonde sur une induction préalable qui a donné les prémisses. Eh bien ! voulez-vous assurer l'induction ? il faut connaître tous les cas particuliers, et la tâche est infinie; et si vous renoncez à cette tâche, vous ne connaissez pas toutes les données, l'induction est incertaine.

CHAPITRE V.

De l'histoire positive.

Entre l'histoire idéale et l'histoire positive il y a les mêmes différences qu'entre la théorie et la pratique, ou plutôt entre un principe et sa réalisation.

I. D'abord toute la fatalité historique est en dehors de l'histoire idéale. Si l'univers avait été créé pour l'humanité, les deux histoires, idéale et positive, seraient identiques ; mais il a été créé pour tous les êtres vivants et inanimés qui ne peuvent pas se développer sans que toujours les uns soient sacrifiés aux autres. L'humanité est comprise dans la loi de ce sacrifice universel : tant qu'elle se développe comme si l'univers avait été créé pour elle, les deux histoires sont indivisibles, tous les événements sont providentiels, ils sont soumis à la véritable Providence de l'homme, la raison, qui est aussi le principe de l'histoire idéale. Quand l'humanité est sacrifiée à un principe étranger, la Providence est remplacée par une fatalité qui ne peut pas s'expliquer, et qui appartient de droit à l'histoire positive du genre humain. Sans parler des climats et des régions inaccessibles à la civilisation, il paraît que le progrès a été interrompu au moins une fois par une révolution du globe : il est certain que Babylone, Persépolis, Athènes, Rome ont été livrées à tous les accidents de la guerre; que les idées ont été submergées plusieurs fois par les flots de la barbarie; que l'histoire a dû recommencer ou du moins rétrograder à chaque instant, soit dans l'antiquité anté-historique, soit dans les périodes antérieures au christianisme, soit à l'époque des invasions tartares en Asie ou germaniques en Europe. Encore une fois, pour justifier tous les événements, il faut montrer que les forces physiques de l'humanité, que les divisions des nations, que les guerres entre des peuples qui se heurtent au hasard sans même se connaître, que la structure elle-même du globe sont prédestinées au progrès des idées. Mais cette démonstration ne pourrait s'obtenir que par la pensée, et la pensée, se trouvant éternellement extérieure aux forces créatrices de l'univers, devrait toujours reconnaître une fatalité historique qu'il faut décrire mais qu'il est impossible d'expliquer. L'unité de l'histoire universelle est donc une chimère, elle n'a d'autre unité que celle de la raison, celle de l'histoire idéale. C'est donc à l'histoire positive à raconter les catastrophes physiques, les émigrations des peuples, les décadences; à dénombrer les nations qui peuplent la terre; à dire quelles sont les relations qu'elles ont entre elles, et à montrer comment la barbarie extérieure a détruit ou comprimé la civilisation des peuples voués à la fatalité des lois étrangères à l'humanité.

II. Par suite de cette fatalité historique, la succession des systèmes peut être rapide et brillante comme en Grèce, ou lente et obscure comme à la Chine. Il arrive encore que le progrès est obscur et rapide comme au moyen âge lorsqu'il y a une tradition antérieure qui ne demande qu'à être commentée pour enfanter une nouvelle civilisation. En général, les occasions ou les obstacles des races, des climats, des circonstances extérieures, cette masse d'améliorations locales que la nature réclame de certains peuples, ces accidents si variés de la politique qui souvent remplissent l'histoire d'événements sans la faire avancer d'un pas ; les gloires ou les hontes des peuples, ou de certaines générations ; tout cela sort de l'histoire idéale. C'est à l'histoire positive à donner les dates, les faits, les formes, les hommes, enfin toutes ces manifestations extérieures par lesquelles les peuples sont vraiment ce qu'ils sont et impriment à leurs œuvres le cachet de leur génie. Ainsi, la lutte des patriciens et des plébéiens et le triomphe de la démocratie appartiennent à l'histoire idéale ; mais Sylla, Marius, Pompée, César, l'action journalière des partis ou des gouvernements, appartiennent à Tite-Live ou à Plutarque, comme les empereurs appartiennent à Tacite. L'historien seul a droit de revendiquer pour lui les journées fatales d'Hastings ou de Waterloo et d'évoquer les caractères, les passions qu'ont fait naître les accidents de la guerre. La révolution française est le seul événement de l'histoire du monde où la force des idées semble jointe à celle des événements ; mais à la fin c'est un combat, et elle suit à l'intérieur et à l'extérieur le sort de tous les combats.

III. Les trois grands systèmes de l'histoire ne peuvent pas se réaliser dans l'humanité sans présenter des formes extérieures déterminées par les circonstances accidentelles. Les dieux du paganisme, les créations des mystagogies, l'ordre même que tous les peuples s'efforcent de porter à l'aide des nombres dans les phénomènes de la nature et dans les légendes du prophétisme, en un mot les déterminations positives des religions primitives sont livrées à une variété indéfinie de circonstances, bien que toutes les divinités tendent toujours vers cette contradiction qui les forcera d'abdiquer leur pouvoir entre les mains d'un dieu inconnu. Le monothéisme lui-même ne pénètre que peu à peu dans les mystagogies, et c'est encore à l'histoire positive à observer comment cesse cet enchantement primitif qui avait emprisonné l'esprit dans la matière lorsque l'univers se suffisait à lui-même. Car les dieux sont de véritables personnages qui vivent dans l'imagination des peuples : ils se transforment sans cesse ; tantôt ils sont dégradés et relégués au nombre des génies, tantôt ils sont exaltés et ils reprennent leur éclat primitif. Ainsi, Moloch, Satan, Siva, Jupiter, Brahma, Purucha, etc., subissent mille versions différentes en Orient et en Occident, tandis que l'histoire de Joseph, de Jésus-Christ, de Foé, de Mahomet, de Moïse, et en général toutes les hiérarchies célestes, modifiées par les nombres, par les anciens souvenirs des régions qu'elles traversent, par l'élévation ou la dégradation des hommes qui les reçoivent, présentent mille variantes toujours systématiques, mais toujours individuelles, comme l'histoire d'Alexandre ou de Charlemagne. Il leur faut donc une histoire spéciale, car la raison conduit à la mystagogie, mais ne conduit ni aux vingt-huit ans de la vie d'Osiris, ni aux soixante-dix mille anges du ciel de Mahomet, ni aux sept premiers empereurs de la Chine, ni aux nombres symboliques et aux aventures individuelles des dieux de l'Asie, de la Grèce et de l'Occident. L'histoire idéale ne peut pas résoudre les problèmes de la philologie religieuse, pas plus qu'elle ne peut deviner *à priori* l'histoire de la coupe de Bacchus, de Joseph, de Demschid, de Foé, de Salomon, d'Alexandre et du Saint-Graal. S'il est une branche de l'histoire où les idées sont pour ainsi dire en contact avec les idées sans l'intermédiaire des événements, où les systèmes tiennent les uns aux autres par des polémiques rigoureuses et inexorables, où la pensée se présente dans toute sa pureté à l'abri des accidents, c'est l'histoire de la philosophie qui, de plus, a l'avantage de fournir à l'histoire presque toutes les pièces de son procès éternel. Eh bien, quoique ces révolutions soient nécessaires comme les calculs de l'algèbre, à partir de Thalès jusqu'à Proclus, d'Abélard jusqu'à Descartes, quoique la subdivision des systèmes et leur antagonisme progressif soient inévitables, cependant les nationalités et les individualités, ce double caractère des nations et des hommes, défendent absolument de prédire la nécessité de l'un ou de l'autre des systèmes intermédiaires. Quoi de plus simple et de plus précis que la distinction de l'acte et de la puissance? Elle devait se produire, et Aristote nous en fait sonder toute la profondeur; mais cette théorie est si étroitement liée aux ennemis, aux devanciers et aux contemporains d'Aristote, il est si évident que les systèmes de Mégare, de Platon, des Eléates, de Démocrite, viennent y échouer volontairement pour la former de leurs débris, qu'en la saisissant dans les procédés techniques et spéciaux du Stagyrite, on y trouve une forme qui est du domaine exclusif de l'érudition philosophique. Le syllogisme, à son tour, ne pouvait être autre chose que ce qu'il est; cependant personne ne peut affirmer que l'esprit humain devait insister si longuement sur les subtilités de cette algèbre antique déjà extrêmement subtile dans les Analytiques, et tout à fait inconcevable dans les milliers de combinaisons hypothétiques que présente le traité de Boèce. Sans doute le progrès de la philosophie en Europe, depuis saint Thomas jusqu'à Leibnitz, est nécessaire ; mais il n'est aucun des philosophes intermédiaires qui puisse se considérer comme indispensable : la philosophie de Descartes aurait pu être subdivisée en plusieurs moments historiques ; celle de Bacon se présente déjà décomposée en Italie, où Campanella aurait produit un successeur plus fidèle à la méthode expérimentale. Bref, les principes peuvent se poser à un degré plus ou moins élevé de précision, les développements intermédiaires, à leur tour, peuvent se perdre dans d'incalculables minuties. On arrive vite à une conclusion par une heureuse nécessité qui brusque la suite des déductions aussitôt que les systèmes le permettent.

IV. Vico avait imaginé une philologie idéale, et ses deux grandes tentatives sur Homère et sur Tite-Live l'autorisaient à penser qu'il était possible de soumettre à des lois précises la restauration de l'histoire positive. En effet, si les falsifications des événements sont systématiques, les lois de la falsification étant données, on conçoit qu'on puisse la combattre pour arracher aux mythes les premiers principes de toutes les nations. Ainsi la mythologie païenne depuis ses origines jusqu'à Sophocle acquiert de jour en jour un sens plus élevé, et dans les écoles d'Alexandrie elle finit par devenir une allégorie philosophique ; pour qu'elle puisse révéler les origines de la Grèce, il faut donc la dépouiller des allégories postérieures, des histoires galantes imaginées dans un âge civilisé, il faut la transporter dans les mœurs des temps héroïques, au milieu des événements de la société primitive. Il est certain que les épopées chevaleresques du cycle de Charlemagne et d'Arthur sont d'abord rudes et sauvages, plus tard elles s'ennoblissent, elles font subir aux anciens héros tous les progrès de la civilisation. Et pour parler de l'histoire, il a été démontré jusqu'à l'évidence que les écrivains de l'époque de Philippe-Auguste ont transporté au règne de Charlemagne les barons et les comtes de la cour du treizième siècle ; les historiens du règne de Louis XIV ont enrégimenté et discipliné, sous la centralisation de Richelieu, tout le féodalisme germanique de la première époque. En général, toutes les légendes historiques se forment par une réaction synthétique qui transporte aux origines de l'histoire, le système qui domine à l'instant où elles sont écrites : les héros les plus anciens grandissent de siècle en siècle, comme s'ils étaient responsables de toute la grandeur des générations postérieures. Romulus devient peu à peu le fondateur de Rome, Charlemagne s'entoure successivement de toutes les gloires de la France ; en Espagne on ne remporte pas une victoire contre les Maures, qui ne sanctifie la mémoire de Pelayo. On dit que les poëmes épiques ne doivent pas rouler sur des événements contemporains, on a observé que toutes les grandes épopées se présentent à trois siècles de distance de l'événement. C'est d'ordinaire à cette distance épique que les principes se développent, que les événements ennoblissent les origines, mais ce n'est pas le poète qui se forme en trois siècles, c'est le poème lui-même. Ce poème rétrospectif qui rapporte le travail des siècles à quelques individus se reproduit dans les détails les plus prosaïques de l'histoire. Louis le Gros, par exemple, passait pour l'auteur de toutes les lois françaises sur les communes, parce qu'il avait joué un rôle dans cette émancipation qui embrassait plusieurs siècles. On sait que la *lex regia*, que la donation de Constantin à l'Église, qu'une foule de contrats et de lois imaginaires ont résumé par un seul acte poétique ce qui s'était réalisé peu à peu presque à l'insu de tout le monde. L'histoire romaine fourmille de pareilles synthèses ; elle rapportait la religion à Numa, les lois militaires à Tarquin l'Ancien, les lois politiques à Romulus ; et plus on remonte dans l'antiquité, plus les synthèses grandissent, car le prophétisme s'y confond avec l'histoire, le miracle avec les événements, et l'on se trouve devant des hommes qui inventent tous les arts, toutes les sciences, et qui sont des dieux descendus du ciel ou des demi-dieux qui vivent sur la terre pendant plusieurs siècles. Mais l'histoire idéale ne peut donner que de très-vagues indications sur les synthèses poétiques de la légende ; elle se réduit à dire que les origines sont barbares, et que les demi-dieux de l'histoire sont l'œuvre de l'imagination des peuples. En revanche, la tradition est falsifiée à chaque moment, car on ne raconte jamais deux fois de la même manière le même événement. Puis les traditions des peuples se confondent, les accidents se mêlent aux accidents, il y a des traditions françaises qui deviennent anglaises, il y a des traditions espagnoles qui deviennent arabes ; les mythes suivent tous les accidents de la guerre, de la conquête, du commerce. Ensuite, la légende historique est sœur germaine du prophétisme, et tandis que les dieux descendent sur la terre pour jouer un rôle dans l'histoire, il y a des hommes historiques qui montent au ciel pour se confondre avec les dieux. Dans tous les cas, le nombre et l'analogie altèrent systématiquement tout entière la tradition, pour la faire cadrer avec les explications cosmogoniques, et, dans ce chaos mystagogique, il devient absolument impossible de trouver une règle fixe et générale pour des événements et des personnages historiques ou imaginaires, mais toujours particuliers. Enfin, comme il y a des décadences, si la civilisation défigure la tradition barbare, la barbarie sacrifie à son tour l'histoire de la civilisation. En vain les monuments et les pierres protégent l'antiquité romaine : au moyen âge, les palais à demi-ruinés des anciens maîtres du monde deviennent des châteaux enchantés, des ruines élevées et détruites par des génies. On oublie l'Énéide, mais Virgile devient un négromant; on oublie Alexandre, mais il devient un roi fantastique ; on oublie Homère, et c'est à peine si on lit la Bible ; mais tous les peuples font remonter leur origine, par des généalogies très-détaillées, au siége de Troie et à l'arche de Noé. Or, de tout ce mélange de fables, de traditions, de souvenirs, de religions, vous ne sauriez arracher une seule vérité par la force d'une idée universelle qui puisse dominer toutes les altérations. Les faits étant donnés, la philologie explique l'origine, la transformation et le jeu des traditions ; mais une philologie idéale étant donnée, on ne remonte à aucune origine historique. D'abord il ne peut y avoir de philologie idéale, à moins que ce ne soit l'histoire idéale elle-même, et celle-ci étant générale, ne peut jamais saisir la différence des lieux, des peuples et des hommes. S'il y avait d'ailleurs une philologie idéale, elle serait toujours faussée dans l'application, car la réalisation de l'idéal est toujours brisée, interrompue de mille manières sur le théâtre de l'histoire. Les faits sont falsifiés à chaque instant, tantôt rétrogressivement de la civilisation à la barbarie, tantôt progressivement de la barbarie à la civilisation. Il y a des religions qui commencent sur un continent et ne s'achèvent que sur d'autres continents ; il y a des légendes qui commencent dans les chants populaires et se transforment dans les temples ; tandis qu'au contraire il y a des légendes prophétiques qu'un grossier évhémérisme fait entrer dans la tradition purement historique. — Ajoutez que le type idéal de l'histoire ne considère que la succession des idées. Devant lui, les transmissions ne comptent pas, puisqu'il ne cherche que la vérité et l'harmonie des trois systèmes. Si Isis est adorée à Rome, si le christianisme pénètre en Orient, si Aristote domine le moyen âge, si le Bouddhisme se propage à la Chine, si les caractères de la civilisation égyptienne se retrouvent au Mexico ou ailleurs, le type idéal ne voit qu'une seule chose, la vérité et la force du système qui se forme, quelle que soit l'origine positive des éléments qui le composent, car toute civilisation n'admet dans son sein que ce qu'elle peut produire, et la rapidité de l'instruction ne touche pas au temps idéal de la succession des principes. Mais, au contraire, la philologie est essentiellement positive; elle suit les transmissions, les altérations; elle voyage avec les idées; elle n'est plus rien hors du temps, de l'espace et des faits; elle n'a pas de type, car elle suit, pour ainsi dire, les accidents des accidents. En un mot, la philologie est l'histoire universelle, et bien qu'il n'y ait pas un événement en dehors des lois idéales, toutes les différences et les formes de l'histoire universelle appartiennent à la philologie. Chercher l'unité de la philologie, ce serait chercher l'unité de l'histoire positive, et nous l'avons vu, il n'y a pas d'autre unité sur la terre que celle de la raison.

TROISIÈME PARTIE.

DE L'AVENIR DE L'HUMANITÉ.

Nous ne savons pas ce que la raison contient en puissance, nous ne pouvons pas même soupçonner les accidents physiques qui l'arrêteront ou la favoriseront, mais nous pouvons savoir ce que la raison, le sentiment et la sensation ne contiennent pas, et il est certain que les limites de la nature humaine seront nécessairement les limites de l'histoire. Tout sera possible tant que l'humanité n'aura pas touché ces dernières limites; la sphère du progrès est aussi vaste que celle de l'inconnu, car une découverte peut renverser des milliers d'obstacles et dépasser les prévisions les plus téméraires. Au contraire tout devient impossible dès que l'humanité est aux prises non plus avec l'inconnu, mais avec les éléments mêmes de sa nature : alors l'imperfection originelle de l'homme se reproduit dans tous ses triomphes sur la nature, et l'on reste en présence d'un ennemi invincible, qui est l'homme lui-même.

Nous diviserons cette dernière partie en trois chapitres : on ne peut en effet chercher les limites de notre destinée que dans les trois éléments de l'intelligence, de la volonté et de la sensation, ou de la science, de la morale et du bien-être.

CHAPITRE I".

Du mal métaphysique.

§ 1. Limites absolues de la connaissance.

La raison aspire vers une science absolue, et il est impossible qu'elle puisse jamais atteindre son but. D'où vient sa tendance ? De ce que le principe premier de la connaissance est indéterminé, ou illimité et infini ; d'où vient la connaissance elle-même ? d'une détermination ou d'une limite quelconque qui se joint arbitrairement, on ne sait comment, au premier principe indéterminé. Les sensations seules, les sentiments seuls n'existent pas pour nous, l'être seul n'est pas non plus visible, et la pensée vient de l'équation arbitraire entre l'être et les phénomènes qui le captivent. Or, l'être captivé dans la connaissance exige qu'elle soit absolue, et cependant il est impossible que la matière de la connaissance remplisse les conditions illimitées que lui impose l'idée première.

Quelles sont ces conditions ? Elles se réduisent à l'identité. Ainsi on sait que le redoublement de deux donne quatre, que le demi-cercle doublé donne le cercle, et on le sait parce que quatre n'est que deux fois deux, et le cercle n'est que le double demi-cercle. Pour connaître donc comment l'être se joint aux phénomènes, il faudrait trouver l'identité de l'être dans tous les phénomènes. Mais il n'y a aucune identité de l'être aux phénomènes, aucune déduction mathématique d'un phénomène à l'autre ; on ne saura donc jamais comment la végétation produit un corps, ou comment un corps produit la végétation, ou comment la substance produit un arbre, ou comment l'être enfante une chose en particulier. En général, tout ce qui est existe individuellement, et toute individualité se dérobe aux lois de l'identité. Mais tandis que ce manque d'identité nous refuse la véritable connaissance des choses, l'être qui n'est identique à aucune d'elles les affirme toutes, en fait des êtres, et se trouve tout entier dans toutes les choses. Si l'on cède donc à l'illusion naturelle de la pensée, si l'on suit cette multiplication indéfinie d'une seule unité, qui est tout entière dans chaque individu, dans chaque différence, et dans la moindre subdivision ou altération des objets, on se trouve apparemment en pleine ontologie, on croit réellement saisir la réalité, mais l'indétermination et la détermination, l'unité et la différence, l'être et les phénomènes, le manque éternel de l'identité dans les choses, et l'illusion qui l'y porte par l'affirmation élevée à l'absolu, se livrent un combat perpétuel, qui se révèle sous mille formes dans toutes les versions de la pensée, luttant contre sa propre impuissance.

Ainsi, les astres, la terre, le soleil et le grain de sable sont dans toute la force du verbe qui atteste leur existence ; mais si l'être ou la substance n'est pas une idée de l'esprit ; si elle est en soi, il est évident qu'elle est également dans sa plénitude illimitée, dans les astres et dans la terre, dans le soleil et dans le grain de sable, dans l'univers et dans la millième partie du grain de sable. Le tout sera donc égal à la partie, et il y aura un infini qui embrassera tout et un infini dans la moindre partie concevable des choses existantes. Voulez-vous éviter la contradiction en plaçant ce qui constitue la partie, l'individu, la différence, la pluralité en dehors de la substance, comme si la forme était extérieure à la vertu qui lui donne l'existence ? Alors, l'individualisation, la différence, la forme, ne seront pas dans la substance, ce seront des êtres hors de l'être, elles viendront du néant, et il faudra soutenir que l'univers vient du néant et qu'il se compose de néant. — Le même dilemme se reproduit dans la variation successive des formes : tout change dans l'univers, et l'univers lui-même ne semble qu'une perpétuelle métamorphose de toutes les choses. On veut bien accorder que la substance ou la matière est toujours identique à elle-même, qu'elle ne peut ni augmenter, ni diminuer, ni s'altérer. Mais toujours est-il que les formes augmentent, diminuent, s'altèrent, et tout changement implique la nécessité de la production et de la destruction. Or, comme l'identité est toujours violée dans la transformation des choses, il faut supposer nécessairement qu'elles viennent du néant pour rentrer dans le néant, ce qui est absurde ; ou qu'elles sont toujours les mêmes, malgré leurs variations, ce qui est également inadmissible : car si elles ne changent pas hors de nous, elles varient en nous, et cette variation intérieure se dérobe aux lois de l'identité.

C'est encore le même dilemme dans le problème des idées : toute idée générale est illimitée ; l'idée d'humanité embrasse tous les hommes possibles, sans limitation de temps, d'espace et de nombre ; elle se pose pour l'éternité dans le temps, et pour l'immensité dans l'espace, le genre humain ne fût-il que l'accident d'un moment. Mais si les hommes sont dans l'humanité, l'humanité est dans tous les hommes : elle est donc en soi si on l'affirme ontologiquement, et en même temps elle est chez tous les individus de l'espèce humaine ; elle subit donc l'antithèse de l'idée première, c'est une sorte de substance qui existe par elle-même et qui est tout entière dans chacune de ses parties. Niez-vous l'humanité en soi pour chercher la réalité dans les individus ? Alors, tous les hommes seront des substances individuelles, et cette conception de l'homme, identique dans la réalité d'une myriade d'êtres vivants, nous ramènera forcément à l'idée d'une matière ou d'une substance, ou d'un esprit, ou tout au moins d'une conception qui est en soi et dans toutes les parties qui la composent.

La question de la continuité et de la distinction dans le temps, l'espace, la matière et le mouvement, n'est que la question du général et du particulier, de l'indéterminé et du déterminé, de l'illimité et de la limite. Prenons-la au point de vue de la division : dès que l'esprit conçoit la division, il la conçoit dans une répétition illimitée de divisions particulières; s'il divise par moitiés, ou par dixièmes, ou par millièmes, l'idée générale de la division le force à diviser à l'infini par moitiés, par dixièmes ou par millièmes, sans que jamais aucun obstacle puisse arrêter son action. Veut-on diviser l'espace? l'idée de la division se répète à l'infini dans la moindre subdivision, et il en résulte que tout espace fini contient un nombre infini d'espaces. Dira-t-on que l'espace se compose de points indivisibles? alors ce qui n'est pas divisible donne la division, ce qui n'est pas étendu donne l'extension, ce qui n'est pas solide donne la solidité, de sorte que l'on passe du point à l'espace en violant le principe de l'identité. Veut-on diviser le temps? il faut le diviser à l'infini, et toute période déterminée, soit d'un siècle, soit d'une heure, soit d'une seconde, contiendra un nombre indéterminé de moments; et si l'on suppose que le temps est composé de moments indivisibles, l'indivisible deviendra cause de la division, ce qui n'est pas le temps enfantera la durée. Le même raisonnement s'applique nécessairement à la matière, puisqu'elle est dans l'espace. Veut-on la diviser? on divisera chaque corps dans un nombre infini de parties, et chaque corps, chaque objet fini contiendra l'infini ; que si le corps se compose de points indivisibles, d'êtres métaphysiques, de monades, alors c'est l'indivisible, l'immatériel, le pur esprit qui engendre son contraire en contredisant à sa propre nature. En dernier lieu, le mouvement qui se réalise à la condition du temps et de l'espace présente naturellement toutes les contradictions ontologiques du temps et de l'espace. Il parcourt donc un nombre infini de points dans un espace fini, dans un temps fini et qui cependant se divise à l'infini. — En prenant la question de l'espace au point de vue de l'addition, on arrivera aux mêmes résultats. L'idée de l'addition une fois posée se répète à l'infini : cédez-vous aux exigences illimitées d'une idée générale qui veut se réaliser à l'infini? vous ajouterez espace à espace jusqu'à l'infini : voilà l'immensité, c'est-à-dire un espace prolongé à l'infini dans toutes les directions, et, par conséquent, voilà une myriade d'*infinis* dans toutes les directions composés d'espaces qui se *finissent* tous au point que l'on occupe ou à celui qu'on veut indiquer. De même, on ajoutera temps à temps jusqu'à l'infini, et l'éternité se composera de périodes finies, par exemple : d'heures, de jours ou de siècles, l'éternité finira par conséquent à tous les points du temps, à tous les points il y aura deux éternités, l'une pour le passé, l'autre pour l'avenir. Ce serait donc la limite qui créerait l'illimité; l'immensité serait composée d'un nombre d'espaces déterminés; l'éternité, d'un nombre d'heures, de jours ou de siècles. Quant à la matière et au mouvement, ce sont, au point de vue de l'addition, les mêmes difficultés. D'abord, si par matière nous entendons, non pas les corps, mais une substance générique séparée de toutes les qualités, la matière est essentiellement illimitée, et, dans ce cas, les corps viendraient précisément de ce qui n'est ni corporel, ni divisible, ni individuel. Si par matière nous voulons indiquer les corps physiques, alors rien ne s'oppose à ce que l'univers soit limité, pourvu qu'on admette qu'il est dans le vide comme s'il n'avait aucune raison suffisante pour exister. Que s'il a une raison suffisante, ou elle est immatérielle, et la matière viendra précisément de ce qui exclut les qualités de la matière; ou elle est matérielle, et ici l'idée indéterminée de l'addition se répète à l'infini, et il y aura un infini composé d'un nombre déterminé de parties qui le limitent sur tous les points de l'espace.

Le même raisonnement se répète à propos du mouvement. En ajoutant au mouvement le mouvement on aboutit à l'éternité d'une foule de mouvements finis, ou à la série infinie des causes finies, ce qui est absurde, car c'est là un infini qui finit à chaque instant. Supposez-vous une origine au mouvement? Dès lors vous limitez arbitrairement l'idée illimitée de l'addition, et en même temps vous êtes forcé de supposer que le mouvement vient de ce qui n'est pas le mouvement, savoir du repos matériel ou métaphysique. — A quoi se réduisent toutes ces antithèses? Toujours à la contradiction du général et du particulier. Si l'on admet l'addition à l'infini, on ne peut plus comprendre comment l'infini peut contenir des parties. Si l'on admet la division à l'infini, on ne conçoit plus comment une partie peut contenir un nombre infini de parties. Si l'on arrête soit la division, soit l'addition, on limite arbitrairement une idée générale essentiellement illimitée. Si on accorde tous ses droits à l'idée générale de la division jusqu'au point indivisible, l'espace, le temps, la matière, le mouvement, sont composés de ce qui n'est ni l'espace, ni le temps, ni la matière, ni le mouvement essentiellement divisibles. Si l'on accorde tous ses droits à l'idée générale de l'addition jusqu'à l'infini, l'espace, le temps, la matière et le mouvement, c'est-à-dire la distinction, vient de ce qui n'est pas la distinction ; ici encore c'est le contraire qui est la cause de son contraire. Et toujours c'est l'illimitation de l'immense ou de l'indivisible, ou du générique, ou de l'inaltérable, ou de l'*être* qui se joint contradictoirement à la limite de la succession, de la distinction, de la division, de l'individualisation ou du phénomène (1).

(1) Tous les arguments des pyrrhoniens se réduisent à cette

Si l'on pouvait concevoir que le même être fût en même temps en deux objets, on concevrait que le même temps, le même espace, le même mouvement, la même matière, fussent en soi et dans toutes leurs subdivisions.

La contradiction ontologique du déterminé et de l'indéterminé se retrouve dans les notions d'intériorité et d'extériorité. L'identité ontologique de deux ou de plusieurs êtres est indispensable pour concevoir le mouvement, la génération, la production, l'action et la réaction des corps; tous les phénomènes de la nature supposent la distinction des choses et une communication incessante de l'une à l'autre par la vie, l'amour, la gravitation, la répulsion, les affinités, les fluides. Un corps sera éternellement le même s'il n'est pas mis en mouvement ou altéré par une force extérieure et s'il n'a pas un point d'appui extérieur : supposons que les parties qui le composent, agissant les unes sur les autres, se servent mutuellement de moteur et de point d'appui, le corps sera une agrégation de corps et la distinction de l'intériorité et de l'extériorité se reproduira dans ses éléments constitutifs. Or, comment une substance peut-elle agir hors d'elle-même? Comment ses forces peuvent-elles se porter là où elles ne sont pas? Si les forces peuvent se sé-

---

antinomie. En cherchant la preuve d'une vérité, ils demandaient à l'infini la preuve de la preuve ; en cherchant le critérium de la connaissance, ils demandaient à l'infini le critérium du critérium, etc.

parer des corps, nous avons le phénomène inconcevable d'une force, savoir d'une qualité, sans substance. En supposant qu'une force puisse passer d'une substance à l'autre, il faut supposer qu'il y a un instant où elle n'est en aucune substance et un instant où elle est et n'est pas extérieure à l'objet dont elle va s'emparer. Si les forces sont inhérentes aux corps et s'excitent mutuellement par la réaction, on n'explique pas encore comment elles peuvent agir là où elles ne sont pas. Leibnitz qui avait sondé le mystère dans toute sa profondeur, plaçait l'univers tout entier dans chaque monade, pour qu'il pût s'y développer par l'action des monades extérieures. Encore, suivant lui, l'action et la réaction se réalisaient *ex machinâ*, grâce à l'harmonie préétablie par Dieu entre toutes les monades. En effet on ne saurait expliquer autrement la raison suffisante de l'action et de la réaction, d'elle-même incompréhensible. Mais s'il est en puissance dans la monade, pour passer à l'acte, ne fût-ce que dans la perception du monde, l'univers doit présenter une variété intérieure, un changement intérieur, une mobilité intérieure, et la variété, le changement, la mobilité reproduisent dans la monade la distinction d'intériorité et d'extériorité : le problème loin d'être résolu nous conduit à une contradiction universelle. Il s'agissait d'expliquer la continuité des corps, et en les composant de monades ou de points métaphysiques, on fait venir les dimensions de ce qui n'a pas de dimensions : il s'agissait d'expliquer l'action et la réaction, et l'harmonie préétablie n'est que le mystère même qui n'avait pas besoin de l'intervention de Dieu pour être constaté : il fallait montrer comment une force agit hors du corps qui la produit, et il se trouve que chaque monade contient en puissance la vie universelle, c'est-à-dire la variation universelle. Ainsi le mystère est tout entier dans l'univers, puisqu'il se compose de monades distinctes, et il est dans la monade, puisqu'elle est l'univers en puissance avec ses distinctions successives et contemporaines qui détruisent toute idée d'indivisibilité.

La question du vide représente les mêmes problèmes. Sans vide, le mouvement est impossible, il n'y a ni rareté, ni densité ; les corps ne peuvent pas se déplacer, ils ne peuvent pas même se distinguer les uns des autres. C'est pourquoi, suivant l'école d'Elée, tout est dans l'unité. D'ailleurs, l'illimitation de l'être et la présence de l'être dans toutes nos affirmations, y compris celle du néant, nous empêche d'admettre la possibilité du non-être : le néant, disaient les philosophes d'Elée, est ou n'est pas ; s'il n'est pas, il est supprimé, tout est un ; s'il est, c'est quelque chose, ce n'est plus le néant. Platon éludait le dilemme en cherchant le néant dans la diversité des idées ; pour lui, le non-être n'avait qu'une existence comparative comme celles du *non-blanc*, du *non-homme*, qui n'impliquent nullement l'anéantissement du sujet ou de la matière. Mais les idées platoniciennes ne se déduisent pas mathématiquement de l'unité ; elles supposent déjà la distinction ; et, la distinction admise, il y a des intervalles infranchissables de l'unité aux idées, d'une idée à l'autre, et de chaque idée à la réalité multiple qu'elle domine. Sans compter que l'idée n'explique pas le mouvement, qu'au contraire elle est une cause permanente d'immobilité, et que l'idée ontologique se trouve déjà enveloppée dans les contradictions de l'unité et du multiple, de la simplicité et des éléments qui la composent, etc. Admettrons-nous la solution d'Aristote, savoir que le vide est le non-être en acte et l'être en puissance ? Sans doute il faut remplir le vide par cette matière métaphysique de l'être indéterminé, et tant que l'être est indéterminé, tant qu'on ne le termine pas par l'affirmation, il n'existe pas encore pour nous, c'est le non-être en acte. Ajoutons qu'il faut admettre cette distinction de l'acte et de la puissance, puisqu'elle est dans tous les phénomènes, dans toutes les forces, dans toutes nos facultés ; et si on la supprime un instant, on ne conçoit plus ni la génération, ni la corruption, ni la vie, ni la mort, ni la production, ni la destruction. La nature tout entière est comme une puissance qui se réalise sans cesse dans une série d'actes successifs. Rien n'est plus juste au point de vue expérimental que cette distinction de l'acte et de la puissance ; mais dans l'ontologie, le vide constitué par l'être en puissance, n'est rien de moins que l'être; c'est-à-dire une entité platonicienne, une idée douée d'existence et soumise à toutes les antinomies de la théorie des idées. Ainsi la matière d'Aristote est en nous, puisque nous existons, elle est hors de nous, puisqu'elle est la condition de toute réalité; et cependant c'est la même matière générique. Par elle-même, elle est indivisible; l'essence à son tour est indivisible; comment deux indivisibles en se réunissant peuvent-ils donner la division? La matière isolée est l'être en puissance; une fois qu'elle se trouve réunie à l'essence, c'est l'être en acte. Le plein et le vide sont donc identifiés dans un seul principe, qui varie suivant qu'il est seul ou mêlé à d'autres principes. Comment le même principe peut-il être et ne pas être? Comment cette distinction toute phénoménale des choses, cette division toute différentielle et absolument inexplicable de l'être et du devenir, peut-elle se transporter à l'idée première, qui est ici une sorte de substance première? Si la distinction de l'acte et de la puissance est un fait inexplicable dans le germe, dans la pensée, dans les forces des corps, s'il n'y a pas de distance mathématique de l'enfant à l'homme, de la semence à l'arbre, cette distance mathématique ne se trouve pas non plus dans la distinction de l'être en puissance à l'être en acte, avec cette différence que de l'un à l'autre il y a cette fois la distance d'une contradiction formelle. C'est en effet la même chose, le même principe, la même entité qui constitue le plein et le vide, la densité et la rareté, comme si un vide se joignant à quelque chose pouvait acquérir une propriété, ou comme si quelque chose se joignant au vide pouvait arriver jusqu'à l'existence. Décidément le vide métaphysique est aussi nécessaire que contradictoire; le plus simple est de s'en tenir au vide physique, mais ce n'est là encore qu'une illusion; s'il est nécessaire pour expliquer le mouvement, il est d'ailleurs impossible d'expliquer le mouvement dans le vide. Supposons un atome dans le vide ; comment les forces arriveront-elles jusqu'à lui pour déterminer son mouvement? quelle sera la raison suffisante de son existence et de ses altérations ? Sera-t-il éternellement ce qu'il est? Oui, sans doute, mais le même raisonnement se répète sur tous les atomes, et l'univers tout entier se dissolvant par l'existence du vide, devient aussi incompréhensible que dans la supposition contraire, qui met tout en communication avec tout, sans solution de continuité dans la matière et dans le mouvement.

L'impossibilité de diviser et de réunir la physique et la métaphysique se manifeste encore plus visiblement dans l'antinomie de la matière et de l'esprit. La pensée conduit à supposer l'esprit, substance indivisible en opposition avec la substance divisible du corps ; mais comment trouver la relation de l'âme et du corps ? comment réunir le divisible à l'indivisible ? de quelle façon la matière pourrait-elle influer sur l'esprit ? par quel moyen l'esprit agirait-il sur le corps ? Il n'y a pas de correspondance possible entre deux principes, l'un étendu et l'autre inétendu, et quand cette correspondance subsisterait, la pluralité ne pourrait jamais se rapporter à l'unité sans la décomposer, ni l'unité à la pluralité sans l'absorber dans sa propre indétermination. La solution la plus facile se réduit à éliminer l'un des deux termes, la matière ou l'esprit. Le matérialisme exclut l'esprit, mais il ne peut pas s'affirmer, il lui manque le premier principe du jugement, de l'unité, de l'existence ; et si l'on supprime le jugement, l'unité et l'existence métaphysique, le savoir disparaît avec le philosophe, il ne reste plus que l'observation sans sujet et sans objet, la sensation devient une différence sans unité, une apparition sans entité. Les dernières conséquences du spiritualisme excluent la matière et conduisent à l'idéalisme. Prétendez-vous démontrer à l'idéaliste l'existence du monde extérieur, ou celle des corps, ou celle des esprits ? l'idéaliste sera inexpugnable ; car il n'y a pas de distance mathématique du moi ou du non-moi. Mais si la raison ne peut pas se démontrer à elle-même, elle ne peut pas non plus ne pas s'affirmer, ni résister à la force de ses propres affirmations, ni refuser son assentiment à tous les êtres qu'elle perçoit, à commencer par le moi et à finir par Dieu. Bien plus, elle ne peut pas exclure le multiple du sein même du moi : veut-elle se réduire à l'isolement absolu ?

le multiple est en nous, et après avoir anéanti toutes les choses extérieures, la raison trouve dans la pensée la distinction et la succession, et à la suite de la distinction et de la succession, la notion d'intériorité et d'extériorité surgit en nous-mêmes pour briser ce cercle que l'idéalisme trace autour du moi. Si on refuse de croire aux choses ou aux monades extérieures parce qu'elles sont extérieures, il faut refuser de croire à la distinction des idées les unes hors des autres, et toutes hors du principe qui les affirme : apparence ou réalité, le phénomène de la distinction est toujours également inexplicable ; on ne gagne rien à le supprimer hors de nous, puisqu'il se reproduit en nous et dans tous les actes de l'intelligence. Ainsi l'idéalisme est inexpugnable, mais il n'a qu'à replier ses raisonnements sur le moi, pour retrouver dans toute son intégrité ce monde qu'il a anéanti. La difficulté ne consiste donc pas à démontrer l'existence de Dieu ou celle d'une nature extérieure, elle consiste dans ce mystère de l'unité et de la différence qui constitue la pensée, se reproduit dans toutes les pensées, par conséquent dans toutes les affirmations et dans l'univers tel que nous le concevons, sans que jamais nous puissions faire disparaître ce qu'il y a d'arbitraire dans l'équation du jugement.

La raison nous conduit irrésistiblement à Dieu ; elle ne peut concevoir les êtres sans l'être, le déterminé sans l'indéterminé ; elle ne peut pas concevoir non plus une série infinie de causes finies ou une création sans créateur. Elle suppose donc un être infini, une cause de tout ce qui existe : mais le difficile est de maintenir Dieu à la hauteur où la raison le place, et de l'y maintenir malgré toutes les antithèses de cette même création qui en réclame l'existence. Dieu ne peut être que dans la nature ou hors de la nature. Dans le premier cas, Dieu est la substance universelle, il est la substance du ciel, de la terre, de l'homme, de l'arbre ; et comme il est indivisible, il est tout entier dans l'homme, dans l'arbre et à l'infini dans toutes les subdivisions de tous les objets qui existent. Indivisible, il est la source de la division, et il est dans toutes les parties de la division ; illimité, il engendre la limite ; indéterminé, il crée les déterminations ; bref, il résume toutes les antinomies ontologiques de l'espace et du temps, de la matière et du mouvement. Supposons Dieu hors de la nature : s'il est hors de la nature, il est hors des choses, hors de nous ; et s'il est hors des choses et hors de nous, il en résulte que la nature est hors de la substance, hors de l'être, et que nous sommes dans le néant. D'un autre côté, Dieu serait limité par la nature, il cesserait d'être infini, ce serait une personne, une créature, il y aurait donc un Dieu antérieur à Dieu, et celui-là serait le véritable Dieu. Mais, à son tour, il serait en nous ou hors de nous, dans la nature ou hors de la nature ; à son tour, il se trouverait dans l'alternative de l'infini et du fini ; infini, il ne laisserait plus de place à la création ; fini, il supposerait un Dieu antérieur. Cela vient encore de ce qu'il n'y a pas de distance mathématique de l'être au phénomène, du général au particulier, de ce que la proposition ontologique (l'acte), d'après Aristote, se compose de matière (genre) et d'essence (individu, différence); en d'autres termes, cela vient de ce que l'affirmation est une équation qui réunit arbitrairement l'indéterminé au déterminé, l'absolu au relatif. Ainsi la création se réduit à une détermination de l'être indéterminable, elle le suppose et le repousse, le limite et s'y perd ; si elle réclame son individualité, elle le finit arbitrairement ; si elle y renonce, elle s'efface encore arbitrairement, car il faut un acte arbitraire pour établir l'identité là où il y a une différence incalculable. Et le dilemme se reproduit dans toutes les questions secondaires sur les rapports de Dieu et de la création. La création du néant sauve l'illimitation de l'être premier : à quel prix ? en violant toutes ses lois pour faire venir les êtres du non-être. La création par émanation divise et subdivise la substance de Dieu et détruit la nature même du premier principe. L'éternité du monde ou de la matière place le monde hors de Dieu, limite Dieu, et conduit à un demi-athéisme transitoire, et finalement à un athéisme définitif; car un Dieu fini n'explique pas l'origine de l'univers et remplace l'équation mystérieuse du fini et de l'infini par la juxtaposition de deux termes finis.

Absurdité évidente, car on ne conçoit le fini que par l'infini.

Dans la substance divine, on ne saurait admettre ni la vie, qui suppose des limites et une origine, ni la pensée, qui suppose une détermination, ni la pensée de la pensée, qui serait le redoublement vide et incompréhensible d'un acte essentiellement limité. On ne peut pas non plus se faire l'idée d'un Dieu délibérant dans le temps la création, il subirait les déterminations du temps; s'il choisit un espace pour y placer la création, il subit les déterminations de l'espace. Ici encore, il y a une distance infranchissable de l'être aux phénomènes. La même chose doit se dire de toutes les questions du bien et du mal, de la liberté et de la grâce, de la providence et de la fatalité, et de tous les problèmes de la théodicée. Certes, nous sommes dans le meilleur des mondes possibles; mais nous sommes dans un monde fini, et l'imperfection est indivisible du fini; si Dieu ne pouvait créer un monde infini, un homme infini sans se détruire lui-même pour se créer autant de fois qu'il voudrait reproduire la perfection de l'existence, on ne saurait contester que la perfection a créé l'imperfection, que l'impérissable a créé le périssable, que le bien a engendré le mal dans un but inconnu, et en contradiction avec sa propre nature. Leibnitz, le plus grand génie des modernes, ne sait pas contester cette différentielle du mal métaphysique, qui résiste à tous les efforts de la raison, et après avoir imaginé ses monades, son harmonie préétablie, sa Théodicée, il est forcé de s'arrêter devant un premier mystère qui n'est pas autre chose que le mystère de la création, c'est-à-dire l'instant où le mal métaphysique s'introduit dans ce qui est, afin de produire le plus grand bien dans un monde fini, essentiellement imparfait.

L'antinomie est permanente sur tous les points de l'ontologie, elle oppose toujours la physique à la métaphysique, le sens à la raison, le *phénomène* au *noumène*, le fini à l'infini, le déterminé à l'indéterminé. De tout temps, le grand effort de la science a été de l'exclure, de supprimer la dualité au profit de l'unité. L'histoire de la philosophie se scinde en deux traditions; la première se fonde sur l'évidence phénoménale, et sacrifie la métaphysique à la physique, l'illimité au limité; la seconde se fonde sur l'évidence rationnelle, et sacrifie la physique à la métaphysique, le limité à l'illimité. Ces traditions commencent avec les Atomistes et les Éléates, se développent avec Aristote et Platon, continuent avec les Stoïciens et les Épicuriens d'un côté, les Néoplatoniciens de l'autre. Renfermées ensuite dans le cercle des croyances chrétiennes, elles restent en présence, l'une rappelant les idées de Platon et des Néoplatoniciens, l'autre persistant dans la tradition péripatéticienne : de là les Réalistes et les Nominalistes du moyen âge, depuis Scott Erigène jusqu'à Thomas de Strasbourg, depuis Abélard jusqu'à Occam. Quand la scolastique cède le champ à la philosophie moderne, on voit encore les théosophes de la Renaissance, en lutte avec les matérialistes et les péripatéticiens; puis viennent Descartes et Bâcon : les débats prennent la forme des méthodes nouvelles, mais ils se perpétuent entre Spinosa, Mallebranche et Leibnitz d'un côté, Locke, Condillac et les encyclopédistes de l'autre. Les deux traditions se maintiennent dans toutes les parties de la science, dans la politique, dans l'histoire, dans l'ontologie, dans la psycologie; elles se combattent sur tous les points de la connaissance, l'une explique tout par l'unité rationnelle, l'autre veut expliquer les phénomènes par les phénomènes. C'est pourquoi le dieu d'Aristote n'est pas le dieu de Platon, le dieu de Bâcon se démontre autrement que celui de Spinosa ; l'entendement humain est compris, expliqué d'une manière tout opposée par Condillac et par Mallebranche. Mais les deux écoles sont tellement constituées, qu'elles ne peuvent pas triompher l'une de l'autre sans voir reparaître dans leur propre sein le principe qu'elles ont détruit dans l'école opposée. Aussi la présence de Dieu et de la pensée proteste-t-elle contre tous les systèmes matérialistes, et au moment où ces systèmes veulent achever leur généralisation expérimentale, l'impossibilité d'expliquer l'infini par le fini, et la pensée par les choses, fait sentir toute la puissance du principe rationnel. De même, la présence de la nature proteste contre le panthéisme, formule invariable des excès de la tradition spiritualiste, et à l'instant même où l'on affirme que tout est dans tout, on voit que la raison détruit l'expérience sous prétexte de l'expliquer ; le monde réclame le droit d'exister, la science est à refaire. Les deux partis extrêmes produisent un choc constant qui maintient l'esprit humain dans une oscillation éternelle : arrivant au matérialisme, l'esprit sent par le choc d'une contradiction que la pensée ne peut pas s'assimiler à la matière : arrivant au panthéisme, il subit le choc d'une contradiction nouvelle, à l'instant où il veut sacrifier la matière au premier principe de la pensée.

Y a-t-il un parti intermédiaire entre les deux extrêmes ? Oui sans doute, mais ce parti ne peut se trouver dans une sorte de compromis entre le possible et l'impossible, entre l'être et le non-être, entre l'infini et le fini. L'histoire de la philosophie nous offre mille transactions où le néant est distinct de la diversité, l'être en puissance de l'être en acte, l'infini qui commence de l'infini absolu, le vide réel du vide métaphysique, le plein réel du plein métaphysique, *la continuité* apparente de la continuité réelle et ontologique. Toutes ces théories n'aboutissent qu'à masquer ou plutôt à déplacer les difficultés. En effet si l'on n'explique pas le mouvement par le mouvement, la génération par la génération, et toutes les antithèses par la grande antinomie de l'idée et du fait, on n'explique pas non plus une matière qui est en puissance et n'est pas en acte, un point indivisible qui engendre les dimensions, ou le manque absolu de vide, d'étendue, de distinction, qui donne par la monade les illusions du vide, de l'étendue, de la distinction. On a beau combattre les objections ontologiques, vaincues d'un côté, elles se reproduisent de l'autre, anéanties sur un point, elles se multiplient à l'instant même où on les croyait à jamais détruites. Elles changent de formes, elles sont toujours les mêmes dans le principe. Cependant la philosophie n'est pas immobile, elle avance toujours; il n'est pas un système de l'antiquité qui ait pu se reproduire dans son intégrité à la Renaissance; il n'est pas un système de la Renaissance qui puisse se faire adopter aujourd'hui sans des restrictions très-nombreuses : mais s'il y a progrès, il faut bien admettre que l'esprit humain est en marche pour résoudre cette énorme contradiction de l'ontologie. Or, à notre avis, la contradiction est résolue à l'instant où elle est remplacée par un mystère. Que les choses soient en même temps divisibles et indivisibles; que le temps et l'espace soient finis et infinis; qu'un être soit limité et illimité; que les réalités absolues soient en même temps unes et multiples : cela ne peut être ni admis, ni conçu; ces contradictions réelles détruisent toute réalité. Mais que la pensée soit une équation arbitraire, c'est là un fait incontestable, un mystère que personne ne peut nier, et qui n'implique aucune contradiction : qu'à la suite de cette équation arbitraire tout l'univers nous soit livré, à la condition de reproduire partout où l'affirmation se présente le même mystère de la pensée qui le conçoit : c'est là la conséquence inévitable du premier mystère admis dans la pensée. Ainsi il n'est pas une perception, pas un corps, qui ne présente l'antithèse du double élément qui compose la pensée, pas un objet qui ne soit anéanti, si l'on supprime l'un de ces deux éléments ; pas une entité qui ne soit une contradiction, si on prend à la lettre le témoignage ontologique de notre raison. Tout objet est un et multiple ; s'il n'est que multiple, il n'est pas un objet ; s'il n'est que l'unité, il n'a pas de corps ; s'il se compose de l'unité et du multiple, considérés comme deux choses distinctes, on ne peut pas comprendre comment elles puissent se joindre, agir l'une sur l'autre, et produire un résultat qui réunit des qualités contraires aux deux éléments qui le composent. L'ontologie n'explique pas les objets, elle les rend impossibles. Il faut donc se renfermer dans la description et les considérer dans la perception. Non que les objets soient fils de la perception : la puissance créatrice du moi est encore un miracle ou plutôt une contradiction de l'ontologie ; mais ces objets sont des phénomènes qu'il est possible de décrire avec la plus grande précision, pourvu que l'on se souvienne qu'ils nous sont livrés à la condition de deux termes subjectifs, inexplicables dans leur essence, et contradictoires dans toutes les antithèses qu'ils engendrent, si on les prend pour des réalités. Se borner à la description, voilà le parti nécessaire indiqué instinctivement par la philosophie écossaise, et scientifiquement arrêté par Kant : aussitôt qu'on se renferme dans la psycologie, et qu'elle reste chargée de nous donner la description de toutes nos croyances nécessaires ou instinctives, on renonce sans doute à une prétention infinie, mais on coupe court à des aberrations infinies. C'est à la psycologie qu'aboutit toute la philosophie moderne : depuis la renaissance jusqu'à Descartes, depuis Descartes jusqu'à Kant, tous les philosophes ont cherché l'ontologie : l'ontologie a été la pierre philosophale de la science ; mais toutes les découvertes ont tourné au profit de la psycologie, comme les efforts de l'astrologie et de l'alchimie ont tourné au profit de l'astronomie et de la chimie. On a dit que la psycologie n'est que le péristyle de la philosophie, c'est possible ; elle ne donne pas la science absolue ; mais dans ce cas le temple est ailleurs, il n'est pas de ce monde ; c'est notre vie, c'est notre pensée elle-même qui nous relègue dans le péristyle de l'absolu. Au surplus, dans ce péristyle, il y a tous les ressorts de la raison : on voit les forces qui ont créé toutes les plus grandes conceptions intellectuelles : tous les systèmes sont là en puissance ; on peut indiquer le moment idéal où ils doivent éclore dans l'histoire, et tant que le temple ne sera pas élevé, il faudra se résigner à rester dans le péristyle. Quant à l'accusation banale de scepticisme, on peut la renvoyer à ceux qui prétendent donner la science de l'absolu. L'impossibilité d'expliquer Dieu, l'homme et la nature, n'implique nullement la négation de Dieu, de l'homme et de la nature, pas plus que l'impossibilité d'expliquer l'origine de la matière, du mouvement et de la vie, n'implique la négation de la matière, du mouvement et de la vie. Le seul moyen de compromettre les faits, c'est de vouloir les expliquer ; il en résulte alors que leur existence tient à l'explication et qu'en détruisant l'explication, le fait est détruit ; en admettant une fausse explication, le fait est faussé. Tel est le tort de tous les systèmes ontologiques ; ils font dépendre l'existence de la démonstration, et comme la démonstration rigoureuse est impossible hors des mathématiques, une fois les systèmes détruits, il semble que les faits soient anéantis avec le principe qui les expliquait.

§ 2. Limites relatives de la connaissance.

L'antithèse de l'idée générale et de l'affirmation particulière se reproduit dans toute sa force, quand on veut s'expliquer la propagation d'une idée nouvelle, d'une institution nouvelle ou d'une nouvelle religion. Comme l'idée de l'addition ou de la division, ou de l'antériorité logique ou chronologique, une fois posée, se répète à l'infini sans limitation de temps, d'espace et de nombre, pour diviser ou développer à l'infini l'affirmation particulière ; de même, l'idée de la faillibilité, une fois admise, se répète dans tous les actes de la pensée, et produit une antinomie qu'il est impossible de résoudre par un raisonnement identique. Suis-je faillible? Ce soupçon de la faillibilité me poursuivra dans toutes mes pensées et se mettra en opposition avec la certitude qu'elles ont acquise une à une individuellement. Le soupçon se reproduira dans la diversité des opinions qu'il y a entre les hommes; tous pourront se renvoyer les uns aux autres l'accusation de faillibilité, précisément à cause de l'indétermination de cette idée. De là la lutte entre l'autorité et la raison individuelle; ce sont là deux raisons qui s'opposent : toutes deux sont déterminées ; toutes deux sont dans la certitude d'une affirmation particulière, et cependant elles s'accusent mutuellement, au nom de la faillibilité générale de la nature humaine. Mais la faillibilité est universelle ; en s'appliquant également à tous les hommes, elle anéantit également la raison et l'autorité, sans profiter à l'une des deux. Elle ne profite pas à l'autorité : en effet, l'autorité est humaine; si elle se prétend divine, cette prétention est encore humaine, la parole divine est écoutée, acceptée, défendue, propagée par des hommes qui peuvent se tromper; ceux qui la nient, pour se soumettre doivent faire acte de raisonnement individuel, et dans l'obéissance même ils sont poursuivis par l'idée générale d'une erreur possible. D'ailleurs les autorités s'opposent les unes aux autres : il y a des autorités musulmanes, catholiques, lamaïques, chinoises ; la vérité de l'une d'elles implique l'erreur des autres, et puisqu'elles sont faillibles, il faut s'en rapporter à la raison individuelle. Mais cette dernière n'est pas plus heureuse, car elle est sous le coup de la faillibilité universelle ; les hommes sont en opposition comme les autorités, sans compter qu'il est impossible que jamais ils puissent vérifier la moindre partie d'un système, sans admettre une autorité quelconque. Bref, il n'y a pas plus de continuité rationnelle dans la succession des systèmes, qu'il n'y en a d'un point à l'autre de l'espace, du temps, de la matière et du mouvement ; l'abstraction de la faillibilité s'oppose à toutes les affirmations particulières, sans que l'opposition puisse profiter même au scepticisme, car enfin le sceptique doit douter de son doute à l'infini et croire à la faillibilité de ses dénégations.

Ce qui décide de nos opinions, ce n'est ni la vérité ni l'erreur en général, c'est la vérité ou l'erreur en particulier, de même que nos convictions ne sont ni des inductions ni des syllogismes indéterminés, mais se réduisent à des raisonnements positifs et déterminés. Quant à la société, ce sont encore les opinions déterminées et non pas les possibilités indéterminées qui décident de son organisation, de ses idées ou de ses institutions. Aussi la succession des idées sociales *se décrit* comme tous les phénomènes, mais ne *se démontre* pas avec une rigueur mathématique : à chaque révolution l'autorité se dit infaillible, nécessaire, elle accuse les novateurs d'anarchie; à chaque révolution elle est atteinte et convaincue de mensonge, d'erreur et de tyrannie, sans qu'il soit possible de déterminer *à priori* la légalité d'un gouvernement ou d'une révolution. De même le moment où deux ou plusieurs hommes, ou tout un peuple, sont identifiés dans la communauté d'une idée, *se décrit* sans se démontrer. Il est évident que la raison humaine, identique chez tous, doit arriver en vertu des mêmes déterminations positives aux mêmes résultats (1), et que le langage atteste, excite, maintient l'identité des résultats; mais nous ne savons comment cette identité peut se vérifier, pas plus que nous ne savons comment l'on peut connaître ce qui se passe hors de nous (2).

(1) De tout temps on a comparé la vie des nations à celle de l'homme ; il est plus exact de comparer la vie de l'homme à celle des nations. Les enfants naissent sauvages et barbares, l'éducation ne peut pas faire qu'ils franchissent sans intermédiaires la distance qui passe de l'état primitif à l'état actuel de la société: il faut donc supposer une transformation rapide, inaperçue, mais réelle, une sorte d'embryogénie intellectuelle qui répète dans chaque individu toute l'histoire idéale de la société à laquelle il appartient. La religion des enfants est toujours païenne, leurs sentiments sont naturellement barbares; l'éducation dogmatique ne triomphe pas de la force systématique des premières idées : et Dieu sait quels papes, quels empereurs imaginent nos petits historiens de seconde et de rhétorique !

(2) Je renvoie aux arguments des sceptiques pour l'impossibilité de transmettre la science.

Si d'après ces prémisses on se demande quelles seront les destinées de la philosophie, il est certain qu'on ne peut les déterminer ni d'après l'idée abstraite de la raison, ni d'après l'idée générale de l'autorité. Les destinées de la philosophie à venir ne pourraient être devinées que par celui qui la connaîtrait dans ses déterminations positives à venir, et saurait les dernières limites de la description appliquée à la nature et à l'humanité et traduisant toutes ses observations en inventions par la force d'un système universel. Jusqu'à présent, la philosophie a toujours été une partie ou une exception de la religion ; les philosophes ou servaient à l'humanité par les discussions de la théologie, ou devançaient l'humanité par les abstractions de l'école. Mais aussitôt qu'ils devançaient la masse, ils se trouvaient en dehors de la masse, dans un cercle isolé de disciples. Voulaient-ils toucher à la religion ? ils étaient persécutés comme Socrate et Bruno. En général le rôle négatif de la philosophie subsistait au sein de l'école et l'école n'adoptait qu'un Dieu inutile parce que le premier mouvement de la raison s'était réduit à la démonstration négative de la divinité, en laissant au prophétisme la démonstration positive de la providence divine. Les philosophes d'Alexandrie aspiraient au prophétisme au moyen de l'extase et de la magie ; mais avant que la tradition sacrée pût se fixer, ils furent interrompus et dépassés par une nouvelle religion. En effet, le monde

Romain n'était un que par la force ; toutes les nations domptées avaient leur religion et leur philosophie : l'Égypte persistait dans son culte, Rome et Athènes dans leurs mythologies, l'Orient dans ses mystagogies monothéistes, et il était impossible qu'au milieu de cette unité violente fondée par la conquête, toutes les traditions arrivassent paisiblement à leur dernier développement qui aurait donné une vérité universelle et vraiment catholique. La lutte des traditions était inévitable ; et la victoire ne fut pas aux philosophes Alexandrins. Ce n'est ni par le manque de génie, ni par le manque de science qu'ils succombèrent. Leurs devanciers, à commencer par Platon, avaient porté aussi loin que possible l'invention métaphysique; mais isolés dans l'école par l'excès même de leur grandeur, ils étaient restés en dehors de la pratique. A Athènes, on avait compris la justice comme si le genre humain était réuni, comme si la réalisation de tous les intérêts avait provoqué la manifestation de toutes les vertus. Cependant la Grèce elle-même n'était pas une nation, les autres peuples étaient considérés comme des barbares, la profonde distinction des peuples entretenait l'esclavage ; ainsi l'idée de vertu restait indéterminée, et pour la déterminer on recourait à des hypothèses arbitraires. C'étaient par conséquent des hypothèses impuissantes. Platon imagine une cité philosophique isolée du genre humain, dressée pour la guerre, comme si les intérêts de la guerre (il y ajoutait ceux de l'esclavage) pouvaient entretenir toutes les vertus de l'association universelle. Zénon et les Stoïciens s'isolent par un ascétisme en pure perte; Épicure et ses disciples s'isolent à leur tour d'une société où ils ne trouvent pas même le bonheur, ce qui était naturel, puisque Platon n'y avait pas trouvé la vertu. A Alexandrie, l'école philosophique embrasse le monde dans ses conceptions, elle cherche à réunir les plus anciennes traditions de l'école avec celles du sanctuaire; on amnistie la barbarie; et puisqu'on s'adressait au genre humain, puisque les grands hommes se disaient *cosmopolites* et prenaient le titre de *grands-prêtres de l'univers*, désormais le paganisme était appelé à de plus hautes destinées, grâce à l'allégorisme qui changeait la signification des légendes. Cependant cette transformation demandait des siècles. Les philosophes parlaient de l'être et le peuple pensait encore à Jupiter; la lumière équivoque de l'allégorisme éclairait l'école, et les profanes étaient encore dans l'obscurité du prophétisme mythologique : l'extase philosophique cherchait une hiérarchie céleste qui pût habiter le ciel de Platon, et la superstition païenne écoutait encore la voix des oracles. Il y avait réellement deux religions dans la même religion; deux enseignements dans la même tradition : le culte de la philosophie ne pouvait se dégager de ses voiles que par l'action du temps; mais il se trouva tout à coup en présence de la tradition juive, d'une religion populaire et philosophique ; alors le monde se tourna vers la Croix, et l'école resta seule, de sorte qu'au cinquième siècle un simple édit de Justinien suffit pour exiler les philosophes.

On conçoit que l'argument de l'autorité contre la raison ait eu un grand succès à cause de l'isolement des philosophes. L'accès de l'école était fermé par toutes les difficultés de la science ; l'école était une caste dont on ne voyait que les disputes, c'est-à-dire la faillibilité, et l'on n'entrevoyait pas même les déterminations qui opposaient une certitude spéciale à la thèse indéterminée de la faillibilité philosophique. L'homme du peuple pouvait dire aux philosophes : vous êtes en guerre, vous me présentez mille schismes, vous vous condamnez les uns les autres, comment puis-je choisir entre vous ? Pour choisir il faut savoir, et la science suppose le choix préalable d'un maître. Écoutons les premiers chrétiens ; leurs attaques contre la philosophie se réduisent précisément à montrer qu'elle est variable, mobile et incertaine : « Ces
« philosophes, dit Théodoret, en expliquant leurs
« sentiments sur les corps naturels et sensibles,
« loin d'avoir trouvé la vérité et de s'accommoder
« entre eux, sont comme des gens qui combattent
« dans une nuit obscure, s'élevant les uns contre
« les autres et se déchirant mutuellement par leurs
« disputes et leurs dissensions. » — « Il est vrai,
« dit S. Basile, que les philosophes ont beaucoup
« raisonné et beaucoup écrit sur la nature, mais

« ils n'ont pas avancé une seule opinion qui fût
« certaine, les derniers ayant toujours renversé
« les opinions de ceux qui les avaient précédés,
« de sorte que rien ne nous serait plus facile que
« de les réfuter tous, d'autant plus qu'ils nous
« fournissent eux-mêmes les armes pour les com-
« battre. » S. Cyrille, Lactance, Tertullien, Eusèbe,
S. Chrysostome, Tatien, etc., ne manquent pas de
signaler cette variété des opinions scolastiques.
Qu'opposent-ils à l'école ? Précisément la puissance
de la tradition, la foi du genre humain fixée par
le judaïsme. « Je produirai d'abord, dit Eusèbe,
« les philosophes que l'on appelle physiciens, plus
« anciens que Platon ; je passerai de là aux secta-
« teurs de Platon mêmes, et je ferai voir combien
« de disputes et de dissensions se sont élevées
« parmi eux. Je viendrai ensuite aux factions dif-
« férentes et aux disputes des autres philosophes ;
« je les ferai paraître tous sur la scène où nous
« verrons ces braves champions se battre vigou-
« reusement et se charger mutuellement de mille
« coups, » tandis que, ajoute-t-il, « la religion
« juive est presque aussi ancienne que le monde ;
« les premiers hommes ont eu soin de la trans-
« mettre comme le plus précieux trésor à leur
« postérité, et il ne s'est jamais trouvé per-
« sonne parmi les Hébreux, dans toute la suite des
« siècles, qui ait osé y faire le moindre change-
« ment ou l'altérer par des opinions nouvelles. »
S. Justin, après avoir fait observer les contradic-

tions de la philosophie païenne, ne manque pas de faire la même remarque : « Tous les prophètes, « dit-il, sont d'accord, ils ne nous ont jamais rien « appris qu'ils aient inventé eux-mêmes, et jamais « ils ne se sont contredits les uns les autres; mais « loin de toute dissension et de toute dispute, ils « nous ont simplement communiqué les vérités « que Dieu même leur avait révélées.» Voilà l'argument qui a eu tant de succès dans les premiers siècles de notre ère. Les disputes de l'école présentent toutes les apparences du caprice pour celui qui n'en a pas le secret, et ces apparences ébranlent l'autorité de la philosophie pour celui qui ne la connaît pas encore. En réalité, les schismes avaient été presque aussi nombreux dans la tradition sacrée que dans la tradition scolastique; la tradition judaïque n'offre pas plus d'unité que les traditions de l'Inde; l'autorité chrétienne était en lutte avec l'autorité du judaïsme et celle du paganisme. Mais l'idée vague de la faillibilité humaine est toujours exclue par la certitude spéciale des doctrines, et le christianisme, fort de la certitude positive de ses convictions, renvoyait naturellement à ses ennemis toutes les possibilités abstraites de la faillibilité et de l'erreur. Au reste, la thèse de l'autorité contre l'école est tellement fausse que le christianisme, loin de supprimer la philosophie, l'a résumée pour l'introduire dans le monde. Quelques siècles après son avénement, les temples étaient encore debout dans les campagnes, on voyait encore dans les villes les débris des divinités matérielles de Rome et de la Grèce, et sur la terre de Jupiter et de Mercure, les peuples étaient agités par des questions sur le Verbe, sur la prescience de Dieu, sur l'incarnation, le péché, la grâce : c'est-à-dire que tous les hommes, au bout de quelques siècles, étaient devenus platoniciens, stoïciens, et de plus avaient devancé l'Académie et le Portique. « Ce que tous les philo- « sophes et tous les rhétoriciens, disait S. Chryso- « stome, ce que tous les rois, en un mot tous les « hommes n'ont pu faire, quelques pauvres pé- « cheurs l'ont fait..... N'est-ce pas la religion « chrétienne qui a persuadé au monde l'immor- « talité de l'âme ?... A peine ces philosophes ont « pu, durant leur vie, persuader leurs dogmes à « un petit nombre de disciples, encore les per- « daient-ils au moindre danger qui les menaçait. » Le bouddhisme a obtenu des résultats analogues.

§ 3. De la philosophie chez les mystiques.

L'école, en devançant la marche de la civilisation, avait annoncé une vertu dont les intérêts n'existaient pas dans le monde, des vérités qu'on ne pouvait pas transmettre au peuple, des républiques qu'il était impossible de réaliser. L'école était donc séparée de la pratique. Devons-nous séparer la science de la foi, la démonstration de la croyance, la réflexion de la spontanéité, l'intelligence du sentiment, comme si les dogmes sortaient de la poésie populaire et se perpétuaient par la force d'une puissance mystique étrangère à la raison? Telle est l'opinion assez répandue, et c'est encore sur la distinction profonde de la spontanéité (de la foi) et de la raison que se fonde le mysticisme moderne. Nous avons vu qu'il est impossible de diviser la pensée de la pensée et de croire à une double intelligence ; il suffira de rappeler les éléments du mysticisme, pour montrer qu'il n'est qu'une sorte d'ontologie dont le but est d'expliquer les mystères par les mystères. En d'autres termes, la foi et la raison, la croyance et le raisonnement sont identiques dans le principe, dans le développement, dans les procédés : le mysticisme et la philosophie ne diffèrent que par les données, car la raison est toujours invariable dans tous les moments de l'histoire.

Le premier fait dont s'empare le mysticisme est celui de la vie : la poésie muette de la vie et de l'inspiration précède et suit tous les actes de la pensée. Tout se fait dans l'homme en vertu de l'amour ou de la haine, de la sympathie ou de l'antipathie, par la fureur ou par la crainte, par l'ambition ou par le dévouement, et il n'y a aucun raisonnement qui puisse rendre compte de ces faits primitifs qui se reproduisent d'une manière incompréhensible dans l'instinct des arbres et des animaux, et dans le sentiment de la beauté et de la laideur inséparable de tous les phénomènes de la nature.

Le premier mouvement de la raison fut donc d'expliquer tout par la vie, de peupler la nature de génies, les tombeaux de fantômes, et de transporter la vie dans la mort. — La lumière, le son et les autres révélations de la sensibilité ne sont pas moins inexplicables que le fait primitif de la vie. Il n'y a nulle distance mathématique de la lumière à la vision, ce sont deux choses distinctes : l'une est un fluide, l'autre un tact qui franchit toutes les distances pour nous mettre en communication avec les astres les plus éloignés. De même il n'y a nulle identité entre les vibrations des corps et des fluides et le son, et cependant *tout retentit dans le son*, et l'ouïe est un second tact à distance qui nous instruit de tout ce qui se passe autour de nous. La lumière ou la vision, le son ou les vibrations extérieures s'emparent de nos sentiments au moyen de l'art, sans qu'il y ait aucun rapport visible entre la musique et l'ouïe, entre l'ouïe et les sentiments. Le son et la lumière par les signes disposent de la pensée, en centuplent les forces, la fixent sans qu'il soit possible d'expliquer ce nouveau mystère de la force du signe sur l'entendement. — Il semble que les moments de la vie, de l'art, de la réalité et de la pensée se décomposent, pour ainsi dire, et se recomposent mystérieusement dans les dualités des deux magnétismes, des deux électricités, de la lumière et des ténèbres, de la chaleur et du froid, de l'attraction et de la répulsion, des affinités et des répulsions chimiques, du mouvement et du repos, de l'action et de la réaction des forces ; dans la dualité des sexes, de la vie et de la mort, du plaisir et de la douleur, de la sympathie et de l'antipathie, du bien et du mal, du dévouement et de l'intérêt ; enfin dans les antithèses de l'être et du non-être, d'où viennent toutes les oppositions dans les antithèses du plein et du vide, de la possession et de la privation, de l'intériorité et de l'extériorité, de l'esprit et de la matière, de l'indivisibilité et de la divisibilité, de l'infini et du fini, de l'indéterminé et du déterminé. — Le nombre semble aspirer à identifier tous les mystères, il se reproduit partout, dans la nature, dans l'art, dans la pensée, d'après une loi symétrique et impénétrable qui étonne l'esprit sans l'instruire, qui le captive sans l'initier aux secrets de la nature. Ainsi, les sciences naturelles sont impossibles sans le nombre, et cependant elles ne peuvent pas expliquer cette énigme de la symétrie numérique. — Le prophétisme lui-même, je veux dire la vision, se décrit mais ne s'explique pas. Vainement dit-on qu'on l'obtient par les jeûnes, par les macérations, par la continence forcée, par la fièvre des passions, par toutes les idées fixes qui conduisent à la folie. Les naufragés qui se mouraient d'inanition sur le radeau de la Méduse, avaient des visions comme sainte Catherine de Sienne et sainte Ildegarde. Mais c'est toujours un mystère que ce phénomène du prophétisme, qui se passe de lumière et de son pour créer les couleurs, entendre des mélodies mystiques, écouter des voix, obtenir des intuitions où l'inspiration et le raisonnement subsistent dans toute leur force, magré la suppression apparente de la personnalité.

Or, que fait le mysticisme ? Il ne croit pas pour croire, il explique les mystères par les mystères, en les identifiant pour faire disparaître ces différences qui désespèrent la raison. C'est pourquoi il cherche à rendre compte de l'univers par la musique des sphères, ou de la musique par les nombres, ou des nombres et de la musique par la lumière ou par la vie, ou par des générations où le verbe est à moitié idéal, à moitié matériel. Il s'en suit que le mysticisme des religions est aussi positif, aussi logique que les systèmes de l'école, et comme il est identifié avec la poésie, les traditions, les craintes, les espérances, les intérêts et les vertus de la société tout entière, il est actif et on ne peut le violer sans que la société tout entière jette un cri d'horreur contre les profanateurs. Quant au mysticisme scolastique, depuis Numénius jusqu'à Proclus et depuis Pic de la Mirandole jusqu'à Saint-Martin, c'est encore une tentative d'expliquer les mystères par les mystères et de déterminer tout ce torrent de sentiments et de poésie qui reste en dehors des abstractions de la philosophie rationnelle. Les mystiques donnent un sexe, des amours, des sympathies aux astres, au soleil, à la terre ; ils cherchent l'harmonie universelle en rapprochant tous les rhythmes, tous les nombres, toutes les assonances de la nature ; ils s'égarent à chaque pas comme des poëtes qui prennent l'ordre fantasque de leurs créations pour l'ordre et pour la force réelle des causes premières ; mais dans leurs efforts ils sont toujours guidés par le besoin de supprimer d'une manière quelconque toutes ces différences contraires et hostiles à la véritable science des choses. Rejettent-ils l'autorité de la raison ? c'est au nom de toutes les prétentions indéterminées de la raison, de sorte qu'ils se servent de tous les arguments des sceptiques. Rejettent-ils le témoignage des sens ? c'est qu'ils opposent la vision à la description, la science à l'apparence, l'intuition des forces plastiques à leurs productions accidentelles dans le monde extérieur. Ils accusent la philosophie : de quoi l'accusent-ils ? De s'arrêter à la description des choses et aux signes extérieurs de la nature, de se borner à la science de la chair, à la lettre morte de l'univers. Suivant les mystiques, les mathématiques modernes ne sont que de vains calculs où les propriétés du nombre sont méconnues ; la médecine moderne est une fausse science qui s'efforce de connaître les signes par les signes, au lieu de remonter jusqu'au principe de la vie et de l'esprit. Les sciences physiques révèlent-elles le secret de la vie et du mouvement ? Non ; elles sont essentiellement descriptives, et il n'y a rien de plus inutile aux yeux des mystiques que cette vide description qui suppose mille mystères et se réduit à classer tous les problèmes de l'intelligence sans les résoudre. Les mystiques aspirent donc à une science absolue, et si par une illusion quelconque, prophétique ou rationnelle, ils croient l'atteindre, ils aspirent nécessairement à un grand-art, afin de réagir sur les premiers principes de toutes les choses pour renouveler la création. Le mysticisme à sa dernière limite doit donc prétendre à la magie par les prières ou par les abstinences, ou par la transformation des métaux, ou par la force des nombres, ou par l'influence des astres, ou par une médecine féerique qui perpétue la vie, ou par des révolutions cosmogoniques qui changent les conditions du monde sensible ; car les moyens et les espérances du mysticisme varient suivant qu'il explique l'origine des choses par un enchantement divin ou par l'action des génies, ou par le pouvoir mystérieux et instinctif de la matière ou par une lumière universelle dont les parties accidentellement obscurcies produisent cette densité, ces résistances, cette nature rude, sauvage et désolée du monde que nous habitons momentanément et qui doit se transformer. Enfin le mysticisme fait son apprentissage dans les religions, et une fois dans l'école il cherche cette détermination pratique et sociale qui manque à tous les travaux du rationalisme, comprimés dans l'école par la barbarie extérieure des masses. Ce n'est pas qu'il s'entende en affaires, la politique n'existe pas pour lui ; il considère le monde comme une illusion : mais le grand-art du mysticisme, bien qu'il soit étroit, artificiel comme toute pensée qui n'a pas été à la haute épreuve de l'histoire, n'est rien moins qu'un culte ou une rédemption, et il aspire naturellement à s'emparer des masses par les lois de la poésie et du sentiment. Entre la philosophie et le mysticisme il n'y a donc que la différence qui existe entre la politique et l'utopie. Le mysticisme n'est que l'utopie de la philosophie. Les éléments de cette utopie se réduisent à la vie, aux mystères, à l'inspiration, bref, à l'harmonie poétique qui se révèle dans toute la création ; et, par conséquent, les droits du mysticisme se réduisent aux droits de la poésie. Quels sont donc les droits du mysticisme? Tous les hommes sont mystiques devant le spectacle de la nature ou de l'art, tous éprouvent des sentiments, tous sont entraînés par cette poésie de la vie que l'intelligence affirme, décrit et ne sait jamais comprendre. La pensée, l'action, la moralité ne sont données qu'à la condition de ce mysticisme universel, de cette force occulte et incompréhensible qui forme le fond de la vie et se révèle partout. Mais ce mysticisme est nul avant l'affirmation de la pensée ; aussitôt qu'il est affirmé il doit obéir à la pensée, et lors même qu'il obéit à la pensée, il est inexplicable comme le phénomène de la pensée. Or les mystiques de l'école partent de la description des instincts, des sentiments, de l'amour, etc., pour transporter ces principes en dehors de la pensée et pour les expliquer définitivement les uns par les autres. Ils veulent d'abord exposer comment la lumière et la musique pénètrent dans les trois mondes, et ils finissent par défigurer l'univers, par déplacer tous les prodiges, par porter le miracle là où il n'est pas, afin de l'expliquer là où il subsistera toujours. Ils commencent par s'emparer d'un élément de la pensée et de la réalité pour lui soumettre ensuite la pensée elle-même et la réalité, comme si le monde était fabriqué par la poésie, et comme si la poésie pouvait exister en dehors des conditions rationnelles de l'existence. Dans les religions, les mystagogies étaient une nécessité de la raison ; dans les écoles, elles deviennent un délire de la raison qui se révolte contre la fatalité de ses propres principes, pour dépasser les limites infranchissables de la philosophie. Dans les religions, les mystagogies étaient rationnelles ; dans l'école, elles sont à la fois sceptiques et dogmatiques, car elles réclament le droit de marcher de contradiction en contradiction et de séparer l'élément mystique de la double donnée du sens et de la raison qui l'enchaîne. Dans les religions, le mysticisme simplifiait par l'idée de l'ordre les mystères de la vie que le polythéisme avait multipliés avec une prodigalité irréfléchie ; dans l'école, il ne fait que doubler les mystères, et il croit satisfaire aux exigences de la science, quand il ajoute de nouvelles ténèbres à la nuit obscure qui enveloppe l'origine et la fin de toutes les choses. En définitive quel est donc le résultat ? Après avoir épuisé toutes ses conjectures, le mysticisme tombe définitivement comme les religions sous le joug du rationalisme et de la physique ; en effet, lorsque nous avons multiplié la vie et les nombres, il nous reste toujours à expliquer l'origine de la vie et du nombre ; lorsque nous avons doublé l'univers par la vision, il nous reste toujours à expliquer l'origine de toutes les existences matérielles, aériennes ou féeriques, et l'origine ne peut se trouver ailleurs que dans l'explication physique des phénomènes par les phénomènes, ou dans un être métaphysique destitué de qualité, et qui néanmoins engendre toutes les qualités : que si les deux solutions se contredisent, il faut supprimer la contradiction de l'esprit et de la matière en se renfermant dans la description psycologique. L'ontologie, en cherchant la vérité absolue, aboutit à la psycologie ; de même le mysticisme, en cherchant par la poésie la raison première de l'harmonie universelle, n'aboutit en réalité qu'à donner la description de tous les mystères de la vie et du sentiment.

§ 4. De la philosophie chez les chrétiens.

Quelle que soit l'origine du christianisme, il est certain qu'il a triomphé du paganisme et de la philosophie ancienne et qu'il s'est développé en combattant en même temps la mystagogie grecque et les philosophes de l'école d'Alexandrie. — Quant au polythéisme, sa tâche fut simple. L'unité violente du monde romain était sous la garde des dieux du Capitole, et ces dieux barbares étaient en contradiction avec les mœurs, les sentiments et les intérêts de tous les peuples sacrifiés à la domination romaine. La mystagogie antique avait trouvé l'ordre dans l'univers, et désormais il fallait expliquer cet ordre; l'ancien prophétisme, assemblage confus de toutes les traditions, fatiguait l'esprit humain par ses incohérences. Le christianisme fut en même une protestation contre la violence et la solution philosophique de toutes les contradictions; il opposa l'unité de la paix à celle de guerre, les miracles de l'esprit à tous les miracles matériels de la superstition païenne, l'ascétisme religieux, inséparable du monothéisme, à tous les vices de la richesse et du pouvoir. Les apôtres furent ainsi les véritables philosophes de l'humanité : s'ils substituaient une tradition à d'innombrables traditions, le Messie avait été promis à tous les peuples; s'ils contentaient la crédulité par des miracles, ce n'était que pour ouvrir les portes du ciel; s'ils ne niaient pas les miracles païens, c'était pour les condamner comme des séductions diaboliques, puisqu'ils avaient pour but les biens de ce monde. Enfin les mystères du christianisme n'étaient plus ni dans la vie, ni dans les nombres, ni dans la cosmogonie, ils étaient dans le passage de l'esprit à la matière, dans le verbe de Dieu, dans l'origine du mal, dans la rédemption; c'étaient en d'autres termes les mystères du platonisme, et ils ne faisaient que fixer cette poésie que Platon invoquait quand il était au bout de sa théorie. — A l'égard de la philosophie, les chrétiens employèrent les armes du prophétisme : elle était impuissante, contentieuse, variable, inaccessible à la foule ; et il fut facile de la vaincre dans le monde. Mais le monothéisme chrétien était une philosophie, il avait été à l'école de Platon, et il fallait ou sacrifier la tradition, le prophétisme chrétien à l'école, ou montrer que l'école se ralliait à son insu à la tradition des patriarches. De là vinrent les trois théories du *logos*, de la tradition écrite, et de la tradition orale. Saint Justin, le transfuge de l'école, défendit l'Église par la doctrine du *logos*, doctrine hérétique s'il en fut, car elle livrait l'Église aux philosophes et dissolvait le christianisme à son origine. A quoi bon la révélation, si la raison naturelle de Socrate et de Platon suffit pour éclairer les hommes ? Chacun, dans cette hypothèse, aurait pu être chrétien indépendamment du christianisme, et la tradition sacrée, la démonstration positive de la Providence divine devenait impossible. Saint Clément, Théodoret et saint Cyrille opposèrent aux philosophes la doctrine de la tradition écrite : « La philosophie « païenne, dit Clément d'Alexandrie, a été dérobée à peu près comme le feu du ciel le fut autrefois par Prométhée. » — « On peut regarder les « philosophes comme autant de voleurs et de larrons qui ont tout pris des prophètes et tout corrompu. » Suivant Tertullien et Tatien, les philosophes, gens passionnés pour la vaine gloire et pour l'éloquence, se sont approprié les dogmes qu'ils ont trouvés dans les saintes Écritures. « Pourquoi donc, mes chers amis, dit Théodoret, aimez-vous à boire une eau si trouble et si bourbeuse? que n'allez-vous à la source claire et pure où ce philosophe (Platon) a puisé ses sentiments les plus raisonnables, qu'il a corrompus par la terre et la fange qu'il y a mêlées? Ne savez-vous pas que Moïse, ce grand législateur des Hébreux, est beaucoup plus ancien que vos historiens, vos poètes et vos philosophes? » Saint Cyrille soutient à son tour « que ces prétendus sages, qui sont venus longtemps après Moïse ont pillé ses dogmes et les ont insérés dans leurs écrits, quoiqu'ils n'aient pu même les voler sans les corrompre. » Malheureusement les documents étaient là, l'histoire grecque était connue ; et d'ailleurs, les religions de l'Orient et un vague souvenir vrai ou faux de la sagesse antique dispersée sur tous les points de la terre, donnaient le scandale d'un christianisme plus ancien que Jésus-Christ. Saint Augustin trancha la question avec le principe de la tradition orale qu'il trouvait déjà chez les Juifs: ainsi, cet expédient facile, insaisissable, très-simple, très-ingénieux, fort élastique, qui échappait à tout contrôle, ramenait, de gré ou de force, toute la sagesse du monde ancien sous l'empire du christianisme. Voilà donc toutes les traditions et toutes les philosophies rattachées aux fils d'une tradition unique : la religion, de son propre aveu, contient et résume toute la science profane. Si du premier abord elle la dédaigne, la philosophie pénètre plus tard dans l'Église, y reproduit ses écoles : saint Basile considère la philosophie comme l'*introduction* de la religion, les saints pères parlent le langage de Platon, d'Aristote et des Néoplatoniciens. Aussi la discussion multipliait-elle les hérésies ; mais l'impulsion était donnée : pour défendre la foi, il fallait recourir au raisonnement, et saint Augustin, le dernier père de l'Église, nous présente le résumé complet et officiel de toute la science païenne coordonnée avec le système chrétien.

Les apôtres et les pères de l'Église ont accompli une véritable transaction entre la mystagogie païenne et la philosophie grecque; mauvais philosophes devant l'école d'Alexandrie, ils étaient les philosophes du genre humain, les seuls qui eussent le droit de se dire *grands-prêtres de l'univers*. Une fois admise au sein de la religion, peu importe que la philosophie soit vaincue à Alexandrie, elle est en puissance dans le christianisme et reconnue par le monde romain, elle devait tôt ou tard produire toutes les conséquences qu'elle contenait.

La barbarie a ajourné de six siècles le travail de la raison ; la civilisation ancienne disparut en Occident : quelques heureux compilateurs furent les seuls représentants officiels de la science antique. Ne nous égarons pas en suivant les réputations accidentelles de Boëce ou de Marcianus Capella : ils ne passionnent personne, et c'est à peine s'ils arrivent à faire regretter une science perdue et jadis admise par l'Église : mais la foi avait des milliers de prosélytes prêts à sacrifier leur vie ; elle imposait la méditation dans les cloîtres, et elle n'avait qu'à commenter les évangiles et les pères pour introduire la philosophie dans le monde. Peu importe donc que Grégoire le Grand brûle les bibliothèques profanes pour se rendre plus agréable la lecture des livres sacrés, qu'il dédaigne l'étude de la grammaire ou qu'il se pique de ne pas suivre les règles de la syntaxe. Il y eut un instant où la barbarie fut si profonde, qu'on défendit aux évêques d'ordonner les clercs qui ignoraient les cérémonies du baptême. On sait que l'aveugle dévotion des moines fit disparaître des palimpsestes les plus beaux ouvrages de la littérature ancienne. La foi survivait : à elle seule elle pouvait tout reconstruire, car elle protégeait les livres sacrés contre les dévastations. Ainsi Erigène, au neuvième siècle, rappelle déjà le christianisme de Denys l'Aréopagite ; suivant lui la vraie science et la vraie religion ne sont qu'une seule et même chose. Le besoin de se rendre compte de la croyance développe la discussion, la théologie devient la scolastique et le syllogisme lui prête son secours. La pensée est asservie à la forme, elle est profondément allitérée par l'*Organon* et par les dogmes, par la forme sacrée et par la forme

profane. Cependant cette allitération produit un effet magique, les formes scolastiques, d'une part, résument toute la logique ancienne, de l'autre, elles touchent à tous les anciens dogmes philosophiques, et le formalisme scolastique jette continuellement la pensée au delà du symbole et la fait avancer sans cesse au milieu de doutes et de découvertes qui dépassent sa prévision. C'est à peine si l'on peut aujourd'hui se faire une idée des discussions scolastiques : on se demandait s'il pouvait y avoir plusieurs incarnations ; si Dieu le Père pouvait haïr le Fils ? « Num Deus poterit supposi-
« tare mulierem, num diabolum, num asinum,
« num cucurbitam, num Filium ? Tum quemad-
« modum cucurbita fuerit concionatura, editura
« miracula, figenda cruci ? Et quid consecrasset
« Petrus si consecrasset eo tempore quo corpus
« Christi pendebat in cruce ? Et num eodem tem-
« pore Christus homo dici potuerit ? Et num post
« resurrectionem edere aut bibere fas sit futurum ? »
On voulait savoir : « Si sacerdos intenderet consecra-
« re totum panem qui est in foro, utrum conficiat
« corpus Christi ? » C'était un cas théologique que de savoir si un mort peut célébrer la messe. Voici un autre cas : « Si mus aut aliud quodcumque bru-
« tum hostiam consecratam arrodat vel comedat,
« quid de corpore Christi fiat ? » Brulifer distingue entre *alvum*, *uterum* et *ventrem*, puis entre *trajicere* et *projicere in ventrem*; il subdivise les espèces des rats, enfin il se garde bien de confon-

dre les deux notions d'*edere* et de *vorare*. Venaient
ensuite les interrogations sur ce qu'on devait faire
du criminel qui avait dévoré l'hostie; les opinions
étaient partagées. Tous les docteurs, y compris
Saint-Thomas, conviennent qu'il faut le prendre,
mais quelques-uns, plus circonspects, ajoutent:
si on peut l'attraper: doit-on le tuer? Oui, mais
il s'agit de savoir s'il faut le brûler avec l'hostie, ou
en extraire l'hostie, et quand l'hostie a été extraite,
il s'agit encore de savoir si on doit la brûler, ou
la donner à un fidèle, ou l'exposer sur l'autel. On
connaît la casuistique, et nous n'insisterons pas là-
dessus; mais voici des thèses sur le baptême : peut-
on baptiser avec l'air et le feu? — Au nom d'An-
toine ou de Pierre? — In nomine *Buff Baff?* — En
patois, *Rot welsch?* — Avec des fautes de grammaire:
in nomine Patria, Filia et Spiritua Sancta? — Avec
les lettres au rebours : *in nomine Trispa, Liifi, et
Ctisan Tuspiri?* — En bégayant : *in nomine Patlis,
Filli et S. Spilitus?* — Avec ces questions marchent
de pair d'autres questions bien autrement élevées
sur tous les points de la tradition sacrée : on se
demande s'il y a trois parties en Dieu, si le Fils a
eu un commencement, si Dieu a pris le corps de
l'homme, si le Christ, en tant qu'homme, est
quelque chose. Puis viennent toutes les questions
métaphysiques : *an Deus sit? an demonstrari pos-
sit?* Quelle est la nature de l'âme? quelle est la
nature de l'entendement? si le monde est éternel?
comment Dieu a fait le monde? On soulève tous les

problèmes de la grâce, du libre arbitre, de la matière, de l'esprit, des formes, des idées, et à force de diviser et de subdiviser, on épuise toutes les possibilités, et on met en problème tout le système mystique depuis le Verbe jusqu'aux sacrements, depuis la Trinité jusqu'à l'eucharistie ; et ce sont précisément les questions de la Trinité et de l'eucharistie qui reproduisent, au sein de l'Église, le grand problème de l'un et du multiple, avec cette différence que cette fois il s'agit du salut de l'âme, de la vie éternelle, et que le monde chrétien assiste tout entier aux débats de l'école, depuis Scott Erigène jusqu'à l'époque de la Réforme.

Rien n'est plus poétique que ce drame si vivant, si animé de la scolastique ; ses formes, sa pédanterie, sa casuistique nous font sourire ; mais qu'on le rapproche des cours d'amours, de la chevalerie, des ordres religieux, des corporations d'arts et de métiers, des cours féodales ; qu'on se rappelle que ce drame s'est déroulé dans les universités du moyen âge et devant les conciles ; que l'on se souvienne de la profonde superstition de l'époque qui se révoltait contre la sévérité platonicienne du christianisme ; que l'on se souvienne des rêves, des visions, des hallucinations, de la mystagogie des cloîtres qui menaçaient de subvertir la religion ; que l'on n'oublie pas que l'impiété elle-même était allitérée dans une forme mystique, qu'elle évoquait les démons pour découvrir des trésors, pour élever des cathédrales, pour commander aux forces occultes de la nature, au moyen de la magie et de la cabale; qu'on se rappelle enfin que la scolastique appartient à l'époque des croisades, quand tous les lieux étaient sous la protection d'un saint, quand l'histoire était une légende et quand les reliques étaient les palladiums des villes; et l'on verra quelle a été la puissance de ce syllogisme scolastique, qui forçait la barbarie, contenait la mystagogie, coordonnait les traditions, relevait les contradictions, forçait l'erreur de retraite en retraite jusque dans ses derniers retranchements, et agitait cette masse de légendes et de préjugés, pour dominer toutes les hérésies et régulariser le christianisme. Telle était l'action de la scolastique; elle cherchait les difficultés, elle allait au-devant des antinomies pour concilier la raison avec la foi, la philosophie avec le prophétisme. Scott Erigène voulait identifier la philosophie et la religion; le titre du *Proslogium* de saint Anselme était *fides quærens intellectum*. Abélard rapprochait les contradictions (*sic et non*), dans l'espoir d'une solution; Pierre Lombard les développait avec la même pensée dans le livre des Sentences. Les antinomies subsistaient, elles se dérobaient à tous les efforts de la scolastique, ou cherchaient la démonstration de la foi et les contradictions revenaient toujours. D'un côté, le nominalisme de Roscelin et d'Abélard conclut à l'existence de trois dieux ou d'un seul dieu; d'un autre côté, le réalisme en se développant avec Guillaume de Champeaux et l'école de Saint-Victor, après maintes hérésies, aboutit au panthéisme d'Amaury et de David de Dinant. Le monde est vivement alarmé. Roscelin doit se rétracter *metu mortis*; saint Bernard invoque les foudres de l'Église contre Abélard : « il faut qu'un homme meure « dit-il, pour que le genre humain ne périsse pas : » — « Je ne sais si dans le ciel ou sur la terre quelque « chose peut échapper à son orgueilleuse investiga-« tion, mais levant la tête vers le ciel, il va jus-« qu'à scruter les secrets de Dieu. » Abélard voudrait fuir chez les Turcs pour vivre en chrétien, car sa logique l'a rendu odieux à toute la chrétienté, *odiosum me mundo reddidit logica*. L'école de Saint-Victor ne cesse pas d'invectiver l'école d'Abélard, ses disciples sont appelés les labyrinthes de la France : ils reproduisent toutes les hérésies, dit Gualtier de Saint-Victor, ils emprisonnent la pensée dans un réseau d'argumentations, et ils torturent tellement les propositions à force de les convertir, que si l'on se laisse envelopper par leur dialectique, on ne sait plus si le Christ est « Dieu ou non Dieu, homme ou non homme, quel-« que chose ou non quelque chose, rien ou non « rien, Christ ou non Christ. » Enfin la science suspecte au peuple, violemment soupçonnée de magie dans les cloîtres, formellement proscrite dans quelques ordres religieux, condamnée dans son principe par saint François d'Assises, la

science arrivant aux dernières conséquences du panthéisme d'Amaury, provoqua la réaction de l'Église qui défendit l'étude d'Aristote dans les universités. Mais c'est en vain que le prophétisme se révolte contre la logique, comme si elle marchait sur le corps du Christ, rien ne l'arrête, le problème des concordances est posé, il faut qu'il soit résolu. A l'instant où l'on défend Aristote, ses livres sont propagés par les Arabes, colportés par les Juifs : Albert le Grand les commente, et saint Thomas écrit la Somme, le grand-œuvre du péripatétisme chrétien. Là, toutes les concordances sont établies, il semble que les anciens labyrinthes doivent trouver une issue : le nouveau labyrinthe se compose de 600 questions, 3,000 articles et 15,000 arguments; chaque article, dit Jean XXII, est un miracle : suivant Albert le Grand, la Somme suffira jusqu'à la fin des siècles. Il se trompait, Duns Scott prend une nouvelle position, et l'esprit humain s'aiguise par les interminables disputes des Thomistes et des Scottistes. Occam imagine une sorte d'athéisme chrétien, où la foi remplace toutes les négations expérimentales de la science. Il est inutile de dire qu'Aristote est amnistié; Grégoire IX fut sur le point de le canoniser; mais les concordances se dérobent à tous les efforts de la logique, et les hommes religieux souffrent encore de voir la tradition sous le fer de la dialectique. « Bien que
« les sophistes se vantent de défendre l'Évangile,

« dit Vivès, cependant leurs doctrines tendent à « le détruire... aujourd'hui nos sages soutiennent « qu'ils défendent la vérité de la foi par leurs ar- « gumentations, mais ils crucifient (*crucifigunt*) « l'essence de l'Évangile et la perfection de la loi « chrétienne par leurs doctrines corrompues, et « par leurs syllogismes sophistiques ; » et ailleurs : « Comme toutes les idées de la résurrec- « tion dépassent la sphère de nos lumières na- « turelles, je m'étonne que les scolastiques, « Thomas, Scott, Occam, Henri de Cordoue, Du- « rand, etc., osent les définir et les discuter au « moyen de preuves purement naturelles. Évi- « demment quand ils cherchent si les corps doi- « vent ressusciter, quel est le lieu de l'enfer, et « quand ils soulèvent mille autres questions, ils « discutent avec tant de philosophie, qu'ils sem- « blent des païens d'Athènes et non pas des chré- « tiens de Paris. » Enfin le moment arrive où le christianisme, ébranlé par ses ennemis, qui mettent en question l'organisation de l'Église, compromis par ses docteurs, qui veulent le démontrer, intérieurement torturé par cette science qu'il avait empruntée à l'antiquité et qui grandit tous les jours, poussé par la nécessité de concilier les contradictions qu'Abélard et Pierre Lombard avaient signalées confusément, et qui augmentaient à chaque instant, après avoir passé d'école en école avec la mobilité d'un système philosophique, le christianisme, dis-je, se voit débordé par toutes les découvertes de la Renaissance, et se trouve dans l'impossibilité de découvrir la concordance entre toutes les lumières du monde moderne et la tradition prophétique qui était sortie du monde ancien.

Ce fut alors qu'il espéra en Dieu et qu'il se sépara de la philosophie et de la physique en pardonnant, pour la première fois, la raison et l'observation, afin de rester dans l'orthodoxie de la tradition mystique. Mais la tradition fut encore forcée de condamner d'un côté la physique de Galilée, de l'autre la philosophie de Pic de la Mirandole, du cardinal de Cusa, de Ficin, de Bruno, de Pomponat, de Vanini, de Campanella et d'une foule de mystiques, parce que les uns voulaient expliquer la religion, les autres l'attaquaient, d'autres aspiraient à la refaire ou à la dédoubler. On revint sur les concessions éventuelles de la tolérance; mais désormais l'école était émancipée, et l'Église dut accepter la dernière concordance proposée par Bacon et par Descartes. Depuis lors la physique observe le monde, abstraction faite de la théologie et de la métaphysique, et la philosophie a envahi, pour ainsi dire, tous les problèmes de l'humanité, aspirant à les résoudre par l'observation intérieure, comme s'il n'y avait plus sur la terre aucune autorité ni sacrée, ni profane.—Cette double concordance n'a été complète qu'un instant dans le système de Leibnitz; mais la méthode de Descartes, par son influence sur tous les systèmes postérieurs, a donné un dieu qui ne peut ni se révéler, ni se transfigurer, ni parler le langage des hommes : la méthode de Bâcon a tout expliqué par des causes physiques, elle a cherché le bonheur dans les lois de la richesse, l'égalité dans l'équilibre politique, la vérité dans les lois de la nature, les miracles dans les prodiges de l'art. C'est elle qui a dicté l'Encyclopédie de d'Alembert, les livres de Voltaire, de Smith, et plus tard tous les codes, toutes les lois, toutes les constitutions; l'Europe entière n'est plus chrétienne que de nom, car ses philosophies, ses lois, ses sciences, sa morale, sont naturelles ou rationnelles. Chose singulière! dans l'antiquité Tertullien accusait les philosophes d'être *les patriarches des hérésies*; l'école d'Alexandrie avait dû disparaître devant le christianisme; à la renaissance, la philosophie, en s'émancipant, réhabilite par son premier coup d'essai les plus grands ennemis du christianisme, les philosophes d'Alexandrie; aujourd'hui les représentants de l'école théologique accusent la philosophie de paganisme, accusation jadis répétée par Vivès et par Campanella. Il faut prendre acte de ces griefs de l'Église catholique : oui, la philosophie moderne est païenne comme le droit romain et comme les systèmes d'Aristote et de Platon, mais avec cette différence, que la science ancienne était reléguée dans l'école par la barbarie des masses; tandis que la science moderne s'avance avec les masses, savoir avec le commerce, l'industrie, la liberté; car les masses peuvent la suivre après avoir reçu l'initiation des anciens philosophes du genre humain, les apôtres de Jésus-Christ. C'est ainsi que la tradition des sages d'Athènes a grandi, malgré tous les accidents de la barbarie, et que cette ancienne distinction entre l'école et le monde disparaît par l'influence même du christianisme qui en a préparé l'alliance.

Reste la distinction de l'Église et du monde, cette tradition de la foi qui est également contraire aux démonstrations de l'expérience et à celles du rationalisme. Mais les démonstrations positives de l'expérience, et le dieu négatif de la philosophie actuelle, ne peuvent ni détruire cette poésie de sentiment, qui devient irrésistiblement la religion des peuples, ni remplacer ces espérances chrétiennes qui exigent la manifestation de toutes les vertus, et par là obtiennent un ordre plus que naturel dans les intérêts. La vie à venir est le contre-poids qui rend possible la vie actuelle. Ce n'est pas que cette ancienne séparation entre la cité de Dieu et celle des hommes, entre la vie ascétique et la vie mondaine, que cette séparation, dis-je, si profonde au moyen âge, ne diminue tous les jours : au quinzième siècle, le théâtre était d'une obscénité révoltante, et dans les monastères la vie était un suicide prolongé; à cette époque tout homme avait, pour ainsi dire, deux cases dans son esprit : dans l'une il mettait le péché et le plaisir, dans l'autre, la morale et la religion; dans l'une, l'honneur et l'ambition, dans l'autre la vertu et l'humilité. Mais toujours est-il que la vertu n'est pas identique avec l'intérêt, et que la religion est la fille légitime de l'art et de la moralité. Quelles que soient donc les phases possibles du christianisme, quelles que soient les concordances qu'il pourra trouver entre la Bible et la raison, entre la tradition et l'expérience, le christianisme sera toujours dans le cœur des hommes, tant que le ciel ne sera pas sur la terre ou la terre dans le ciel.

CHAPITRE II.

Du mal moral.

§ 1ᵉʳ. De la justice.

La morale est une partie de cette poésie intérieure qui se développe au fond du cœur humain. S'il n'y avait pas d'intérêt, on ne pourrait pas même concevoir la vertu ; mais il ne se réalise pas un intérêt sans que le sentiment d'un devoir, ou la loi du sacrifice, se révèle dans l'homme. L'intérêt de la famille réveille les affections de la famille, l'intérêt de la caste est protégé par les vertus de la caste, l'intérêt de la monarchie par l'idolâtrie qu'inspirent les rois ; si tous les intérêts du genre humain étaient harmoniques, toutes les vertus de l'Évangile seraient réalisées. Enfin, les Élysées des païens, les transmigrations orientales, le paradis de Mahomet, le ciel des chrétiens centuplant les intérêts dans la vie à venir, peuvent obtenir tous les miracles de l'amour divin dans la vie actuelle. La vertu est la poésie de l'intérêt, il est impossible de l'en séparer, les crimes eux-mêmes supposent quelquefois de l'héroïsme, et toujours une certaine exaltation qu'on voit partout, là où il y a l'attrait du danger. Mais la poésie ne peut ni s'expliquer ni s'analyser : on la décrit sans qu'il soit possible d'en trouver la raison première ; aussi la morale est-elle une révélation irrésistible du cœur, qui nous entraîne malgré nous, et il est impossible de la démontrer. Il en est de la morale comme de l'ontologie. A quoi se réduisent tous les efforts de l'ontologisme ? à déplacer les difficultés : à nous dire que le mouvement est l'acte du possible en tant que possible, que l'espace est la matière, que l'action et la réaction des forces est un miracle de Dieu, que le temps est le mouvement, que la pensée est la sensation, que le monde est en nous, que les corps sont composés de monades, etc. L'ontologie ne fait que doubler les mystères pour transporter la vérité première en dehors de la certitude descriptive. Qu'arrive-t-il ? Comme il est impossible de dépasser la description, rien de plus facile que d'attaquer les systèmes ontologiques, et quand ils sont détruits, il semble que la vérité elle-même est détruite. Cependant l'affirmation de la pensée est plus forte que la pensée elle-même, et malgré les illusions des systèmes et les prétentions du scepticisme on vit toujours sur la foi de la description. Si le mouvement est un mystère, on ne cesse pas de croire au mouvement ; si la génération et la corruption, si l'être et le non-être, si le vide et le plein, si l'intériorité et l'extériorité sont des énigmes, on ne cesse pas un instant de les affirmer, puisque leur existence ne dépend pas de notre démonstration. De même si on veut se rendre compte de cette poésie de la morale, on ne fait que déplacer les difficultés, doubler le problème, et quand les fausses théories sont détruites, il semble que la morale est anéantie; mais ses phénomènes sont aussi éclatants que les phénomènes du beau, du mouvement, de l'espace, que le phénomène de la vie elle-même.

En général toutes les théories qui aspirent à expliquer la morale tendent à confondre le juste avec l'utile, ou l'utile avec le juste : ces deux termes sont indivisibles, et l'illusion naturelle consiste à les réunir, comme si le bonheur était dans la loi du sacrifice, ou comme si le sacrifice était dans la loi de l'intérêt.

Les théories qui font rentrer la notion de l'utile dans celle du juste, supposent la réalisation complète de la justice dans l'humanité : elles supposent également que nous vivons au sein de la justice absolue. En effet, si on considère la justice abstractivement, si on en déduit toutes les conséquences qu'elle renferme, sans s'arrêter devant aucun obstacle, sans tenir compte d'aucune difficulté matérielle, si on procède dans ce travail logique comme si les intentions pouvaient se lire dans le cœur de l'homme, comme si l'humanité tout entière était vertueuse et comme si le monde physique obéissait à la moralité intelligente de l'humanité, il est évident que la loi du juste exprimerait l'intérêt universel, les deux termes étant indivisibles. En d'autres mots, l'homme serait heureux s'il pouvait vivre au milieu des anges dans un monde parfait, où toutes les actions et toutes les intentions seraient appréciées et récompensées d'après les lois de la justice. Mais c'est là une hypothèse abstraite aussi loin que possible de la réalité. Nous vivons au milieu d'une nature hostile, où tous les biens sont essentiellement exclusifs, où tous les intérêts sont en contradiction, où le vice est souvent mille fois plus utile que la vertu, où la vertu abstraite dans toute sa rigueur est presque toujours de l'héroïsme en pure perte. Il faut donc bouleverser toutes les conditions actuelles de l'humanité pour confondre l'utile avec le juste; et encore, quand ce bouleversement se réaliserait pour le plus grand avantage de l'humanité, ce ne serait pas la loi du sacrifice qui constituerait notre bonheur; mais la moralité universelle deviendrait alors la poésie indivisible du bonheur universel. Par elle-même cette poésie sera toujours dans les sacrifices, jamais dans les avantages; n'est-il pas évident qu'une vertu payée n'est plus une vertu, que le courage là où il n'y a pas de danger n'est plus le courage? qu'une amitié achetée n'est plus de l'amitié? La justice considérée comme l'expression du souverain bien est détruite précisément parce qu'elle est le bien. Elle ne peut pas punir, car on ne persuadera jamais que la punition soit le souverain bien; elle ne peut pas même admettre le crime, car on ne persuadera jamais que l'homme puisse vouloir le mal. La faute est donc impossible, si elle est commise, elle l'est par erreur. Les Platoniciens disaient qu'on péchait par ignorance; mais punir l'ignorance, n'est-ce pas le plus grand de tous les crimes? On dit que la justice suppose la liberté; mais la liberté est un fait de conscience indivisible de la moralité et tout aussi inexplicable que la moralité : aussitôt qu'on veut la démontrer, on voit reparaître sous une forme plus abstraite cette même dualité du juste et de l'utile, de l'abnégation et de l'amour-propre. En effet, où se trouve cette liberté? Non pas dans la raison, le raisonnement est un calcul, et il n'y a pas de liberté possible dans le calcul; la liberté n'est pas non plus dans la sensation, nous sommes enchaînés au monde physique, et il nous est impossible de transformer le plaisir en douleur, ou la douleur en plaisir. Nous ne sommes libres que par la volonté; mais ou elle se décide d'après un motif, ou elle agit sans raison. Dans le second cas, nous sommes dans une parfaite indifférence vis-à-vis de toutes les causes déterminantes sensibles ou rationnelles, morales ou immorales; la loi de causalité est suspendue et vraiment violée en notre faveur, mais la liberté se réduit à la puissance d'agir sans motif, sans raison et contradictoirement à la raison et à la vérité; c'est la puissance de choisir le mal pour le mal en dépit du bien; c'est le mauvais génie de l'humanité, et elle représente l'un des deux termes de la dualité en opposition au souverain bien, soit qu'on le place dans le juste, ou dans l'utile. A part la difficulté de concilier la liberté avec la prescience divine, à part le témoignage de l'expérience qui atteste l'action de la raison et des choses sur la volonté, à part le témoignage de toutes les législations qui seraient absurdes si l'on ne pouvait pas prévoir l'action des peines et des récompenses sur la volonté, l'indifférentisme est une sorte de non-être moral, et il est impossible qu'il puisse jamais constituer cette différence réelle et incontestable de l'intérêt et de la vertu. Que si la volonté se décide d'après un motif, alors ce motif aperçu ou inaperçu doit être raisonnable, et si la liberté est raisonnable, elle est à la merci de ses données, à la merci du monde extérieur ; toutes ses déterminations sont nécessaires, c'est pourquoi les héros d'Homère n'ont pas les vertus de Zénon et de Socrate, c'est pourquoi Socrate et Zénon n'ont pas les vertus d'Origène ou de Bruno, c'est pourquoi il serait absurde de chercher les vertus chrétiennes dans une société barbare ou païenne. Mais à l'instant où la liberté est raisonnable et asservie à ses données, elle ne peut que vouloir le bien, elle est irresponsable du mal, et si la justice est utile, on ne peut la méconnaître que par erreur, la punition est absurde ; si la justice n'est pas utile, alors il y a deux principes irréductibles dont l'un suppose une liberté, un mérite, une moralité, une abnégation qui ne peuvent pas se démontrer. — Certes, Platon est le philosophe qui a le plus torturé l'idée de l'utilité pour la faire rentrer dans celle du souverain bien. Dès le premier pas il est forcé d'écarter toutes les idées que l'on se fait sur la justice, il ne veut pas qu'elle ait en elle-même sa récompense, il veut qu'elle soit essentiellement identique au souverain bien. Ces honnêtes pères de famille qui prêchent la morale à leurs fils comme un moyen de parvenir, ces législateurs dont la justice n'est que la science des intérêts, ces politiques et ces orateurs vertueux par spéculation ou par hypocrisie, cette foule si attachée à ses intérêts matériels, ces hommes si noblement indignés contre la tyrannie qu'ils ne manqueraient pas d'exercer s'ils pouvaient s'emparer du pouvoir ; enfin, tous ces vices qui simulent la vertu dans la triste comédie de l'histoire, la dialectique de Platon les flétrit au nom du souverain bien, car ils sont au bien ce que le plaisir est au bonheur, ou l'ombre à la lumière. Où se trouvera donc le bien, s'il faut le chercher hors du plaisir, hors de l'utile, hors de tous les intérêts de l'humanité ? Platon le cherche dans une république idéale, et nous supposons que sa république est heureuse et parfaite comme si elle embrassait le genre humain, comme si elle était fondée pour la paix et non pas pour la guerre, pour l'égalité et non pas pour les castes et l'esclavage. Qu'en résulte-t-il ? Que son bonheur est un effet de la justice, et non pas la justice elle-même; que la justice n'est que la mesure, la proportion, le nombre, la condition du bonheur et non pas le bonheur lui-même. Et si nous ne vivons pas dans la république idéale du genre humain, la vertu sera un malheur, ce sera une abnégation inutile; et enfin, si plus tard elle était récompensée, ce ne serait plus de l'abnégation, elle cesserait d'être la vertu. On a beau comparer l'homme vicieux à un état désordonné où le gouvernement est confié aux plus incapables, où la raison est dirigée par les passions; on a beau dire que l'homme vertueux est une petite république de facultés, de passions et d'idées où la justice crée l'ordre, l'harmonie et le bonheur; Platon nous répète en vain que le plaisir suppose le besoin, qu'augmenter nos plaisirs, c'est augmenter nos besoins, c'est chercher le bien dans la souffrance. Si l'on ménage les plaisirs en vue du plaisir, la vertu est un calcul; si la vertu s'oppose au plaisir, la vertu est un sacrifice, et il est impossible que le bonheur rentre dans la loi du sacrifice. La justice exige que l'on brave la mort, que l'on marche au supplice s'il le faut, que l'on comprime les passions, les désirs, si cela est nécessaire, et cette loi de répression, d'abnégation, bien que spontanée, irrésistible, cette loi qui devient un malheur, si elle n'est pas satisfaite, se distingue toujours de ce qu'on doit appeler le bonheur. La dialectique qui veut confondre les deux termes se condamne à chercher le plaisir dans la douleur et le bonheur dans la mort. Ainsi les stoïciens en développant le principe de Platon, voulaient constituer le bien et le mal par la volonté comme si la raison était dans la volonté. Platon, plus grand que ses successeurs, a cherché la vie dans la mort, poussé par tous les principes de son système à chercher l'harmonie du bien et du mal dans l'harmonie de l'univers sensible et intelligible. En effet, si l'humanité ne vit pas dans la république idéale, si l'idée du souverain bien est violée dans toutes les sociétés humaines, si toute cette poésie de la morale nous porte vers la mort par l'idée du sacrifice, et si toutefois le souverain bien tel que le conçoit l'école dans l'idéal de la vertu implique l'harmonie de tous les intérêts, il suffit de croire à Dieu pour voir que cette république idéale doit être dans l'univers, que son histoire doit se développer dans l'éternité, qu'elle a commencé dans le ciel puisque nous souffrons sur la terre, et qu'elle doit s'achever dans le ciel, puisque la vertu c'est la poésie de la mort. Telle est la croyance universelle et irrésistible du genre humain; elle tient à tous nos instincts, elle se reproduit dans toutes les religions; mais si nous voulons l'expliquer au point de vue ontologique, on voit reparaitre en Dieu cet inconcevable mystère du bien et du mal. Faisons abstraction de toutes les antinomies ontologiques qui enveloppent la Théodicée : il est clair qu'elle suppose la pensée divine, la création, la personnalité humaine, la démonstration rigoureuse de la liberté, ensuite la démonstration de la vie à venir, et d'une vie spirituelle où il doit y avoir une béatitude en dehors de toutes les conditions par lesquelles nous concevons la béatitude. Car, enfin, nous ne pouvons imaginer ni une vie sans sensations, ni un bonheur sans plaisirs, ni l'existence indivisible sans variété, ni la pensée sans ce second terme du multiple que nous tenons du corps, ni le monde intellectuel ou spirituel en dehors des conditions de l'espace, du temps et de l'univers sensible. Mais quand même il serait possible de sortir des limites de la description pour résoudre avec toute la rigueur qu'exige la preuve de l'identité ces problèmes qui sont les véritables moments substantiels forcément supposés par toute théodicée, le mystère du bien et du mal se reproduirait encore en Dieu. Pourquoi le sacrifice de la vertu est-il exigé par la divinité? On dira que c'est pour nous faire mériter le bonheur ou pour exiger l'expiation d'une faute, et ici encore l'idée d'expiation, de mérite, de responsabilité, de liberté supposent toujours l'idée de la vertu, loin de l'expliquer, elles ne font que s'en rapporter toujours à cette poésie primitive qui est au fond de notre cœur. Bien plus, en nous mettant en présence de Dieu, le mystère grandit. Si Dieu récompense la vertu, il la paye, elle cesse d'être la vertu : c'est une action intéressée, un véritable trafic d'indulgences tout aussi bien que les jeûnes, les mortifications et les flagellations du moyen âge;

si Dieu ne récompense pas la vertu, il est impie, et c'est notre cœur, c'est-à-dire c'est l'œuvre même de Dieu qui accuse Dieu. Si le sacrifice momentané est nécessaire pour obtenir le bonheur éternel, alors Dieu fait sortir le bien du mal ; si le sacrifice n'est pas nécessaire, alors il est inutile, et Dieu a voulu jouir d'un spectacle infernal en mettant le juste aux prises avec l'adversité. Le crime était-il nécessaire ? Alors Dieu s'est mis en collaboration avec Satan ou il a joué le rôle de Satan pour nous ouvrir les portes du ciel ; le crime était-il inutile ? Alors Dieu a permis gratuitement cette tragédie du crime qui se développe au sein de l'humanité. Aussitôt qu'on explique la morale par l'utile, soit dans cette vie, soit dans la vie éternelle, on ne peut concevoir ni l'utilité, ni l'inutilité, ni même la possibilité du crime sans anéantir la moralité divine. D'ailleurs, quand on passerait sur toutes ces difficultés, l'hypothèse qui invoque Dieu pour expliquer la moralité ne fait que doubler le problème : elle suppose d'abord que Dieu punit ou récompense, et ces deux idées sont inséparables de l'idée de mérite ou de démérite, c'est-à-dire de l'idée de la moralité. Ensuite, la moralité étant supposée, le créateur reste toujours responsable de la création, à moins qu'il ne la gouverne pas, et, dans les deux cas, c'est lui-même qu'il doit punir ou récompenser. Que si les hommes sont libres, la causalité est brisée, Dieu est limité, la philosophie, *dum facit homines liberos facit sacrilegos ;* si au contraire la liberté se concilie avec la Providence, ce qu'il faut admettre sans démonstration, il faut admettre aussi que Dieu punit ou qu'il récompense dans la vie à venir : mais évidemment, dans ce cas, la vertu est utile et le crime est nuisible, la vertu est le plus grand calcul de l'égoïsme bien entendu, le crime est la plus grande maladresse que l'on puisse commettre. Il est donc impossible qu'un homme jouissant de sa liberté soit criminel volontairement, ou s'il est criminel, il ne croit pas à la vie à venir, et s'il n'y croit pas, c'est en vertu, non pas de la liberté, mais de la raison ; et comme il est absurde de punir ou de récompenser la raison, la cause suffisante de la moralité se dérobe de nouveau à tous les efforts de la philosophie. On affirme que Dieu exige la foi : oui, il l'exige et il la crée dans la poésie de la vie, la vie elle-même c'est la foi, vivre c'est croire ; mais la poésie muette du sentiment ne devient lumière que dans la raison, et on ne commande pas à la raison. Dieu a-t-il voulu commander à la raison ? alors il s'est mis en contradiction avec son œuvre : dans quel but ? pour nous faire deviner la vie à venir. Il a donc jeté le voile de la sensibilité sur le spectacle de l'univers spirituel pour le plaisir de nous proposer une énigme, et, comme le Sphinx, il précipite dans le Tartare les malheureux qui ne savent pas la deviner. Voilà pour l'avenir ; mais nous sommes dans le présent, le présent suppose un passé, nous devons interroger la moralité divine sur le passé pour expliquer l'état actuel de la moralité humaine. Ici la théodicée rationnelle double de nouveau les mystères en pure perte. Nous sommes condamnés à la douleur, à la souffrance et à la mort; et la moralité divine une fois posée, après avoir expliqué la vie à venir par la récompense, nous devons expliquer la vie actuelle par la punition. Quelle faute avons-nous commise? Si le premier homme a failli, ce fut une monstrueuse iniquité que de vouer à la mort l'humanité tout entière : si les hommes ont failli dans une vie antérieure, la moralité de la punition actuelle est complétement manquée, puisque nous avons perdu le souvenir de nos crimes. Quand on néglige cette difficulté préalable, il en résulte la plus grande de toutes les absurdités, celle indiquée par Bayle, savoir que, pour nous punir d'une faute, Dieu nous a mis dans un monde où nous sommes exposés à en commettre par milliers, dans un monde où le vice triomphe, où la vertu est presque toujours persécutée et où la moralité est un sacrifice dont on ne voit ni le but ni la raison quoiqu'on l'accomplisse en vertu des lois de notre nature. Supposerons-nous que l'homme doit être l'artiste de sa propre destinée; qu'arrivé dans ce monde sans antécédents, il est condamné à conquérir la béatitude éternelle à force de vertu, de génie et de combats? C'est là supposer que Dieu est impuissant, que Dieu est une espèce de matière spirituelle, une machine aveugle et merveilleuse qui se livre on ne sait comment au génie de l'homme pour devenir l'harmonie universelle. Dans ce cas, le dieu c'est l'homme, le mystère de la moralité retombe sur la terre, la Théodicée rend les armes à l'histoire ; mais l'inconnu nous serre de toutes parts ; car, sans Dieu, il est impossible de croire à la moralité. Bref, l'ontologisme est essentiellement impie : pour faire rentrer le mal dans le bien il compromet le bien, pour faire rentrer le bonheur dans le sacrifice il compromet le sacrifice. Et il faut conclure que la moralité est une poésie comme l'art, comme la religion, et ne s'explique que par elle-même.

Il est clair que si l'utile n'est pas le juste, le juste n'est pas non plus l'utile ; cependant il faut s'expliquer l'illusion qui reproduit l'erreur de Platon dans l'antithèse opposée de l'école matérialiste. Nous avons vu que si toutes les vertus supposent la réalisation de tous les intérêts, la réalisation de tous les intérêts provoquerait la manifestation de toutes les vertus. On a donc pris la formule de l'intérêt pour celle de la justice. L'erreur était pour ainsi dire sanctionnée par l'expérience : les lois de la société ne sont, en réalité, que la formule des intérêts de la société ; l'économie politique et la moindre pratique de la vie nous apprennent qu'il ne faut pas se fier beaucoup à la poésie de la vertu. Partout où il n'y a pas de contrôle on est sûr de trouver des dilapidations s'il s'agit d'administration, des fraudes s'il s'agit de commerce, des vols s'il s'agit de contrats. Il est certain que sans lois pénales la société ne pourrait pas subsister ; sans les craintes et les espérances de la vie à venir, l'impunité serait assurée à tous les vices, et encore, le monde invisible est insuffisant pour gouverner le monde visible, témoin cette époque du moyen âge, où cependant l'enfer avait une si grande influence sur les croyances de l'homme. Ajoutons que l'histoire tout entière, c'est-à-dire le témoignage de l'humanité, semble déposer contre la force de la justice, aussitôt que la justice se sépare de l'intérêt et qu'elle n'est plus l'expression d'un avantage personnel. Les sociétés n'ont jamais reculé devant les crimes qu'elles croyaient nécessaires : l'antiquité a exécuté des massacres horribles, le christianisme les a autorisés jusqu'à l'époque de la Saint-Barthélemy. Il n'y a pas d'horrible précaution qui n'ait été adoptée et sanctifiée pour organiser le plus grand de tous les crimes, l'esclavage ; la chasse des ilotes, la mutilation des Éginètes, l'aveuglement, le fouet, les chaînes, les gênes de toute espèce, la mort de tous les esclaves d'une maison pour le crime d'un seul esclave, rien n'a été épargné pour maintenir la domination de l'homme sur l'homme. La philosophie et la théologie ont trouvé des sophismes pour la justifier, elle n'a disparu en Europe que par les intérêts de l'industrie et du commerce, mais elle s'est reproduite dans le nouveau monde aussitôt que les intérêts du sol l'ont réclamée. Eh bien, malgré tout, il n'y a pas d'action qui se dérobe à la poésie de la morale : le chef d'une caste sera sublime de dévouement en plaidant la cause de l'injustice ; le plus grand tyran exposera sa vie pour transmettre le trône à ses enfants ; le peuple qui voudra asservir tous les autres peuples sera héroïque en consommant le plus grand de tous les crimes. Les instincts de la gloire, de l'honneur, de la valeur, résistent à toutes les explications de l'intérêt, et cependant, sur le champ de bataille, ils poussent les masses à donner la démonstration universelle et permanente de la moralité par le sacrifice de la vie. D'ailleurs, lors même que l'on cherche le spectacle des gladiateurs, on sacrifie quelques milliers de victimes pour prodiguer des sympathies à la mort : faute de gladiateurs, on va voir le criminel qui expire sur l'échafaud ; c'est là un homme aux prises avec la fatalité ; on le sacrifie, et on s'intéresse à la vie de la victime. A quoi se réduit enfin la poésie ? Elle est essentiellement tragique, elle torture des victimes imaginaires pour assister à des combats qui retracent à l'imagination le tableau de la guerre ou de l'infortune. L'intérêt de l'épopée, du drame, du roman, n'est pas ailleurs que dans la poésie des combats, et la poésie n'existe que parce que tout le monde est poète, et tout le monde cherche dans l'émotion de l'art le mystère de la vie, c'est-à-dire la contradiction du bien et du mal. — Comme la justice qui s'explique par le sacrifice se détruit à force d'être juste, la justice qui s'explique par l'utile se détruit à force d'être utile. Si c'est l'égoïsme qui doit la mesurer, le dévouement est une folie : si l'égoïsme veut s'appuyer sur la Théodicée, il s'engage dans toutes les antithèses ontologiques : s'il cherche des récompenses ou des peines surnaturelles, il se met en commerce avec Dieu, en achète les indulgences et lui vend les plus nobles sentiments de l'humanité, en d'autres termes, il détruit la moralité de Dieu. Bâtir un temple pour obtenir une guérison, promettre une donation à l'Église pour obtenir une victoire, léguer une fortune à des pauvres pour abréger les peines de l'autre vie, passer sa vie dans les privations du plus dur ascétisme pour obtenir une bonne place dans l'autre monde, ce sont là de véritables marchés. Ils ont profité sans doute à l'humanité, je ne sache pas qu'ils aient jamais nui aux corporations religieuses, mais les religions les plus élevées se sont mises en garde contre cette corruption de la morale. C'est pourquoi le christianisme défend les crimes par la crainte, accorde peu à l'intérêt, c'est à l'amour qu'il livre tous ses trésors ; il n'a pas marqué de place dans l'autre monde, il nous a enseigné que nous sommes frères en Jésus-Christ, et S. Jean n'a pas compté les hiérarchies de la résurrection, il a dit seulement que les derniers de ce monde seraient les premiers dans l'autre. Mais il n'y a qu'un pas du mysticisme à la mystification, il suffit de profiter du principe du dévouement pour commettre la plus grande des profanations, et Dieu sait si dans ce monde on ne s'est pas servi de l'évangile de saint Jean pour répéter, avec Léon X : *Quot commoda dat nobis hæc fabula Christi.*

Encore une fois, le principe de la vertu ne peut se démontrer, c'est un sentiment; on peut l'observer; mais si la raison veut l'analyser à sa manière pour en tirer le principe de morale, l'obligation, l'obligation elle-même disparaît. En effet, les sentiments sont individuels, ils n'ont donc qu'une autorité subjective; ils sont contradictoires, ils sont donc essentiellement faillibles. Nous voilà dans l'antinomie de la certitude et de la faillibilité, et la faillibilité abstraite du sentiment pourra toujours s'opposer à la certitude positive des sentiments. La voix du cœur parle toujours avec la même autorité, soit qu'elle se révèle par la crainte ou la fureur, la vengeance ou la pitié, l'esprit de persécution, ou l'esprit d'équité. Après tout, qu'est-ce qui détermine nos actions ? c'est la volonté. On peut donc établir *à priori,* que le sentiment le plus fort doit toujours l'emporter et déterminer l'action : quelle est donc l'action, quel est le crime qui n'est pas justifié par le sentiment ? On dira que la voix du cœur n'a d'autorité que lorsque nous sommes dans la situation d'un *spectateur impartial;* mais *l'impartialité,* c'est l'équité abstraite, et en jugeant de notre propre moralité, nous sommes toujours juges et parties. On dira qu'il faut s'en rapporter aux sentiments du genre humain : mais ils sont en contradiction, de sorte que la loi du juste et de l'honnête sanctifie l'esclavage à Athènes et le condamne en Europe. Les rationalistes sont victorieux toutes les fois qu'ils attaquent l'autorité du sentiment; en effet, elle ne peut pas se démontrer, elle est anarchique dans l'individu et dans l'humanité, car les sentiments varient de peuple à peuple, d'homme à homme, dans le même homme ils varient d'un instant à l'autre de la vie, et dans le même instant ils se combattent en nous conseillant le bien et le mal; Mais les rationalistes se servent de preuves à double entente, qu'on peut rétorquer contre le rationalisme lui-même. Observent-ils que l'autorité du sentiment est anarchique? qu'elle se contredit dans l'homme et dans l'humanité? qu'elle varie d'un instant à l'autre de la vie des individus et des peuples? Eh bien! lorsqu'ils concluent de là qu'il faut s'en rapporter à la raison, on trouve que l'autorité de la raison est tout aussi variable et anarchique dans l'homme et dans l'humanité, dans la vie des individus et dans celle des nations; car les législations, les codes, les mœurs, les coutumes varient et se contredisent tout aussi bien que cette poésie muette qui les produit. Déclarent-ils que toutes les actions, toutes les vertus et tous les crimes sont le résultat nécessaire de l'ensemble de nos sentiments? On peut observer également, et à plus forte raison, que le bien et le mal qui se réalisent au sein de l'humanité sont nécessairement déterminés par l'intelligence, la volonté n'étant que l'instrument de l'intelligence toutes les fois qu'elle est responsable de ses actions. J'ai dit à plus forte raison, car le cœur distingue deux sortes d'action, l'une déterminée par la loi du sacrifice, l'autre par la loi de l'intérêt, le cœur ne se méprend pas quand il choisit le bien ou le mal, mais l'intelligence ne fait qu'affirmer ce qui a déjà été décidé par le sentiment; et par elle-même elle est indifférente au bien et au mal. Il n'y a qu'un principe qui puisse arracher l'intelligence à l'impassibilité de ses affirmations, c'est le principe de la contradiction, mais dans le vol, dans l'assassinat, dans l'esclavage il n'y a aucune contradiction; l'homme peut opprimer tous les hommes, puisqu'ils ne sont pas identiques avec son individualité. Ensuite la raison ne peut trouver de contradiction que dans l'intérêt : elle verra qu'il est inutile de sacrifier un homme dans le principe de l'utilité, qu'il est plus utile de l'exploiter, mais l'utile n'est pas le juste. Si la raison peut s'appliquer à la morale, ce n'est qu'à l'instant où le principe de moralité est posé, alors seulement elle peut exclure du principe ce qui ne lui est pas identique; le principe lui-même est donc à la merci d'une force étrangère à la raison. Enfin, l'intelligence discute les lois de l'ordre, examine les intérêts du genre humain, elle parle de l'utilité des peines et des récompenses, elle démontre l'utilité de la vertu, mais elle ne trouve pas la raison dernière de la loi du sacrifice, le législateur raisonne, mais il ne crée ni la honte, ni la gloire. L'intelligence organise la société; mais quand la société est organisée, il y a une magie inexplicable, un prestige moral qui l'entoure, la protége, et attache la honte à la violation des lois et l'infamie à l'échafaud. C'est là ce que nous devons appeler le mysticisme de la moralité, de l'art et de la religion, principe permanent qui se simplifie, mais grandit tous les jours pour envelopper tous les peuples dans une même poésie. Lorsque Descartes séparait la philosophie de la religion, il avait peut-être le sentiment de cette puissance mystique extérieure à la raison; mais sa théorie ne suffisait pas à établir la différence des deux principes. Suivant lui, la volonté pouvait affirmer, elle était la source du contingent, et il ne voyait entre la raison et le sentiment que la différence qui sépare de la certitude la probabilité. Descartes ébranlait la morale. Kant, d'après Descartes, séparait de la raison critique la raison pratique; malheureusement il appliquait à la seconde les procédés de la première, et la différence disparaissait de nouveau pour mettre en opposition la critique et la pratique, comme si l'une était la vérité et l'autre l'erreur. Kant détruisait le principe de la moralité. Évidemment la consécration de la moralité, de même que celle de la beauté, ne doit pas se démontrer, l'art ne crée rien par syllogismes, et on raisonne peu ou au sein de la famille ou sur le champ de bataille.

Nous avons insisté sur le double phénomène de l'utile et du juste pour établir en un mot cette dernière conclusion, savoir : que pour supprimer le mal moral il ne faut pas s'adresser à l'individu et lui demander toutes les vertus, il faut s'adresser à l'humanité et la satisfaire par l'harmonie de tous les intérêts. Le stoïcisme est impossible, examinons donc les utopies.

§ 2. Des utopies. — Première catégorie : les communistes.

Il y a deux choses à distinguer dans les utopies : la forme et le fond. La forme tient à l'époque à laquelle elles appartiennent, le fond tient à l'idée du meilleur qui se développe à l'infini dans les conceptions de l'intelligence. Ainsi, dans la République de Platon, il y a la forme de la cité grecque et l'idéal de la justice : dans les utopies chrétiennes, il y a la domination universelle des pontifes et la réalisation complète de la morale monastique : de même toutes les autres utopies, depuis Th. Morus jusqu'à Saint-Simon, exagèrent d'un côté, les caractères d'une époque, de l'autre, elles présentent un idéal purement rationnel.

Écartons les formes, ce ne sont que des déterminations historiques ; bornons-nous à examiner les éléments qui constituent le fond de toutes les utopies. Ils se réduisent aux trois principes de la communauté, de l'association et de la domination des capacités. Les moyens que l'on a proposés pour les réaliser sont la force, la raison et les miracles. Toutes les utopies se trouvent analysées d'avance quand on a apprécié les six éléments qui les composent, c'est-à-dire les trois éléments pour l'organisation intérieure de la société nouvelle et les trois éléments nécessaires à la réforme de la société actuelle.

L'élément le plus ancien est celui de la communauté; c'est aussi le plus simple, il consiste à sacrifier tous les intérêts pour obtenir toutes les vertus. Il fait disparaître la famille, les richesses, les affections exclusives; par là, il rend impossibles l'injustice, les dissensions, les querelles, l'insolence des riches, la servilité des pauvres, les crimes de l'avidité et ceux de la misère. Si l'on réduit les hommes à n'avoir ni biens, ni femmes, ni enfants, si on les dépossède de tout à jamais, il est évident que la philosophie peut s'en emparer, les disposer, les grouper, les séparer comme des chiffres; elle ne rencontre plus aucune résistance. Veut-elle établir une éducation nationale? elle n'a qu'à réunir tous les enfants, ce sont des orphelins. Veut-elle émanciper les femmes? elle peut en faire des hommes, les envoyer au combat, elles n'ont plus ni époux, ni parents, ni enfants. Si on exige la vie ascétique, la communauté peut fonder des couvents; si on veut l'amélioration physique de la race humaine, la communauté peut accoupler les sexes d'après les lois de la physiologie. La communauté se prête à tout.

Cette théorie remonte très-loin : le bouddhisme l'a connue dans ses couvents, peut-être fut-elle soupçonnée par les pythagoriciens de la Grande Grèce; Aristophane la raillait sur la scène à l'époque de Socrate; Platon l'a développée depuis dans toute sa grandeur. Après avoir identifié avec l'utile le juste, il pouvait identifier avec la politique la morale, et en effet, sa République n'est que l'antithèse morale de toutes les sociétés politiques. Celles-ci se fondent sur les intérêts, accordent tout à la richesse; elles punissent le crime parce qu'il est nuisible, mais elles ne s'occupent pas de la vertu. La République de Platon se fonde sur l'abnégation, condamne les richesses, substitue des magistratures morales aux magistratures politiques, et c'est ainsi qu'elle réalise l'idéal de la justice. Cependant elle se compose de deux castes, les guerriers et les laboureurs; Platon n'exige la vertu et la communauté que dans la première, il permet la propriété et la famille aux laboureurs.

Le christianisme a développé le principe de la communauté à tel point que la chrétienté peut se considérer comme la réalisation de la république de Platon. Le philosophe grec cherchait dans les fables la poésie de la vie à venir, le christianisme l'a fixée par la révélation; Platon avait condamné les dieux du plaisir et de la force, le christianisme les a détruits; les Néoplatoniciens renonçaient à leurs biens pour se vouer au culte de la sagesse; les premiers chrétiens commençaient leur conversion en distribuant leur fortune aux pauvres. Ce que Platon avait dit contre les joies éphémères des sens fut répété par l'Église contre les séductions du monde ; ce que Platon avait dit contre les politiques fut répété par l'Église contre la société civile ; l'antithèse que Platon avait établie entre la justice légale et la justice absolue, entre les magistratures morales et les tribunaux politiques, se trouva réalisée dans les deux règnes de Dieu et de César, de l'Église et de l'empire, de l'esprit et de la chair. Platon avait condamné la famille et la propriété dans la caste des guerriers ou des philosophes ; cependant il accordait le mariage, la propriété, les richesses aux laboureurs ; il n'est presque pas question d'eux dans la république, il les livre à leurs penchants. De même le christianisme (nous suivons l'histoire) défend la famille et la propriété dans l'Église, et les tolère dans la société politique. Il considère l'Église comme une milice spirituelle, comme une véritable communauté, et les biens du clergé n'ont jamais été des propriétés ; les bénéfices ecclésiastiques n'ont jamais constitué que des rétributions viagères attachées à des fonctions qui devaient être exercées par les plus dignes. Mais le monde est livré à tous les penchants de la chair, l'Église doit le purifier ; cette tâche suppose précisément qu'il est corrompu : si bien que Grégoire VII faisait dire par ses canonistes que Dieu avait fondé l'Église, et que le diable avait fondé l'empire.

Toutes les utopies chrétiennes depuis le douzième siècle ont uniquement pour but de supprimer la richesse, c'est-à-dire la propriété, pour établir, par la communauté monastique, la sainteté du genre humain. A l'époque de la renaissance, la continence monastique n'étant plus une vertu, l'idée de la communauté des biens ramène dans les utopies philosophiques l'ancienne idée de la promiscuité des sexes ; mais les républiques communistes imaginées à partir de Thomas Morus et de Campanella jusqu'à Saint-Simon, ne sont que des imitations de la théorie de Platon ou de la république chrétienne; toutes ont cherché les dernières limites de la perfectibilité dans la communauté des biens de ce monde, communauté qui supprime l'antagonisme de l'intérêt privé et public. Ainsi, aujourd'hui, les communistes voudraient que toutes les choses pussent tourner au profit général de la société, comme les fonctions publiques, les routes, les tribunaux, l'armée; ils voudraient en d'autres termes identifier l'administration avec les administrés, le gouvernement avec la nation et ne faire qu'une même personne du roi et du sujet.

La doctrine de la communauté exige dans l'humanité un héroïsme permanent. Platon redoute la séduction des richesses ; il n'y a pas de précaution qu'il ne prenne pour les éloigner de sa république. Thomas Morus craint les séductions de la civilisation européenne; après avoir décrit les vertus et le bonheur des Utopiens, *ils viennent de découvrir la boussole*, dit-il ; *mais gare que cette invention... ne leur devienne fatale et ne leur cause de terribles malheurs.* Voilà le vice radical de la communauté ; il faut l'isoler, la reléguer hors de l'humanité ; au moyen âge, elle entraînait la perte de la personnalité, les Millénaires étaient frères en Jésus-Christ, après avoir cessé d'être hommes. Que si l'on prêche la communauté des biens et des femmes, en vue du bonheur universel, il est évident qu'elle ne pourrait profiter qu'à la très-faible minorité qui est en dehors des intérêts de la société actuelle ; celle-là peut renoncer à tout, puisqu'elle ne possède rien. La famille est l'obstacle éternel de la communauté ; tant que l'homme n'est ni père, ni fils, ni mari, il peut rester dans les conditions de l'ascétisme ; mais la famille est en puissance dans la distinction des sexes et dans la personnalité humaine, et la communauté serait établie, que rien ne pourrait se réaliser au sein de la société sans reproduire en opposition avec l'intérêt public la famille et tous les intérêts de la famille, la propriété, l'hérédité, l'intérêt privé. L'Église n'a pu subsister qu'à la condition du célibat ; elle aurait été détruite si le concubinage des prêtres avait introduit l'héritage des bénéfices. Au reste, quelle que fût l'organisation de l'Église, elle ne formait pas l'état, elle ne se suffisait pas à elle-même, au contraire, ce n'était en définitive qu'une magistrature

publique qui avait son but en dehors d'elle-même.
L'Église condamnait le monde, soit; mais si le
monde avait été absous, elle aurait disparu; si
les Millénaires avaient réalisé le règne du Christ,
la sainteté universelle aurait aboli les fonctions,
désormais inutiles, du clergé séculier et régulier.
Ainsi, l'Église était à tous comme tout ce qui est
public, comme l'armée, comme les tribunaux;
mais par cela même elle supposait des individualités extérieures à la communauté, et, en d'autres termes, elle supposait tous les intérêts spirituels et temporels qu'elle administrait dans le
monde. Bien plus, les fonctions de l'Église n'étaient
que trop bien payées; elle avait le pouvoir, les richesses et toutes les richesses de la vie à venir,
souvent aussi positives au moyen âge que celles de
la vie actuelle; le clergé n'était donc pas une
communauté, mais une association, dans laquelle les intérêts de l'hérédité et de la famille
étaient remplacés par des intérêts mille fois plus
puissants, et la force des intérêts ecclésiastiques
pouvait exiger, au sein de l'Église, tous les sacrifices impossibles dans le monde. Somme toute,
la véritable communauté impose l'obligation de
toutes les vertus en supprimant tous les motifs qui
les déterminent; elle impose l'obligation de la justice par la justice, et elle attaque la justice dans
son origine en détruisant l'individualité humaine.
L'amitié suppose les intérêts de l'amitié, les affections de la famille protégent les intérêts de la

famille, partout la poésie de la morale est l'antithèse d'un intérêt; comment exiger que tous les hommes soient frères s'ils ne tiennent plus à la terre par aucun lien matériel? On conçoit la force de la bienveillance universelle comme on conçoit la force du patriotisme, mais la bienveillance suppose l'association universelle des intérêts comme le patriotisme suppose l'identité d'un même intérêt national lorsqu'il est attaqué par des étrangers. Les deux principes de l'association et de la communauté sont distincts; l'un se développe par la loi de l'intérêt, l'autre par la loi du sacrifice; s'ils se tiennent, si l'on peut considérer le principe du dévouement comme une sorte de communauté en puissance, comme une disposition à se sacrifier à l'intérêt des autres, il est certain que la communauté universelle supposerait l'association universelle, et serait comme un héroïsme en puissance qui protégerait l'individualisme porté à son plus haut développement. Mais chercher à établir l'association par la communauté, c'est chercher à favoriser l'industrie, le commerce, l'agriculture, la richesse, par le principe qui condamne la richesse; chercher la communauté, abstraction faite de l'association, c'est sacrifier la richesse, l'activité humaine, comme s'il pouvait y avoir une vertu sans motif.

§ 3. De l'association.

L'industrie, les arts, les sciences, le commerce, la tradition, la civilisation tout entière dépend de l'association. L'existence d'un bateau à vapeur suppose 4,000 ans d'histoire, et l'union de presque tous les peuples de la terre, par le commerce. Le système de la gravitation universelle de Newton ne suppose ni moins de travaux, ni moins d'efforts collectifs. En un mot, la force et le bien-être de l'humanité viennent de l'association; la faiblesse et les malheurs viennent de la division, de la guerre, du conflit des intérêts. On a donc proposé à toutes les nations de mettre bas les armes et de se réunir pour le bien de tous, et vraiment les bénéfices de l'association universelle ne sauraient être contestés par les plus sceptiques. Sans doute, si tous les hommes étaient réunis en 600,000 phalanstères chacun de 1,600 personnes, on pourrait payer la dette anglaise en six mois avec des œufs de poule, on ferait des économies de 300,000 fr. avec l'épargne d'une épingle; Haydn pourrait recevoir 60,000 fr. pour le prix d'une symphonie, en ne prélevant que deux sous par phalanstère. Il n'y a rien d'impossible devant l'association universelle; la culture des landes, la disparition des contagions, le reboisement des montagnes, tout peut se faire par les efforts réunis de tous les peuples. En attendant, ce sont les guerres, les divisions qui arrêtent la civilisation; la guerre nous oblige à entretenir des armées permanentes qui coûtent des sommes immenses sans rien produire; les divisions intérieures, l'hostilité des intérêts empêchent de réunir les forces dispersées des ouvriers et des producteurs. M. de Châteauneuf a observé que la subdivision des propriétés territoriales et des travaux agricoles diminue de deux tiers les produits des immeubles. On pourrait multiplier les exemples à plaisir. Quand on pense que la production actuelle serait centuplée en décuplant toutes les associations, on ne doit pas s'étonner de l'assertion de Fourier, qui soutient que les pauvres « en harmonie, seront plus heureux que les rois en civilisation; » du moins est-il certain qu'en France, tout homme ayant huit cents francs de revenu, est mille fois plus heureux qu'un roi de Cafrerie, et voire même les héros de l'Iliade.

Ajoutons que l'association ne supprime pas la propriété, qu'elle ne s'isole pas comme la communauté; au contraire, elle va chercher toutes les forces, elle sait vaincre toutes les résistances. Si elle ne peut pas donner l'agriculture au sauvage, elle lui impose la chasse du castor, puis elle le séduit par l'eau-de-vie, par mille futilités, et le réduit enfin à la nécessité d'opter entre le travail et les privations. L'association s'accommode de tout, du vice et de la vertu, mais elle seule a le secret de faire coïncider l'intérêt privé avec l'intérêt public. C'est en effet le commerce qui transforme la probité mercantile en un moyen de gagner, si bien que le crédit peut s'évaluer comme un capital: c'est encore le commerce, dans le sens le plus vaste, qui crée les partis, enfin, c'est l'association qui décrète les lois, les peines, les récompenses, en imposant par la force ce qu'elle ne peut pas obtenir par la moralité. Loin de demander l'abnégation, elle demande l'activité, loin d'affaiblir la propriété elle l'agrandit, la défend, la protége, bref, elle la constitue, car il n'y a pas de véritable propriété là où il n'y a pas de garantie. La lettre de change, les billets de banque, les actions de la dette publique, nous laissent entrevoir une mobilisation progressive et indéfinie de toutes les propriétés, et cette mobilisation, favorisée par des réformes administratives, par la multiplicité des chemins et des moyens de transport qu'on peut développer à l'infini, loin d'affaiblir la propriété, en centuplerait la valeur. La communauté ne peut s'établir que dans les idées, c'est là son lieu naturel; elle peut se trouver en puissance dans une disposition à la charité universelle; mais il est impossible de concevoir un progrès en dehors de l'association, il est impossible de concevoir une vertu qui ne soit pas provoquée par les intérêts qui unissent les hommes; enfin on ne peut concevoir une époque définitive de l'histoire, si on ne la considère dans la république de l'humanité.

Le vice de toutes les utopies socialistes n'est pas dans le principe qui ne saurait être contesté, à part l'exactitude de quelques détails. Mais l'association suppose deux choses, des intérêts et des idées : où il n'y a pas identité d'intérêts et d'idées, elle ne peut pas se réaliser. Il est donc impossible d'associer pour associer; l'association est un moyen et non pas un but, elle est complétement inutile si elle manque de but, c'est-à-dire si elle n'est pas réclamée par l'intelligence et les circonstances extérieures. Que l'on cherche des alliés pour faire la guerre, voilà ce qui se conçoit ; que l'on cherche des bras pour exploiter une mine, voilà encore une autre association qui est réclamée par la force des choses ; les compagnies d'actionnaires se réunissent toutes pour des motifs bien déterminés ; dans tous les cas, l'association est à la merci de ses propres données. Là donc, où les données imposent la division ou la guerre, il y aura hostilité, les sociétés elles-mêmes seront hostiles, à moins qu'elles ne se sacrifient les unes aux autres, ce qui est impossible. Ainsi, vouloir associer pour associer ou pour obtenir un but indéterminé comme l'éclosion des instincts ou la manifestation de toutes les capacités, c'est pour ainsi dire recommander le bien, la force, la richesse en général. Dire qu'un état doit être puissant, ce n'est rien dire, tant qu'on ne détermine pas les conditions spéciales de la puissance ; de même, dire que le genre humain doit s'associer, ce n'est rien dire encore tant qu'on ne détermine pas les conditions ou les motifs particuliers de l'association. Quand les conditions sont données, l'association se réalise irrésistiblement ; ainsi, Colomb a associé l'Europe à l'Amérique ; Vasco de Gama a centuplé les relations entre l'Orient et l'Occident ; la vapeur, le gaz, la moindre industrie est un motif d'association mille fois plus fort que toutes les démonstrations des socialistes. Pour réaliser l'association universelle, il faudrait donc deviner d'un seul coup toute l'histoire à venir de l'humanité, toutes les déterminations à venir de l'intelligence, tout ce qu'il y a en puissance dans la raison de l'homme. Quant à cette arithmétique féerique sur les bénéfices de l'association, considérée comme un principe positif et valable par lui-même, elle est théoriquement juste, car il est évident que la guerre, la division, produisent une incalculable déperdition de capitaux ; mais elle est fausse dans le fait, car elle oublie les motifs réels et positifs de l'association actuelle. Si tous les hommes n'étaient occupés qu'à faire éclore des œufs de poule ou à multiplier des lapins, ou à épargner des épingles, ils ramasseraient des trésors ; mais ce seraient des trésors de lapins, d'œufs et d'épingles ; or tous les intérêts, tous les sentiments, la nature tout entière répudient cette monstrueuse chimère, qui sort d'une arithmétique imaginaire. Admettons donc que la réalisation de tous les intérêts enfanterait toutes les vertus, admettons que l'association universelle seule peut réaliser tous les intérêts complexes de l'humanité ; mais reconnaissons d'autre part que cette réalisation toute positive et déterminée ne peut sortir d'aucun principe abstrait et indéterminé.

§ 4. Domination des capacités.

Quand le génie est à la tête d'une nation, qu'il s'appelle Mahomet ou César, c'est Dieu qui la conduit. L'intérêt est d'accord avec la justice pour exiger la domination du plus digne, c'est ce que personne n'a jamais révoqué en doute ; personne n'a jamais écrit que l'humanité dût se livrer aux plus indignes et aux plus incapables. A la Chine, l'empereur est le fils du Ciel ; au Pérou, les rois promettaient de régler le cours des saisons ; chez les musulmans, les rois étaient des pontifes ; les rois protestants et le Czar représentent le clergé ; là où les deux pouvoirs politique et religieux se divisent, les rois se considèrent comme les délégués du pontife. Chez les hordes les plus sauvages, le chef est le premier des guerriers, les castes de l'antiquité étaient des races privilégiées, elles descendaient du ciel ; les républiques qui confient le gouvernement aux plus riches, s'en rapportent à l'intelligence des hommes les plus intéressés au salut de l'état. L'hérédité à son tour est un moyen de choisir les plus dignes, elle ne s'en rapporte pas au hasard, elle s'en rapporte aux intérêts des dynasties. Puisqu'on a pris toutes les précautions possibles contre les empiètements de la royauté, le roi n'est plus ni bon ni mauvais, c'est un homme né dans une famille liée aux intérêts de la nation, et par conséquent il doit hériter des intérêts et des vertus de sa race.

D'où vient donc en général que tous les utopistes sont en opposition avec les politiques sur l'idée du meilleur gouvernement possible? De ce que les uns la déterminent d'après la notion de la moralité, les autres d'après celle de l'intérêt; les uns supposent que les fonctions publiques ne sont que des devoirs, les autres n'y voient que des avantages; les uns exigent l'héroïsme en pure perte, les autres cherchent à combiner les intérêts de sorte que les hommes les plus égoïstes soient forcés d'être utiles à tout le monde. Mais le gouvernement ne sera jamais ni un simple devoir, ni une simple sinécure; il ne sera jamais ni le prix de l'ascétisme pur, ni le prix de l'égoïsme pur; ce sera forcément la réunion de deux principes, car nous ne pouvons imaginer ni une vertu sans intérêt, ni un intérêt sans vertu. L'idée de choisir le plus digne n'appartient ni à Platon, ni à l'Église, ni aux utopistes; ce fut toujours l'idée constante de l'humanité; tous les gouvernements l'ont exprimée, toutes les révolutions ont cherché à la déterminer. L'idée de choisir le plus intéressé n'appartient non plus ni à Machiavel, ni à Aristote; elle appartient au genre humain, elle se trouve dans le principe même de l'esclavage, où le maître doit songer à protéger la vie de l'esclave. Ce qui appartient aux politiques et aux utopistes, c'est d'avoir divisé deux éléments inséparables et toujours réunis dans l'histoire. Les uns n'ont vu que l'égoïsme, les autres n'ont vu que la vertu;

comment ne se seraient-ils pas contredits en cherchant la solution du problème social? Ensuite les politiques et les utopistes (en général) n'ont jamais considéré que l'égoïsme abstrait et la vertu abstraite. Mais l'égoïsme abstrait ne donne que des formes indéterminées, par exemple la monarchie, l'aristocratie et la démocratie. Comment dire quelle est la meilleure de ces formes? Il est évident que l'aristocratie de Sparte n'est pas celle de Venise, et que celle de Venise n'est pas l'aristocratie de l'Église catholique ; les formes abstraites sont toujours les mêmes, les intérêts qu'elles combinent peuvent varier à l'infini, et ce sont les intérêts qui décident de l'utilité des formes. A leur tour, les idées abstraites de liberté, d'égalité, de capacité, de mérite, de vertu n'ont aucune valeur ; la vertu indéterminée ne compte pas dans l'histoire, le génie ne compte pas non plus s'il ne se révèle par des faits positifs et certains. Donc conseiller le gouvernement des plus dignes en général, c'est supposer que la société est composée d'hommes abstraits, qu'elle est un être de raison, vertueux par abstraction, c'est, en d'autres termes, torturer la logique pour en tirer des républiques imaginaires. La question n'est pas de savoir si les plus dignes doivent gouverner la société, elle se réduit à savoir quels sont les plus dignes, et comme la moralité ne se détermine que par les intérêts, il faut connaître les intérêts positifs et réels de l'association pour connaître les hommes qui méritent de la gouverner. Il est évident que dans une société barbare organisée pour la guerre, le plus digne de commander n'est pas le philosophe ; il est évident que dans une société où le commerce n'est qu'un fait secondaire, un grand inventeur n'aura qu'une influence exceptionnelle ; s'il y a une société exclusivement industrielle, mais guerrière par occasion, on peut être sûr d'avance que ce ne sera ni le premier des nobles, ni le premier d'entre les généraux qui dirigera la marche des affaires. Pour deviner le gouvernement définitif de l'humanité, il faudrait donc connaître tous les intérêts de l'association universelle, non pas par l'idée de l'association (en elle-même aussi indéterminée que celle de la moralité abstraite), mais par toutes les découvertes, les inventions, les richesses capables d'associer tous les peuples de la terre dans la communauté d'un seul système.

Le problème du meilleur des gouvernements possibles est donc insoluble : une seule chose est certaine, c'est que la domination des plus dignes, la hiérarchie du mérite dans l'association universelle est l'idée que l'humanité porte dans son sein. Depuis le commencement du monde, l'histoire est en mouvement pour réaliser cette idée, nul homme ne peut y renoncer sans cesser d'être homme, elle est gravée dans notre esprit comme dans notre cœur, ce n'est en définitive que la loi de la justice, le principe qui rétribue toutes les œuvres d'après le mérite et mesure le mérite d'après l'utilité universelle. Si cet idéal ne se réalise pas sur la terre, il faut en accuser la nature et non pas l'homme. L'homme a toujours cherché la richesse, il est égoïste, mais il tient à ce que les fonctions sociales soient confiées aux plus habiles; il est violent, mais il n'est pas de violence qui se maintienne en pure perte dans les sociétés, et il n'est pas d'organisation guerrière qui ne se dissolve par l'action de l'industrie et du commerce. Si les plus dignes sont les propriétaires et les généraux, c'est que le genre humain est condamné à une dure indigence, que l'égalité absolue ne donnerait que 50 centimes par jour à tous les Français, c'est que l'indigence entretient les monopoles, les divisions, et la guerre. L'homme a toujours cherché à profiter du génie; mais pour le trouver, le reconnaître, les masses n'ont que des procédés lents et grossiers, des épreuves toujours redoutables pour le génie lui-même. Si les masses sont gouvernées par des hommes de guerre, elles forcent le génie de l'industrie à se faire reconnaître par des hommes de guerre. Ainsi la certitude exigée par une association barbare livre le procès de toutes les découvertes à un formalisme grossier qui sacrifie tous les droits. Enfin l'homme veut bien apprécier tous les mérites, mais il doit les juger par un système; il veut bien qu'un seul système s'empare de toutes les convictions, soit par la force, soit par la persuasion, mais toutes les nations sont divisées, toutes sont à demi barbares, toutes sont enveloppées dans cette condamnation de l'indigence qui les force à travailler, à se combattre à rester des siècles dans une même erreur, et il en résulte que le génie essentiellement novateur est condamné à la lutte, quand il ne succombe pas sous la réprobation qui accompagne toutes les révolutions. Il ne faut pas s'y tromper, la possibilité de récompenser tous les mérites suppose la possession de la vérité absolue, d'une vérité qui n'admet plus ni variation ni dissidence, qui exclut la possibilité d'un système nouveau et qui force *à priori* tous les hommes à appliquer ou à développer le système déjà établi. L'Église, au moyen âge, pouvait se croire le droit de couronner toutes les capacités et toutes les vertus, car elle se disait infaillible; mais la philosophie, la science, l'industrie, la politique, toujours menacées par de nouveaux progrès, peuvent toujours, comme l'Église, porter l'anathème contre des hommes nouveaux destinés à combattre les cultes établis par la révélation de vérités nouvelles. Ce qui se dit de la capacité s'applique à l'héroïsme, à la moralité, car l'héroïsme des hommes nouveaux est toujours une perversité aux yeux de la vieille société. Ainsi, tandis que l'histoire ne peut pas se développer sans réaliser cet idéal d'une société où toutes les œuvres sont récompensées suivant les mérites et les mérites mesurés suivant l'utilité, il se trouve que la division, la guerre, la nécessité des preuves extérieures, la loi du progrès toujours maudite ont forcé tous les peuples à admettre ce double axiome contradictoire, savoir : que le gouvernement doit être confié au plus digne, et que, sur la terre, la vertu est presque toujours sacrifiée aux plus indignes.

§ 5. Moyens de propagande. La raison.

Les religions et les gouvernements ne peuvent s'établir que par les deux moyens de la force ou de la persuasion : à leur tour les utopies ne peuvent se réaliser que par l'exagération de ces deux moyens. Les utopies morales s'interdisent l'usage de la force, la vertu ne se commandant pas; elles se réduisent donc à exagérer le moyen de la persuasion, c'est-à-dire à supposer que la conviction de l'école philosophique qui les conçoit devient la conviction universelle de l'humanité. La république de Platon n'est qu'une sorte d'école athénienne, elle gagne tous les habitants par l'instruction philosophique, elle les isole de tous les autres peuples, de crainte que les intérêts de la barbarie n'altèrent ceux de la philosophie, elle ne se compose que de 5040 personnes, et la philosophie ne les quitte pas un instant depuis la naissance jusqu'à la mort, de peur que la barbarie naturelle de l'homme ne se reproduise à chaque instant au sein de l'état. Bref la république de Platon est une création de l'école, qui se fonde sur les travaux de l'école, et qui se sépare de tous les intérêts de la civilisation, parce qu'elle désespère de la civilisation. Ce n'est pas que le philosophe grec ait rien négligé pour rapprocher son modèle de la réalité : dans le livre *des lois* il prend les hommes par leurs intérêts, ils les gouverne par la force pour les préparer à la philosophie : bien plus, dans le livre *des lois* il est question d'un troisième état encore plus imparfait, c'est-à-dire plus positif, et qui doit conduire au gouvernement tracé dans les lois, lequel à son tour conduit évidemment à la perfection idéale de la *république*. Mais l'intention définitive de Platon était de gagner un tyran ou le fils d'un tyran à la philosophie et de fonder par là un nouvel état ou une nouvelle colonie; il ne pouvait sortir ni de la philosophie, ni de la pédagogie philosophique; sa république était le résultat de tous les travaux de l'école, elle ne pouvait se réaliser qu'en transportant dans l'état, par l'instruction, tous les travaux de l'école. Toutes les utopies morales qu'on peut appeler classiques, parce qu'elles sont imitées de Platon, se voient également reléguées dans l'école par la nécessité de supposer la philosophie dans le monde, afin de se réaliser. Th. Morus ne songe même pas à mesurer l'immense intervalle qui sépare l'école du monde, les travaux de la réflexion philosophique et le système des convictions populaires. Depuis Th. Morus, les utopies classiques s'allient aux convictions religieuses, à l'idée du progrès indéterminé, à l'espérance d'une paix universelle, d'un chiliasme philosophique, d'une justice abstraite, de sorte que pour nous la république de Platon, sans avoir la valeur d'une utopie, peut se considérer comme le plus beau traité de morale qui ait été écrit avant l'Évangile. Quelques commentateurs en jugeant le passé par le présent, ont imaginé que Platon n'avait d'autre intention dans sa république, que d'exposer les lois de la justice idéale, sans se préoccuper d'aucun but pratique, de la même manière que Grotius parle du droit des gens, abstraction faite du droit positif. Cependant, refuser une intention sociale à un ouvrage qui s'occupe de politique depuis les premières pages jusqu'aux dernières, soutenir que l'homme de qui relèvent toutes les grandes utopies n'a jamais été utopiste, que ces trois idées de la communauté des biens, de la promiscuité des femmes et de la domination des plus dignes, ne se sont transmises de la république de Platon à Plotin, aux Millénaires, aux philosophes modernes, que par une équivoque d'interprétation, c'est là une conjecture qui passe toutes les bornes de la témérité et du possible. Platon a identifié la justice et l'utile, voilà pourquoi son traité sur la justice est un traité de politique; après avoir identifié le bien et le juste, il est clair qu'il devait prendre toutes les abstractions de la vertu indéterminée pour des déterminations réelles et positives du bien-être; voilà pourquoi il était autorisé à croire que l'utopie du bonheur était possible à la condition d'une éducation philosophique. Les idées grecques sur la pudeur n'étaient pas assez fortes pour qu'il dût reculer devant la communauté des femmes; le pouvoir du législateur chez les anciens était trop influent, l'expérience de l'histoire grecque trop limitée, pour que Platon ne dût pas croire à la toute-puissance d'un tyran gagné à la philosophie, et le philosophe grec avait l'âme trop grande pour renoncer à une idée parce qu'elle était répudiée par les vices de son époque.

§ 6. Propagande par la force.

Les utopies révolutionnaires exagèrent le moyen de la force, supposent une conviction préétablie dans le monde, et s'adressent à l'intérêt de tous les pauvres, en leur supposant la conscience du droit de déposséder tous les riches. Cependant les pauvres n'ont pas cette conviction, ils sont enveloppés, comprimés, maintenus à leur place par la poésie des intérêts établis; les jacqueries n'éclatent que lorsque le peuple est poussé aux extrêmes par des tyrannies qui lui refusent le droit de vivre ou la liberté de conscience, c'est-à-dire le droit de vivre dans la vie éternelle. Encore les jacqueries ne laissent-elles pas de résultats, parce qu'elles ne peuvent pas enfanter en un jour un ordre universel de choses inconnues, d'intérêts réels, positifs, de vertus qui résistent aux séductions d'une société organisée pour la guerre. La force réussit quand elle combat pour un principe admis, pour un but essentiellement pratique, déterminé, que l'on peut atteindre immédiatement après la victoire; dans tous les autres cas, elle se borne à déplacer les choses et les hommes, et l'intelligence, en restant dans les vieilles idées, reconstruit naturellement l'ancienne société. Prenons un exemple. Campanella a organisé une conspiration dans les Calabres, pour réaliser l'association universelle : quels étaient ses moyens ? Une flottille turque, 1,800 bandits, le peuple de la campagne qui se mourait de faim, les seigneurs des villes qui détestaient le joug de l'Espagne; voilà les éléments de sa coalition, et comme il n'y a rien qu'on n'accepte dans le paroxysme de la haine, tous ses associés pouvaient aspirer à l'émancipation de l'humanité. Si la conspiration avait réussi, l'Italie aurait été ouverte aux Turcs, les bandits seraient devenus des janissaires ou des soldats, les seigneurs italiens seraient restés à leur place, le peuple aurait mis bas les armes après avoir obtenu de quoi se nourrir. Dans les prisons de Naples, après l'échec, Campanella songea à d'autres moyens. Le roi d'Espagne était maître de l'Amérique, d'une grande partie de l'Europe; il avait des colonies en Afrique, en Orient, il pouvait aspirer à la monarchie universelle, et Campanella la lui proposa. Organisez, lui dit-il, une innombrable armée de janissaires où les grades soient accessibles à tous et la lâcheté punie par la mort : emparez-vous de l'argent de l'Église, des usuriers et de la noblesse, par là multipliez vos flottes, ruinez les nobles en leur ôtant les châteaux, les soldats, les priviléges, et l'empire du monde sera à vous. Il conseillait d'écraser l'Allemagne ou d'y fomenter des troubles, de supprimer ses libertés; d'attaquer la France ou de la diviser en promettant la couronne à Condé; de ruiner l'Angleterre ou de la jeter dans une guerre interminable, en promettant la couronne des trois royaumes au fils de Marie Stuart et la république aux presbytériens. Ensuite Campanella projetait des ligues gigantesques contre les Musulmans, qui alors dominaient sur deux cents états; il conseillait de transporter les habitants de l'Afrique en Amérique, et ceux d'Amérique partie en Afrique et partie en Espagne pour labourer la terre : suivant lui, on devait déporter des millions d'hommes, réduire en esclavage tous les rebelles, s'en servir pour aplanir les montagnes et pour ramer sur les galères. Tandis qu'il déchaînait une avalanche de guerres sur le globe, il essayait de réaliser la justice idéale de la *cité du soleil*. Il voulait promulguer des codes, donner la liberté au commerce, établir l'impôt progressif, réunir dans un conseil royal les sages de toutes les nations, propager la philosophie de Platon et Télèse, faire explorer officiellement par des savants toutes les parties du globe. Il songeait même à établir une langue universelle, la langue espagnole, l'uniformité des mœurs espagnoles, voire même la communauté des femmes, qu'il introduit dans l'armée où il confie au soldat le soin de multiplier les soldats. Mais la guerre enfante l'esclavage, et Campanella accepte l'esclavage; la domination espagnole conduit à la caste, et Campanella admet les castes : qui ne voit donc qu'au lieu de réaliser le juste, il rétrocédait à l'esclavage païen et à la caste indienne pour soumettre le tout à un despotisme impérial plus terrible que celui de Tibère? Il est vrai que Campanella voulait soumettre la monarchie universelle à la théocratie catholique. Le roi d'Espagne devait tout acquérir au nom du Christ, livrer au gouvernement des cardinaux toutes les provinces protestantes, donner les tribunaux aux évêques, envoyer tous les appels au pape. La solde des armées devait être payée par des capucins et l'héritier présomptif devait être envoyé à Rome. Puis l'inquisition établie partout, les écoles théologiques d'Allemagne et d'Angleterre fermées, l'étude du grec et de l'hébreu défendue pour éviter les hérésies et une foule de précautions analogues, devaient assurer la domination spirituelle au clergé catholique représenté par la cour de Rome. Nous voilà en plein moyen âge, des esclaves, des castes, un despote, plus une théocratie, et c'est à la théocratie catholique que Campanella s'adresse définitivement, quand il se voit méprisé par la cour de Madrid. Arrivé à cette troisième phase, il touche au comble de la contradiction. Il veut toujours réaliser la république chrétienne par la force et par la ruse; la croisade, l'inquisition, rien n'est épargné dans l'intérêt du Saint-Siége, il le défend au jour le jour en mainte occasion dans plus de vingt ouvrages. Cependant quel était le premier et le plus grand obstacle de Campanella? Ce clergé qui, suivant lui, a trahi sa mission, qui est gorgé de richesses, qui a pactisé avec le monde, qui a admis ces lois civiles, *a gentilibus derivatæ*, qui a profané l'Eglise, qui serait le premier à crucifier de nouveau Jésus-Christ, l'apôtre de la pauvreté, s'il revenait sur la terre. Voilà donc Campanella pactisant avec ses ennemis, détruisant lui-même son propre ouvrage, se laissant absorber par la puissance qu'il veut renverser. En s'adressant à l'Espagne, il se disait en lui-même : *isti cupiditate pugnant, Deus autem ad finem majorem intendit;* en s'adressant au pape, il cherchait un nouvel instrument qu'il voulait briser plus tard ; en s'adressant au Turc, il avait la même intention, il voulait lui demander une flotte pour lui prendre deux cents provinces. C'était là jouer un triple coup d'état avec les trois plus grands rois du monde pour les entre-détruire, ruse monacale qui aurait évoqué la barbarie de l'Inde, de la Turquie et du onzième siècle. Si par impossible le coup avait réussi, on aurait reculé au lieu d'atteindre le but ; mais ce but à son tour, savoir l'héroïsme permanent de la communauté était impossible, d'autant plus que Campanella par surcroît d'incohérence voulait l'établir au milieu de l'industrie du commerce, et de toutes les tentations du luxe et du plaisir. Nous avons cité Campanella, parce qu'il a été l'utopiste le plus ardent suscité par la tyrannie insupportable de l'Espagne, parce que les conspirateurs qu'il a fascinés étaient les véritables précurseurs de Masaniello. L'un des amis de ce dernier,

Genuino', qui rédigea tous les édits de Masaniello, a peut être vécu dans la même prison que Campanella. Mais il est évident que le cercle vicieux du millénium de Campanella se reproduit dans tous les utopistes postérieurs, et que la force ne saurait déterminer la conviction indéterminée du droit de tous les hommes.

§ 7. Propagande par les miracles.

Les utopies religieuses résolvent *ex machina* le problème de leur propagation. De nouvelles incarnations, des prédictions astrologiques qui supposent des forces surnaturelles, des révélations, des prodiges de toute espèce, voilà les ressources des Millénaires, des sectateurs de l'Évangile éternel, de Postel, des mystiques modernes. Il n'y a aucune remarque à faire sur ce moyen, si ce n'est qu'il nous semble le plus raisonnable ; en effet, pour obtenir l'impossible il faut un miracle. C'est là ce qui excuse Campanella, les anabaptistes, une foule de fanatiques et en général tous les hommes du moyen âge. Mystifiés par leur propre imagination, ils pouvaient tout espérer, ils ignoraient les vraies limites du possible et de l'impossible ; ils vivaient encore au milieu des anges et des démons, ils croyaient à la sorcellerie, aux démoniaques, et toutes les fois que les passions étaient irritées par des tyrannies politiques, quand le rationalisme chrétien ne suffisait pas à contenir la mystagogie des cloîtres, l'apocalypse et la promesse de l'avénement du millénium devait sortir des couvents pour agiter l'esprit des masses. Dès lors on combattait comme si après la victoire le Christ devait descendre sur la terre pour déterminer l'idée abstraite de la moralité.

Résumons-nous. Les utopies classiques s'avouent impuissantes contre la civilisation ; les utopies révolutionnaires s'éloignent du but au lieu d'en approcher ; les utopies religieuses, plus logiques que les autres, supposent que pour entrer dans le règne de la grâce il faut sortir du règne de la nature. Les utopies n'ont donc aucune valeur positive ; cependant elles ont une valeur incontestable si on les considère dans leur indétermination. Ce sont en effet des conceptions idéales, et la raison aboutit naturellement à l'utopie, car la généralisation la plus simple, comme celle du cercle, la conception la plus commune, comme celle de l'oxygène, sont déjà des utopies dans la pratique, où le cercle parfait est impossible, tout aussi bien que l'isolement complet d'un élément primitif. Nous portons en nous-mêmes toutes les utopies. Platon n'est que l'interprète, Campanella n'est que le rhapsode des conceptions idéales de la raison. On ne pense jamais à une société, à une république, à un art, à une science, sans idéaliser les faits ; il n'est pas de grand homme dont les projets n'approchent de l'utopie. Mais l'utopie de l'humanité a cela de particulier qu'elle présente une critique vraie, profonde, incontestable de tous les vices de la société actuelle; la critique de Platon ne fut pas perdue pour l'histoire ; elle a été acceptée par le christianisme ; la critique des utopies chrétiennes a été adoptée par la philosophie moderne. Supprimer cette critique, c'est flatter tous les vices, c'est donner la main au génie du mal ; supprimer l'idéalité, c'est résister au progrès qui se résout à la fin dans une réalisation positive de la moralité et de la justice. Enfin, méconnaître Platon, sous le prétexte odieux et mesquin de sa trop grande élévation, c'est méconnaître le Christ, car l'idée de la perfection est nécessaire pour avancer, de la même manière que l'idée du cercle parfait est nécessaire pour tracer un cercle imparfait. Et telle est la conviction générale de tous les peuples : tous s'agitent sous le poids de cette malédiction qui pèse sur la terre ; mais tous sont conduits à supposer que la république parfaite est dans l'universalité de toutes les choses et de tous les êtres, et c'est ainsi que la raison, en cédant à la poésie du sentiment, complète nécessairement la terre par le ciel.

CHAPITRE III.

Du mal physique.

Le plaisir tient à la douleur, la jouissance au travail ; notre corps est livré à une véritable dualité, comme celle du vice et de la vertu dans l'ordre moral, du fini et de l'infini dans l'ordre intellectuel. On ne peut ni concevoir un plaisir sans un besoin, ni un besoin sans un plaisir qui lui corresponde ; on ne peut ni concevoir un bonheur dans ce monde sans la possibilité du malheur, ni un malheur dont la cessation ne soit un bonheur. De même le plaisir est attaché à la richesse et la richesse est indivisible du travail ; elle peut augmenter indéfiniment, le globe se transformerait en un paradis terrestre, que la matière, en se révoltant toujours contre la domination de l'homme, nous forcerait à l'odieuse contrainte d'un travail éternel. Mais l'oisiveté elle-même n'est pas un bonheur, c'est un état contre nature, la nature tout entière nous appelle à l'action, et le désœuvrement forcé produit ce tourment moral de l'ennui, qui ne se combat que par un travail nécessaire ou factice. Ainsi, il y a une punition pour la richesse comme pour la misère. La douleur pénètre partout, partout où le plaisir peut pénétrer avec la vie, la douleur se présente avec la mort.

L'observation et la raison ne nous apprennent absolument rien sur le jour de la délivrance ou de la rédemption physique. Si nous considérons le corps, il est condamné à la douleur et à la mort ; si nous considérons l'âme, la douleur disparaît avec le plaisir, il n'y a plus que la pensée indifférente à tout : si nous concevons un ciel matériel sur la terre ou ailleurs, la gêne, la contrainte, les limites de la matière nous poursuivent dans le paradis terrestre, quand même l'immortalité ne serait pas éternellement ennuyeuse comme la veille sans le sommeil. Si nous concevons un ciel spirituel, nous n'y retrouvons que des idées, que la pensée toujours indifférente au bien, au beau, quand même la pensée serait possible sans la sensation. Bref, la physique et la métaphysique nous ferment les portes de la vie à venir, il n'y a que le mysticisme qui puisse les ouvrir. A quelle condition ? A la condition d'expliquer les mystères par des mystères, de décrire ce qui échappe à la description, de démontrer ce qui se dérobe à toutes les démonstrations, puis, à la condition de créer un monde imaginaire, une sorte d'univers poétique qui n'est ni matériel ni spirituel, et qui, en réunissant les deux natures, insulte en même temps à la phy-

sique et à la métaphysique. C'est par là cependant
que le mysticisme a cherché à deviner l'harmonie
de la grande république de l'univers, pour trouver le lieu où la douleur peut s'évanouir sans entraîner avec elle la perte du bonheur.

Les mystiques modernes se divisent en deux
classes ; les uns sont passifs, les autres actifs ; les
uns se livrent à la toute-puissance divine, les autres aspirent à agir sur Dieu ; les uns se bornent à
chercher une science surhumaine, les autres prétendent inventer un art surhumain pour commander aux forces cosmiques. Nous allons indiquer les
caractères de ce double mysticisme : ici la critique
est inutile, il nous suffit de voir à quoi l'on s'engage en voulant dépasser les limites de la description.

§ 1. Cosmogonies divines. J. Boehm.

L'idée d'une rédemption universelle remonte
aux premières origines de l'histoire. Le polythéisme,
après avoir éternisé la vie, divinisé toutes les forces
cosmiques, découvert l'ordre dans le monde, combiné tous les rhythmes de la nature par l'arithmétique sacrée, a été conduit à chercher le jour de la rédemption dans les grandes périodes astronomiques
ou cosmogoniques. C'étaient des époques d'harmonie, de bonheur, où toutes les dissonances actuelles de la musique du monde trouvaient leur
solution finale dans l'accord des notes fondamentales de la création. Les mêmes nombres qui

expliquaient l'année, le retour des saisons dans les crises du froid et de la chaleur, devaient en s'élevant à une puissance symbolique, expliquer la grande année dans la crise de la naissance et de la mort de tous les êtres. Ainsi, la grande année indienne (Kalpa), le jour de Brahma, qui est la plus grande année mystagogique se compose de 4,320,000,000 années : elle se divise par la tétrade, et comme il y a quatre castes, quatre ordres, quatre prêtres officiants, quatre continents (1), il y a quatre périodes subalternes dans le grand jour de Brahma. Nous vivons dans la troisième période, c'est dans la quatrième (Kali-jouga), que toutes les harmonies doivent être réintégrées. Au commencement, la vie humaine durait 84,000 ans, elle a diminué peu à peu, elle descendra à 10 et même à 5 ans, et à la fin de notre jouga elle remontera à 80,000 ans : c'est là peut-être la tétrade doublée et multipliée par la décade à la puissance de la tétrade ($2 \times 4 \times 10^4$). Dans cette cosmogonie, il s'agit toujours de l'harmonie sensible, le ciel de l'Inde est polythéiste, et il promet un bonheur matériel. Cependant Brahma est distinct de tous les dieux ; c'est l'esprit pur, on ne s'élève jusqu'à lui que par l'anéantissement de l'extase,

---

(1) Dans le premier, les hommes vivent 250 ans ; dans le second 500 ans ; dans le troisième 1000 ans : le quatrième, c'est le nôtre. La stature des hommes, l'étendue, la position des continents, tout est déterminé d'après les mêmes analogies. *Cosmogonie Indienne*, par M. A. Rémusat, *Journ. des Savants*, oct.-nov.-déc. 1831.

en se séparant de toutes les illusions extérieures, car Brahma est la substance qui domine toutes les qualités sans être enchaîné par elles. On s'élève donc dans la hiérarchie des dieux par l'abstinence, mais encore une fois la hiérarchie est matérielle; ainsi les divinités inférieures ont toutes les passions des hommes, comme des rois menacés de perdre leur empire, elles luttent contre le sage, elles lui envoient des femmes célestes, des Asparas, pour le séduire. Mais le Brahma est l'esprit pur, et ce n'est pas par la magie que l'on pénètre dans le ciel indien, c'est par la vertu et par l'abnégation, bien qu'on y trouve les vices et les plaisirs de la terre. Ainsi l'homme n'arrive que par la vertu à prendre place parmi des dieux méchants.

Le christianisme se dégage de cette contradiction; ses anges, ses trônes, ses dominations n'ont plus de passions, son paradis est spirituel, ses nombres sont tout à fait accessoires, ils se répètent de loin en loin depuis les sept jours de la création jusqu'aux sept candelabres de l'Apocalypse; mais on ne trouve ni places marquées, ni assonances musicales dans le paradis de Jésus-Christ et de saint Paul. On y voit l'amour et non pas le plaisir, l'âme et non pas le corps, la pensée et non pas la vie, on n'y trouve pas de dieux jaloux, et la conversion d'un pécheur fait tressaillir de joie toutes les phalanges du ciel. C'est qu'en présence de la philosophie de Platon, qui rejetait au second rang le nombre, et au troisième la nature, les traditions orientales se sont dépouillées de leur matérialisme, et l'immortalité chrétienne fut promise dans les régions de l'esprit, supérieures à toutes les sphères indiennes, à toutes les créations gnostiques, tellement supérieures que le ciel chrétien n'a pu se maintenir dans sa grandeur. On y a placé la résurrection des corps, les affections de la vie, un peuple de saints, navré de douleur par les péchés des hommes, et en Orient Mahomet est entré à cheval dans ce paradis et y a vu les quatre fleuves de l'Eden. Mais le véritable christianisme fait sortir la cosmogonie d'une force toute morale, pour lui la nature, bien que symbolique, n'est que le théâtre muet et passif du grand drame de la moralité qui commence avec Lucifer et finit avec la purification de l'Apocalypse. Ainsi toutes les cosmogonies mystiques qui se sont développées au sein du christianisme en présence de la philosophie moderne, en attaquant la philosophie à cause de son impuissance à expliquer les mystères, et à rendre compte de l'Apocalypse, ont identifié à un même point de vue le phénomène de la pensée, les phénomènes naturels, et les phénomènes de la moralité donnés par le prophétisme chrétien. C'est ce qui se voit surtout par le système de J. Boehm, le fondateur de l'illuminisme, le plus grand mystique qui ait interprété le christianisme avec la liberté de la réforme et toutes les traditions des sciences occultes du moyen âge.

Tout ce qui existe se réduit à la substance et

aux transformations de la substance; c'est-à-dire à la matière et au mouvement. Mais le mouvement, la variété, les qualités, tout ce qui est distinct, passager et mobile, doit se trouver en puissance dans la substance éternelle; Boehm la suppose donc composée de qualités ou d'éléments dont la réunion donne la matière (*salitter*) et dont l'action donne tous les mouvements (*mercurius*). Ce sont là les sept éléments ou qualités fondamentales, 1° la première est astringente, colère âcre, froide; elle est la source de la *sensibilisation*, de la ductibilité de l'esprit, de la coloration et de la végétation; 2° vient après la qualité douce qui modère l'astringente; 3° puis la qualité amère, qui est vibrante, perçante, ascendante; elle enlace les deux premières qualités : principe du rouge dans la qualité douce, elle engendre le bleu et le blanc, dans la qualité astringente elle engendre le vert et l'obscur; elle est en outre, principe de vie et de mouvement; 4° la chaleur condense l'esprit de vie, en fait un corps et opère un mouvement vivifiant dans toutes les qualités du corps; 5° l'amour saint est la cinquième qualité, le principe générateur; 6° dans la sixième qualité, celle du son, toutes les autres produisent un retentissement harmonique, et c'est de là que viennent le langage, la division, le discernement, la géométrie, la musique, les couleurs, la beauté, la joie céleste. 7° les corps, ou, en d'autres termes, la nature est engendrée par toutes les autres qualités.—Ainsi

tout être est animé par sept esprits indivisibles ; le premier le resserre, le second le tempère ; l'amer, se joignant à l'astringent, allume le feu d'où jaillit la lumière. Aussitôt que les esprits voient la lumière, ils la chérissent, s'identifient avec elle, ils vivent, ils aiment, ils sont dans le cinquième esprit. « Or, lorsqu'ils ont ainsi embrassé l'amour
« en eux, ils qualifient ou opèrent dans une grande
« joie, car dans la lumière l'un voit l'autre, l'un
« touche l'autre, et alors s'élève le ton. L'esprit
« dur heurte, l'esprit doux tempère le heurtement,
« l'esprit amer le subdivise selon l'espèce de cha-
« que qualité ; le quatrième opère le retentisse-
« ment, le cinquième opère la plénitude de la joie,
« et ce retentissement, corporisé dans son ensem-
« ble, est le ton ou le sixième esprit. Dans le ton
« s'élève la puissance des six esprits, et il
« devient un corps appréhensible. » Voilà le septenaire mystique, vivant, coloré, ayant une saveur, des tons corporisés, des sentiments ; il constitue en même temps les choses extérieures, les sentiments de l'homme, il doit tout expliquer, Dieu et la création. Mais, pour Boehm il ne s'agit pas seulement d'expliquer Dieu et la création, tels qu'on les voit par les yeux de la raison ou du corps ; il s'agit de rendre compte de Dieu et de la création, tels qu'on les voit par la foi du prophétisme chrétien ; ils sont contenus dans le système de la Bible, et il faut que le septenaire contienne le système de la Bible. Puisque la Bible nous présente l'histoire du

monde physique liée à celle de la moralité, il faut que le septenaire identifie l'histoire des sentiments et celle des choses ; puisque la Bible représente ce monde comme un épisode de l'éternité placé entre la création et l'Apocalypse, il faut que le septenaire se transporte au sein de Dieu pour considérer le monde comme un épisode qui tient à l'histoire du ciel. Boehm explique donc la terre par le ciel.

L'essence de Dieu, suivant Boehm, se compose des sept qualités : la première génération du Père est le Fils, source de joie, d'amour et de lumière, le soleil de la substance éternelle ; la seconde génération est le Saint-Esprit, c'est-à-dire la puissance bouillonnante qui résume les vertus du Père et la lumière du Fils. Le ciel est l'œuvre de Dieu qui a laissé sortir de lui sa puissance, c'est la création, qui est dans l'essence et dans le mouvement, dans le *salitter* et dans le *mercurius* de la substance universelle. Comme Dieu existe, vit et se détermine dans les trois personnes, aucun être n'existe sans la vertu qui l'engendre, le suc qui le vivifie, et les qualités extérieures qui le déterminent. Il y a trois personnes, donc il y a trois mondes ou trois sphères célestes ; les anges dominent au ciel, donc les trois mondes sont confiés à la garde de Michel, de Lucifer et d'Uriel ; notre histoire tient à l'histoire de Lucifer, donc nous sommes dans le règne de Lucifer. L'harmonie des sphères était parfaite au commencement de la création, le mal n'a pas pénétré dans le ciel de Michel et d'Uriel ; ainsi les résistances que notre corps rencontre dans ce monde, la douleur, le désordre, la misère de cette nature sauvage où nous vivons sont l'œuvre de la créature. Les saints anges, suivant Boehm, diaphanes et cristallins, vivent dans une région aérienne, au milieu de végétations et de créations bienfaisantes, ils nagent pour ainsi dire dans un océan de lumière, sans efforts, sans rencontrer aucune résistance. « Ainsi ils marchent sur le septième « esprit de Dieu, qui est substantiel comme un « nuage clair et transparent, comme une mer cris- « talline, et dans cet esprit ils vont du haut en bas et « partout où ils veulent. » Ils voyagent dans les trois royaumes du ciel et ils éprouvent des transports, de reconnaissance et des tressaillements divins. La musique des actions divines, retentissantes dans le son, dans l'harmonie corporisée, les jette dans l'extase. Ils s'aiment, ils s'élèvent sans cesse les uns dans les autres, mais loin de souffrir comme les hommes, ils se multiplient par le simple contact : chacune de leurs parties est comme une pensée qui en engendre d'autres à l'infini dans les jeux éternels de l'amour. Voilà le ciel : quelle est l'origine de la terre ? Pour Boehm les sentiments et les choses sont identifiés dans les principes du septenaire ; les deux harmonies, morale et physique, se tiennent par un lien indissoluble ; Boehm suppose donc un vice, une pensée d'ambition dans le deuxième ciel pour le bouleverser de fond en comble et en faire sortir le monde actuel. Le plus beau des anges, Lucifer, a voulu surmonter la sphère de sa circonscription, « commencer une qualification « plus belle, plus pompeuse, plus superbe que « celle de Dieu lui-même, » et il en est résulté un embrasement qui a desséché les sources de la vie et calciné le deuxième ciel. La force astringente devint âpre et froide : le doux devint aigre : l'amer, voulant s'introduire en Dieu, se transforma en une puissance qui déchire, brûle et empoisonne : la chaleur qui jaillit des trois esprits a tout desséché : le son, ou la symétrie, ou la lumière corporisée, a configuré une multitude de formes vénéneuses ou d'images ignées d'où vinrent les bêtes sauvages et malfaisantes dans ce monde. Enfin toute la nature s'est embrasée, obscurcie, solidifiée à l'extérieur; la vie a été emprisonnée à l'intérieur des corps, s'est éteinte dans les pierres, et la puissance d'engendrer s'est réduite à un seul point du corps chez toutes les créatures vivantes. C'est ainsi que l'orgueil de Lucifer, identifié avec le salitter et le mercurius, a corrompu les substances et troublé l'ordre du deuxième monde. Adam devait remplacer Lucifer, mais au moment du péché ce fut une nouvelle altération dans les éléments. La chair de l'homme se solidifia ; tout devint rude, sauvage, froid, dur, amer, aigre, infect, grumeleux et cassant : le resserrement compact du salitter donna la pierre; le mélange de l'aigre, de l'astringent et de l'amer donna le sable ; là où l'esprit astringent dominait l'esprit doux, se formèrent les métaux ; là où l'eau dominait, il y eut des déserts, des vapeurs; là où la chaleur, aidant la compaction de l'esprit astringent, a prévalu, il y eut les pierres précieuses, l'or, l'argent, etc. Cependant, si le péché est une sorte de nécromancie qui a faussé la création, *le mal dans la nature est suspendu au bien;* la terre est une image du ciel ; toutes les créatures, figures et végétations célestes, sont représentées par les créatures, figures et végétations terrestres ; l'éclat de la lumière signifie l'éclat de la vie, l'homme est l'image de Dieu ; les étoiles sont les fontaines et les veines du corps naturel de Dieu. La nature a donc deux qualités : l'une sainte, l'autre infernale ; l'une produit les bons fruits, l'autre les mauvais, et ces qualités ne sont qu'une seule et même chose; comme la lumière qui éclaire et brûle, comme l'amour qui vivifie et tourmente. Tout dans le monde est doué d'une double qualité, tout excepté les anges, qui vivent de la vie de la lumière, et les démons, qui vivent de la vie de la fureur. L'homme est donc placé entre le bien et le mal : Adam se rend esclave de la puissance du mal ; Abel choisit le bien, Caïn le mal ; les trois fils de Noé se divisent, l'un d'eux se livre au mauvais génie; Esaü et Jacob se séparent encore, et deux Eglises se propagent parmi les hommes, l'une est de Dieu, l'autre de Satan. Dieu prévint les méchants par le déluge, par l'incendie de Sodome, puis il publia sa loi, et les peuples accoururent s'y soumettre ; mais bientôt Satan suscita la cupidité d'un marchand, lui inspira de vendre la loi, et le marchand la falsifia, la vendit et l'empoisonna au lieu de la vivifier. Touché des souffrances des hommes, Dieu *réactionna* une seconde fois l'arbre de la loi ; la voix divine retentit au loin chez plusieurs nations, elle parla le langage de l'homme, et les usuriers furent démasqués. Mais plus tard les sages et les docteurs cherchèrent la raison de la loi en oubliant la loi ; ils cherchèrent la racine de l'arbre divin et en firent l'objet de leurs dissertations. Alors ils délaissèrent le fruit pour la racine, on ne considéra plus l'arbre que comme un inutile objet d'amusement, et le monde courut après l'or, l'orgueil, les pompes et l'ostentation. Boehm attend le jour de la rédemption, le règne du Christ. « Il plaira à Dieu, dit-il, de se manifester dans ces « derniers temps ; ainsi les plus profonds secrets « seront découverts pour montrer que le grand « jour de la révélation et du jugement final s'a-« vance, et qu'on doit l'attendre à tout mo-« ment. »

De quelle manière pourra-t-il se manifester ? Par la réintégration du deuxième ciel qui n'a pas été détruit, mais seulement obscurci ou calciné à la surface ; nous sommes encore dans l'ancienne maison de Dieu, c'est elle qui entretient ce monde ; sa puissance, qui bouillonne à l'intérieur des choses, purifiera l'aire de l'univers, et alors l'homme sera un ange, et se trouvera en communication avec les légions innombrables d'Uriel et de Michel qui peuplent le premier et le troisième ciel. Les joies et les plaisirs de la terre sont une image faible et terne des joies et des plaisirs du ciel ; dans l'avenir nous serons encore les mêmes, mais toute résistance disparaissant, nous nous trouverons en harmonie avec le *salitter* et le *mercurius* de Dieu, c'est-à-dire avec la musique éternelle de la substance divine.

Il faudrait plusieurs volumes pour expliquer les intuitions de Boehm : il embrasse par son alchimie musicale et visuelle toutes les questions de la théologie ; il pose un à un les problèmes de la prédestination, de la liberté, du bien, du mal ; il lie, enchevêtre ses théories avec toutes les traditions de la cabale, de l'astrologie, des sciences occultes : il ne recule devant aucun détail, pourvu qu'il avance toujours dans la région des mystères. Il se demande quelle est la figure, quels sont les occupations, les plaisirs des anges ? il interroge leurs sentiments, il rend compte de l'attrait de l'or, des tressaillements des enfants, de l'influence des astres ; il explique l'origine chimico-morale de la chute et de ses effets en épuisant son analyse sur tous les points de la tradition. Dans la théorie du langage, Boehm croit tenir le secret du mercurius ou de l'action des sept esprits, et il se livre aux plus étranges conjectures en cherchant à deviner par le jeu de la langue et par l'histoire pour ainsi dire de chaque parole, les éclats, les explosions, les contractions par lesquelles toutes les choses ont été créées et transformées (1). Il n'est pas facile d'être juste envers Boehm ; il faut tout oublier quand on le lit, et si l'on se souvient de quelque chose on est dégoûté de toutes ces rêveries qui se multiplient par une sorte de poésie fiévreuse, et ne peuvent se communiquer que par la contagion malfaisante d'une imagination malade. Cependant les disciples de Boehm ont été nombreux, son école

(1) Voici un exemple des analogies de Boehm. — « Le mot *Sprach*
« est employé ici de la manière humaine. Vous, philosophes, ou-
« vrez vos yeux, je veux dans ma simplicité vous enseigner le lan-
« gage de Dieu tel qu'il doit être. — Le mot *sprach* se compacte
« entre les dents ; car elles se joignent ensemble, et l'esprit siffle
« à travers des dents, et la langue s'abaisse dans le milieu et
« pointe en avant, comme si elle entendait ce qui siffle, et qu'elle
« s'en effrayât. Mais quand l'esprit saisit la parole, alors il fait
« fermer la bouche et saisit *cette parole* dans la partie posté-
« rieure du palais, sur la langue, dans l'abîme, dans les qualités
« amère et astringente. Là la langue s'effraye et se tapit dans la
« partie inférieure du palais ; alors l'esprit s'élance du cœur et
« enferme la parole, qui se compacte dans la partie postérieure
« du palais, dans les qualités astringente et amère, dans la colère,
« et perce avec force et puissance à travers de la fureur, comme
« un roi ou un prince ; laquelle parole fait aussi ouvrir la bouche,
« domine dans toute la bouche, et hors de la bouche avec l'esprit
« puissant provenant du cœur ; et fait une puissante et longue
« syllabe, comme un esprit qui a brisé la colère, contre lequel la
« colère jaillit sur la langue par son petillement dans les qualités
« amère et astringente, dans la partie postérieure du palais, dans
« l'abîme, et elle (cette colère) garde son droit pour soi, et demeure
« en son lieu, et laisse l'essence douce passer du cœur par elle.
« Elle tonne ensuite avec son bruissement et aide à former et à
« configurer la parole. Elle ne peut cependant pas, avec son ton-
« nerre, sortir de son siége, mais elle demeure dans son abîme
« comme un prisonnier et paraît effroyable. » Aurore naissante,
chap. XVIII, trad. de Saint-Martin.

était encore vivante à l'époque de la révolution française ; Saint-Martin est le traducteur, l'admirateur, le disciple de Boehm ; Swedenborg n'est nullement étranger à la tradition mystique du voyant de Goërlitz. Cela s'explique, car si Boehm insulte à la raison et à l'expérience, il est profondément logique, et il ne dévie pas un instant de la route qu'il s'est tracée d'avance en pénétrant dans la région des mystères. Dès que l'on identifie les principes du son, de la lumière, de la symétrie et des phénomènes extérieurs, dès que ces principes sont identifiés avec ceux du sentiment, parce que la nature retentit dans nos passions, il est juste de transporter la moralité et la vie dans les choses, et le principe créateur de la nature dans la vie : cette confusion une fois accordée, il faut admettre toutes les conséquences qui en résultent ; c'est alors que l'homme explique l'univers, que l'univers explique l'homme, et que l'on peut deviner l'histoire des forces cosmiques par celle de la moralité. Pourquoi devrait-on s'arrêter à la terre, si elle n'est qu'une altération du ciel ? Pourquoi ne pas chercher les causes de la rédemption physique à venir, si l'état physique actuel s'explique par la puissance cosmique de l'immoralité ? Il ne faut pas s'étonner si Boehm construit le ciel, s'il y transporte le plaisir, l'amour, la musique, l'art ; il devait naturellement y transporter tous les biens de la terre, en laissant dans ce monde la douleur, la vieillesse, la mort : mais il est évident que le ciel de Boehm, construit par des éléments également condamnés par la philosophie et par la physique, est anéanti par la notion de l'esprit (1), qui détruit toute la théologie illuministe, et par celle de la matière qui se refuse à ces manipulations musicales de l'alchimie morale.

§ 2. Cosmogonies féeriques (R. Fludd.)

Les barbares du moyen âge gardaient les souvenirs d'une religion antérieure ; s'ils demandaient le salut de l'âme à l'Église, ils demandaient des trésors, la beauté, la force aux sorciers, aux voyants, aux devins ; si le clergé catholique avait détruit le paganisme, toutefois la barbarie est païenne, et les négromants, ces derniers représentants de la tradition païenne évoquaient des spectres, commandaient aux démons, lisaient l'avenir dans les astres, et exerçaient les cérémonies magiques de l'ancien culte. L'idée que l'homme pouvait disposer des forces occultes et vivantes de la nature était dans tous les esprits : il est presque impossible d'ouvrir une chronique, une légende, un conte ou une épopée du moyen âge sans y rencontrer des palais enchantés, des chevaliers aux prises avec des magiciens, des héros protégés par des fées : le christianisme lui-même n'échappe pas à l'empire de la barbarie, et souvent ses saints dispo-

(1) Dieu, suivant Boehm, est ignorant et impuissant : toutes les créatures sont aussi libres que Dieu ; aucune d'elles n'est prédestinée, et Dieu ne pouvait pas prévoir la chute de Lucifer.

sent de la création, ses anges combattent au milieu des hommes, comme des magiciens et des génies. Eh bien, les penseurs du moyen âge ont cherché le secret de la magie : on croyait à la longévité des patriarches, et ils s'efforçaient d'éterniser la vie ; on croyait à l'influence des astres, et ils s'efforçaient de sonder les mystères du ciel ; on croyait aux prodiges, et ils aspiraient à la toute-puissance. Tandis que les sectateurs de l'évangile éternel attendaient une nouvelle incarnation, ils voulaient s'emparer du monde au moyen d'un art surnaturel ; tandis que Saint-Thomas expliquait le christianisme, ils voulaient arracher à la nature le secret de la transformation des métaux. Les espérances de la poésie populaire ne s'évanouissaient pas à l'épreuve du creuset, au contraire des découvertes inattendues faisaient espérer des découvertes impossibles. Ainsi Roger Bacon, l'homme le plus positif du moyen âge, croit que l'art n'est que l'instrument de la nature ; mais quand il observe les merveilles de la nature, il tourne ses regards vers les phénomènes du mysticisme. La présence de la hyène, dit-il, empêche le chien d'aboyer ; le basilic tue par la vue ; les femmes menstruées voient des nuages de sang dans les miroirs, les malades influent sur les sains, l'âme sur le corps, la vive voix sur l'auditeur. Roger Bacon s'oriente au milieu des mystères et des fables : quelles sont donc ses espérances sur l'art, sur l'instrument de la nature ? Suivant lui, au moyen de machines un seul homme pourrait gouverner de très-grands vaisseaux avec plus de rapidité que les navires actuels lorsqu'ils sont à pleines voiles ; des chars ou des locomotives, sans le secours d'aucun animal, pourraient se déplacer avec une force irrésistible (*cum impetu inextimabili*). Il est possible de fabriquer des machines pour voler, pour descendre au fond de la mer, pour soulever d'énormes poids. En se confiant dans la force de la chaleur et de la lumière, Bacon croit possible de faire paraître plusieurs soleils, de créer des armées aériennes par le mirage ; il pense qu'on pourrait approcher ou éloigner à plaisir ces masses illusoires pour terrifier les villes assiégées. En même temps il parle d'éblouir les ennemis par la lumière comme fit Gédéon, de créer le tonnerre, de brûler des villes par des miroirs incendiaires : on sait qu'il avait proposé au pape ce nouveau moyen de guerre contre les musulmans. La poudre à canon et la vapeur ont réalisé une partie de ses espérances, mais on voit que beaucoup d'entre elles sont suggérées par les légendes. Les physiciens du moyen âge marchaient réellement à la conquête de la nature : les mystiques passifs ou ascétiques, depuis l'abbé Joachim jusqu'à Boehm, voyaient arriver le règne de Dieu par les lois de l'amour ; les mystiques actifs ou physiciens (1) aspiraient à se créer un paradis, à dominer le monde,

(1) L'éditeur de R. Bacon promettait 1° une religion unique ;

à devenir les *artistes* de la création. Telle était la pensée de Paracelse, le nouvel Élie, le *Monarcha arcanorum;* ses devanciers avaient souvent annoncé par l'astrologie le jour et l'heure de la rédemption physique; il l'annonce à son tour, car il croyait que la science devait rétablir le *siècle d'or* et réintégrer l'ordre de la nature (1).

Les principes, ou plutôt les espérances de Paracelse se développent avec une précision toute moderne dans le système de Robert Fludd, le dernier interprète du moyen âge, le seul qui ait trouvé une cosmogonie vraiment hyperbolique pour marcher à la conquête du siècle d'or. Il annonce qu'il faut détruire la science païenne; elle n'est qu'une illusion; elle se fonde sur l'imagination et sur les sens, elle nous trompe à chaque instant, et les écoles qui courent après cette fausse image de la vérité tournent dans un cercle de disputes inutiles, ne peuvent rien sur la nature et s'arrêtent à la surface des choses extérieures. La base

2° la richesse aux pauvres; 3° la science et la vertu adamitiques au genre humain.

(1) Nunc ita fert tempus ut scortationi incumbatur tantisper, donec tertia pars mundi occidetur gladio, altera absumpta peste, tertia vix residua. Tunc in locum suum atque in integrum res restituetur. Sed prout nunc res sese habent fieri id nequit. Et jam ordines interire necesse est, et penitus e mundo tolli alias fieri identidem nequit. *Tunc vero aureum erit sæculum; tunc homo ad sanum intellectum perveniet, vivetque humano more, non pecudum vita, nec instar porcorum, neque in spelunca (puta latronum).* De Mineralium, cap. de *Vitriolo.* Les mots soulignés sont supprimés dans l'édition de Cologne (1570).

de la véritable sagesse est plus profonde, elle est dans l'intelligence divine, dans l'esprit ; elle se fonde sur le Verbe, le Christ, qui est la *pierre angulaire de toutes les créatures*. C'est elle qui a révélé à Salomon : 1° la construction du monde ; 2° la force des éléments ; 3° l'astronomie ; 4° la médecine, 5° la science des anges et de Dieu. La philosophie païenne ne connaît que les effets, elle voit dans les nuages des vapeurs, dans les tremblements de terre des mouvements produits par des vents souterrains ; dans les fleuves les eaux de la pluie ; sait-elle la véritable cause de la nature ? peut-elle nous dire pourquoi Lucifer et Hespérus se montrent à des heures fixes aux hommes ? connaît-elle l'ordre du ciel ? Non, elle regarde sans rien connaître et sans rien produire ; mais celui qui connaît les mystères de la nature peut enfanter des prodiges, arrêter le soleil comme Josué, disposer de l'eau, de la pluie, du soleil comme Moïse et comme les patriarches de l'Ancien Testament (1). Découvrir cette science perdue et ensevelie dans la Genèse, voilà ce que se propose Fludd. Quels sont les principes de Moïse ? Ils se réduisent à trois : Dieu, la volonté et la non-volonté de Dieu (*voluntas et noluntas Domini*). La lumière et les ténèbres, le vide et le plein, la chaleur et le froid, la sympathie et l'antipathie, la dilatation et la condensation,

---

(1) Philosophia moysaica authore R. Fludd, alias *de Fluctibus*. Goudæ, 1638, sect. I, liv. II.

l'humidité et la siccité, la possession et la privation, la vie et la mort, la forme et la matière sont les apparences des deux premiers principes de la volonté et de la non-volonté de Dieu. La Bible à la main, avec ces trois principes on construit le monde, on voit Dieu dans le soleil ; Jehova par la dilatation et la condensation, et par toutes les formes de sa puissance produit les vents, les nuages, la foudre ; tous les phénomènes de la nature ne sont que les phénomènes de la vitalité. Les astres, pour Fludd, sont des anges ; le monde est animé par un esprit qui engendre toutes les âmes particulières et constitue la vie des hommes, des animaux et des végétaux, et tous les mouvements de la vie, comme ceux des choses, s'expliquent par la dualité de la dilatation et de la condensation. C'est ainsi que tous les principes et tous les phénomènes se pénètrent et s'identifient les uns les autres. La sympathie constitue l'assonance musicale, l'antipathie, la dissonance ; la sympathie dans le fer produit les phénomènes de la répulsion et de l'attraction magnétique ; tous les êtres influent les uns sur les autres en vertu du double principe de l'attrait et de la répulsion qui agit dans le ciel, sur la terre, parmi les hommes, dans toutes les choses. Ce principe prend mille formes différentes ; mais Fludd l'étudie spécialement sous la forme de l'aimant positif et négatif en supposant dans tous les individus deux pôles qui correspondent aux deux pôles de l'aiguille aimantée.

Toutes les dualités sont identifiées dans l'aimant. Il y a donc un magnétisme sidéral, végétal, animal, métallique; l'âme est aimantée comme le corps, la double force de l'aimant agit dans l'influence des astres, dans les instincts des animaux, dans les phénomènes de la métallurgie et rend compte de l'univers, car la nature n'est en mouvement que par la force de cette aimantation universelle(1). Mais l'attraction se réduit à la sympathie; la sympathie devient l'assonance dans la musique; les lois des assonances tombent sous la loi des nombres symboliques, et Fludd, en s'enfonçant dans ce labyrinthe d'analogies, domine les mystères de la sympathie et de l'attraction par les mystères de la musique et des nombres. Dans son premier livre, en reconstruisant la science de Moïse, il rendait compte des sympathies magnétiques de l'univers : dans son grand ouvrage il rédige une encyclopédie des sciences occultes où le monde est plus particulièrement soumis aux lois du nombre et de la musique (2). Dans cet ouvrage, après avoir longuement expliqué la musique mondiale, il traite de l'homme. Qu'est-ce que l'homme ? Un petit monde où Dieu, le soleil, la terre, les fleuves, les montagnes, etc, se reproduisent dans l'âme, le cœur, le sang, les os, etc., et agissent les uns sur les

---

(1) *Phil. Moys.*, sect. 2, liv. II.
(2) Utriusque cosmi majoris scilicet ac minoris metaphysica physica atque technica.

autres en vertu de la loi des sympathies et de la musique. Fludd applique donc la géométrie mystique à l'anatomie, ensuite à l'esprit, et en épuisant toutes les analogies possibles, il crée une musique du corps, de l'âme et de l'esprit, parce que le petit monde doit correspondre au grand monde, la musique du microcosme doit se lier à la musique du macrocosme. La musique humaine se démontre par le double ternaire ; par les proportions des figures géométriques de l'âme, de l'esprit et du corps ; par le septenaire musical qui se répète dans l'intelligence divine (composée de trois personnes, plus la tétrade de l'esprit, de l'intelligence, de la raison et de la volonté), dans les sept planètes, dans les sept éléments (les quatre ordinaires, plus l'eau salée et l'air moyen et le supérieur). Suivent d'autres démonstrations, où la vibration des cordes, l'ondulation de l'air dans la flûte fournissent les détails les plus bizarres et les plus fantasques sur l'anatomie, sur la vie, sur l'harmonie du corps et de l'âme. L'âme, suivant Fludd, s'élève en parcourant trois octaves ou 22 degrés, où figurent successivement la terre, l'eau, l'air, le feu, la lune, Mercure, Vénus, le soleil, Mars, Jupiter, Saturne, les étoiles, les anges, les archanges, les vertus, les principautés, les puissances, les trônes, les dominations, les chérubins, les séraphins, enfin l'esprit pur (*mens*). — Si les nombres et les notes musicales pénètrent dans l'intime construction de l'homme et de l'univers et découvrent la raison secrète des sympathies qui agissent à des distances incalculables, ils doivent donner un art magique, et comme l'art imite la nature, il doit agir à son tour à des distances incalculables, et opérer les miracles de la nature. C'est ainsi que l'entend Fludd : *L'art*, dit-il, *est le singe de la nature;* en imitant la musique universelle, suivant lui, l'homme peut lire l'avenir dans les astres, dans les lignes de la main, dans les rêves, enfin opérer les prodiges de l'Ancien Testament. La prophétie, la géomancie, la mnémonique, la généthlialogie (*de animæ vitalis cum intellectuali scientia*), la physiognomie (*de animæ vitalis cum animali scientia*), la chiromancie, la science des pyramides mathématiques, physiques et métaphysiques : la science des esprits où sont indiqués les noms, prénoms, qualités, influences de tous les génies qui président aux astres, aux planètes, aux hommes, les sciences des mathématiques, de la musique, de la peinture, de la mécanique, de la géographie, de l'astrologie, etc. ; voilà les arts qui, en imitant la nature, réagissent sur la musique universelle. Fludd les expose tous, en racontant ses propres expériences. Deux fois en observant la position du ciel il a découvert des voleurs ; une autre fois il a appliqué la chiromancie, et il a deviné l'histoire d'un prélat qui l'avait prié d'inspecter les lignes de sa main. Il recommande vivement son onguent (*unguentum armarium*), qui agit par sympathie et guérit les blessures si on l'applique à l'arme qui les a causées ; le médecin avait ainsi la commodité d'opérer sa cure à la distance de plusieurs lieues du malade, car l'aimant agit à travers la terre, et aucun obstacle ne peut le paralyser.

L'un des incidents qui ont le plus influé sur l'esprit de Fludd, est la publication du manifeste des frères de la Rose-Croix. D'après la tradition de l'éditeur de R. Baçon, de Postel et de Paracelse, les nouveaux frères annonçaient (1) qu'ils étaient affranchis des maladies, de la vieillesse et de la mort, qu'ils pourraient se rendre invisibles, se transporter d'un point à l'autre du globe, qu'une nouvelle religion devait remplacer le christianisme et le mahométisme, qu'un nouveau pontife, l'empereur, devait réunir sous une seule domination le genre humain. Depuis cent vingt ans le nouveau messie avait paru, c'était Rosen-Krautz qui avait vécu avec les magiciens, avec les philosophes arabes ; à Fetz on l'avait initié à tous les secrets de la cabale ; il avait voyagé en Asie, en Afrique, et à sa mort son corps avait été déposé dans une caverne où il devait rester inconnu aux vivants jusqu'à l'é-

---

(1) V. Naudée — les OEuvres de Majer, — de Combach et de Potier. — Voyez aussi les deux manifestes : Fama fraternitatis Rose Creris. — Confessio fraternitatis, etc. — Une foule de brochures qui attestent la vive émotion que produisit parmi les dévots et les visionnaires, cette fabuleuse annonce d'un dernier âge où l'astrologie, la magie et la médecine devaient réunir tous les secrets en un seul, de sorte qu'un seul livre devait rendre inutiles tous les autres, et contenir toutes les vérités.

poque de la rédemption. C'étaient là probablement des plaisanteries de J. Bringern, mais on ne plaisante pas avec le mysticisme, et ce fut alors que Fludd se mit à l'œuvre pour trouver le secret des patriarches, de Moïse, de Salomon, d'Apollonius de Thyane, d'Hermès et de tous les grands magiciens des légendes sacrées et profanes. On attaquait les frères de la Rose-Croix, en les défendant Fludd arrêtait le programme de la rédemption physique; et ce programme écrit en 1617 (1), il le remplissait par son grand ouvrage de 1648 sur la magie appliquée à la musique des deux mondes. Voici donc l'intention définitive du système. Il ne faut pas s'arrêter à la surface des choses, aux phénomènes extérieurs, aux explications mécaniques, à la lettre morte de la nature, il faut remonter jusqu'aux premières sources de la vie. Le ciel n'est pas un spectacle dénué de sens, c'est une écriture céleste; la terre est une seconde écriture mystérieuse; la Bible est une troisième écriture divine : celui qui sait les comprendre par l'astrologie, la magie et la cabale, voit la musique mondiale, les sympathies et les antipathies harmoniques qui agissent à des distances incalculables et mettent notre volonté en rapport avec les phénomènes de l'univers. Si le

---

(1) Tractatus apologeticus integritatem societatis Roseæ Crucis defendens : in qua probatur contra D. Libavii et aliorum ejusdem farinæ calumnias, quod admirabilia nobis a fraternitate Roseæ Crucis oblata, sine improba magica impostura, aut diaboli prestigiis et illusionibus præstari possint. Londres, 1617.

tonnerre, les astres, les éclairs, les ténèbres, les tremblements de terre, la pluie, les orages, résultaient de certaines combinaisons mécaniques, produiraient-ils une sensation si profonde dans l'âme ? Le mouvement mécanique peut-il expliquer les terreurs de la nuit, les effets de la musique, ceux de la parole ? Tout vit dans la nature, la musique est dans tous les instincts et dans tous les phénomènes, et l'art qui se fonde sur la véritable science peut reconstruire la lyre d'Orphée, commander aux éléments, reconquérir ce pouvoir sur la nature qui avait été transmis aux anciens patriarches, à Moïse, à Esdras, et qui s'est perdu entre les mains des Pharisiens. Ainsi Fludd accepte à la lettre le manifeste de la Rose-Croix. Puisque la musique universelle franchit les distances, pénètre à travers les éléments, commande aux instincts de la nature, il croit qu'on peut écouter à distance, se rendre invisible, se transporter instantanément de l'Inde au Pérou, lire dans la lune, comme Batmanus, le reflet d'un livre ouvert sur la terre, se rendre invisible, guérir toutes les maladies par des panacées, fabriquer des statues parlantes, des dragons vivants. Enfin Apollonius a opéré des miracles, il a compris la langue des oiseaux ; les prophètes anciens, les sibylles, Merlin, Nostradamus, ont pu connaître l'avenir ; la véritable sagesse a été possédée par les Juifs, connue sur le Gange, entrevue par Platon ; Dieu a promis que toutes les vérités seraient révélées, que tous les hommes seraient instruits, que l'esprit divin éclairerait tout le monde, *le monarcha arcanorum* prédisait la rédemption physique pour l'an 1600; les frères de la Rose-Croix en regardant les astres, disaient qu'elle avait commencé l'an 1603, le 19 décembre, et R. Fludd croit que l'homme doit conquérir son bonheur dans l'harmonie de l'univers, en combattant lui-même contre le génie du mal, qui n'est que le génie de l'ignorance (1). C'est ainsi que les contes du moyen âge, la poésie chevaleresque, le souvenir de la nécromancie, les fables populaires, ces chevaliers qui comprenaient le langage des oiseaux, ces princesses qui apprenaient le sort de leurs amants en regardant un miroir ou la lame d'un poignard, enfin tous les contes des Mille et une Nuits, toutes les superstitions magiques du polythéisme cherchaient à se faire science à l'époque de Bacon, dans l'esprit d'un médecin anglais qui soutenait des polémiques avec Gassendi et Képler.

(§ 3. Cosmogonie industrielle. Ch. Fourier.)

Le système de Fourier n'est ni une simple utopie, ni un projet d'association; c'est une tentative pour agir sur les sympathies cosmiques et obtenir le *grand art* de réintégrer toutes les harmonies de

---

(1) Cœlestis illa Jerusalem descendet in terra, vel Jerusalem terrestris ascendet in cœlo, hoc est, cœlum erit in terra, et terra in cœlo, atque res inferiores puritate spiritui superiori adæquabuntur. Utriusque cosmi etc. Vol. III, p. 51.

la création. Fourier renouvelle toutes les sciences, l'astronomie, la physique, l'histoire naturelle, la morale, la politique, l'économie; il rejette toute la civilisation, il change tout, et cela se conçoit, car il combat contre la douleur et contre la mort : pour parler le langage de Fludd, il veut la science de Salomon, l'art des thaumaturges et la puissance des magiciens. Son idéal terrestre est le bonheur d'un homme qui possède 600,000 palais dans toutes les parties du globe, qui éprouve seize fois par jour la joie d'un changement de fortune, et dont le moindre acte est un plaisir, le moindre plaisir une action utile, et dont les plus grandes jouissances se transforment, comme par enchantement, en actions héroïques glorifiées par l'humanité tout entière. Mais ce n'est pas là que Fourier s'arrête : quand cet homme est mille fois plus heureux que ne l'ont jamais été les plus grands rois de la terre, quand il est délivré de tout ennui, de toute contrainte, les principes mêmes de ce bonheur terrestre percent pour ainsi dire le mystère de la vie et de la mort, touchent aux forces les plus intimes de l'univers, et l'humanité s'élève dans les hiérarchies célestes par une cosmogonie féerique qui lui fait traverser des myriades de mondes, au milieu de merveilles toujours nouvelles et toujours croissantes.

Fourier a très-bien compris que la puissance de l'homme est mesurée par les moyens dont il dispose; avec les moyens de la barbarie il se trouve barbare, avec ceux de la civilisation il se trouve

civilisé, avec toutes les sciences, les arts et l'organisation de la société actuelle, il ne peut rien sur la nature, il est condamné à tous les malheurs de la société actuelle. Il faut de nouveaux moyens, une nouvelle invention, une nouvelle force, bref, une chose nouvelle pour changer les conditions de l'humanité. Eh bien ! cette chose nouvelle, Fourier la propose : c'est le phalanstère, un palais et une commune en même temps où se réunissent seize cents personnes ou quatre cents familles. Elles y trouvent des ateliers, des terres, des machines, tous les instruments du travail ; elles restent complétement libres de faire tout ce qui leur passe par l'esprit, et il se trouve que, par la force des choses, tout en se livrant à leurs plaisirs, elles atteignent au plus haut degré de bonheur et de production qu'il soit possible d'imaginer. Le phalanstère, voilà l'instrument de la nouvelle création. Les hommes resteront les mêmes, ils auront toujours les mêmes goûts et les mêmes passions ; le phalanstère est la machine qui transformera le mal en bien. Qu'un seul de ces palais soit établi, et les bénéfices en seront si exorbitants, les jouissances si grandes, qu'il y aura un enthousiasme universel, tous les hommes voudront s'organiser par phalanstères : « Pendant cette
« phase chaque année vaudra des siècles d'existence
« et offrira une foule d'événements si surprenants,
« qu'il ne convient pas de les faire entrevoir sans
« préparation. Les esprits des civilisés se soulève-
« raient si on leur exposait sans précaution la

« perspective des délices dont ils vont jouir sous
« très-peu de temps ; car il faudra à peine deux
« ans pour organiser chaque canton sociétaire, et
« à peine six ans pour achever l'organisation du
« globe entier, en supposant les plus longs délais.»
Ainsi, dès qu'un seul phalanstère sera fondé, en
moins de sept ans la terre sera couverte de 600,000
phalanstères ; au bout d'un certain temps, la masse
des hommes devenant sept fois plus grande, donnera 4,000,000 de phalanstères, et au bout de
70,000 ans l'humanité, après avoir épuisé tous les
bonheurs de la terre, passera dans une région supérieure qu'elle aura réellement conquise par la
force même du bonheur et du travail.

Le plan de Fourier est très-simple, il se réduit
à changer le mobilier de la création, à substituer
des palais-communes à toutes les villes et bourgades du monde ; mais en vertu de quel principe
ce nouvel instrument du phalanstère pourra-t-il
opérer tous ces prodiges ? Certes ce ne sera par
aucun principe rationnel, l'idéal du phalanstère est mystique et ne peut s'appuyer que sur des
analogies mystiques, malgré les innombrables détails d'économie, d'industrie et de politique dont
il est entouré. L'harmonie de Fourier ne se prouve
donc pas par la Providence : la Providence est indéterminée, elle veut le bien en général, et le phalanstère est positif et déterminé, et dans tous les
cas, si on veut interpréter la providence, on s'engage au milieu de preuves qui ne sont pas du res-

sort de la théodicée. Ce n'est pas non plus le principe de l'association qui conduit au phalanstère : l'association d'elle-même ne se limite pas à 1,620 personnes ; au contraire, elle produit les grandes réunions des capitales ; d'ailleurs, elle n'abolit ni les ennuis du travail, ni les tribulations de la vie domestique ; au contraire, Fourier sait très-bien que le contact des hommes opéré par simple juxtaposition irrite les passions, multiplie les dissidences et force les familles nombreuses à se subdiviser malgré les avantages de la vie commune. La critique de la société ne conduit pas encore au phalanstère : cette civilisation qui se gouverne par des armées, par la gendarmerie et par les gibets, cette civilisation où la richesse est le privilége d'un huitième de la population, et où les autres sept-huitièmes sont condamnés à l'indigence, à un travail de seize heures par jour et manquent d'habits, de nourriture et d'abri dans un pays où tout abonde ; cette civilisation, qui est en guerre avec elle-même et agitée à chaque instant par les révolutions ; cette civilisation, dis-je, ouverte aux famines, aux pestes, aux inondations, aux dévastations de la guerre, serait mille fois plus malheureuse, qu'il ne s'en suivrait nullement la possibilité de la moindre amélioration. La critique de Fourier est juste ; il a démontré tous les vices de la propriété, de la famille, de l'administration, du commerce, de la politique, des meilleures et des plus tristes institutions ; il nous a montré la société, comme un brigandage organisé, une lutte de dupes et de fripons où le mensonge était toujours utile, la vérité souvent ruineuse, la fraude indispensable au commerce comme à la politique. Mais la critique est négative, et après avoir dressé l'inventaire des maladies, des douleurs, des misères, elle ne peut donner aucun principe déterminé d'amélioration, aucun moyen positif pour nous racheter du mal. Quel est donc le principe du phalanstère ? En apparence, c'est le principe même du bonheur ; il est certain, suivant Fourier, que le bonheur se trouve dans le plaisir, et il est certain en même temps que le plaisir ne se trouve ni là où le besoin est satisfait, ni là où le besoin est urgent. Le plaisir, c'est un besoin, un désir, une passion qui se satisfait ; le bonheur est une unité qui réunit le mal et le bien, c'est-à-dire, le besoin et la satisfaction. Divisez-vous le bonheur de la satisfaction ? Alors vous le placez dans la morale, dans l'ascétisme religieux, et ce sont là, d'après Fourier, des *facéties indignes ;* aucun être dans l'univers ne doit se gêner dans ses moindres penchants. Divisez-vous la satisfaction du besoin ? voilà l'ennui, l'oisiveté forcée, le repos contre nature qui engendre une tristesse amère, le besoin de s'étourdir, besoin qui enfante mille fantaisies capricieuses et absurdes pour nous appeler à l'action. Donc le plaisir est dans l'action, dans le travail, et précisément dans le travail qui plaît, bref, dans le *travail attrayant.* Partout où nous sommes soumis à l'empire de la nature, c'est le travail des instincts qui fait notre bonheur et crée les plus grands prodiges. Ainsi le grand œuvre de la nature, la propagation de l'espèce, s'accomplit par les plaisirs de l'amour; c'est par l'amour que les parents se sacrifient aux enfants, que les soins dégoûtants de la première éducation deviennent des joies maternelles, que les travaux les plus pénibles de la chasse, de la guerre, des sciences, des arts, nous donnent les plaisirs les plus vifs et les plus élevés. S'il était possible de confier les travaux de la société aux passions qui les cherchent, de rendre chaque fonction sociale aussi attrayante que les travaux de l'amour, de la science, de l'art; si jamais tous les instincts pouvaient se trouver en harmonie à tous les instants du jour, « notre vie serait un enchaînement de dé-« lices d'où naîtraient d'immenses richesses, tan-« dis qu'au défaut de régime d'industrie attrayante, « nous ne sommes qu'une société de forçats dont « quelques-uns savent échapper au travail et se « coaliser pour se maintenir dans l'oisiveté. » Jusqu'ici Fourier prouve que la civilisation est contraire au bonheur, qu'on doit s'en défaire; mais s'il faut jeter à terre toutes les villes et bourgades, encore une fois il est nécessaire de prouver que la liberté illimitée du phalanstère coordonne tous les goûts, tous les instincts et tous les travaux, de manière à ne pas laisser un seul homme en dehors de la loi de l'amour. Réduit à chercher un nouvel ordre où les marquises pussent se passionner pour le blanchissage, les comtesses aller au marché, les paysannes jouer de la harpe, les rois exercer la profession de cordonniers, de serruriers, Fourier a compris qu'il fallait étudier toutes les passions, tous les instincts, les peser, les mesurer, les calculer dans leur intensité et dans toutes leurs combinaisons possibles, pour prouver qu'à tous les instants, sur tous les points du globe, les goûts pouvaient se combiner pour enfanter l'harmonie du plaisir et du travail. Il ne s'agissait de rien moins que de faire de Néron un homme honorable, de concilier César et Pompée, de mettre à profit l'essor de tous les goûts, des plus immondes comme des plus purs. Dans l'impossibilité d'évaluer directement les passions, Fourier s'est livré à l'analogie, et il est entré une fois pour toutes dans le règne du mysticisme. Il a vu l'harmonie dans le mouvement des mondes, harmonie qui se soumet au nombre ; il a vu l'harmonie dans le règne végétal, où la vie se développe spontanément et présente des symétries numériques. Il a vu l'harmonie dans le règne animal, où la vie présente encore de nouvelles assonances arithmétiques. Mais si l'harmonie est complète (Fourier n'en doute pas) dans le règne physique, végétal et animal, si c'est le nombre qui gouverne cette harmonie, si l'homme seul est en dehors de l'harmonie universelle, on n'a qu'à le délivrer de la civilisation et à l'organiser d'après les lois du nombre, pour faire disparaître la dissonance de nos misères dans la musique de l'univers. C'est là-dessus que se fonde la *théorie des quatre mouvements*, physique, organique, animal et *passionnel*. On pourrait l'appeler la théorie des quatre attractions ou la théorie des quatre bonheurs, car le nombre de Fourier identifie tout et porte la vie dans les mondes, le plaisir dans la gravitation, pour revenir sur les passions et trouver dans le microcosme humain les principes de l'harmonie universelle. La loi des quatre mouvements n'est que la loi du nombre, car il n'y a que trois principes dans l'univers, Dieu, la matière et le nombre. Dieu est la vie universelle, et par le nombre il révèle dans la matière essentiellement passive toutes les formes de la vie, c'est-à-dire les mouvements des figures, des couleurs, des instincts et des passions. Fourier n'a pas exposé son arithmétique symbolique; il paraît même qu'il en a varié les applications ; on est réduit à la deviner, mais il n'est pas une page de ses livres où elle ne se présente, et où le septenaire, l'addition de la triade et de la tétrade ne figure comme clef de toutes les harmonies. Or, dans la création, les produits du septenaire font le groupe et la série ; la création se résout dans une grande loi sériaire dont les harmonies numériques par groupes et par séries indéfinies se voient partout, dans les astres et dans les fleuves, dans la vie animale et dans la vie organique. Telle est la loi de la vie et de l'ordre, et le phalanstère est déterminé par le septenaire, qui, en livrant les passions à leur essor continu, nous réunit par groupes et par séries en associant le plaisir et le travail.

Voici donc le calcul qui donne la construction du phalanstère; il se fonde sur la musique, bien qu'il s'appuie en sous-ordre sur les analogies des couleurs et des figures.

Il y a 12 passions, 7 fondamentales qui correspondent aux 7 tons de la musique, 5 qui correspondent aux 5 dièzes de l'octave. Avec les 3 passions *ut, sol, si*, on a un accord en majeure; avec les autres quatre, *ré, mi, la, fa*, on obtient un accord en mineure. Les 12 accords en *ut* ayant 24 combinaisons en majeure et 24 en mineure, produisent 576 variations (*ut solitones*). En épuisant les autres combinaisons, on a le nombre 810; c'est le nombre qui renferme toutes les harmonies. Il en résulte qu'il doit y avoir toutes les harmonies instinctives dans le nombre de 810 personnes prises au hasard. Le phalanstère se forme donc par la force de 12 passions qui donnent 810 caractères, lesquels, doublés par les deux sexes, forment l'association mélodieuse de 1,620 personnes. C'est là le petit tourbillon harmonique dans lequel les hommes se groupent, se séparent, s'aiment ou s'éloignent les uns des autres suivant les lois de la musique; ce ne sont plus des hommes, ce sont 1,620 accords vivants « qui soulèveront 30,000 antipathies ou discords « pleins, 1,200,000 demi-discords et autres échel- « les de toutes les inégalités, pour se développer

« dans la mélodie d'un progrès indéfini. » Fourier s'était proposé de trouver le nombre de l'association harmonique, les combinaisons possibles des caractères, les lois de cette musique intérieure des instincts, une algèbre sûre pour mesurer les passions comme on mesure les vibrations des cordes. Il fallait traduire en chiffres nos sentiments, les titrer, les classer, les échelonner ; il fallait les considérer un à un dans leur intensité isolée, puis dans toutes les combinaisons possibles de qualité, de forme, de quantité, d'augmentation, de complication, de décadence ; ce n'est qu'à cette condition qu'on pouvait résoudre le problème du bonheur universel, et Fourier a pris les analogies de la musique, les a généralisées par les nombres, il a noté les gammes du sentiment, et c'est là-dessus qu'il a fondé son phalanstère. Il est inutile de s'arrêter aux observations directes de Fourier sur les sept passions; les unes constituent les groupes, les autres la série : on peut supposer que ces tons et demi-tons passionnels contiennent réellement toutes les forces du sentiment ; on peut admettre que ses remarques psycologiques sont ingénieuses, profondes. Ce n'est pas là qu'est la question : sept passions et cinq demi-passions donnent la vie de Caligula, de Napoléon, de Néron, d'Alexandre, de sainte Thérèse, de Catherine de Russie; les douze notes donnent la poésie de l'Inde, de la Chine, de Rome, du moyen âge ; c'est dire que ces notes sont des généralités, des possibilités, et qu'elles contiennent tout sans rien indiquer. C'est le calcul seul qui les rend concluantes, c'est la musique qui réalise ce calcul, c'est le symbolisme qui s'empare de la musique pour l'identifier avec les passions, c'est donc le mysticisme qui conduit au phalanstère, et le phalanstère est un véritable temple mystique, un instrument destiné à provoquer la musique des passions, de sorte que les 600,000 palais-communes, dans l'intention systématique de Fourier, sont autant de claviers pour l'octave musicale de 1,620 personnes; en y jetant le genre humain, il doit en sortir une musique éternelle.

Si on élague les détails économiques qui donnent un faux air mercantile au système de Fourier, voici quelles sont les conséquences du phalanstère.

I. La première de toutes est l'association universelle du genre humain, c'est aussi le premier effet de l'attraction. Ici Fourier a beau jeu. Il additionne les économies et les pertes de matière, de temps, de forces; il multiplie le tout en masse et en détail par le chiffre de 600,000 phalanstères, et il présente une série indéfinie de bénéfices. Il augmente 80 fois la production actuelle, en même temps il produit une baisse de 19/20es dans les prix d'achat; d'un autre côté, il veut donner tous les objets au prix de production. La nouvelle association n'exige aucun sacrifice; on y entre volontairement par l'attrait d'un bénéfice colossal; on y garde le capital, les rentes, et tout le monde s'y trouve au moins cent fois plus riche qu'auparavant. Bien plus, on y rétribue le travail en raison directe de la capacité, et il faut reconnaître que Fourier organise l'administration avec beaucoup d'adresse; si son utopie présente une comptabilité un peu trop poétique, elle a au moins l'avantage d'être suffisamment garantie. D'énormes récompenses sont assurées aux capitalistes qui feront de simples avances d'argent, des dignités à satisfaire toutes les ambitions sont promises à ceux qui contribueront à l'entreprise. Le phalanstère d'ailleurs n'est qu'une compagnie d'actionnaires et de travailleurs quant aux chances, et quant aux résultats, il doit combler de richesses tous les associés et leur partager l'empire du monde. C'est là le côté séduisant du système. La cupidité est beaucoup plus crédule qu'on ne pense; on ferme les yeux sur les chances de la loterie quand la prime éblouit l'imagination, et dans la loterie mystique du phalanstère la prime est universelle. Fourier croit faire disparaître les crimes et la guerre. On conçoit, en effet, que les crimes puissent disparaître avec l'indigence qui les suggère; dans une société de millionnaires, le vol ne serait pas un crime, ce serait une infamie ridicule et gratuite. De même, si un travail universel suffit au bonheur des peuples, à quoi bon songer à s'entre-détruire par la guerre? Mais, à ce point de vue, le système de Fourier ne fait que prêcher l'association pour l'association. Ce principe, tout-puissant dans l'application, est nul par lui-même, car l'association est à la merci des choses; elle suppose un but direct; précis, immédiat, ne fût-ce que celui de la guerre. Quand ce but est aperçu, elle enfante des prodiges, témoin le commerce du globe ; toute la civilisation, la tradition, la société ne sont que des associations dans lesquelles le sauvage qui chasse le castor est en communication avec l'industrie de tous les peuples d'Europe. Au contraire, l'association sans but est impossible, et le phalanstère n'est ni un but, ni une chose nouvelle, ni une invention, ni une découverte : ce n'est qu'une administration.

Le second avantage du phalanstère, c'est *l'éclosion des instincts*: et, en effet, c'est par l'attrait de l'art et de la science que se révèle le génie. En livrant les enfants à l'instinct de leur vocation, Fourier croit qu'ils vont choisir entre les quatre cents travaux harmoniques de la phalange, ceux qui provoquent la manifestation de toute leur capacité, et que la société va posséder tous les génies que la nature a créés dans l'humanité. Or, un homme de génie tel que Colomb ou Watt multiplie à l'infini la richesse et la puissance du genre humain ; en livrant l'éducation à sa pente naturelle on doit multiplier à l'infini la production, la richesse et la puissance de l'homme. Fourier évalue ces bénéfices d'après sa musique industrielle. Le phalanstère se compose de 810 caractères multipliés par la dualité des sexes; dans ce chiffre se trouve le petit monde de l'humanité. Donc, se dit-il, ce chiffre contient autant d'hommes de génie qu'il y a d'arts, de sciences et de travaux. Il en conclut qu'en France il y aurait 45,000 Napoléons, 45,000 Talmas, 45,000 Newtons, etc., etc., par la force de 22 ou de 23,000 phalanstères qui contiendraient la population française portée au grand complet. Fourier n'a oublié qu'une chose dans le calcul des intelligences, l'intelligence elle-même, essentiellement systématique, et forcément enchaînée au système de l'époque à laquelle elle appartient. Il y a quatre éducations : l'éducation des colléges, des philosophes, de la famille et des circonstances. L'éducation philosophique manque toujours son but, personne n'a trouvé le secret de créer des hommes de génie : les éducations des colléges et de la famille, toutes routinières, ne font jamais défaut : elles donnent à la société autant de soldats, de médecins, d'artisans, qu'elle en demande. L'éducation des circonstances, c'est le hasard ; dans la vie individuelle, personne ne la prévoit ; mais c'est la plus puissante de toutes dans la vie sociale ; elle se joue des calculs des familles et des philosophes ; c'est elle qui fait sortir le génie de la foule et qui donne le chiffre constant des hommes de toutes les professions, depuis les plus humbles jusqu'aux plus élevées. En réalité, les circonstances et le hasard ne sont que le système social qui, plus fort que toutes les intentions individuelles, enveloppe toute la société dans ses idées ; la nouvelle génération se trouve dans un réseau d'idées, de traditions, de passions, qui tracent d'avance la tâche qu'elle doit remplir. Si elle l'accepte, à quoi bon le génie ? il est essentiellement révolutionnaire ; si elle veut innover, le génie se présente de lui-même, car il y a une capacité infinie dans les forces latentes de l'intelligence. Jamais révolution nécessaire n'a manqué d'hommes : le christianisme, le protestantisme, la révolution française, toutes les luttes de l'histoire, ont trouvé l'instrument du génie sans le chercher. On n'innove pas pour innover, on n'invente pas pour inventer, et en dehors de la succession logique et nécessaire des idées la capacité n'est qu'une force sans but et sans application possible.

Le troisième avantage qui les résume tous est la suppression du mal par le travail attrayant, transformé en une fête continuelle, et satisfaisant tous les caprices. L'harmonie de tous les goûts les absout et les exploite tous, les passions les plus effrénées se trouvant dans leur milieu naturel, tournent au plus grand profit de tout le monde. « Néron devient plus utile que Fénelon, et celui qui aura le plus joui de la vie, et se sera livré aux passions les plus immodérées sera le plus sage, le plus saint, le plus grand. » Puisque toute contrainte est abolie, Fourier invente des ardeurs serviles et des amitiés fantasques pour nous entourer de valets empressés dans le service des chambres, du linge, des tables ; il imagine de petites hordes d'enfants, des groupes, des personnages imaginaires passionnés pour paver, balayer les routes, pour charrier les matériaux, pour les occupations les plus dures. Au reste, l'amour supplée à tout. Le duc Dagobert a déchiré sa culotte à la chasse, la maîtresse de son fils s'empresse de la raccommoder ; elle s'y prend si bien, que le vieux duc en est touché jusqu'aux larmes, et il consent au mariage des deux amants. Voilà une des scènes de l'harmonie. Mais il faut satisfaire toutes les passions : Fourier invente donc la double polygamie ; ensuite viennent les consolations des passions malheureuses ; elles consistent à livrer dix maîtresses à celui qui en manque une, c'est ce que Fourier appelle la *purgation des passions* : puis viennent les concessions faites aux velléités lubriques de la vieillesse : il y en a de plusieurs espèces, en tout cas les femmes en harmonie peuvent exercer le *commerce archiphilosophique*, dit Fourier, de la prostitution, et celles qui se seront livrées le plus aux vieillards seront appelées *chevalières de la miséricorde*. Ici on touche aux dernières limites de l'immoralité, mais la fatalité logique du système n'est pas épuisée, le principe du plaisir faillit à chaque instant, même dans les suppositions les plus excentriques, et ce principe finit par rendre hommage au dévouement : dans quelle fonction ? on ne le devinerait pas, dans le curage des fosses d'aisance, que Fourier est condamné à transformer en une fonction *fort honorifique*, à *demi-religieuse*, que l'on accomplit comme une *grande cérémonie* en *costume de hussard*. C'est ainsi que toute contrainte disparaîtra, que la richesse satisfera tous les caprices dans un état où un sou vaudra 10 fr., et où une paire de bottes durera dix ans. Les contes, les détails, les histoires harmoniennes de Fourier montrent la possibilité abstraite de sa conception ; mais c'est toujours la théorie des nombres et la musique qui démontrent l'harmonie universelle de tous les instincts, car, suivant Fourier, un homme qui sort de son phalanstère après avoir fait deux ou trois mille lieues, trouvera en abordant aux dernières extrémités de la terre, les caractères harmoniques qui correspondent à ses passions. Comme tous les sentiments sont notés, il n'aura qu'à montrer sa partition, et supposant, par exemple, qu'elle offre un accord en *si bemol*, il ira se fondre mélodieusement dans l'accord de *mi bemol*, qui le recevra avec toute l'effusion d'une ancienne connaissance.

Fourier a tant déclamé contre les utopies indéterminées (*simplistes*) et contre la perfectibilité abstraite qu'il a bien dû nous dire un peu de quoi devaient s'occuper ses associations, ses génies, ses sympathies harmoniennes. Ici, par une illusion bizarre, il leur a légué la tâche infinie de développer son système. Quelles seront leurs inventions et leurs découvertes? Ils découvriront la musique des saveurs et ils *élèveront la gastronomie au rang de haute science politique;* de grandes armées de pâtissiers seront aux prises, et il surgira des génies culinaires qui éclipseront la gloire de Christophe Colomb.

Fourier pressent les merveilles que produira la culture du melon, la fabrication du pain ; son enthousiasme est au comble quand il parle de Cunégonde, la célèbre Cunégonde, qui a conquis les Japonais avec une soupe au fromage et qui est destinée à montrer aux Anglais qu'ils ne sont que des gâte-sauces. Puis il y a la science des analogies qui doit interpréter le langage des fleurs, des astres, des animaux, transformer ensuite la terre en un paradis, la délivrer de tous les miasmes : c'est alors qu'on touchera aux forces cosmiques et que l'homme s'élèvera dans la hiérarchie des mondes par la puissance d'une cosmogonie progressive. Les phases de cette cosmogonie sont déterminées par l'octave musicale : ici les sept tons donnent 70,000 ans d'harmonie terrestre ; les 810 caractères et les 810 muscles du corps donnent 81,000 ans à la durée du monde (c'est-à-dire 70,000, plus les périodes de civilisation et de décadence) : la tétrade donne les 400 métempsycoses des âmes pendant cette période : l'ancien nombre symbolique des complices de Typhon, des disciples de Bouddha, donne 144 ans de durée à la vie des harmoniens ($2 \times 72 = 144 =$ aux 144 espèces de cocuage, etc.) : la tétrade et le septenaire fixent les 28 créations terrestres qui doivent se succéder dans l'histoire du monde ($4 \times 7 = 28$, le nombre des années d'Osiris, des vices de la propriété, des vices de la famille, etc.) Les vibrations de la musique phalanstérienne, en se propageant partout, renversent les dissonances actuelles, font disparaître les 130 espèces de serpents, les bêtes féroces, les maladies : des antibaleines s'attellent aux vaisseaux, des antirequins nous conduisent à la pêche, les eaux salées de la mer *acquièrent un goût mitoyen entre l'aigre de cèdre et l'eau de seltz* : quatre lunes viennent éclairer la terre pendant la nuit, la surface de l'atmosphère devient lucide comme une glace et nous n'avons qu'à regarder au ciel pour correspondre avec nos amis du Pérou ou de la Chine.

Mille prodiges s'accomplissent ainsi progressivement jusqu'au moment où la grande âme de notre planète exténuée et fatiguée passe dans une autre planète avec toutes les âmes humaines qui conserveront un souvenir abrégé de la vie antérieure. Nous voilà en marche vers l'éternité; Mercure devient ensuite notre séjour, et là, nous apprenons la langue *unitaire* de l'univers, pour causer convenablement avec les autres habitants de notre système planétaire; nous les trouverons tous réunis dans le soleil; les habitants d'Herschell sont déjà en harmonie et ont la chance de nous y devancer. Qui connaît les habitants du soleil ? Fourier : il nous promet quatre fois plus de force dans cette nouvelle demeure où nous jouirons de l'avantage d'une queue de vingt-deux pieds (3 octaves), queue merveilleuse qui nous servira de parapluie, de trompe, de domestique et sera le plus bel ornement de notre personne. Du soleil on passe à d'autres soleils, à d'autres univers, à des binivers, trinivers, etc. Aussitôt que la vie s'épuise sur un astre, nous passons dans un système planétaire deux fois plus grand et plus éblouissant. C'est ainsi que le progrès se réalise par octaves qui se suivent en se dédoublant sans cesse : chaque octave présente un huitième d'exception qui fraye le passage à l'octave suivante. Les riches forment la huitième partie du genre humain et donnent à tous, par la séduction de la richesse, le désir de parvenir. La civilisation est un huitième d'exception sur la grande période de 81,000 ans d'harmonie : en harmonie la vie est deux fois plus longue ; dans le soleil, l'homme est quatre fois plus puissant, et de cette manière Fourier multiplie toujours par des puérilités gigantesques la force et le plaisir, dans une musique vivante, dans un *crescendo* qui se double à l'infini, épuise la vitalité de tous les mondes, jusqu'à l'époque d'un retour cosmique qui doit nous faire descendre, par les mêmes lois prises au rebours, jusqu'à notre premier point de départ.

Tel est le grand jour du monde industriel, période qu'on peut comparer au Kalpa Indien, et dont l'étendue pourrait s'exprimer par la grande décade Bouddhiste, savoir le nombre représenté par l'unité suivie de 4,456,448 zéros, avec cette différence qu'ici l'homme n'est pas le jouet d'un rêve de Dieu, il est actif comme un dieu, il joue à une martingale effrayante contre Dieu ; il gagne des mondes et il double toujours, il s'élève à travers les sphères en vertu de sa propre énergie, comme les magiciens de la Rose-Croix, comme ces grands-prêtres de l'Orient qui arrêtent le soleil; et cette fois il sait que le soleil est mille et mille fois plus grand que la terre et qu'il est atome dans l'univers.

Fourier est le dernier magicien, et, chose bizarre, ce magicien parle le langage de Bacon, lit Montesquieu, étudie le jeu de la banque, de l'agiotage, du roulage, etc. S'agit-il de montrer que le nouveau monde industriel est *possible?* Fourier se compare à un homme qui aurait proposé à Auguste toutes les conquêtes de la civilisation européenne, depuis la découverte de l'Amérique jusqu'à celle de la pomme de terre et du tabac. Nous parle-t-il de la réalité de son invention ? C'est un poète crédule comme un brahmane, superstitieux comme un sorcier; il fabrique mille châteaux en Espagne, sans douter un instant que partout, pour parler son langage, il n'y a que des huitièmes d'exception. S'agit-il de montrer la possibilité de son industrie attrayante? Il analyse les effets du monopole insulaire, du féodalisme industriel, de manière, non pas à instruire, mais à étonner les économistes; il sait indiquer toutes les plaies de la société actuelle, toute l'impuissance des philanthropes. S'il s'agit de prouver la loi de l'attrait, il prend la lyre d'Orphée, et nous voyons paraître les bêtes de l'Apocalypse et les enchantements du moyen âge, le ciel de Boehm et les sympathies de Fludd. Faut-il montrer la possibilité d'une révolution dans les sciences naturelles? Sans être savant, Fourier est suffisamment instruit : sa critique porte juste, c'est la critique de la nature humaine, mais à l'instant où il veut suppléer à notre nature, ce sont des chimères à perte de vue ; il voit le travail attrayant dans la canne à sucre, le travail forcé dans la betterave, les vingt-quatre chœurs de la phalange dans les vingt-quatre aigrettes du paon. Il parle des maladies de la lune, de l'affaiblissement du soleil, des amours des astres, etc. Enfin, cette apologie des passions, cette philosophie de plaisir, cet appel à la nature, cette verve cynique dans la satire de la société, cette révolte contre la tradition, avec l'intention avouée de brûler les 400,000 volumes de nos bibliothèques, ce sont là les caractères par lesquels le dix-huitième siècle proclamait la possibilité d'une révolution universelle, voire même d'un retour à l'état de nature. Mais cette conviction fiévreuse que Fourier puisait dans les nombres, cette foi inébranlable qui résistait à tous les échecs, à toutes les démonstrations, ce singulier bouleversement intellectuel qui protégeait les folies par les folies, cet entêtement maniaque qui voyait dans la civilisation toutes les répercussions d'une harmonie près d'éclater dans le phalanstère, ne sont que des caractères essentiellement mystiques, et à cet égard, le dernier nécromant a surpassé tous les autres. Il n'a rien épargné pour réaliser son rêve, il était si certain du succès, que dans un premier ouvrage il ménageait la surprise de la bonne nouvelle, de peur que quelques-uns ne devinssent fous par l'excès de la joie : plus tard, ce furent mille démarches, puis des interpellations aux savants, aux ministres, aux hommes célèbres; un jour il se prit à démontrer que Jésus-Christ avait prêché le règne de la bonne chair : rien ne le rebuta, ni les dédains, ni les railleries, ni l'indifférence, et quand il se vit entouré de quelques amis, il mourut certain d'avoir annoncé la rédemption physique du genre humain.

Maintenant, pour connaître la valeur définitive de cette doctrine, il suffit de l'interroger sur son dernier résultat (1), et ce résultat, quel est-il? L'homme, dit Fourier, sera heureux quand il aura obtenu *le droit d'insouciance qui l'élèvera à l'état d'animal libre* : ainsi le progrès terrestre aboutit à la frénésie des passions et au droit d'insouciance, c'est-à-dire à la contradiction la plus violente que l'on puisse concevoir dans l'ordre moral. Et à quoi nous conduit le progrès des mondes? A *l'indolorisme,*

---

(1) Nous parlons de Fourier, et non pas de ses disciples. Des hommes d'un talent éminent qui tentent d'organiser le travail, de donner une direction au mouvement industriel, d'améliorer la condition des classes ouvrières, peuvent s'appeler Fouriéristes, subir l'influence du maître ; mais le système Fourier est mort avec son inventeur. Le phalanstère de Cîteaux est une fabrique ; ceux qu'on peut réaliser à Cadix et au Brésil seraient des villages; de là à l'harmonie, il y a la distance de la terre au ciel, de la démocratie pacifique à la période des harmoniens, il y a la différence du probable à l'impossible.

c'est-à-dire au plaisir sans douleur, à la satisfaction sans besoins, et encore à la contradiction la plus flagrante que l'on puisse concevoir dans l'ordre physique ; car il est absolument impossible de supposer des passions sans impatience, sans attente, sans irritations, sans besoins, sans douleurs, sans une résistance à vaincre, un obstacle à renverser. Mais admettons ce résultat, acceptons le bonheur de Fourier, quel en est le principe premier? C'est le nombre, c'est la mystagogie matérielle qui dirige le vain effort de la raison, pour pénétrer dans l'intérieur des choses; en d'autres termes, c'est la première tradition du naturalisme, condamnée, dans l'école par l'ironie de Platon, dans le monde par l'avénement du christianisme. Aujourd'hui le principe de Fourier se réduit littéralement à la *clef des songes* : la raison l'anéantit d'un seul regard. Cette course à travers les mondes, c'est donc la course du chevalier Pécopin, qui traverse la terre en une nuit, entraîné dans la chasse du diable, et quand il arrive aux extrémités du globe, au moment où il s'assied au banquet de Nemrod, les rayons de l'aurore dissipent toutes les ombres, et Pécopin se trouve à son point de départ; seulement il a vécu cent ans en une nuit, et c'est ainsi que Fourier a vécu dans un rêve, en considérant la réalité comme une exception.

§ 4. Conclusion sur le mysticisme.

L'unité du genre humain est une idée nécessaire pour expliquer l'histoire, mais qui doit la fausser si on la considère dans les faits et non pas dans la raison. Aussi la science de l'histoire se démontre-t-elle par abstractions, sans que jamais il soit possible de prédire ou de deviner les événements dans leur réalisation soumise aux lois d'un ordre inconnu au milieu duquel nous nous agitons. L'idée d'une science absolue, l'idée d'une justice absolue et celle d'un bonheur complet, voilà les trois grands principes par lesquels se développent sur la terre la science, l'art et l'industrie prises dans le sens le plus vaste. Mais nous ne pouvons pas sortir de la sphère des phénomènes, et si nous l'essayons, soit pour expliquer l'histoire, soit pour atteindre la vérité, la raison, le sentiment et les sens se réunissent pour nous donner une triple contradiction, ontologique, morale et physique. Il faut avouer que le mysticisme est doué du privilége d'indiquer les mystères, mais quand il veut les expliquer, ils se multiplient au lieu de disparaître, et les ténèbres s'ajoutent aux ténèbres pour éteindre ce peu de lumière qui nous éclaire. Le mysticisme est-il donc une maladie de l'esprit humain? Dans l'histoire (nous l'avons vu) il est nécessaire comme une préparation à la science descriptive. De plus, il est nécessaire quand on le considère dans la poésie réelle, vivante et irrésistible de nos sentiments. Tous les hommes sont mystiques devant le spectacle de la nature ou de l'art, tous éprouvent des sentiments, tous sont entraînés par cette poésie de la vie que l'intelligence suit, affirme, décrit et ne sait jamais comprendre. La magie de l'art est inexplicable, la science et la pensée n'ont nul attrait, n'existent réellement pas pour nous tant que cette poésie naturelle de la vie ne va pas les chercher et en provoquer la manifestation. Si l'homme est moral, s'il lui est impossible d'être complétement méchant, s'il est des actions qu'on ne commet pas sans frémir, si le dévouement est non-seulement possible, mais instinctif, naturel, au point de se présenter souvent sous les formes de l'égoïsme, c'est encore en vertu de ce mysticisme irrésistible du cœur; mais il s'évanouit à l'instant même où l'on veut s'en rendre compte.

Que l'on ouvre les jurisconsultes, les moralistes: que nous apprennent-ils sur la vertu? Ils ne peuvent pas même la démontrer, ou s'ils la démontrent, ils nous disent qu'elle est utile dans cette vie ou dans l'autre, que la plus grande maladresse c'est de manquer à la morale, que la vertu est très-avantageuse, c'est-à-dire qu'elle n'est pas la vertu. Mais lorsque les hommes combattent sur le champ de bataille, ou agissent sous le prestige de l'honneur, lorsqu'ils sont sous le charme d'une grande idée ou d'une grande vertu, c'est le cœur qui les dirige; ils oublient toutes les argumentations de la raison que la plus grande partie du genre humain ne soupçonne même pas. C'est là le mysticisme dans toute sa force ; mais s'il sort de là, s'il parle de Brahma ou de Maya, s'il décrit le ciel, s'il fait l'histoire des astres et des éléments, s'il veut anéantir le mal en multipliant le bien, en un mot, s'il insulte la raison par des chiffres ou par des légendes, ou par des Apocalypses, alors il n'est plus qu'une aberration poétique de la philosophie ; ce n'est plus même le mysticisme, c'est un raisonnement au rebours qui s'égare au milieu des mystères. Dans le cœur il est sacré, dans l'esprit il devient puéril, dans le sentiment il est sublime, dans l'intelligence ce n'est plus que la caricature du sentiment. Oui, il y a dans l'homme quelque chose de profond, d'insaisissable, qu'on ne peut violer sans sacrilége et qui commande à l'intelligence elle-même. C'est une inspiration indéfinie qui prend toutes les formes, qui se révèle tout aussi bien dans l'architecture d'une ville que dans les lois de la justice ou dans la beauté d'un système philosophique. Cette inspiration demande continuellement à la raison des lumières, des indications idéales, une détermination de la vie à venir, une explication des mystères des trois mondes. Mais on ne peut parler des mystères de la vie et de la mort, du dieu mystique, du bien et du mal, des récompenses et des peines de l'autre monde qu'à la manière de Platon, ou par les aspirations de l'Évangile. Que si l'on veut chercher à toute force un paradis avec les yeux du corps ou

avec les lumières de la raison, nous sommes obligés de dire comme Boehm : « Lorsque nous por-
« tons nos regards autour de nous, au ciel, sur la
« terre, vers les étoiles et les éléments, nous ne
« voyons aucune voie que nous puissions recon-
« naître et où nous puissions entrer pour notre
« repos. »

FIN.

TABLE DES MATIÈRES.

	Pages.
INTRODUCTION	1

PREMIÈRE PARTIE.
DE L'INTELLIGENCE.

CHAPITRE I. — Une idée étant donnée, toutes les autres sont possibles.................... 1

CHAPITRE II. — Plusieurs idées étant données, on tend naturellement vers un système........ 25

CHAPITRE III. — Un système étant donné, tous les autres sont possibles..................... 41

    § 1. Les facultés de l'homme, isolément considérées, sont infaillibles............ 42

    § 2. Origine de l'erreur.................. 49

    § 3. Comment une pensée remplace une autre pensée........................... 54

    § 4. De la succession des systèmes........ 59

	Pages.
Chapitre IV. — Toute société est un système......	64
Chapitre V. — L'histoire est une succession de systèmes..	76

DEUXIÈME PARTIE.

DE L'HISTOIRE IDÉALE DE L'HUMANITÉ.

Chapitre I. — Théorie des nations..................	89
Chapitre II. — Théorie de l'humanité................	119
§ 1. Origine de la théorie................	Ibid
§ 2. Preuves par l'expérience...............	132
§ 3. Preuves par le sentiment..............	144
Théorie de Bonald...............	145
Théorie de M. Buchez..............	158
Théorie de M. Lamennais...........	167
Théorie de M. Rosmini.............	184
Les nouveaux Millénaires...........	203
§ 4. Preuves par l'ontologie...............	225
Théorie de Hégel................	Ibid.
Théorie de M. Cousin..............	252
Chapitre III. — Histoire idéale de l'humanité.........	270
§ 1. L'histoire idéale au point de vue des intérêts...................................	277
§ 2. L'histoire idéale au point de vue des sentiments...............................	296
§ 3. L'histoire idéale au point de vue de la raison...................................	301
§ 4. Passage d'une époque à l'autre de l'histoire idéale.............................	325
Chapitre IV. — De l'allitération de la pensée...........	339
Chapitre V. — De l'histoire positive.................	364

TROISIÈME PARTIE.

DE L'AVENIR DE L'HUMANITÉ.

	Pages.
Chapitre I. — Du mal métaphysique	379
§ 1. Limites absolues de la connaissance	Ibid.
§ 2. Limites relatives de la connaissance	404
§ 3. De la philosophie chez les mystiques	414
§ 4. De la philosophie chez les chrétiens	423
Chapitre II. — Du mal moral	440
§ 1. De la justice	Ibid.
§ 2. Des utopies. Première catégorie : les communistes	461
§ 3. De l'association	469
§ 4. De la domination des capacités	474
§ 5. Propagande par la raison	480
§ 6. Propagande révolutionnaire	488
§ 7. Propagande par les miracles	483
Chapitre III. — Du mal physique	491
§ 1. Cosmogonies divines (J. Boehm)	493
§ 2. Cosmogonies féeriques (R. Fludd)	507
§ 3. Cosmogonie industrielle (Charles Fourier)	519
§ 4. Conclusion sur le mysticisme	544

FIN DE LA TABLE.

VIII
XVI
72
86
95
103
130
141
142
204, 91 13
152
269 274
546